옥스퍼드 핸드북

정치네트워크론

I

이 저서는 2019년 대한민국 교육부와 한국연구재단의 지원을 받아 수행된 연구임
(NRF-2019S1A6A3A02102737).

국민대학교
중국인문사회연구소
번역총서 · 10

옥스퍼드 핸드북

정치네트워크론

The Oxford Handbook of
POLITICAL NETWORKS

Jennifer Nicoll Victor · Alexander H. Montgomery · Mark Lubell

서상민 · 모준영 · 유희복 편역

I

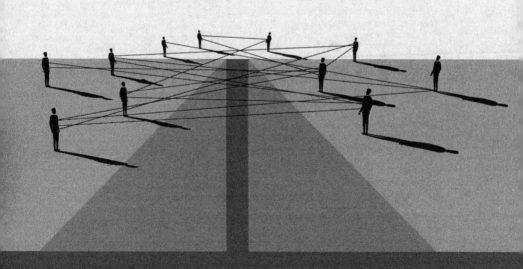

學古房

COVID-19 확산에 따른 글로벌 펜데믹이 아직 종결되지 않는 2022년 봄, 번역서 『정치네트워크론』 1권과 2권을 동시에 출간하게 되어 감개무량하다. 지난 2년 동안 인류는 코로나와 싸웠다. 되돌아보면, 눈에 보이지 않은 전염병과의 어렵고 지루한 싸움이었다. 사람과 사람 관계에 의해 형성된 사회적 연결망 즉 '소셜네트워크'를 통해 코로나는 빠르게 전파되고 확산되었다. 확산과정과 속도를 보면서 현재 우리가 살고 있는 세계의 네트워크가 얼마나 촘촘하게 그리고 광범위하게 구성되어 있는지를 추정해 볼 수 있었다. 그래서 그런지 가장 쉬운 대응책은 '격리'이었다. 사람과 사람 사이를 일시적으로 분리하고 연결되어 있던 네트워크를 해체하는 것이었다. 그리고 그다음 대응은 역설적이지만 전염병을 이겨낼 구호품과 백신 공급 역시 이러한 네트워크를 통해 이루어졌다.

우리 생활 속에 네트워크는 어디에서나 존재하는 관계의 집합일 수도 있고 관계의 구조일 수도 있다. 정치, 사회, 문화, 경제, 국제관계, 언어 등 우리 일상생활의 전 영역에서 발견될 수 있으며, 구성할 수도 있다. 특히 정치적 권력을 둘러싼 관계를 다루는 정치학과는 분리가 불가능한 연구의 대상이며, 방법론이라고 할 수 있다. 이 번역서는 이러한 문제의식을 가지고 지난 수십 년간 정치학 분야에서 '정치네트워크'와 관련해 연구해 온 전 세계 연구 성과를 한 곳에 모아 놓은 Jennifer Nicoll Victor, Alexander H. Montgomery, Mark Lubell, *The Oxford*

Handbook of Political Networks(Oxford University Press, 2018)의 일부를 골라 번역한 것이다.

앞에서 무심코 말한 '네트워크'network 개념을 간단히 정의하자면, "일정한 작용을 가하는 단위 '노드'node가 연결되어서 상호 간 권력이나 상품 그리고 정보 등의 요소를 주고받는 시스템"이라고 할 수 있다. 물론 네트워크는 불쑥 새롭게 생겨난 것은 아니다. 앞서 제시한 정의에서도 알 수 있듯, 네트워크는 인류와 함께 오래전부터 존재해 왔다. 우리가 그것을 이름을 지어주기 전까지 명확하게 인식하지 못했던 것이다. 특히 근대 이후 뒤르켕David Émile Durkheim과 짐멜Georg Simmel 등과 같은 사회과학자들은 개인을 전통적 집단과 분리하여 '고립화된 원자'로서 다루면서 개인에 집중했고, 그에 따라 사회과학 연구에서는 미처 네트워크를 인식하지 못했다. 네트워크는 잊혀진 상태로 존재했다. 1980년대 사회경제학 분야에서 개인을 상호관계의 주체로 주목하면서 네트워크는 본격거론되기 시작하여 경제 분야 뿐만 아니라 사회, 정치, 행정 등에서 활용되었다. 특히 20세기 후반 IT기술의 발달, 인터넷의 확산과 대중화는 드디어 '네트워크'라는 개념을 인류역사의 중심개념으로 자리매김할 수 있게 하는데 기여했다. 일반 시민들 역시 전 세계를 연결시켜 주는 다양한 네트워크를 인식하고 이를 통해 생활을 영유했다. 우리는 왜 네트워크 분석에 관심을 갖는가? 그것은 우리 생활 속 가상공간이 실생활 공간에서의 사람 간 관계 맺음을 통해 구성되어 있는 잠재되어 있거나 발견되지 않은 네트워크를 발견하는 데 도움을 주기 때문이다. 또한 네트워크 분석은 사회를 '네트워크'라는 단일 주제어 또는 의제로 집약해 사회구성원의 정체성 그리고 담론과 컨센서스 형성에 도울 수 있기 때문이다.

이 책은 정치학에서 활용되는 다양한 네트워크 분석 이론과 방법론 그리고 활용사례를 제공하고 있다. 먼저 번역서 1권에서는 비교정치와 국제정치 각각의 영역에서 네트워크를 다룰 수 있는 이론과 방법론을 다루는 논문들을 묶었다. 네트워크 분석은 한국학계에서도 다양한 사회과학 분야에서 활용되고 있고 양이나 질적인 측면에서 빠르게 발전하고 있다. 최근에는 데이터과학, 컴퓨터 사회과학 등과 연결되면서 사회과학 전반에 큰 반향을 불러일으키고 있는 듯하다. 정치학계 역시 최근 연구성과들이 산출되고 있다. 물론 정책학, 행정학 등의 분야에서는 오래전부터 네트워크 방법론을 활용한 정책 연구가 진행되어 왔으나, 정치학 분야에서의 본격적인 연구는 채 20년이 되지 않는다. 그렇기에 '정치네트워크론'과 관련된 참고할 만한 참고서가 없는 실정이다.

더욱이 한국 사회에서 네트워크 분석은 실천적 의제로서 검토의 가치가 높다. 국제정치적으로 분단과 정전이라는 불안정한 정치적 상황을 안고 있는 한반도라는 조건에서 일국에 한정된 국가비전의 실효성은 약할 수 있다. 네트워크 분석은 이러한 일국적 차원의 현상을 글로벌, 지역 차원으로까지 네트워크 차원에서 넓혀 조망하고 이해할 수 있도록 해, 국제적 의제의 형성에 전략적으로 활용할 수도 있다. 이렇듯 네트워크 분석은 일국 단위뿐만 아니라 일국을 넘어선 초국적 영역으로 분석단위를 확장할 수 있다. 두 사람 관계에서 시작하여 초국가적 관계에 이르기까지 연구영역과 대상을 넓힐 수도 있으며, '작은 세계'에 대한 연구에서 '가상공간의 세계'에 대한 연구까지 연구주제와 연구대상 간의 비교분석을 가능하게 한다. 따라서 정치학 연구의 플랫폼으로 활용이 가능한 방법론이라고 할 수 있을 것이다.

이 책의 저자들은 "정치학은 관계를 다루는 학문"이라는 주장을 반복한다. 특히 이들은 권력관계에 많은 관심을 갖고 있다. 따라서 관계를 통해 네트워크 구조의 속성과 결과에 대한 이해 및 권력관계의 정치 세계를 이해하는 것을 핵심 주제로 삼는다. 관계 네트워크가 이렇듯 중요한 분석 도구임에도 불구하고 정치학 분야에서 네트워크에 대한 분석은 일부 영역에서만 수용되었다. 근대 이후 사회과학에서 자리 잡아 온 "방법론적 개체주의"methodological individualism가 정치학의 지배적 패러다임이었기 때문이다. 20세기와 21세기 전반에 걸친 정치학 연구는 이러한 개체주의와 연관된 이론과 방법을 통해 정치학의 이해를 넓혀가는 과정이었다.

최근 개체주의 시각을 포괄하면서 이를 관계론적 시각으로까지 확대하고자 하는 대안적인 인식론적 전략의 가능성이 제시되고 있다. 정치적 행위는 네트워크에서 유동적인 개인의 의사결정 과정과 사회적 과정 사이의 상호작용이 낳은 결과라고 간주하고, 네트워크 모형과 방법론이 발전한다면 실증적 엄밀성을 개체주의적 접근법과 동등하거나 더 월등한 수준으로 끌어올릴 수 있다고 주장하고 있다. 많은 사람들은 정치 세계의 복잡성을 좀 더 잘 이해하려는 강력한 욕구를 느낀다. 그 결과 중 하나가 네트워크 접근법이다. 이 접근법은 직관적, 관계적 패러다임에 부합하는 정교한 방법론적, 분석적 도구의 세트를 제공하고 있다. 경제학에서 차용한 개체주의는 일시적으로 생산적인 접근법이었던 것은 사실이다. 그러나 지나치게 고립성isolation이라는 비현실적인 가정을 수용하도록 강요해 왔다고 이 책의 저자들은 주장한다. 정치학 연구에 필요한 좀 더 현실적이며 잠재적으로 강력한 도구적 시각은 관계적 패러다임이라는 것이다. 정치학 초점을 개인에서 네트워크 관계와 거시적 수준의 정치제도로 이동시키고 개인에서 개인 사이 관계로 시각을 옮길 것을, 그것도 점진적이 아니라 근본적으로 옮길 것을 주장한다.

역자들은 이 책의 저자들의 비판과 주장, 그리고 보완적이면서 대안적인 접근법의 필요성 제기에 동의한다. 이 책은 3가지 핵심적인 질문을 다루고 있다. 첫째, 정치네트워크 분석이란 무엇인가? 둘째, 정치네트워크 분석이 어떻게 중요한 정치현상에 대한 통찰력을 제공해 줄 것인가? 셋째, 정치학에서 네트워크 분석은 왜 중요한가? 저자들은 3가지 질문에 집중함으로써 정치네트워크 분석이 하위 학문분야들과 서로 연결되어 있음을 보여준다. 이 번역서는 일부 정치학 영역에서 불고 있는 이러한 도전의 일부만을 번역했다. 아쉽게도 이 번역서는 여러 제약으로 인해 전체를 담아내지 못했다. 한국에서 "정치네트워크" 연구에 필요할 것 같다고 생각되는 최소한의 논문만을 골랐다. 그래서 정치네트워크 분석에 필요한 이론과 방법론을 다룬 논문 10개 그리고 국제관계, 비교정치 분야에 네트워크 분석을 활용한 논문 11개 총 21개를 선정하여 여기에 묶었다. 미국정치, 정책연구, 그리고 학제간 연구 시사점 등을 다루는 부분은 이 번역서에 넣지 못했다. 이 책의 편집 의도는 명확하다. 독자들에게 네트워크 분석 패러다임에 부합하는 관련 성과를 소개하고, 향후 기여하게 될 성과에 관해 호기심을 갖도록 북돋우는 것이다. 이 책을 번역하면서 원서의 이러한 편집의도가 한국에서도 여전히 유효하기를 기대한다.

하지만 정치네트워크와 관련한 참고할 만한 연구나 번역서가 거의 없는 상황에서 이 책을 번역하기로 한 결정이 얼마나 '무모한 도전'이었는가를 번역과정에서 실감하게 되었다. 역자들 모두 이 분야의 전문연구자가 아닌 정치네트워크를 공부하고자 하는 학생들이었기 때문이다. 그리고 역자들의 전공 역시 중국정치와 국제정치 등 정치학 방법론과는 거리가 있다. 따라서 상대적으로 관련된 연구성과가 상당히 많이 축적된 사회학, 행정학, 언론정보학, 경영학의 연구들이 번역에 큰 참고가 되었다. 특히 곽기영 교수의 『소셜네트워크분석』(2019)은 통일되어 있지 않고 복잡하고 어려운 네트워크 분석 관련 개념과 용어를 전체적으로 파악하고 이해하는 데 있어 많은 도움을 주었다. 원서는 총 982쪽의 큰 분량의 핸드북이다. 원서에 수록된 논문들에 대한 소개는 번역서 제1부 제1장 마지막 부분에 붙어 있는 "이 책의 구성"에서 확인할 수 있을 것이다. 번역서에 담긴 21편 이외의 다른 논문에 대한 번역은 앞으로도 하지 않을 것 같다. 정치네트워크 접근법과 방법론에 관심이 있고 더 많은 내용을 알고 싶은 독자들은 원서를 통해 내용을 파악하시기 바란다. 이 책의 일부 번역만으로 정치네트워크 관련해서 여전히 배우는 입장에 있는 우리 3명의 역자는 보람을 느끼고 있다. 그렇다고 이 책의 번역이 잘 되었다는 것은 아니다. 정치학 방법론 관련 전공자가 아닌 중국이라는 지역연구에 더 많은 관심과 연구를 해오고 있는 역자들의 '무모함'으로 이렇듯 부끄러운 번역서를 세상에 내놓았다는 자괴감도 있다. 읽기에 다소 투박하고 난해한 부분들이 있다면 그것은 오롯이 역자들이 과문하고 공부가 덜 된 탓이다. 이후 잘못된 부분을 바로잡을 날이 있을 것으로 본다. 그럼에도 불구하고 한국에서 '정치네트워크'가 정치학의 엄연한 하나의 학문분과로 자리를 잡기 기대하면서 그리고 앞으로 연구자들이 많은 관심을 갖게 되기를 희망하면서 이 번역서를 출간하게 되었다. 아무쪼록 이 책을 접하는 독자께 조금이나마 도움이 되길 바란다.

번역서 출간과 관련해 감사해야 분들이 많다. 먼저 번역팀을 구성해 꾸준히 연구모임을 운영할 수 있도록 지원해 주신 국민대 중국인문사회연구소 윤경우 소장님께 감사드린다. 아울러 코로나 팬데믹 상황 속에서도 연구소 연구활동을 총괄하면서 이 번역사업도 직접 챙겨주신 박영순 교수님, 번역팀의 번역과정에 많은 관심과 지지를 보내주신 최은진 교수님께 감사의 마음을 전한다. 연구소 업무 과정에서 노심초사했던 이윤경 박사, 원고를 기다려주시고 온전한 책이 될 때까지 처음부터 끝까지 정성스럽게 다듬어 준 학고방 출판사의 명지현 팀장의 노고가 없었다면 이 책은 아마 세상에 나오지 못했을 것이다. 나의 정치학이 정치와 멀어지지 않고 긴장을 유지하도록 늘 채근해 주신 바이주白酒를 좋아하시는 선배와 한중관계 발전을 위해 함께 애쓰시는 분들의 따뜻한 격려와 지지에 감사드린다. 마지막으로 정치학에 눈을 뜨게 해주시고, 정치학 연구에 재미를 느끼게 해주신 선생님들의 은혜에 보답할 길이 없다. 좋은 가르침을 때에 따라 익히지 못한 채 부끄러운 줄 알면서도 이 책을 출간하게 되었다. 이분들의 가르침과 훈육이 없었다면 감히 이 책을 번역할 생각도 그리고 '무모한' 도전도 하지 못했을 것이다. 서진영 교수님, 강성학 교수님 그리고 여러 은사님들 한 분 한 분의 강의를 떠올리며, 늘 건강하시길 기원한다.

2022. 5. 15
북악에서
역자를 대표하여
서상민

제1부 정치학에서의 네트워크 이론과 연구

제**1**부

정치학에서의 네트워크
이론과 연구

제1장 정치학에서 네트워크 연구의 등장

Jennifer Nicoll Victor, Alexander H. Montgomery, and Mark Lubell

서론

정치학은 관계에 관한 학문이다. 관계는 정치적 행동을 형성하고, 가능하게 하며, 제한하기도 하는 네트워크 구조를 만든다. 이런 네트워크 구조의 속성과 결과에 대한 이해는 정치의 세계를 이해하는 데 매우 핵심적이다. 지난 수십 년 동안 정치학자들이 거버넌스, 의사결정, 정치적 행위와 같은 고전적인 문제에 네트워크 이론과 방법을 적용하는 경향이 증가해 왔다. 입법 협력과 투표율에서 시작하여 환경정책, 핵확산, 테러리즘까지 정치적 현상에 대한 우리의 이해에도 변화가 있었다. 그런데도 방법론적 개체주의methodological individualism가 지배적인 정치학계에서는 네트워크 분석이 소수의 주제 영역에서만 진지하게 수용됐을 뿐이다. 그러나 네트워크 분석은 일시적 유행이나 틈새 개념의 방법론이 아니다. 실제로, 네트워크 접근법은 복잡계에서의 상호의존 분석을 위해 네트워크를 사용하는 다른 사회과학 및 자연과학에서 증가하고 있는 움직임과 정치학을 연결한다. 이런 분야들 모두 자연과 사회 현상에 걸쳐 점증하는 학제적 협력, 기술 개발 및 패턴 분석의 혜택을 받았다. 계산 비용의 하락과 도구의 개선으로 정치학에서 네트워크 이론과 방법론의 개발 및 활용은 현저하게 증가했다. 정치학자들이 네트워크 분석의 전반적인 발전에 의미 있는 기여를 한 것은 사실이다. 정치학은 네트워크를 진지하게 받아들여야 한다. 사회적 관계는 정치 체제의 근본적인 구성요소이며 따라서 정치학에서 중심적인 위치를 차지해야 한다.

네트워크 접근법은 이미 정치학에서 가장 시급한 다음과 같은 문제들에 대한 이해를 증진해 왔다. 비용이 이익보다 더 큰 데도 투표를 하는 이유는 무엇인가? 서로 다른 단체들을 서로 연결하는 역할을 담당할 잠재력이 가장 큰 의원들은 누구인가? 정치조직은 장기간 계속되는 관계를 어떻게 자신들에게 유리하게 이용하는가? 개인들은 어떻게 민주적인 조직을 구성해 새로운 정보와 혁신에 대한 접근을 제공하는가? 공공정책의 근본적인 문제 해결을 위해 거버넌스와 정책네트워크는 어떻게 진화하는가? 국가 간 관계의 힘이 어떻게 평화적 협력을 촉진할 수 있는가? 국제적 네트워크는 무정부 상태에 거버넌스를 제공할 수 있는가? 무기거래와 폭력적 극단주의 네트워크를 붕괴시킬 수 있는 가장 효과적인 전략은 무엇인가? 이런 문제와 기타 중요한 주제에 관한 최근의 출판물들을 보면 네트워크 없이 이런 질문에 답하는 것은 불완전하거나 부정확한 결론을 낳는다는 것을 보여준다.

그러나 정치학 분야는 최근까지도 관계가 정치학의 핵심이라는 기본적인 직관을 수용하지 않고 있다. 이는 주로 20세기 후반과 21세기 초에 방법론적 개체주의가 정치학의 지배적 패러다임이었기 때문이다. 개체주의와 연관된 이론과 방법은 정치학에 대한 이해 증진에 매우 생산적인 역할을 했다. 이 패러다임은 정치학을 경험적 증거를 통한 인과적 추론과 가설 검증이라는 논리 원칙에 초점을 둔 학문으로 탈바꿈시키는 결정적인 동인이었다. 방법론적 개체주의는 기술적으로는 방법론적 입장을 말하지만, 실제로는 개별 단위를 별개의 독립적인 요소로 취급함으로써 하나의 패러다임으로서 기능하는 경우가 많다. 관계적 접근법relational approach은 이런 가정에 이의를 제기하고 대안적인 인식론적 전략의 가능성을 제시한다.

방법론적 개체주의를 계속해서 채택한다 하더라도 관계 분석의 이점을 활용할 수 있다. 결국, 합리적 선택 접근법의 핵심에 있는 개인 간의 전략적 상호작용은 행위자 사이의 관계를 나타낸다. 행위자가 누구이고, 어떤 행동이 허용되며, 어떤 결과가 따를 것인지는 네트워크 구조에 의해 크게 영향을 받는다. 좀 더 일반적으로 말하자면, 정치적 행위는 네트워크 위에서 유동적인 개인의 의사결정 과정과 사회적 과정 사이의 상호작용이 낳는 결과다. 네트워크 모형과 방법론이 발전한다면 실증적 엄밀성을 개체주의적 접근법과 동등하거나 더 월등한 수준으로 끌어올릴 수 있다. 이 책의 저자들은 정치학의 초점을 개체주의에서 네트워크 관계와 거시적 수준의 정치 제도institutions로 이동시킨다. 저자들은 모두 개별 행위자에서 개별 행위자 사이의 관계로 시각을 옮길 것을, 그것도 점진적이 아니라 근본적으로 옮길 것을 강력히 주장한다.

정치학은 중대한 시기에 처해 있다는 것이 우리의 시각이다. 우리는 생각, 모형, 분석 단위를 관계적 접근법으로 이동시키거나, 계속해서 마치 정치적 행위자가 스스로 만든 기관과 다른 행위자의 행위에 의해서만 행위가 구속되는 별개의 개별적 단위인 것처럼 정치학을 연구할 수 있다. 당대의 중요한 문제들에 대해 진전을 이루고자 한다면, 관계적 시각이 어떤 기여를 해왔는지 고려할 필요가 있다. 네트워크 이론과 방법론은 다양한 학문 분야에 걸친 견실한 연구 프로그램에서 중요한 역할을 해왔고 또 그러한 프로그램의 중요한 일부이기도 하다. 네트워크 분석에 관한 통계 및 방법론적 문헌들은 사회학, 경제학, 인류학과 같은 사회과학뿐만 아니라 물리학, 수학, 컴퓨터과학과 같은 자연과학, 인문학, 그리고 공중보건, 경영, 공공정책과 같은 응용 분야 학문까지 포괄하고 있다. 또한, 네트워크 분석은 경영, 통신, 그리고 국방 영역에서도 점차 주목을 받는 연구 분야다.

오늘날 사람들이 관계의 정치학에 대한 학습에 흥미를 갖는 이유는 그것이 중요한 시각을 제공한다는 직관과 근거 때문만이 아니라, 현대 데이터 과학의 발전 때문이기도 하다. 정치 및 기타 네트워크의 실증적 경로를 추적하는 데에는 흔히 정보기술이 필요하지만, 그런 네트워크에 관한 양적 연구에는 상당한 컴퓨터 메모리와 처리 용량이 필요하다. 그런 정보의 생산, 저장, 관리, 분석에 있어 최근의 기술 진보는 이 정도 규모의 주제에 참여를 유도하는 데 결정적인 역할을 했다. 개인용 컴퓨터의 용량이 대량의 데이터 세트를 저장하고 처리할 수 있게 되면서 관심을 가진 많은 학자들이 점점 더 이 분야에 진입할 역량을 갖추게 되었다. 그 결과, 정치 기구, 정치 행위, 공공정책, 정당과 선거, 여론, 이익집단, 사회운동, 정치 커뮤니케이션, 정치경제, 민주화, 초국가 행위자, 국제기구, 분쟁 해결, 평화학, 안보학 등 사실상 정치학의 모든 분야에서 네트워크 연구를 지지하고 응용하는 학자들이 생겨났다. 실제로, 하위분야 전반을 그렇게 광범위하게 가로지르는 연구 도구는 거의 없으며, 이 책은 그 성과를 폭넓고 깊이 있게 반영하고 있다. 요컨대, 우리는 정치학에 대한 새로운 접근법 개발에 있어 - 새로운 세대의 학제 연구 학자들과 대학원생들이 네트워크 기법과 그것이 제공하는 새로운 정치학 연구 방법을 접하고 있는 - 중대한 시점에 처해 있다.

정치네트워크 연구는 또한 네트워크 분석 방법론에서도 중요한 혁신을 이뤘다. 정치네트워크 분석은 다양한 이론적 개념뿐만 아니라 실증적 연구 계획과 데이터 분석 방법에 대한 근본적인 이해가 필요하다. 정치네트워크 분석가들은 강력하고 대중적인 지수 랜덤 그래프 모형 ERGM, Exponential Random Graph Model뿐만 아니라, 이 모형을 행위자들 간 하나 이상의 상호작용이 가능한 네트워크에 적용할 수 있도록 만든 새로운 방법인 마르코프 연쇄 몬테 카를로MCMC 기법의 일반화를 포함해, 수많은 방법론적 혁신을 이뤄냈다(Cranmer and Desmarais, 2011; Cranmer, Desmarais, and Menninga, 2012; Desmarais and Cranmer, 2012). 더 나아가, 이들은 다른 학자들과 함께 종단temporal 지수 랜덤 그래프 모형에서 네트워크 전역을 부트스트랩함으로써 편향되지 않은, 최대 확률 우도 추정maximum pseudo likelihood estimation을 수행하기 위한 새로운 기법을 개발해왔다(Leifeld, Cranmer, and Desmarais, 2015; Leifeld et al., 2014). 정치학자들은 또한 (관찰되지 않은) 사회적 공간 속에서 행위자의 위치를 추정하는 잠재 공간 모형latent space model 개발에도 크게 기여했다(Ward, Hoff, and Lofdahl, 2003; Ward ad Hoff, 2008; Minhas, Hoff, and Ward, 2016). 정치학의 이런 방법론적 혁신은 네트워크 과학에서 전반적인 학제 간 대화의 중요한 부분인데, 현재 네트워크 과학은 새로운 방식으로 관계 가설을 검증하기 위한 방법론적 발전이 빠른 속도로 진행되고 있다. 이런 진화는 기본 회귀 모형basic regression model에서 최대 우도maxmum likeihood와 베이지안 모형Bayesian model과 같은 좀 더 일반적인 접근법으로 변화한 계량 경제학에서의 변화와 유사하다.

이 책의 장들은 세 가지 핵심적인 질문을 다룬다. 정치네트워크 분석이란 무엇인가? 정치네트워크 분석은 중요한 정치적 현상에 대한 통찰력을 어떻게 제공해 줄 것인가? 모든 정치 분석가들이 네트워크 분석에 참여하는 것이 왜 중요한가? 서문에서 우리는 미시-거시 간 격차를 축소하는데 왜 네트워크가 중요한가를 논하고, 정치학에서의 네트워크 역사를 간략히 살펴본 후, 주요 기초 연구성과를 집중 조명함으로써 정치네트워크학의 하위 학문 분야들이 서로 연결되어 있음을 보여줄 것이다. 이어 이 책 각 장의 내용을 개괄하고, 정치네트워크 분석의 미래에 대한 전망으로 끝을 맺을 것이다.

이 책은 네트워크 방법론과 이론을 설명하는 다수의 입문서를 바탕으로 하고 있다. 예를 들어 Hanneman & Riddles의 온라인 교재(2005)는 비록 주로 사회학의 사례를 들고 있기는 하지만 초보자들을 위한 훌륭한 방법론 입문서이며, John Schott의 네트워크 교재 역시 비록 정치학에 특화되지는 않았지만 접근하기 쉬운 교재다(Scott 2012). 이 책은 또 미국정치(Heaney ad McClurg, 2009), 국제관계(Hafner-Burton, Kahler, and Montgomery, 2009; Ward, Stovel, and Sacks, 2011), 비교정치(Siegal, 2011)와 같은 하위분야에 대한 네트워크 방법론의 공헌을 기술한 정치학에 초점을 둔 논문들뿐만 아니라, 정치학을 위한 네트워크 연구의 가치에 대한 광범위한 개관(Lazer, 2011) 등을 기반으로 하고 있다. 이 책은 지난 십여 년에 걸쳐 폭발적으로 증가한 주제와 자료를 다루기 위해 제한된 공간에 구애받지 않고 정치학에 특화된 네트워크 분석 - 그리고 그 특별한 응용과 질문들 - 을 개괄함으로써 남은 공백을 메우고자 한다.

왜 네트워크인가?

대부분의 사람들에게 네트워크의 중요성은 명확하다. 소셜 및 비즈니스 네트워크 접촉은 연애 상대를 만나고, 일자리를 구하거나, 또 다른 사회적 또는 경제적 기회를 찾는 데 도움이 되기 때문이다. 좀 더 광범위하게 보자면, 네트워크는 현대 정치 및 경제적 삶에서 사회적, 경제적 구조의 생성과 진화에 근본적인 역할을 해왔다(Padgets and Powell, 2012). 여러 영역에 걸쳐 다층적으로 사회적 행위가 일어나는 대규모 현대 사회는 소셜네트워크 없이는 존재하지 않았을 것이다. 소셜네트워크는 인간의 사회성 진화에 뿌리를 두고 있다(Apicella et al., 2012). 그러나 정치 분석은 개인과 기관의 관계가 서로를 어떻게 구성하는가를 고려하지 않은 채 대부분 개인과 기관에 초점을 맞춰 왔다.

네트워크 분석은 정치 분석에서 "미시 - 거시 격차"(Eulau and Rothenberg, 1986; Eulau, 1963) 또는 개체 - 전체론(Wendt, 1999)으로 다르게 불러온 근본적이고 오래된 문제를 직접적으로 다룬다. 아주 단순하게 말해서, 정치학을 이해하는 초점을 개별 행위자(즉, 미시적 수준)에 두어야 하는가 아니면 정치적 조직 내의 총체적 사회 행위(즉, 거시적 수준에서)에 두어야 하는가? 일반적으로, 학자들은 집단 전체와 정치 기관의 고유한 특성 및 집단행동 또는 개인의 선택, 태도, 전략을 조사한다. 정치학자들은 또 종종 정치 기관이 어떻게 개인 수준의 행동에 영향을 미치고, 개인 수준의 행동이 어떻게 정치 기관에 영향을 미치는지에 관한 질문을 던지기도 한다. 이런 관계들은 다시 거시적 수준의 정치 제도 구조에 궁극적으로 영향을 미칠 수 있는 단체를 형성하게 만든다. 역으로, 정치 기관이 개인의 행위에 미치는 영향은 또 네트워크에 의해 조정된다. 따라서, 네트워크는 정치 체제의 영속적인 중간 수준의 구성요소로서, 근본적인 연구 가치가 있다.

가장 기본적인 수준에서, 이러한 긴장 관계는 각 연구 문제에 적합한 분석 단위를 선택하는 문제로, 연구 설계에 관한 모든 입문 코스에 포함되는 단원이다. 적어도 1960년대부터 정치학은 방법론적 개체주의에 초점을 두는 것이 지배적이었고, 결과적으로 이 때문에 체제보다 개체에 더 많은 초점이 맞춰져 왔다. 이 패러다임으로 인해 다양한 정치 및 사회적 환경에서 작동하는 기초적인 인과 구조에서 핵심적인 발견을 할 수 있었다. 예를 들어 개체에 초점을 두지 않았다면, 재선거를 독려하는 입법 행위에 관한 기초 이론을 개발하거나(Mayhew, 2004), 핵 억지deterrence라는 게임 이론의 개념들을 개발할 수 없었을 것이다(Schelling, 1960, 1966).

이와 동시에, 방법론적 개체주의는 때로는 정치 체제의 진화와 규범적 결과를 안내하는 역사 및 정치적 과정들을 풍부하게 설명할 수 있는 학문적 능력을 침식하면서 상당한 대가를 치르게 하기도 했다. 방법론적 개체주의가 제기한 분석적 도전은 단체나 기관을 개체로 취급함으로써 분석을 쉽게 만든 수많은 이론 및 실질적 지름길을 만들어냈다. 사실, 방법론적 개체주의는 개체가 아닌 단위에 매우 빈번히 적용된다는 점을 고려한다면, **방법론적 원자주의**methodological atomism라고 부르는 것이 좀 더 정확하다. 단일 행위자로서 국가, 여론의 비중, 대중의 정서, 정치 문화의 존재, 그리고 구조적 제약의 부과는, 적어도 부분적으로는, 정치 분석의 단위로서 개체에 대한 의존이 강요한, 다루기 힘들고 때로는 부적절한 장치를 피하기 위한 설명 도구로 만들어진 발명품이다.

더 중요한 것은, 개체나 체제에만 초점을 두고서, 그런 수준에서만 수행된 분석은 불완전하거나 불충분한 설명을 제공하기 쉽다는 것이다. 이론적으로, 정치학 분야는 한동안 많은 정치적 결과가 행위체 간 상호작용에 달려있고, 그 상호작용은 다시 중요한 기관에 의해 제약을 받는다는 것을 알고 있었다(Keohane and Nye, 1977; Shepsle and Weingast, 1987; Padgett and Ansell, 1993; Ostrom, 1995). 그런 상황에 대한 설명을 제공하기 위해 학자들은 행위자의 동기뿐만 아니라 그 동기가 작동하는 공간인 기관과의 관계도 이해해야만 한다.

설상가상인 것은, 다수의 경험적 추정량이 오차항error terms의 독립과 같이 방법론적 개체주의에 근거한 통계적 가정에 의존한다는 것이다. 이런 종류의 가정은 사회적 현실에 부합하지 않으며, 결과적으로 모수population parameter나 표준오차standard errors에 대한 부정확한 추정량으로 이어진다. 따라서, 정치학에 관한 문제를 제기하고 특정 현상을 연구하기 위한 적합한 분석 단위를 고려할 때, 전적으로 개체주의적이거나 그룹 지향적인 분석 전략을 개발하는 것은 불가능해진다. 개체와 체제 수준의 분석 간 상호의존은 중간 수준이 있어야 한다. 결과적으로, 미시 – 거시 격차 문제에 대한 해법은 복합적 상호의존을 설명하는 분석 전략, 즉 네트워크 분석에 있다.

미시 - 거시 격차 축소를 넘어, 네트워크 분석은 그 자체로, 또 스스로 중간 수준의 현상들을 연구할 수 있도록 해준다. 네트워크 연구에서는 종종 개체나 그룹이 아니라 관계가 관심의 단위가 된다. 관심의 관계는 개인 간에 존재하거나(예를 들면 기부자와 후보 간 캠페인 공헌), 조직 (예를 들면 국가 간 무역이나 분쟁, 내전), 또는 그 둘 사이에(예를 들면 정부 또는 비정부기구에 시민의 참여) 존재할 수 있다. 관계의 유형은 일반적으로 상호성이나 동종선호와 같은 특정한 사회적 과정을 반영하도록 가정된다. 네트워크 분석은 전적으로 미시 또는 거시적이 아닌 이런 중간 수준에서 분석할 수 있는 이론적 틀과 도구를 제공해 준다. 그런 시각의 채택은 분석가에게 관계적 상호의존을 설명할 수 있는 강력한 분석 도구를 제공한다.

이러한 접근이 매력적인 한 가지 이유는 학자들이 그것을 통해 좀 더 현실과 유사한 모형을 개발할 수 있기 때문이다. 사회 및 정치적 세계에서 상호의존적 관계가 갖는 복잡한 특성을 고려할 때, 네트워크 분석은 학자들이 더욱 제한된 틀에서 필요한 가설을 자유롭게 완화할 수 있게 해준다. 연구자들은 이전에 엄격성과 대외적 타당성 사이의 상충관계를 인정했을지 모르지만, 네트워크 접근법은 과학적 추론이라는 엄격한 요구를 만족하는 동시에 복잡한 맥락에서의 추론도 가능하게 하는 분석 전략을 제공해 준다.

네트워크에 초점을 둔 연구가 활발히 이뤄진다는 것은 심오한 정치학적 의미가 있다. 이 접근법이 제기하는 과제는 실측적, 이론적, 방법론적이며 모든 수준의 분석에 적용된다. 첫째, 개체 수준에서 분석이 진행될 수 있는 데, 이 경우 단위 간의 관계는 조사 대상인 종속변수에 영향을 미치는 것으로 이해된다. 둘째, 행위자 간의 관계 수준에서 연구가 이뤄질 수 있다. 셋째, 네트워크 전체에 대한 세부 지식의 활용을 통해 시스템 수준에서 연구를 수행할 수 있다. 어떤 분석수준을 선택했는지와 무관하게 관계, 즉 네트워크는 모든 분석의 일부여야 한다. 상호의존은 이 끌어낸 결론이 아니라, 정치학 및 정치 문제를 추동하는 기본적인 이론 적 가정이자 사회적 사실이다. 관계의 영향을 고려하지 않은 정치 분석 은 필연적으로 불완전할 수밖에 없다.

정치학에서 네트워크의 짧은 역사

정치학이 네트워크 지향적 시각을 포용한 것은 지난 세기 동안 세 차 례에 걸쳐 이뤄졌다. 첫 번째 변화는 1930년대 즈음 나타났는데, 사회학 적 문제에 대해 관계의 개념화가 갖는 중요성을 다뤘다. 가장 탁월한 성 과로 우선 꼽을 수 있는 것은 뉴욕 직업 훈련 소녀원New York Training School for Girls에 관한 제이콥 모레노Jacob Moreno의 연구일 것이다. 모레 노는 이 연구에서 뉴욕주가 이 소녀원에 위임한 교정 프로그램에 참여한 일부 학생들이 다른 학생들보다 더 성공적인 이유를 분석하려 했다. 그 는 이런 연구를 통해 특정 그룹 내 개인 간의 관계를 보여준 최초의 소시 오그램sociogram을 개발하게 되었다. 모레노는 당시에 지배적이었던 프로 이트 이론Freudian theory을 반박했을 뿐만 아니라, 개인 간 상호작용이 아 닌 그룹 간 상호작용에 기초한 새로운 형태의 심리치료요법을 개척하기 도 했다(Moreno, 1934, 1951). 그의 연구 결과는 계량 사회학sociometry에 속 한 모든 분야의 모태가 되었고, 소셜 네트워크 이론과 분석으로 발전하 게 되었다. 모레노뿐만이 아니었다. 다른 학자들도 정치 및 사회적 세계 를 이해하는 데 인간관계가 중요함을 인식하고 이에 관한 유사한 관찰을 하고 있었다(Routt, 1938).

정치학에서 네트워크가 응용된 두 번째 변화의 시기는 1950년대와 1960년대 정치학을 지배했던 행태주의behaviorism로 트렌드가 바뀌면서 찾아왔다. 이 시기에 학자들은 정치적 행위자를 주로 심리적 특성에 의해 구동되는 존재로 개념화했다. 일부 소수의 학자들은 어떤 커뮤니티에 대한 심리적 접근은 그 커뮤니티 내에서 그 사람이 갖는 연결성의 심도(지금은 이를 배태성embeddedness라고 부름)에 의해 영향을 받는다는 것을 인식했다. 예를 들면 학자들은 주州 입법부 의원들의 사적인 인맥을 조사하기 시작했고(Patterson, 1959; Monsma, 1966; Eulau, 1962; Wahlke et al., 1962; Young, 1966), 다른 학자들은 정치적 행위자들 사이에서 연줄을 형성하는 비공식적인 소통과 전략적 줄서기(Fiellin, 1962; Matthews, 1959), 그리고 유권자를 위한 네트워크의 중요성에(Lazarsfeld, Berelson, and McPhee, 1968; Berelson, Lazarsfed, and McPhee, 1986) 좀 더 초점을 둔 연구를 진행했다. 결국, 20세기 정치학에서 이런 연구 방법은 전적으로 개별적이고, 합리적인 선택 접근법보다 훨씬 덜 지배적인 처지가 되었다. 공공정책 영역에서도 몇 가지 중요한 네트워크의 공헌이 있었는데, Hugh Heclo의 이슈 네트워크 연구를 사례로 들 수 있다(Heclo, 1978).

정치학에서 네트워크 연구의 제3의 물결은 현재 진행 중이며, 그 특징은 이론 및 통계적 네트워크 모형의 발전이다. 1980년대에 학자들은 기관과 공공정책의 교차점에 초점을 맞췄다. 이 제3의 물결은 워싱턴의 대의제와 로비활동에 관한 획기적인 몇몇 연구로부터 시작되었다(Laumann and Knoke, 1987; Heinz et al., 1990). 학자들은 또한 사회적으로 종속적인 정치적 의사결정에 대한 이해도를 높이기도 했다(Matthes and Stimsn, 1975; Huckfeldt and Sprague, 1987). 때마침, 1990년대에는 컴퓨터 과학과 기술에 큰 진전이 있었고 모든 종류의 정치적 행위와 결과를 이해하는 데 있어 맥락과 관계가 중요하다는 것이 학문적으로 인정받기도 했다. 정치학에서 네트워크 학문은 이제 네트워크 과학의 학제적 방법에 관한 좀 더 폭넓은 대화에 깊이 참여하고 있다. 이 책은 많은 조사 방법에 걸친 네트워크 관련 문헌의 발전에 대해 통찰력 있고 상세한 검토를 제공하고 있다.

미국의 정치 제도와 행위

미국 정치학에서 정치네트워크 연구는 이 하위분야의 주요 주제들을 반영하는 서로 연관된 두 갈래로 진행되어왔다. 이 두 갈래는 제도 정치학institutional politics 그리고 행태 정치학behavioral politics으로 폭넓게 표현될 수 있다.

행태 정치학 분야의 학자들은 약 70년 전에 정치적 담화에 경직성 stickiness이 있다는 것, 즉 사람들은 생각을 자주 바꾸지 않는다는 것을 인식했다(Lazarsfeld et al., 1948; Berelson, 1954). 이후 Robert Huckfeldt와 John Sprague는 이러한 연구 결과를 유권자의 선택으로 확장했다(R. Huckfeldt and Sprague, 1987; R. R. Huckfeldt and Sprague, 1995). 좀 더 최근에 투표 선택의 합리적 선택 모형은 유권자의 맥락적, 상호의존적 의사결정의 중요성에 대한 인식을 반영하면서 갱신되었다(Rolfe, 2012; Sinclair, 2012). 추가 연구가 진행되면서 사회적 담화가 개인의 의사결정과 행위에 영향을 미치는 방식에 대한 이해에 미묘한 차이가 발생하기 시작했다 (Klofstad, Sokhey, and McClurg, 2013; Klofstad, 2010; McClurg, 2006; Sokhey and McClurg, 2012).

미국의 정치 기구에 관한 초기 네트워크 연구의 대부분은 입법 네트워크에 초점을 두었다. 연구자들은 상당 기간 입법자들 간 사회적 연결의 관련성을 인식해 왔다(Routt, 1938; Patterson, 1959; Eulau, 1962; Bogue and Marlaire, 1975; Caldeira and Patterson, 1987, 1988; Arnold, Deen, and Patterson, 2000; Peoples, 2008). 최근에 학자들은 입법자들 간의 다양한 잠재적 관계에 초점을 맞췄는데, 이에는 공동후원(Burkett ad Skvoretz, 2001; Crisp, Kanthak, and Leijonhufvud, 2004; Fowler, 2006a, 2006b; Kirkland, 2011; Bratton and Rouse, 2011; Cho and Fowler, 2010), 위원회 업무(Porter, Mucha, Newman and Warmbrand, 2005; Porter, Mucha, Newman, and Friend, 2007), 캠페인 공헌(Koger and Victor,

2009; Victor and Koger, 2016), 입법부 참모들(Ringe, Victor, and Gross, 2013), 공동 업무 공간과 공간적 근접성 (Masket, 2008; Rogowski and Sinclair, 2012), 입법부 구성원 기구(Ringe and Victor, 2013), 그리고 "친애하는 동료 의원 님께"로 시작하는 서신(Craig, 2015) 등이 포함되었다. 정치 기구에 관한 많은 연구가 진행되면서 다양한 단체들이 사법체계와 상호작용하는 방식 그리고 사법적 결정의 특성과 같은 중요한 사항들에 대한 이해가 가능해졌다(Box-Steffensmeier, Christenson, and Hitt, 2013; Box-Steffensmeier and Christenson, 2014).

정책학과 정치 제도

정책학에서 최근의 진보는 일부 초창기의 정책네트워크 연구를 발판 삼아 이뤄져 왔다(Heinz et all., 1997). 이러한 일부 연구에는 정치 및 정책 시스템에 걸친 정치 엘리트 간의 관계에 대한 비교분석이 포함된다 (Laumann and Knoke, 1987; Laumann and Pappi, 1976).

좀 더 최근의 성과로는 정책과정에 대한 네트워크 지도작성(Heaney, 2006; Scholz, Berardo, and Kile, 2008; Berardo and Scholz, 2010; Lubell, Henry, and McCoy, 2010), 납세 준수에 대한 네트워크의 영향(Roch, Scholz, and McGraw, 2000), 그리고 정책 혜택의 공급과 소비에 대한 대중의 참여 (Schneider, Teske, and Marschall, 2002; Schneider et al., 2003) 등을 들 수 있다. 네트워크는 또 공공행정 연구, 특히 네트워크 거버넌스 분야에서 탁월한 역할을 한다(Provan and Kenis, 2008; Jones, Hesterly, and Borgatti, 1997). 최근 의 연구 또한 중요한 공공정책 문제의 생성과 해결에 있어 소셜네트워크 의 역할이 주목해야 할 방향이라는 것을 보여준다(Christakis and Fowler, 2011). 더 나아가, 기관을 연구하는 학자들은 기관 내 그리고 기관 간 협력 및 갈등 연구에 네트워크 개념을 도입해왔다(Box-Steffensmeier and

Christenson, 2014).

환경정책과 정치는 네트워크 이론과 방법이 가장 많이 적용된 분야 중 하나다. 환경문제는 집단행동 문제에 그 원인이 있는데, 이 분야에서 엘리노어 오스트롬Elinor Ostrom과 같은 학자들은 오랫동안 사회적 자본의 한 형태로서 네트워크의 중요성을 지적해왔다(Ostrom, 1995). 환경정책 연구자들은 옹호연합 형성(Weible, 2005; Henry, 2011), 정책학습 패턴 (Berardo, Heikkila, and Gerlak, 2014), 협력 역량(Schneider et al., 2003; Berardo and Scholz, 2010), 그리고 복잡하고 다중심적인 제도적 배열의 구조(Lubell, Robins, and Wang, 2014)와 성과(Lubell et al., 2016)에 네트워크가 영향을 미치는 방식을 조사함으로써 정책과정 이론들을 발전시켜왔다.

국제관계

네트워크 분석은 국제관계IR에서 최근까지 여타 정치네트워크 분석과는 다른 궤적을 따랐던 종종 잊히기도 했던 오랜 전통이 있다. 초기 개척자들은 개인 간 또는 기타 단위 간 연관성에 초점을 두기보다는 무역, 국제정부기구IGO 멤버십, 외교적 교류, 외교적 방문으로 형성된 관계에서 비롯되어 등장한 국제체제의 구조를 살펴보는 데 집중했다(Brams, 1966, 1969; Christopherson, 1976; Savage and Deutsch, 196; Skjelsbaek, 1972). 또 다른 연구군은 국제체제의 사회경제적 구조를 밝히기 위해 블록모델링 blockmodeling 기법을 사용하기도 했다(Breiger, 1981; Faber, 1987; Nemeth and Smith, 1985; Peacock, Hoover, and Killian, 1988; Smith and White, 1992; Snyder and Kick, 1979; Van Rossem, 1996). 이런 초기 연구들은 현재는 일반적으로 사용되지만, 당시에는 새로웠던 기법을 이용한 것이다. 그렇지만, 그들 대부분은 네트워크의 구조를 관찰했던 것이지 구조이론의 검증, 관심의 결과 예측, 또는 개별 단위의 선택을 분석하기 위해 네트워크 분석을 사용한 것은 아니었다.

두 번째 국제관계 연구조사의 경향은 분석방법으로서 네트워크에 대한 관심이 재고되면서부터 시작되었다. 이 물결은 전통적인 단일monadic 회귀 또는 양자dyadic 회귀에서 (전통적이든 신규이든) 네트워크 매트릭스를 사용하는 데 초점을 두었다. 국제관계 연구조사의 초점은 국제정부기구(Dorussen and Ward, 2008; Hafner-Burton and Montgomery, 2006, 2008, 2012; Ward, 2006; Warren, 2010), 인권(Böhmelt, Koubi, and Daniel, 2003; Murdie, 2014; Murdie and Davis, 2012; Murdie, Wilson, and Davis, 2016), 분쟁(Corbetta, 2010; Corbetta and Dixon, 2005; Maoz, 2006, 2009, 2011; Maoz, Kuperman, et al., 206; Maoz, Terris, et al., 2007), 무기거래(Kinsella, 2006; 2014; Montgomery, 2005, 2008, 2013), 그리고 테러리즘(Horowitz and Potter, 2013; Asal, Ackerman, and Rethemeyer, 2012; Perliger and Pedahzur, 2011; Eilstrup-Sangiovanni and Jones, 2008; Pedahzur and Peliger, 2006; Brams, Mutlu, and Ramirez, 2006; Sageman, 2004; Krebs, 2002)에 맞춰졌다. 이러한 접근들은 국가 간 복합적인 의존구조가 관련이 있다는 생각을 진지하게 받아들인 것으로, 이론적으로는 혁신적이었다. 그러나 이 접근들은 방법론적으로 네트워크 수단과 개념을 국제관계 분야에서 지배적이었던 독립성의 가정을 문제 삼지 않았다. 그렇다 해도, 이러한 성과들은 방법론적 개체주의에 직접적으로 의문을 제기한 좀 더 최근의 성과가 나올 수 있는 길을 개척했다.

이러한 경향은 현재 생산적인 연구 과제를 계속해서 내놓고 있으며, 이 책의 상당 부분도 그러한 경향에서 만들어진 성과들을 반영하고 있다. 그러나 국제관계에서 정치네트워크 분석의 세 번째 물결도 시작되고 있는데, 이는 (단일이든 이원이든) 관찰은 서로 독립적이라는 오랜 가정을 버릴 수 있게 해준 방법론적 발전으로 가능했다(Snijders, 2001; Hoff, Raftery, and Handcock, 2002; Morris, Handcock, and Hunter, 2008; Cranmer and

Desmarais, 2011). 상호연결성 연구에서, 지리 및 사회적 거리 기반 공간 네트워크 모형들 그리고 그 의존성dependencies도 관심 주제가 되었다 (Gleditsch and Ward, 2000, 2001; Ward, Hoff, and Lofdahl, 2003; Hoff and Ward, 2004; Plümper and Neumayer, 2010). 이전의 물결이 연구단위unit of inquiry 로서 네트워크를 진지하게 다뤘다면, 세 번째 경향은 네트워크 접근 법이 가진 전체 함의를 현실화할 수 있게 했다. 이러한 혁신은 민주 평화론, 민주주의 확산, 동맹구조, 특혜무역협정, 그리고 국제무역에 대한 의구심을 포함한 정치학의 본질에 관한 기존의 오랜 가정에 의 문을 제기했다(Cranmer, Desmarais, and Menninga, 212; Cranmer, Heinrich, and Desmarais, 2014; Gleditsch and Ward, 2016; Hoff and Ward, 2004; Kinne, 2013, 2014; Manger, Pickup, and Snijders, 2012; Ward, Ahlquist, and Rozenas, 2013; Ward and Hoff, 2007; Ward, Siverson, and Cao, 2007).

정치네트워크 연구의 네트워크 구조

이러한 전반적인 연구의 흐름은 네트워크 문헌의 성찰적 분석을 통해 관찰할 수 있다. 계량서지학적bibliometric 네트워크는 일반적으로 저자, 논문, 학술지, 또는 주제 간 관계의 강도에 대한 조사를 통해 지식의 관 계 구조를 이해하는 데 유용한 접근법을 제공한다. 여기서는 동시 인용 co-citation 분석과 인용 분석 두 가지 기법을 사용한다. 먼저, 동시 인용 분석에서는 두 편 이상의 글이 함께 인용될수록 그 글들의 관계는 강해 지는데(Small, 1973), 이 방법은 어떤 학문 분야에서 가장 중요한 출판물들 이 무엇인지 측정하기 위해 널리 사용되어왔다(Dong and Chen, 2015). 우 리는 이 기법을 인용 분석 기법으로 보완하고자 하며, 인용 분석에서는 한 저작물이 다른 저작물을 인용하면 두 저작물은 연관된 것으로 본다.

우리는 정치네트워크 내의 문헌을 이용해 두 개의 동시 인용 도식과 한 개의 인용 도식을 만들었다. 이 도식들은 동일한 기초 데이터 underlying data에 기반을 두지만 다른 단위와 관계를 분석한다. 첫째는 저널의 동시 인용 네트워크 분석으로, 두 저널이 동시에 동일한 논문에 더 많이 인용될수록 그 두 저널의 연관성은 더 강해진다. 둘째는 논문의 동시 인용 네트워크 분석인데, 두 논문이 동시에 다른 논문에 인용되는 횟수가 많을수록 두 논문의 연관성은 더 강해진다. 셋째, 동시 인용된 논문들의 상당수가 네트워크 문헌 바깥에 있어서, 우리는 어떤 네트워크 논문들이 상호 인용을 하는지도 조사했다. 이러한 접근을 통해 정치네트워크 문헌이 주제 및 하위분야별로 어떻게 발전해왔는지 알 수 있을 것이다. 이는 또한 그러한 문헌들의 지주anchor가 어디인지 파악하는 데 도움을 줌으로써, 현저한 공헌을 한 중요한 문헌이 무엇인지와 추후 확장 가능성이 있는 분야가 무엇인지도 알려줄 수 있을 것이다.

이러한 인용 네트워크를 분석하기 위해, 우리는 웹 오브 사이언스 Web of Science 검색엔진과 계량서지학적 도식화 소프트웨어인 보스뷰어 VOSviewer를 사용했다(van Eck and Waltman, 2014). 1960년부터 2016년까지 연관성 있는 일련의 정치학 및 관련 하위분야 저널에서 제목, 초록, 또는 키워드에 "네트워크"라는 단어가 들어간 모든 논문을 검색했다.[1] 검색결과, 28개 정치학 저널에서 971개 입력 논문이 검색되었는데, 이들이 인용한 전체 출처 수는 (유일하지 않은) 19,000개 이상이었다. 이 장에 제시된 그래프에서 노드의 크기와 라벨은 네트워크 안에서 그 노드의 연결 중심성degree centrality(강도에 의한 가중치가 적용된 연결 수의 합)을 가리킨다. 항목의 배치layout of items는 항목 간 관계의 강도를 가리키는데, 동시 인용(또는 그림 1.3의 경우처럼 인용)되어 연관성이 좀 더 강한 항목들은 보통 서로의 거리가 더 가깝다. 배치는 이처럼 서로 연관성이 높은 출처 그룹의 클러스터를 가리킨다.

그림 1.1은 저널들의 동시 인용 연결성을 보여준다. 그래프에 포함된 저널들은 다른 저널에 인용된 횟수가 최소 20회인 저널들로, 286개이다. 동시 인용된 횟수가 높을수록 저널 간 거리는 더 가깝고 크기도 더 크다.[2]

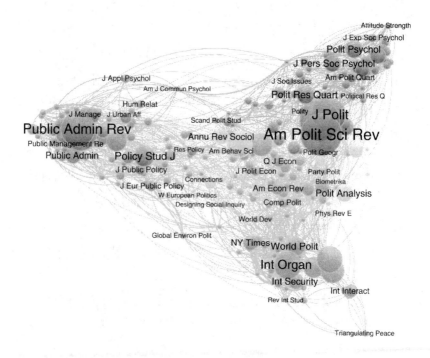

그림 1.1 정치네트워크에 관한 논문이 20회 이상 인용한 286개 저널 간 동시 인용 연결성

이 네트워크에는 네 개의 클러스터가 뚜렷하게 나타나 있다. 좌측의 중앙 클러스터는 공공행정 저널들로 구성되어 있고, 그 하위분야의 핵심 저널인 *Public Administration Review*가 그 중심에 자리 잡고 있다. 이 대형 클러스터에는 정책 저널도 포함되어 있다. 그래프 하단 가까이에 있는 커다란 클러스터는 국제관계 저널로 구성되어 있는데, *International Organization*이 가장 눈에 띄며, 일부 비교정치 저널과

표 1.1 원문별 각 동시 인용 클러스터의 상위 저널

클러스터/하위분야	저널	가중치(동시 인용)
공공행정 Public Admin	Public Administration Review	34,756
	Journal of Public Admin. Research and Theory	32,574
	Policy Studies Journal	12,775
	Administration Science Quarterly	11,913
	Administration & Society	7,882
국제관계 International Relations	International Organization	22,579
	Journal of Conflict Resolution	19,898
	Journal of Peace Research	16,266
	American Sociological Review	14,128
	International Studies Quarterly	12,300
미국정치 American Politics	American Political Science Review	52,154
	American Journal of Political Science	48,650
	Journal of Politics	32,307
	Political Research Quarterly	9,139
	Political Psychology	8,716
사회학과 방법론 Sociology & Methods	American Journal of Sociology	19,543
	Social Networks	11,497
	Political Analysis	8,884
	Annual Review of Sociology	6,495
	Legislative Studies Quarterly 6,104	6,104

경제학 저널도 있다. 오른쪽 위의 클러스터에는 일반 정치학 저널과 미국정치에 초점을 둔 정치학 저널들이 속해 있다. 이 클러스터에서는 이 분야의 가장 중요한 저널인 *American Political Science Review* (APSR)가 지배적 위치에 있다. 그래프 가운데에서 다른 세 개의 클러스터를 이어주고 있는 작은 노란색 클러스터에는 주로 사회학 및 방법론 저널이 포함되어 있는데, 이는 많은 저자가 정치네트워크 분석을 하면서 사회학 연구를 인용했다는 것을 보여준다. 이에 더해, 그래프에 나타날 만큼 충분히 많이 동시 인용된 저서들도 보인다(e.g., Russett and Oneal, 2001, *Triangulating Peace*).

출처 출판물들은 모두 네트워크 내용을 담고 있지만, 이들은 네트워크 내용을 다루고 있지 않은 학술지도 빈번하게 인용하고 있다는 사실에 유의할 필요가 있다. 이에 따라 일반적으로 그 분야에서 유명한 저널은 네트워크 관련 논문이 적거나 없더라도 여전히 매우 중심적인 위치에 있게 될 것이다. 예를 들어 APSR은 미국 정치학 내 네트워크 논문으로부터 동시 인용률 1위를 기록하고 있지만(표 1.1 참조), 네트워크 논문 인용률은 5위에 그쳤고, 조사 대상 28개 저널 중 출판된 전체 네트워크 논문에서는 8위를 기록했다(표 1.3 참조). 따라서 정치학 분야의 대표 저널은 네트워크 연구 출판에서 그다지 중요한 역할을 하지는 않았지만, 단지 학자들이 APSR에 실린 논문들을 인용하는 경향 때문에 동시 인용 분석에서 더 두드러지게 나타나고 있다.

이 그림은 정치학 하위분야 간 연계와 단절을 모두 보여준다. 첫째, 정치네트워크 학자들이 논문을 발표해 온 세 개의 주요 하위 주제가 있는데, 모두 정치학의 주요 하위분야, 즉 미국정치, 국제관계와 비교정치, 그리고 공공행정 및 정책과 다소 연관성을 갖고 있다. 미국정치와 국제관계 저널 간 동시 인용은 이 클러스터와 정책 및 공공행정 저널 간 동시 인용보다 중복성이 더 크다. 여기서 다수의 정책 지향적 저널들은 공공행정과 기타 하위분야 사이에서 연계작용을 하는 것으로 보인다. 다소 의외인 것은 공공행정이 미국정치와 좀 더 가까운 연계성을 보이지 않는다는 것이다. 그러나 이 분야에서의 네트워크 연구는 활발히 진행되었고 여타 정치학과는 달리 다소 독립적으로 발전해왔다. 끝으로, 미국정치 하위분야는 사회학 저널을 많이 인용해왔는데, 이는 정치학이 네트워크 연구를 수용해온 주요 경로를 보여주고 있다.

표 1.1은 그래프에 나타난 상위 저널들을 각각의 비중과 함께 나열한 것이다. 계량서지 소프트웨어의 알고리즘이 자체적으로 클러스터를 계산했고 클러스터 또는 그 구성요소를 외부에서 강제로 그래프에 삽입하지 않았다. 그 결과, 그래프에 *American Sociological Review*와 같은 특이값이

나타났는데, 이 저널은 다수의 사회학 저널이 속한 클러스터가 아니라 국제관계와 비교정치 저널이 주로 속한 클러스터에서 눈에 띄는 자리를 차지한 것으로 나타났다. 또한, 마지막 가장 작은 (가운데 노란색) 클러스터에는 여러 저널이 혼재해 있는데, 그중 몇 개는 사회학 저널이며, 다른 것들은 양적 방법에 주로 의지하는 저널들이었다.

그림 1.2에서 우리는 동일한 입력 데이터 세트, 즉 정치학 저널에 실린 971개의 "네트워크" 논문들을 가지고 동시 인용 조사를 위해 이들의 참고문헌을 분석했다. 앞서 언급했듯이, 참고자료들은 동일한 원문에 동시에 인용될 경우 그 연관성의 강도가 더 높다. 논문을 분석 단위로 사용하면 영향력 있는 논문들을 밝힐 수 있다. 최소 8회 이상 인용된 논문들이 분석 대상이 되며, 그다음 500회 이상 인용된 상위 논문들로 대상을 더욱 좁혔다. 그림 1.2는 정치학 저널에 게재된 "네트워크"에 관한 개별 출판 논문들의 동시 인용 네트워크를 보여준다.3)

그림 1.2에는 네 개의 대형 클러스터와 두 개의 소형 클러스터가 있는 밀도 높고 긴밀하게 연결된 그래프가 보인다. 그래프 왼편에 눈에 띄는 공공행정 클러스터에는 인용률이 높은 다수의 논문이 있지만, 그래프 중앙에 있지는 않다. 공공행정 클러스터 내의 네트워크 지향적 문헌들은 강도가 높지만, 일부 다른 분야처럼 기타 정치학 계열과 잘 통합되지 않고 있다. 공공행정 클러스터에는 상당수의 연구방법론을 생산한 문헌들이 포함되어 있다(Provan and Milward, 1995; O'Toole, 1997; Agranoff and McGuire, 2003; Granovetter, 1985; Agranoff and McGuire, 2001). 이러한 일련의 논문들은 개별 기관이 단독으로 달성하기 어려운 정책 목표 추구를 위한 기관 네트워크 조직 방법 등 네트워크 거버넌스와 네트워크 공공관리 개념의 기초를 이루고 있다. Agranoff and McGuire(2001, 296)가 말했듯이, "네트워크는 독특한 관리 수단이자 개별 조직과 그 관리에 도전을 제기하는 새로운 현상을 구성한다."

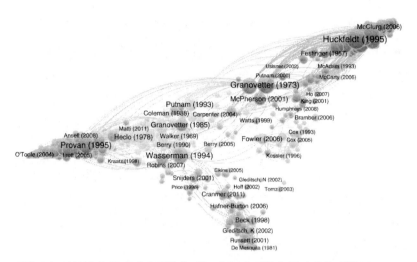

그림 1.2 1960부터 2016까지 정치네트워크 논문에 관한 논문의 공동 인용으로,
최소 8회, 최다 500회의 상위 논문들이 표시됨

표 1.2는 그림 1.2에 나타난 각 클러스터 또는 하위분야의 상위 5개
출판물을 보여준다. 가중치가 가장 높은 원저작물의 저자와 발표 연도가
동시 인용 가중치와 함께 표시되었다(주의: 그림 1.2에는 선택된 소수의
노드에만 라벨이 붙어있음).

클러스터는 이전처럼 소프트웨어가 자체적으로 구분한 것이지만, 여기
서 이 클러스터들은 정치학의 주요 하위분야들 (즉, 공공행정, 미국정치,
공공정책, 방법론, 그리고 국제관계)을 논리적으로 나타내고 있다.

그림 1.2에는 또 오른쪽 위에 주로 미국정치를 주제로 한 저작물
들이 속한 대형 클러스터가 있다. 그러나 그래프 가운데로 향하는
이 클러스터 끝부분에는 McPherson 등의 동종선호homophily에 관한
고전(McPherson, Smith-Lovin, and Cook, 2001), Putnam의 *Bowling Alone*
(Putnam, 2000), 약한 사회적 연결은 한 사람을 그와는 본질상 다른 사람
들과 연결하는 데 도움이 되기 때문에 그 사람에게 "힘"strength이 된다고

표 1.2 각 동시 인용 클러스터의 상위 논문/서적

클러스터/하위분야	인용	가중치(동시 인용)
공공행정 Public Admin	Provan and Milward, 1995	1,105
	O'Toole, 1997	1,073
	Agranoff and McGuire, 2003	954
	Granovetter, 1985	622
	Agranoff and McGuire, 2001	618
미국정치 American Politics	Huckfeldt and Sprague, 1995	1,501
	Granovetter, 1973	1,175
	Mutz, 2002a	1,029
	Putnam, 2000	960
	Mutz, 2002b	877
공공정책 Public Policy	Sabatier, 1993	873
	Putnam and Nanetti, 1993	719
	Schneider et al., 2003	695
	Heclo, 1978	534
	Berardo and Scholz, 2010	493
방법론과 국제관계 Methods & International Relations	Wasserman and Faust, 1994	979
	Burt, 1992	503
	Beck, Katz, and Tucker, 1998	349
	Cranmer and Desmarais, 2011	326
	Hafner-Burton and Montgomery, 2006	299

주장한 약한 연결의 힘에 관한 사회학자 Mark Granovetter의 고전 (Granovetter, 1973) 등 분야를 교차하는 논문들이 보인다. 이 클러스터의 좀 더 안쪽에는 반대 정보에 귀를 기울이는 것과 지방 캠페인이 가진 효과의 중요성에 대해 가르쳐줌으로써 미국정치에 대표적으로 기여한 Diana Mutz, Robert Huckfeldt, 그리고 John Sprague의 저작들(Mutz 2002a, 2002b; R. R. Huckfeldt and Sprague, 1995; R. Huckfeldt and Sprague, 1987)이 자리하고 있다. Bob Huckfeldt와 John Sprague가 인디애나와 미주리에서 수행한 현지조사연구는 학자들이 의사소통 네트워크 내에서 정치정보의 확산을 이해하는 데 기본 토대를 제공했다. 또한, 설득, 정보, 그리고 우리에게 확신을 주고 우리의 확신을 상계하는 정보에 어떻게 우리가 자신을 스스로 노출하는가에 관한 우리의 선택에 대한 Diana Mutz의 연구는

많은 학자가 토대로 삼고 있는 이해의 기초를 제공했다.

이 두 클러스터를 연결하는 것은 공공정책 그룹으로, 이 분야의 발전에 공헌한 대표작이나 주된 역할을 한 저작들이 대부분 속해 있다(Sbatier, 1993; Putnam and Nanetti, 1993; Schneider et al., 2003; Heclo, 1978; Berardo and Scholz, 2010). 공공정책 문헌들은 정책 행동가들이 정책에 대한 같은 믿음에 기초해 협력적인 행동을 하는 옹호연합의 핵심 요소로서 네트워크에 초점을 맞췄다. 공공정책 연구는 또한 파편적인 제도적 장치에서 협력, 조정, 학습을 촉진하는 사회적 자본으로서 네트워크의 역할에 대해 심도 있게 조사했다. 사회적 자본에 대한 초점은 Elinor Ostrom에게 노벨상을 안겨준 공유 자원 관리에서 협력의 진화에 관한 연구로부터 파생했다. 흥미로운 것은 공공정책 연구가 공공행정과 기타 정치학 하위분야들 사이의 구조적 공백hole에 걸쳐있다는 것인데, 이는 사회적 자본, 내재성, 사회적 영향력, 동종선호와 같은 핵심 개념 간 관심이 중복되는데다가 사회학적 네트워크 이론과 방법론에 공통의 기원을 두고 있기 때문일 가능성이 크다.

국제관계 클러스터 역시 이 하위분야의 네트워크 분석방법에 초점을 둠과 동시에 그로부터 파생된 혁신적 성과들을 반영한 정치학적 방법론의 주요 저작들을 포함하고 있다(Wasserman and Faust, 1994; Burt, 1992; Beck, Katz and Tucker, 1998; Cranmer and Desmarais, 2011; Hafner-Burton and Montgomery, 2006). 이에는 소셜네트워크 분석에 관한 Wasserman and Faust의 고전적 텍스트, Beck, Katz, and Tucker의 "진지하게 시간을 생각하기"Taking Time Seriously, 그리고 국제분쟁에서 축적 효과piling-on effects 및 같은 편의 두 논쟁자가 또 서로 싸우는 희귀성이라는 두 측면 모두에서, 분쟁 가능성에 대한 중대한 제3자 효과를 입증한 추론에 관한 Cranmer and Desmarais의 저작 등이 있다. 이 클러스터는 또 Burt의 구조적 공백 테제 그리고 국제분쟁에서 중심성centrality과 집단역학group dynamics에 관한 Hafner-Burton and Montgomery의 가설을 포함해 네트워크 이론과 국제관계의 상관성을 보여준다.

끝으로, 하위분야 또는 그에 걸친 연구가 포함된 두 개의 작은 클러스터가 등장하는데, 여기에는 네트워크 형태의 집단행동(Seigel, 2009) 그리고, 비록 특정 하위분야와 연관되기는 하지만, 그러한 경계에 걸쳐 적용되어온 통찰력으로 정치학에서 토대를 이루는 네트워크 저작물들이 (Fowler, 2006a) 포함되어 있다. 본 계량서지학적 분석은 이러한 연구 갈래들에 상당한 공통점이 있다는 것을 알려준다. 이러한 인용에서 비교정치연구의 존재가 상대적으로 미약하다는 것도 의외였다. 비교정치학의 본질적 질문에 네트워크 이론과 방법론을 적용하는 것이 향후 연구조사의 주요 영역이 될 것으로 보인다.

그림 1.3은 인용 네트워크를 보여준다. 동시 인용 네트워크가 좀 더 넓은 학문 분야 속에서 네트워크 논문들이 내재한 방식을 전체적으로 보여준다면, 그림 1.3에 나타난 표본 내의 인용 네트워크는 정치네트워크 커뮤니티 내에서의 연결과 분열을 함께 보여준다.4) 국제관계학에서의 양적 네트워크 분석이 바닥 쪽에 클러스터를 형성한 반면, 네트워크에 대한 질적 접근은 단절된 상태로 왼쪽 더 아래쪽에 나타나고 공공행정과 공공정책은 왼쪽 위에, 미국정치는 대부분 오른쪽 더 위에 무리를 지었고, 소수의 방법론 및 주제와 영역을 교차하는 논문들은 가운데에 있다.

표 1.3은 우리의 분석 대상 28개 저널 중 27개의 연결된 저널에 걸친 네트워크 논문과 인용의 수적 분포를 상세히 보여준다(이 장의 주석 1도 참조). 이 표는 공공행정과 공공정책 저널에서 네트워크 분석이 얼마나 잘 확립되었는지를 보여준다. 일반 분야 저널인 한에서, *Journal of Politics*와 *the American Journal of Political Science*의 네트워크 논문들은 APSR보다 게재 (및 피인용) 빈도가 더 높고, 이와 비슷하게 *Journal of Peace Research, International Studies Quarterly*, 그리고 *Journal of Conflict*

*Resolution*은 국제관계 분야의 상위 저널들(*International Organization*과 *International Security*)보다 순위가 높다.

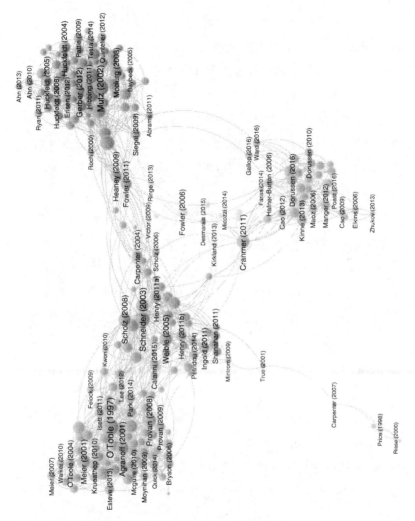

그림 1.3 941개 네트워크 논문 중 상위 25%에 속한 논문 간 인용

표 1.3 표본 저널에서의 인용

저널	네트워크 논문	네트워크 논문 순위	인용	인용 순위
Public Administration Review	126	1	343	3
Journal of Public Administration Research and Theory	91	2	369	2
Policy Studies Journal	80	3	221	6
Journal of Politics	57	4	323	4
Journal of Peace Research	54	5	120	13
American Journal of Political Science	51	6	416	1
International Studies Quarterly	45	7	122	12
American Political Science Review	42	8	227	5
Journal of Conflict Resolution	41	9	128	10
Comparative Political Studies	40	10	38	19
Political Behavior	36	11	184	8
American Politics Research	35	12	198	7
Political Research Quarterly	35	13	136	9
International Organization	28	14	60	17
British Journal of Political Science	25	15	115	14
Political Psychology	24	16	126	11
Comparative Politics	21	17	7	26
Journal of TheoreticalPolitics	19	18	62	16
Party Politics	17	19	16	24
Political Analysis	14	20	88	15
Legislative Studies Quarterly	14	21	40	18
World Politics	14	22	23	21
International Security	14	23	20	22
Perspectives on Politics	14	24	17	23
Polity	12	25	13	25
State Politics & Policy Quarterly	11	26	28	20
European Political Science Review	9	27	6	27

제목, 초록 또는 키워드에 "네트워크"가 포함된, 정치학 저널에 게재된 논문(1984-2015)

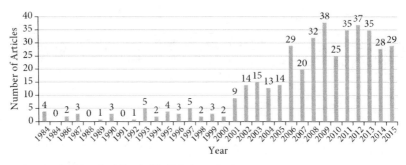

그림 1.4 네트워크에 관한 정치학 학술 논문의 빈도

이 안내서는 정치학 문제에 대한 네트워크 연구방법과 적용에 관한 관심이 늘어나는 시기에 출판된다. 우리가 추정한 바에 따르면 2002년과 2012년 사이 10년 동안 네트워크에 초점을 둔 사회과학 학술 논문의 수는 289% 증가했다. 그림 1.4는 지난 30년에 걸쳐 정치학 저널에 게재된 소셜네트워크 관련 논문들의 분포를 보여준다. 21세기 전환기에 즈음해 네트워크 논문의 급증 현상이 일어났다. 비사회적 성격의 네트워크(예를 들면 컴퓨터 네트워크)를 참조한 논문들은 제외하고 제목, 초록, 또는 키워드에 "네트워크"라는 단어가 들어간 논문들만 계산한 것이다.

우리는 이러한 인기 상승의 원인이 정치학을 관계적 현상으로 연구하려는 직관적 본성의 작동, 네트워크 정보를 수집, 관리, 분석하는 기술적 역량의 상승, 그리고 이러한 이벤트들의 동시 발생으로 나타난 승수 효과에 있다고 본다.

이 책의 구성[1)]

이 책은 7개 부분으로 구성된다. 1부는 본 서문에 더해, 정치네트워크

---

1) 역자주: 여기서 책 구성 소개는 번역서가 아닌 원서의 구성 내용을 번역하였다. 원서의 구성을 궁금할 독자를 위해 원서 내용을 그대로 실었다.

연구의 기초를 이루는 이론적 기반에 초점을 맞춘 5개의 장으로 구성된다. 2장에서 John F. Padgett는 최근 출판된 Woody Powell과의 공저(2012)를 회고하면서, 공식 조직, 시장, 그리고 국가의 등장, 유지, 진화를 복합적 네트워크에 걸친 관계의 치환 및 네트워크의 자가 촉매 작용에 의한 재생산과 연결한다. 3장에서 David Knoke와 Tetiana Kostiuchenko는 정책네트워크에 존재하는 권력 구조를 설명한다. 권력과 정치네트워크에 관한 연구는 최근 정치학에서 네트워크 분석을 재발견한 것보다 앞선다. 이 장은 정치학 내 구조와 권력의 역사적 및 현대적 개념들을 네트워크와 연결한다. 4장에서는 David Lazer와 Stefan Wojcik가 정치네트워크와 전산 사회과학의 교차에 대해 전반적으로 소개한다. Lazer 박사는 그의 연구실 동료, 박사후연구원, 그리고 학생들과 함께, 정치적 소통과 사회화 및 복잡한 정치 캠페인 기부의 세계와 같은 다양한 주제에 관한 추론적 모형 도출을 위한 기술적 혁신과 방법론적 정교함을 이용하는 데 있어 최첨단에 있는 이 신흥 분야의 선두에 서 왔다. Lazer는 "크게 생각하기thinking big"가 전산학적으로 어렵고도 보람 있는 일이라는 것을 보여준다. 5장에서는 Jon C. Rogowski와 Betsy Sinclair가 정치네트워크 연구에서의 인과 추론 방법에 대해 논한다. 인과 관계가 있는 동종선호적homophilous 관계의 분석 문제는 정치네트워크 학자들에게 골칫거리였다. Sinclair와 Rogowski는 정치네트워크 연구에서의 인과 추론 접근법에 관한 구체적인 조언을 제공한다. 6장에서 John W. Patty와 Elizabeth Maggie Penn은 네트워크 분석에서 주요한 이론적 개념들을 이해하기 쉽게 소개한다. 저자들은 중심성 그리고 연결성과 같은 유용한 네트워크 개념부터, 정치학 응용에서 자신들의 경험적 측정에 이르는 로드맵을 제공한다.

2부는 네트워크 분석에서 사용되는 주요 방법론적 개념과 접근법을 소개하는 7개의 장을 포함하고 있다. 이러한 소개는 대체로 비전문적이고 쉽게 접근할 수 있도록 구성되었으며, 이 분야에 입문하려는 학자들에게 유용한 출발점을 제공함으로써 네트워크 및 상호의존과 관련된 정치학의 문제에 대한 최첨단의 방법론적 접근에 관해 추가적인 연구가 가능하도록 해 줄 것이다. 7장에서 Justin H. Gross와 Joshua M. Jansa는 중요한 관계적 개념, 측정, 그리고 정보 수집의 설명에 초점을 두고 입문 수준의 네트워크 분석에 관해 초보적인 소개를 제공한다. 이들은 좀 더 전통적인, 빈도주의frequentist 형태의 통계 분석과 비교하면서, 결측 정보와 표본 추출 등 연구 설계에서 중요한 난제들을 다룬다. 8장에서는 Bruce A. Desmarais와 Skyle J. Cranmer가 네트워크 분석에서 통계적 추론에 대해 중급 수준의 소개를 제공한다. 이들은 ERGM을 포함해, 전통적인 통계 방법 연구자에게 익숙한 방식으로 네트워크 정보를 분석하기 위한 최신 기법들의 실례를 비교한다. 9장에서 Tom A. B. Snijders와 Mark Pickup은 동적 네트워크의 분석을 위한 확률적 행위자 기반 모형 stochastic actor oriented models에 관해 설명한다. 이 장에서 소개하는 기법 은 불균형 패널unbalanced panels이 마르코프 프로세스Markov process로 진화한다고 설명될 수 있는 네트워크를 위해 설계된 것이다. 이 장에는 RSiena 소프트웨어를 이용한 분석에 대한 개관도 포함되어 있다. 10장에서는 Cassy Dorff, Shahryar Minhas, 그리고 Michael D. Ward가 잠재 latent 및 공간 spatial 네트워크에 대한 방법론적 접근법을 설명한다. 이들은 유용한 소프트웨어에 관한 안내를 포함하여, 다른 접근법과 비교해 잠재 공간 접근법이 갖는 강점과 한계를 차례로 열거한다. 11장에서 Jürgen Pfeffer는 네트워크 데이터의 시각화에 대해 유익한 소개를 제공한다. 저자들은 서로 관계있는 대량의 정보를 시각화하는 원칙에 대해 논하고 유용하고 흥미로운 예시들을 제시한다. 12장에서 Philip Leifeld는 네트워크를 이용한 담화분석을 소개한다. 정치 행위자 간 언어적 상호작용은 연관성, 공통점, 갈등을 연구하는데 풍부한 정보 출처를 제공한다.

Leifeld는 학자들이 시간 요소temporal component를 이용해 추론을 도출할 수 있도록 해주는 알려진 속성을 통해 그러한 상호작용이 데이터로서 어떻게 분석될 수 있는지를 보여준다. 13장에서 Sijia Yang과 Sandra González-Bailón은 언어 네트워크 분석 기법에 관해 설명한다. 이 장은 자연언어 처리에 관한 풍부한 문헌과 기계학습을 토대로, 텍스트 데이터에서 언어 네트워크를 추출하고 구축할 때 방법론적으로 반드시 고려해야 할 사항들을 소개한다.

3부에서 6부까지는 실제 적용 사례들을 보여주는 것으로 이 책의 주요 내용이다. 모두 24개의 장으로 구성된 이 부분에서 실질적인 네 개의 하위분야에 대한 통찰이 이뤄진다. 이 장들은 이러한 각 하위분야에서 중요한 공헌을 한 대표적인 학자들이 집필했다. 이 장들은 최신 문헌에 대한 비평을 제공할 뿐만 아니라 각 분야에서 가장 중요한 일부 문제들에 대해 네트워크 이론과 방법이 어떻게 해답을 제시하고 있는지도 알려준다. 3부에는 미국정치를 주제로 정치 제도와 행위를 다룬 8개의 장이 포함되어 있다. 14장에서 Meredith Rolfe와 Stephanie Chan은 투표와 정치 참여를 이해하려는 최근의 연구 상황을 개괄한다. 이들은 이러한 문제에 대한 다양한 방법론적 접근법을 설명하며, 이러한 문제를 이해하기 위해서는 사회적 맥락에 대한 설명이 필수적이라고 강조한다. 투표 여부의 문제에서 투표 방식으로 문제의 초점을 옮겨, 15장에서는 Lauren Ratliff Santoro와 Paul A. Beck가 투표 선택에 대한 소셜네트워크의 효과를 탐색한다. 이들은 이 분야의 문헌에 대한 탁월한 비평을 제공하고 있는데, 이는 20세기 중반의 행동 혁명까지 거슬러 올라가는, 네트워크 연구에서 가장 오래된 분야 중 하나다. 이 장은 또 이 주제에 관한 비교정치학의 유용한 교훈을 활용해 투표 선택의 문제에서 추가적인 진보를 이루기 위한 난제들의 윤곽을 제시한다. 16장에서 Paul S. Herrnson과 Jusin H. Kirkland는 미국정치의 선거자금 네트워크를 살펴본다. 이들은 국가 및 주 단위에서 작동하는 공식 및 비공식적 요소를 포함한 미국 정당의 대규모, 확장 네트워크의 기술적 증거descriptive evidence를 제공한다. 17장에서는 Michael T. Heaney와 James M. Strickland가 미국정치의 조직 이익organized interests 연구에서의 네트워크 현황에 대해 논한다. 이들은 정치 조직을 이해하는 데 있어 네트워크의 역할이 중요하다고 강조하면서 미국정치에서 단체의 탄생, 유지, 그리고 영향을 연구한다. 18장에서 Greg Koger, Seth Masket, 그리고 Hans Noel은 정당을 확장된 네트워크로 보는 것이 어떻게 미국의 선거 및 입법 정치에서 정당이 하는 역할에 대한 이해도를 높여주는지 설명한다. 19장에서 Nils Ringe, Jennifer Micoll Victor, 그리고 Wendy Tam Cho는 입법 정치 분야의 광범위한 네트워크 문헌에 관해 설명한다. 이들은 학자들이 생각할 수 있는 입법부에서의 네트워크의 다양한 작동 방식에 대한 윤곽을 제시하고 이 주제에 관한 향후 연구의 난제와 기회에 대해 서술한다. 20장에서 Janet M. Box-Steffensmeir, Dino P. Christenson, 그리고 Claire Leavitt는 미국 사법체계의 네트워크 작동 방식을 설명한다. 이들은 사법행위와 의사결정에 초점을 두고, 사법 정치에서의 연결성을 측정하기 위한 다양한 방식을 개략적으로 설명한다. 21장에서 Scott D. McClurg, Casey A. Klofstad, 그리고 Anand Edward Sokhey는 정치토론 네트워크 관련 심층 문헌을 전반적으로 검토한다. 이들은 "에고 네트워크ego-networks"와 이 하위분야에서의 추론에 따르는 이론 및 기술적 난제에 특히 주목하면서, 관심의 결과로서 정치적 행위에 초점을 맞춘다.

4부에는 공공행정 및 공공 정책과 관련된 주요 주제를 다룬 5개의 장이 포함된다. 22장에서 Richard Feiock와 Manoj Shrestha는 지방 정부들이 자체 조직한 기구 내에서의 집단행동 문제를 해결하는 데 도움이 될만한 공식 및 비공식적 네트워크를 어떻게 개발하는지 보여준다. 23장에서 Adam Douglas Henry는 네트워크 틀을 사용해 공공정책의 학습 과정을 설명한다. 그는 정책네트워크의 가정된 특성으로서 분리 segregation에 초점을 두고 정책네트워크에 관한 기존의 가정들이 근시안 적일 수 있음을 보인다. 24장에서 Paul W. Thurner는 공식 및 비공식적 구조, 다층적인 제도적 특징, 다양하지만 연계적인 구성요소들을 갖추고 있어 연구대상으로서 EU가 본래 네트워크 지향적이라고 주장한다. 그는 EU 연구발전을 위해 학자들이 네트워크 관점을 이용해왔고 또 이용할 방법이 많다고 강조한다. 25장에서 Ramiro Berardo, Isabella Alcañiz, Jennifer Hadden, 그리고 Lorien Jasny는 네트워크 구조가 정책입안자들 과 옹호자들을 저지해 환경정책 관련 결과를 선호하는 방향으로 유도해 내는 방식에 집중한다. 26장에서 Alexander P. Joosse와 H. Brinton Milward는 보건정책 영역의 연구를 통해 네트워크 관점이 보건정책 수 립과 실행 과정에서 제기되는 문제와 가능한 해결책을 제시할 수 있음을 보여준다.

5부는 국제관계 관련 주제를 다룬 6개의 장으로 구성되어 있는데, 무 역에서 테러리즘 그리고 인권에서 무기확산까지 폭넓은 관련 주제와 네 트워크 적용 사례들이 포함되어 있다. 27장에서 Arie Perliger는 테러리 스트 조직 간 경쟁, 협력, 합병, 분리의 방식을 이해하는 데 네트워크 분 석이 어떤 도움을 줄 수 있는지 설명한다. 그는 테러리즘에 대한 네트워 크 관점의 접근이 서로 연계된 극단주의 조직의 폭력을 줄이기 위한 국 가 및 국제적 노력에 도움이 될 수 있다고 주장한다. 28장에서 Giorgio Fagiolo는 근거를 들어 국제무역 네트워크의 특성과 유형을 설명함으로 써 현재의 무역 관계에 대한 이해도 제고와 향후의 방향 예측 기회를 제공한다. 29장에서 Mette Eilstrup-Sangiovanni는 다양한 유형의 글로벌 거버넌스와 그 작동 방식을 기술한다. 그녀는 지구적 환경보호 운동 을 실례로 이러한 네트워크가 어떻게 작동하는지 보여준다. 30장에서 Amanda Murdie와 Marc Polizzi는 인권 옹호 네트워크에 관해 설명한다.

이들은 전 세계적인 인권 향상을 위한 조건의 규명을 위해 네트워크 특성에 초점을 맞추고, 인권 옹호의 특징을 이해하기 위해 실증적 접근법을 취한다. 31장에서 Zeev Maoz는 분석적 네트워크 관점을 통해 국제협력과 분쟁을 설명하고자 하며, 네트워크 연구가 양자적 모델dyadic models을 넘어 체계적systemic 네트워크 접근법을 향해 나아갈 때가 되었다고 주장한다. 32장에서 David Kinsella와 Alexander H. Montgomery는 현행 자료 출처의 잠재성과 위험성뿐만 아니라, 국제 무기거래와 확산을 가능하게 하고 또 제약하는 요인들에 관한 이론과 가설들을 구체적으로 열거하면서 이 분야에 네트워크 분석을 추가로 적용할 시기가 되었음을 암시한다.

6부는 비교정치학 주제에 관한 5개의 장으로 구성되며, 제도와 정치 행위를 모두 다루고 있다. 33장에서 Armando Razo는 비교정치학의 하위분야에서 오랫동안 관계의 개념에 초점을 맞춰 왔지만, 네트워크 지향적 이론과 분석적 접근법의 이점을 충분히 수용하지 않았다고 주장한다. 34장에서 David A. Siegal은 시민이 민주적 제도와 상호작용하는 방식에 네트워크가 미치는 직간접적 영향에 대해 상세히 설명한다. 그는 이러한 관계에서의 상호적 복잡성을 탐색하면서 비교정치에서 네트워크 관점이 갖는 가치를 보여준다. 35장에서 Manuel Fischer는 국가 행위자 간 관계에 더해, 국가 수준 및 부문 수준의 제도에 초점을 두고 유럽의 정책네트워크를 살펴본다. 36장에서 Barry Ames, Andy Baker 그리고 Amy Erica Smith는 브라질 유권자를 사례로 2014년에 행해진 두 도시 패널 연구의 자아 중심적 토론 네트워크를 조사하는 네트워크 분석을 보여준다. 37장에서는 Jeffrey Broadbent가 세계 기후변화 정책네트워크를 사례로 복잡한 초국가적, 정책 관련 현상을 이해하는 데 네트워크 이론과 분석을 활용할 가치가 있음을 보여준다.

7부는 다소 독특한 요소로 구성되어 있는데 독자들에게 특히 유용하고 흥미롭기를 바란다. 7부에는 다른 학문 분야의 대표적인 학자들이 정치학에서의 네트워크 분석 현황을 되돌아보는 6개의 짧은 인터뷰가 포함되어 있다. 정치네트워크 연구는 본질적으로 학제적이며, 이미 언급했듯이, 이 분야는 다른 분야의 성과를 많이 차용해 오기도 했고 또 이들 분야의 발전에 기여해 오기도 했다. 이러한 주제에 관한 집단지식은 누적적이고 상호의존적이다. 그래서 우리는 경영학Steven Borgatti, 경제학Matthew Jackson, 사회학James Moody, 수학Peter Mucha, 컴퓨터 공학 Derek Ruths, 그리고 통계학 및 심리학Stanley Wasserman 분야의 권위자들에게 일련의 간략한 질문을 던졌다. 정치학이 생산적으로 공헌할 가능성이 가장 큰 방법들에 관한 이들의 통찰은 향후 연구계획을 진전시키는 데 매우 유용하며, 정치학에서 네트워크 연구가 갖는 잠재적 위험성에 관한 이들의 조언에 귀를 기울이는 것이 현명할 것으로 생각된다.

정치네트워크 분석의 향방

이 책은 정치적 난제를 다루는 데 네트워크 이론과 방법이 가진 이점을 보여준다. 지난 세기에 걸쳐 학자들은 점차 관계적, 맥락적, 또는 상호 의존적 현상을 인식함으로써 여러 다양한 주제에 관한 집단지식을 발전시켜왔다. 그러나 네트워크 이론의 발전과 분석을 정치학에 응용하는 것은 여전히 초기 단계에 있다. 이 책의 여러 장에서 증명되듯이, 네트워크 방법을 통해 당대 사회과학의 다양한 주제에서 상당한 진전을 이뤘지만, 네트워크 방법, 이론, 또는 시각으로 탐색해야 할 풀리지 않은 문제들과 생산적인 연구 분야가 많다. 이는 당연한 발전 단계이며, Agranoff와 MacGuire(2001, 295)가 수학자 Hilbert(1992)를 인용해 말한 것처럼, "과학의 한 분야가 많은 문제를 제공하는 한, 그 분야는 그만큼 오래 살아있는 것이며, 문제의 부족은 소멸이나 독립적인 발전의 중단을 예고한다."

그러나 다수의 정치학자가 네트워크 이론과 방법론도 다른 일시적인 지적 유행과 비슷한 운명을 거칠 수도 있다는 가능성 때문에 그 가치에 대해 여전히 회의적이라는 것은 우리도 인지하고 있는 바다. 정치네트워크 분석은 "독립적인 발전의 중단"을 피하기 위한 많은 중요한 난제에 직면해 있다. 이러한 문제 중에는 다수의 학문 분야가 공유하는 방법론적 문제가 있는데, 수집 가능한 자료의 증가와 컴퓨터 처리 능력 및 알고리즘의 향상으로 이미 상당한 진전을 이뤘다. 하지만 우리는 여전히 정치네트워크 분석의 추가 개선을 위해 다른 학문 분야의 동료들과 함께 힘쓰고 있는 여섯 가지 주요 난제와 기회를 안고 있다.

그 첫 번째 과제는 네트워크화된 시스템의 내생적 과정을 푸는 노력이다. 이러한 시스템은 시간의 흐름을 거쳐 복잡한 과정에 따라 진화하면서 인과적 또는 구성적 메커니즘의 구별을 어렵게 만든다. 예를 들면 학자들은 자연 발생적 동종선호homophily와 인과적 동료 효과peer effect를 식별하고자 지속적인 노력을 기울인다. 이는 상호의존적 모집단population의 관찰을 통한 인과 추론을 어렵게 만드는 내생성endogeneity의 대표적인 난제 중 하나다. 우리가 알기로 사람들은 선천적으로 자신들의 특성을 공유하는 사람들과 무리 지을 가능성이 있다. 같은 구역에 사는 사람들은 지배적 언어와 인종적 동일성을 갖는 경향이 있고, 가족과 친구들은 전반적으로 동일한 정치적 선호를 공유하기 마련이며, 관계는 없지만 같이 사는 사람들은 같은 습관과 자연스러운 행위 유형을 갖는 경향이 있다. 그러나 이러한 공통성이 한 사람의 특질이나 행동이 다른 사람들을 그 사람과 같게 만들기 때문에 나타나는 것인지, 아니면 다른 사람들이 동료들의 행동 패턴을 관찰하지 않아도 그들과 동일한 패턴을 채택했을 것이기 때문에 나타나는 것인지 분간하기 어렵다. 정치학자들은 이러한 효과들을 구별하고자 종단longitudinal 또는 패널 데이터와 실험적 설계experimental design를 현명하게 함께 사용하고 있다. 이 과제는 우리 분야에서 가장 어려운 문제 중 하나이며, 따라서 이 주제에 대한 창의적이고 엄밀한 공헌이 절실히 필요한 상태다.

정치네트워크 분석의 두 번째 중요한 과제는 빈도주의 통계학에서의 표본 추출과 결측 정보인데, 모집단에 대한 어떤 추론은 그 모집단의 대표적 표본을 관찰함으로써 가능하다. 모집단과 표본의 자료 분포가 같을 때, 추론은 합리적이며, 그 정확성을 측정할 수 있다. 사전적 의미상, 어떤 네트워크의 노드나 구성요소는 상호의존적이며, 그런 모집단의 경계를 찾는 것이 종종 어렵거나 불가능할 수도 있다. 모집단의 크기와 특성이 미지수여서 모수parameter에 대해 합리적인 가정을 할 수 없을 때, 무작위로 표본을 추출하면 네트워크 경계에 관한 임의의 가정을 포함하게 된다. 네트워크 모집단 전체의 경계를 정하고 이러한 모집단에서 랜덤 표본을 추출하지 못하는 것은 소셜네트워크 분석을 사용해 인과 추론을 하는 데 중대한 장애물로 작용한다. 게다가, 다수의 네트워크 방법론은 존재하는 모든 노드와 관계를 연구자가 관찰한다고 가정하지만, 실제 자료 수집 과정에서는 종종 자료가 누락되기도 한다. 이는 소셜네트워크 분석이 수십 년간 주로 기술적 목적descriptive purpose으로 사용된 이유를, 적어도 부분적으로는, 설명해 준다. 그것은 또 가능한 한 온전한 네트워크 데이터(예를 들면 의회의 모든 의원, 또는 조약협정의 모든 회원국에 관한 연구)를 사용하려는 경향도 설명해 준다. 그러나 점차 네트워크 데이터를 사용해 인과 추론을 할 수 있도록 돕는 창의적인 해법들이 개발되면서, 학자들은 이 난제에서 진전을 이루기 시작했다(특히 5장을 참조).

세 번째 과제로, 이른바 빅 데이터 영역에서 발전을 이룰 기회가 많아 보인다. 이에 대해서는 4장에서 깊게 논의할 것이다. 네트워크 기반 데이터가 흔히 대규모로 수집될 수밖에 없다는 점에서, 빅 데이터는 네트워크 분석의 여러 유형을 구별하는 데 기술적으로descriptively 그다지 유용하지 않을 수도 있는 포괄적인 용어다. 우리가 사는 당대 세계의 디지털화는 점점 더 많은 데이터가 생산되고 있다는 것, 동시에 다행히 우리도 개인용 컴퓨터로 테라바이트terabyte, 페타바이트petabyte, 심지어 엑사바이트exabyte 단위의 데이터를 저장, 관리 및 분석할 수 있게 되었다는 것을 의미한다. 이 모든 것은 우리에게 굉장한 탐구, 이론 개발, 사회 및 정치 세계에 관한 발견의 기회를 제공하는데, 현재 우리는 과거 그 어느 때보다도 우리를 연결하는 것들에 관해 더 많은 것을 보고, 측정하고, 또 개념화할 수 있게 되었기 때문이다.

이와 같은 맥락에서, 네 번째 과제로 우리는 다면적 데이터 분석 영역에서 엄청난 발전의 기회가 있다고 본다. 많은 연구 분야에는 다양한 잠재적 연결 고리에 의해 서로 연결된 부분들이 있다. 예를 들면 의원들은 같은 위원회 업무, 같은 정책적 선호, 공동의 경력, 공동의 선거기부자, 그리고 기타 여러 가능성에 의해 연결되어 있을 수 있다. 각 연결 세트는 의원들의 관계에 관해 서로 다른 것들을 드러내 주고, 이러한 연결들의 조합은 더 많은 것들을 드러내 줄 수 있다. 네트워크는 온전한 전체 네트워크 수준에서만 관찰할 수 있는 새로운 특성이 있다. 따라서 구성단위나 노드가 연결될 수 있는 다양한 방식도 이해하게 되면 추가적인 특성이 드러날 수 있을 것이다. 복잡한 네트워크 데이터의 처리, 이론화, 그리고 분석 기법의 개발은 향후의 연구를 위한 중요한 수단이 될 것이다. 물론 이런 유형의 데이터에 대한 전산적 요구는 매우 강하며, 정치학자들은 컴퓨터 과학자나 이 분야의 전문 기술을 보유한 사람들과 생산적인 공동 집필 관계를 발전시켜 나아갈 수도 있을 것이다.

네트워크 분석에서 다섯 번째 핵심 난제는 시간의 경과에 따른 네트워크의 진화를 처리하는 것이다. 이것은 이론적 난제이자(특히 2장을 참조) 방법론적 난제이기도 하다. 네트워크의 복잡하고 시간 종속적인 경로를 처리하기 위해 우리는 이 책에서만 서로 다른 두 가지 양적 접근법을 포함했다(8, 9장). 그러나 이런 것들이 동적 네트워크가 보여주는 복잡성의 전부는 아니다. 동적 네트워크는 시간이 흐르면서 기능이 바뀌고, 여러 충격에 다르게 반응할 수 있으며, 더 광범위하고 서로 맞물린 조직들을 끊임없이 형성하고 또 그 조직들에 의해 형성되기도 한다. 방법론적 장애를 극복할 수 있다 하더라도, 시간의 흐름에 따른 네트워크 데이터의 (특히 역사 자료) 수집은 단편적 자료의 수집보다 훨씬 더 어렵다. 앞으로 데이터의 수집량과 수집 가능한 데이터의 양이 증가하면 이 후자의 문제가 완화될 수도 있겠지만 말이다.

끝으로, 여섯 번째 난제는 네트워크, 네트워크의 특성, 그리고 정치문제에 대해 네트워크가 갖는 함의에 관한 더 많은 이론화 요구가 강하다는 것이다. 예를 들면 삼자 완결구조triadic closure(세 개의 노드가 서로 연결되어 있을 때)는 협력과 신뢰를 조건으로 발생한다고 알려졌다. 또, 특이하게 두 클러스터 사이에 있는 노드는 이 두 클러스터 간의 상호작용에서 중개자 역할을 하며 상당한 권력과 통제력을 갖는 것으로 알려져 있다(Burt 2007, 1995). 사회 및 경제적 구조의 등장, 유지 그리고 진화는 여러 네트워크에 걸친 복잡한 연결성에 의존한다(Padgett and Powell, 2012). 선호적 연결preferential attachment이나 작은 세상 프로세스 small-world process처럼 좀 더 일반적인 수학적 네트워크 모형이 정치네트워크 연구와 어느 정도의 관련성을 갖는지 이해하는 것도 중요하다. 정치학자들은 정치네트워크 특유의 속성이 갖는 함의에 관해, 다른 학문에서 내놓은 것들을 넘어선, 유용한 통찰력이 있을 수 있다. 예를 들면 정책 옹호자들에 관한 네트워크 시각은, 정치 행위자들의 효용함수utility function에서 정책 선호의 위치를 알면 그들의 행위를 이해할 수 있다는 기본 전제에 의문을 제기한다(Leifeld and Schneider, 2012). 네트워크 시각을 통해 정치학의 여러 기본 이론과 가정에 이의를 제기하거나 다시 개념화하는 것으로 우리는 새로운 통찰력을 얻을 수도 있을 것이다.

요약하자면, 네트워크 분석의 이론 및 기술적 발전과 정치학 문제에의 응용은 엄청난 기회를 제공한다. 학자들이 정치 세계의 복잡성을 좀 더 잘 이해하고자 노력함에 따라, 네트워크 접근법은 직관적, 관계적 패러다임에 부합하고 정교한 도구 세트를 제공한다. 20세기 하반기 정치학은 대부분 경제학에서 차용한 패러다임이 지배했다. 방법론적 개체주의는 생산적이었지만, 독립성이라는 비현실적인 가정을 수용하도록 강요했다. 정치학 연구에 필요한 좀 더 현실적이고 잠재적으로 강력한 도구적 시각은 관계적 패러다임이다. 이 책의 의도는 독자들에게 이런 표현에 부합하는 문헌에 기여한 현존 성과를 소개하고 향후 기여하게 될 성과에 관해 호기심을 갖도록 북돋우는 것이다. 이 책에서 소개한 것은 정치학 연구에서 네트워크 관련 주제에 관한 문헌의 빙산의 일각에 불과하지만, 독자들에게 유익하고 흥미롭기를 바란다.

부록 A

아래 표는 그림 1.1에 나타난 데이터가 포함된 출처의 제목을 전부 열거한 것이다. 저널이 아닌 서적, 정기 간행물 등은 굵은 글씨체로 표시되었다.

라벨	전체 명칭
Acad Manage J	Academy of Management Journal
Acad Manage Rev	Academy of Management Review
Activists Borders Ad	**Activists without Borders**
Adm Sci Q	Administrative Science Quarterly
Adm Theory Praxis	Administrative Theory & Praxis
Admin Sci Quart	Administrative Science Quarterly
Admin Soc	Administration & Society
Agendas Alternatives	**Agendas, Alternatives, and Public Policy**

라벨	전체 명칭
Agendas Instability	**Agendas and Instability in American Politics**
Am Behav Sci	American Behavioral Scientist
Am Econ Rev	American Economic Review
Am J Commun Psychol	American Journal of Community Psychology
Am J Polit Sci	American Journal of Political Science
Am J Public Health	American Journal of Public Health
Am J Sociol	American Journal of Sociology
Am Polit Quart	American Politics Quarterly
Am Polit Res	American Politics Research
Am Polit Sci Rev	American Political Science Review
Am Psychol	American Psychologist
Am Rev Public Adm	American Review of Public Administration
Am Sociol Rev	American Sociological Review
Am Voter	**The American Voter**
Ann Am Acad Polit Ss	**Annals of The American Academy of Political And Social Science**
Ann Assoc Am Geogr	Annals of The Association of American Geographers
Ann M Am Pol Sci Ass	Annual Meeting of the American Political Science Association
Ann M Midw Pol Sci A	Annual Meeting of the Midwest Political Science Association
Annu Rev Polit Sci	Annual Review of Political Science, Vol. 13
Annu Rev Psychol	Annual Review of Psychology, Vol. 62
Annu Rev Sociol	Annual Review of Sociology, Vol 36
Asian Surv	Asian Survey
Attitude Strength	**Attitude Strength: Antecedents and Consequences**
Aust J Publ Admin	Australian Journal of Public Administration
Biometrika	Biometrika
Bowling Alone Collap	**Bowling Alone: The Collapse and Revival of American Community**
Brit J Polit Sci	British Journal of Political Science
C Electoral Connecti	**Congress: The Electoral Connection**
Camb Stud Compar	**Cambridge Studies in Comparative Politics: Inside Rebellion**
Case Study Res Desig	**Case Study Research: Design and Methods**
Citizens Politics So	**Citizens, Politics and Social Communication**
Collaborative Public	**Collaborative Public Management**
Commun Res	Communication Research
Communication	Communication
Comp Polit	Comparative Politics(Series)

라벨	전체 명칭
Comp Polit Stud	Comparative Political Studies
Conflict Manag Peace	Conflict Management And Peace Science
Congressmens Voting	Congressmen's Voting Decisions
Connections	Mapping Networks of Terrorist Cells
Democracy Am	Democracy in America
Democratization	Democratization
Designing Social Inquiry	Designing Social Inquiry
Diffusion Innovation	Diffusion of Innovations
Ec Theory Democracy	An Economic Theory of Democracy
Ecol Soc	Ecology and Society
Econ J	Economic Journal
Econ Polit-Oxford	Economics & Politics
Econometric Anal	Econometric Analysis
Econometrica	Econometrica
Economist	Economist
Elect Stud	Electoral Studies
Environ Manage	Environmental Management
Environ Plann C	Environment And Planning C-Government And Policy
Eur J Int Relat	European Journal of International Relations
Eur J Polit Res	European Journal of Political Research
Eur J Soc Psychol	European Journal of Social Psychology
European J Political	European Journal of Political Economy
Europe-Asia Stud	Europe-Asia Studies
Evolution Cooperatio	The Evolution of Cooperation
External Control Org	The External Control of Organizations
Fdn Social Theory	Foundations of Social Theory
Foreign Aff	Foreign Affairs
Foreign Policy	Foreign Policy
Formal Theories Mass	Formal Theories of Mass Behavior
Getting Agencies Wor	Getting Agencies to Work Together
Getting Results Coll	Getting Results Through Collaboration: Networks and Network Structures for Public Policy and Management
Global Environ Polit	Global Environmental Politics
Governance	Governance-An International Journal of Policy Administration And Institutions

라벨	전체 명칭
Governing Commons Ev	Governing the Commons: The Evolution of Institutions for Collective Action
Governing Network Ne	Governing by Network: The New Shape of the Common Sector
Guardian	The Guardian of London
Harvard Bus Rev	Harvard Business Review
Hdb Public Adm	Handbook of Public Administration
Hdb Social Psychol	Handbook of Social Psychology
Hearing The Other Side: Deliberative Versus Participatory Democracy	Hearing the Other Side: Deliberative versus Participatory Democracy
Hum Relat	Human Relations
Hum Rights Quart	Human Rights Quarterly
II Change Ec Perfor	Institutions, Institutional Change, and Economic Performance
Ideology Discontent	Ideology and Discontent
Implementation	Implementation: How Great Expectations in Washington are Dashed in Oakland
Inform Democratic Pr	Information and Democratic Processes
Int Aff	International Affairs
Int Interact	International Interactions
Int J Public Admin	International Journal of Public Administration
Int J Public Opin R	International Journal of Public Opinion Research
Int Org	International Organization
Int Organ	International Organization
Int Polit Sci Rev	International Political Science Review
Int Public Manag J	International Public Management Journal
Int Security	International Security
Int Stud Quart	International Studies Quarterly
Int Studies Q	International Studies Quarterly
Interorganizational	Inter-Organizational Networks
Intro Social Network	Introduction to Social Network Methods
J Am Plann Assoc	Journal of The American Planning Association
J Am Stat Assoc	Journal of The American Statistical Association
J Appl Behav Sci	Journal of Applied Behavioral Science
J Appl Psychol	Journal of Applied Psychology
J Common Mark Stud	Journal of Common Market Studies

라벨	전체 명칭
J Commun	Journal of Communication
J Community Psychol	Journal of Community Psychology
J Conflict Resolut	Journal of Conflict Resolution
J Democr	Journal of Democracy
J Econ Behav Organ	Journal of Economic Behavior & Organization
J Econ Lit	Journal of Economic Literature
J Econ Perspect	Journal of Economic Perspectives
J Econ Theory	Journal of Economic Theory
J Econometrics	Journal of Econometrics
J Eur Public Policy	Journal of European Public Policy
J Exp Soc Psychol	Journal of Experimental Social Psychology
J Int Econ	Journal of International Economics
J Law Econ	Journal of Law & Economics
J Law Econ Organ	Journal of Law Economics & Organization
J Manage	Journal of Management
J Manage Stud	Journal of Management Studies
J Math Sociol	Journal of Mathematical Sociology
J Peace Res	Journal of Peace Research
J Pers Soc Psychol	Journal of Personality And Social Psychology
J Plan Educ Res	Journal of Planning Education And Research
J Policy Anal Manag	Journal of Policy Analysis And Management
J Polit	Journal of Politics
J Polit Econ	Journal of Political Economy
J Publ Adm Res Theor	Journal of Public Administration Research And Theory
J Public Econ	Journal of Public Economics
J Public Policy	Journal of Public Policy
J Sci Stud Relig	Journal For The Scientific Study of Religion
J Soc Issues	Journal of Social Issues
J Stat Softw	Journal of Statistical Software
J Strategic Stud	Journal of Strategic Studies
J Theor Polit	Journal of Theoretical Politics
J Theoretical Politi	Journal of Theoretical Politics
J Urban Aff	Journal of Urban Affairs
Jama-J Am Med Assoc	Jama – Journal of The American Medical Association
Journalism Quart	Journalism Quarterly

라벨	전체 명칭
Lat Am Res Rev	Latin American Research Review
Law Soc Rev	Law & Society Review
Leadership Quart	Leadership Quarterly
Legis Stud Quart	Legislative Studies Quarterly
Legislative Studies	Legislative Studies Quarterly
Logic Collective Act	The Logic of Collective Action
Making Democracy Wor	Making Democracy Work
Manage Sci	Management Science Series A - Theory
Managing Complex Net	Managing Complex Networks: Strategies for the Public Sector
Managing Networks Ad	Managing Within Networks: Adding Value to Public Organizations
Managing Uncertainti	Managing Uncertainties in Networks
Markets Hierarchies	Markets and Hierarchies: Analysis and Antitrust Implications
Metropolitan Governa	Metropolitan Governance: Conflict, Competition, and Cooperation
Mobilization	Mobilization
Mobilization Partici	Mobilization, Participation, and Democracy in America
Models Methods Socia	Models and Methods in Social Network Analysis
Nature	Nature
Nature Origins Mass	The Nature and Origins of Mass Opinion
Networked Politics A	Networked Politics: Agency, Power, and Governance
New Am Political Sys	The New American Political System
New Engl J Med	New England Journal of Medicine
New I Org Anal	New Institutionalism in Organizational Analysis
New Vision	New Visions for Metropolitan America
Newsweek	Newsweek
Nonprof Volunt Sec Q	Nonprofit And Voluntary Sector Quarterly
Ny Times	The New York Times
Org Working Together	Organizations Working Together
Organ Sci	Organization Science
Organ Stud	Organization Studies
Oxford Econ Pap	Oxford Economic Papers-New Series
Oxford Hdb Political	The Oxford Handbook of Political Psychology
P Natl Acad Sci Usa	Proceedings of The National Academy of Sciences of The United States of America-Physical Sciences
Participation Am Pol	Participation in America: Political Democracy and Social Equality
Party Polit	Party Politics

라벨	전체 명칭
Peoples Choice	The People's Choice
Peoples Choice Voter	The People's Choice: How the Voter Makes Up His Mind in a Presidential Election
Pers Soc Psychol B	Personality And Social Psychology Bulletin
Perspect Polit	Perspectives On Politics
Perspectives Politic	Perspectives on Politics
Phys Rev E	Physical Review E
Physica A	Physica A – Statistical Mechanics And Its Applications
Plos One	Plos One
Policy Change Learni	**Policy Change and Learning: An Advocacy Coalition Approach**
Policy Networks Empi	**Policy Networks: Empirical Evidence and Theoretical Considerations**
Policy Polit	Policy And Politics
Policy Sci	Policy Sciences
Policy Stud J	Policy Studies Journal
Policy Studies Rev	Review of Policy Research
Polit Anal	Political Analysis
Polit Behav	Political Behavior
Polit Commun	Political Communication
Polit Geogr	Political Geography
Polit Psychol	Political Psychology
Polit Res Quart	Political Research Quarterly
Polit Sci Quart	Political Science Quarterly
Polit Soc	Politics & Society
Polit Stud-London	Political Studies
Polit Theory	Political Theory
Political Anal	Political Analysis
Political Behav	Political Behavior
Political Behavior	Political Behavior
Political Disagreeme	Political Disagreement: The Survival of Diverse Opinions Within Communication Networks
Political Networks S	Political Networks: The Structural Perspective
Political Res Q	Political Research Quarterly
Political Sci State	**Political Science: The State of the Discipline II**
Politics Context Ass	**Politics in Context: Assimilation and Conflict in Urban Neighborhoods**

라벨	전체 명칭
Polity	Polity
Polity 4 Project Pol	**The Polity IV Project**
Power Human Rights I	**The Power of Human Rights: International Norms and Domestic Change**
Ps	PS
Ps-Polit Sci Polit	Ps – Political Science & Politics
Psychol Bull	Psychological Bulletin
Psychol Rev	Psychological Review
Psychometrika	Psychometrika
Public Admin	Public Administration
Public Admin Rev	Public Administration Review
Public Budgeting Fin	Public Budgeting and Finance
Public Choice	Public Choice
Public Manag Rev	Public Management Review
Public Management	Public Management Review
Public Management Re	Public Management Review
Public Money Manage	Public Money & Management
Public Opin Quart	Public Opinion Quarterly
Public Perform Manag	Public Performance & Management Review
Publius J Federalism	Publius – The Journal of Federalism
Q J Econ	Quarterly Journal of Economics
Q J Polit Sci	Quarterly Journal of Political Science
Ration Soc	Rationality and Society
Regression Models Ca	**Regression Models for Categorical and Limited Dependent Variables.**
Reinventing Govt Ent	**Reinventing Government: How the Entrepreneurial Spirit is Transforming the Public Sector**
Res Organ Behav	Research in Organizational Behavior, Vol. 18, 1996
Res Policy	Research Policy
Rev Econ Stat	Review of Economics And Statistics
Rev Econ Stud	Review of Economic Studies
Rev Int Stud	Review of International Studies
Rev Policy Res	Review of Policy Research
Rev Public Pers Adm	Review of Public Personnel Administration
Scand Polit Stud	Scandinavian Political Studies

라벨	전체 명칭
Science	Science
Secur Stud	Security Studies
Self Org Federalism	**Self-Organizing Federalism: Collaborative Mechanisms to Mitigate Institutional Collective Action Dilemmas**
Soc Forces	Social Forces
Soc Natur Resour	Society & Natural Resources
Soc Networks	Social Networks
Soc Probl	Social Problems
Soc Psychol Quart	Social Psychology Quarterly
Soc Sci Quart	Social Science Quarterly
Social Logic Politic	**The Social Logic of Politics: Personal Networks as Contexts for Political Behavior**
Social Network Anal	**Social Network Analysis: Methods and Applications**
Sociol Forum	Sociological Forum
Sociol Method Res	Sociological Methods & Research
Sociol Methodol	Sociological Methodology 1993, Vol. 23
Sociometry	Sociometry
State Local Govt Rev	State and Local Government Review
State Polit Policy Q	State Politics & Policy Quarterly
Strategic Manage J	Strategic Management Journal
Structural Holes Soc	Structural Holes: The Social Structure of Competition
Stud Comp Int Dev	Studies in Comparative International Development
Stud Confl Terror	Studies in Conflict & Terrorism
Survival	Survival
Terror Polit Violenc	Terrorism and Political Violence
Theor Soc	Theory and Society
Theories Policy Proc	**Theories of the Policy Process**
Theory Cognitive Dis	**A Theory of Cognitive Dissonance**
Theory Int Politics	**Theory of International Politics**
Thesis U California	**Centralizing Principles: How Amnesty International Shaped Human Rights Politics Through its Transnational Network**
Tools Govt Guide New	**The Tools of Government: A Guide to the New Governance**
Triangulating Peace	**Triangulating Peace**
Ucinet Windows Softw	UCInet software

라벨	전체 명칭
Understanding Govern	Understanding Governance: Ten Years On
Urban Aff Rev	Urban Affairs Review
Voice Equality Civic	Voice and Equality: Civic Voluntarism in American Politics
Voting Study Opinion	Voting: A Study of Opinion Formation in a Presidential Campaign
W European Politics	West European Politics
Wall Street J	Wall Street Journal
Washington Post	Washington Post
West Eur Polit	West European Politics
Western Polit Quart	Western Political Quarterly
What Am Know Politic	What Americans Know about Politics and Why It Matters
Who Votes	Who Votes?
Working Paper	CESifo Working Paper
World Dev	World Development
World Polit	World Politics
World Politics	World Politics

부록 B

그림 1.2에서 라벨이 달린 노드에 대한 전체 인용
그림에 나타난 각 출처에 제1 저자의 이름만 사용함.

Ansell, C., and Gash, A. (2008). "Collaborative Governance in Theory and Practice." *Journal of Public Administration Research and Theory* 18(4): 543-571. doi:10.1093/jopart/mum032.

Beck, N., Katz, J. N., and Tucker, R. (1998). "Taking Time Seriously: Time-Series-Cross-Section Analysis with a Binary Dependent Variable." *American Journal of Political Science* 42(4): 1260. doi:10.2307/ 2991857.

Berry, F. S., and Berry, W. D. (1990). "State Lottery Adoptions as Policy Innovations: An Event History Analysis." *American Political Science Review* 84(2): 395. doi:10.2307/1963526.

Berry, W. D., and Baybeck, B. (2005). "Using Geographic Information Systems to Study Interstate Competition." *American Political Science Review* 99(4): 505-519. doi:10.1017/S0003055405051841.

Brambor, T. (2006). "Understanding Interaction Models: Improving Empirical Analyses." *Political Analysis* 14(1): 63-82. doi:10.1093/pan/mpi014.

Carpenter, D. P., Esterling, K. M., and Lazer, D. M. J. (2004). "Friends, Brokers, and Transitivity: Who Informs Whom in Washington Politics?" *Journal of Politics* 66(1): 224-246. doi:10.1046/j.1468-2508.2004.00149.x.

Coleman, J. S. (1988). "Social Capital in the Creation of Human Capital." *American Journal of Sociology* 94(January): S95-S120. doi:10.1086/228943.

Cox, G. W., and McCubbins, M. D. (1993). *Legislative Leviathan: Party Government in the House*. Berkeley: University of California Press.

Cox, G. W., and McCubbins, M. D. (2005). *Setting the Agenda: Responsible Party Government in the U.S. House of Representatives*. Cambridge, UK: Cambridge University Press. http://ebooks.cambridge.org/ref/id/CBO97 80511791123.

Cranmer, S. J., and Desmarais, B. A. (2011). "Inferential Network Analysis with Exponential Random Graph Models." *Political Analysis* 19(1): 66-86. doi:10.1093/pan/mpq037.

Elkins, Z. (2005). "On Waves, Clusters, and Diffusion: A Conceptual Framework." *Annals of the American Academy of Political and Social Science* 598(1): 33-51. doi:10.1177/0002716204272516.

Festinger, L. (1957). *A Theory of Cognitive Dissonance*. Stanford, CA: Stanford University Press.

Fowler, J. H. (2006). "Legislative Cosponsorship Networks in the US House and Senate." *Social Networks* 28(4): 454-465. doi:10.1016/j.socnet. 2005. 11.003.

Gleditsch, K. S. (2002). "Expanded Trade and Gdp Data." *Journal of Conflict Resolution* 46(5): 712-724. doi:10.1177/0022002202236171.

Gleditsch, N. P., Wallensteen, P., Eriksson, M., Sollenberg, M., and Strand, H. (2002). "Armed Conflict 1946-2001: A New Dataset." *Journal of*

Peace Research 39(5): 615-637. doi:10.1177/0022343302039005007.

Granovetter, M. (1985). "Economic Action and Social Structure: The Problem of Embeddedness." *American Journal of Sociology* 91(3): 481-510. doi:10.1086/228311.

Granovetter, M. S. (1973). "The Strength of Weak Ties." *American Journal of Sociology* 78(6): 1360-1380. doi:10.1086/225469.

Hafner-Burton, E. M., and Montgomery, A. H. (2006). "Power Positions: International Organizations, Social Networks, and Conflict." *Journal of Conflict Resolution* 50(1): 3-27. doi:10.1177/0022002705281669.

Heclo, H. (1978). "Issue networks and the executive establishment." *Public Administartion Concepts Cases* 413: 46-57.

Ho, D. E., Imai, K., King, G., and Stuart, E. A. (2007). "Matching as Nonparametric Preprocessing for Reducing Model Dependence in Parametric Causal Inference." *Political Analysis* 15(3): 199-236. doi:10.1093/pan/mpl013.

Hoff, P. D., Raftery, A. E., and Handcock, M. S. (2002). "Latent Space Approaches to Social Network Analysis." *Journal of the American Statistical Association* 97(460): 1090-1098. doi:10.1198/016214502388618906.

Huckfeldt, R., Beck, P. A., Dalton, R. J., and Levine, J. (1995). "Political Environments, Cohesive Social Groups, and the Communication of Public Opinion." *American Journal of Political Science* 39(4): 1025. doi:10.2307/2111668.

Humphreys, M., and Weinstein, J. M. (2008). "Who Fights? The Determinants of Participation in Civil War." *American Journal of Political Science* 52(2): 436-455. doi:10.1111/j.1540-5907.2008.00322.x.

Isett, K. R. (2005). "The Evolution of Dyadic Interorganizational Relationships in a Network of Publicly Funded Nonprofit Agencies." *Journal of Public Administration Research and Theory* 15(1): 149-165. doi:10.1093/jopart/mui008.

Kessler, D., and Krehbiel, K. (1996). "Dynamics of Cosponsorship." *American Political Science Review* 90(3): 555-566. doi:10.2307/2082608.

King, G., and Zeng, L. (2001). "Logistic Regression in Rare Events Data." *Political Analysis* 9(2): 137-163. doi:10.1093/oxfordjournals.pan.a004868.

Kraatz, M. S. 1998. "Learning by Association? Interorganizational Networks and Adaptation to Environmental Change." *Academy of Management Journal* 41(6): 621-643. doi:10.2307/256961.

Matti, S., and Sandström, A. (2011). "The Rationale Determining Advocacy Coalitions: Examining Coordination Networks and Corresponding Beliefs." *Policy Studies Journal* 39(3): 385-410. doi:10.1111/j.1541- 0072.2011. 00414.x.

McAdam, D., and Paulsen, R. (1993). "Specifying the Relationship Between Social Ties and Activism." *American Journal of Sociology* 99(3): 640-667. doi:10.1086/230319.

McCarty, N., Poole, K. T., and Rosenthal, H. (2006). *Polarized America: The Dance of Ideology and Unequal Riches.* 1st ed. Cambridge, MA: The MIT Press.

McClurg, S. D. (2006). "Political Disagreement in Context: The Conditional Effect of Neighborhood Context, Disagreement and Political Talk on Electoral Participation." *Political Behavior* 28(4): 349-366. doi:10.1007/ s11109-006-9015-4.

McPherson, M., Smith-Lovin, L., and Cook, J. M. (2001). "Birds of a Feather: Homophily in Social Networks." *Annual Review of Sociology* 27(1): 415-444. doi:10.1146/annurev. soc.27.1.415.

Mesquita, B. B. de. (1981). *The War Trap.* New Haven, CT: Yale University Press.

O'Toole, L. J., and Meier, K. J. (2004). "Desperately Seeking Selznick: Cooptation and the Dark Side of Public Management in Networks." *Public Administration Review* 64(6): 681-693. doi:10.1111/j.1540- 6210. 2004.00415.x.

Price, R. (1998). "Reversing the Gun Sights: Transnational Civil Society Targets Land Mines." *International Organization* 52(3): 613-644. doi:10.1162/ 002081898550671.

Provan, K. G., and Milward, H. B. (1995). "A Preliminary Theory of Interorganizational Network Effectiveness: A Comparative Study of Four Community Mental Health Systems." *Administrative Science Quarterly* 40(1): 1. doi:10.2307/2393698.

Putnam, R. D. (2000). *Bowling Alone: The Collapse and Revival of American Community.* New York: Simon and Schuster.

Putnam, R. D., Leonardi, R., and Nanetti., R. Y. (1993). *Making Democracy Work: Civic Traditions in Modern Italy.* Princeton, NJ: Princeton University Press.

Robins, G., Snijders, T., Wang, P., Handcock, M., and Pattison, P. (2007). "Recent Developments in Exponential Random Graph (P*) Models for Social Networks." *Social Networks* 29(2): 192-215. doi:10.1016/ j.socnet. 2006.08.003.

Russett, B. M., and Oneal, J. R. (2001). *Triangulating Peace: Democracy, Interdependence, and International Organizations.* New York: W. W. Norton.

Snijders, T. A. B. (2001). "The Statistical Evaluation of Social Network Dynamics." *Sociological Methodology* 31(1): 361-395. doi:10.1111/0081- 1750.00099.

Tomz, M., Wittenberg, J., and King, G. (2003). Clarify: Software for Interpreting and Presenting Statistical Results. 2.1. http://www.stanford. edu/tomz/software/clarify.pdf.

Uslaner, E. M. (2002). *The Moral Foundations of Trust.* New York: Cambridge University Press.

Walker, J. L. (1969). "The Diffusion of Innovations among the American States." *American Political Science Review* 63(3): 880-899. doi:10.2307/ 1954434.

Wasserman, S., and Faust, K. (1994). *Social Network Analysis: Methods and Applications.* Cambridge, UK: Cambridge University Press. http://www. worldcat.org/oclc/30594217.

Watts, D. J. (1999). *Small Worlds: The Dynamics of Networks between Order and Randomness.* Princeton, NJ: Princeton University Press. http://www. worldcat.org/oclc/40602717.

부록 C

그림 1.3에서 라벨이 달린 노드에 대한 전체 인용
그림에 나타난 각 출처에 제1 저자의 이름만 사용함.

Abrams, S., Iversen, T., and Soskice, D. (2011). "Informal Social Networks and Rational Voting." *British Journal of Political Science* 41(2): 229-257. doi:10.1017/S0007123410000499.

Agranoff, R., and McGuire, M. (2001). "Big Questions in Public Network Management Research." *Journal of Public Administration Research and Theory* 11(3): 295-326. doi:10.1093/oxfordjournals.jpart.a003504.

Ahn, T. K., Huckfeldt, R., Mayer, A. K., and Ryan, J. B. (2013). "Expertise and Bias in Political Communication Networks." *American Journal of Political Science* 57(2): 357-373. doi:10.1111/j.1540-5907.2012.00625.x.

Ahn, T. K., Huckfeldt, R., and Ryan, J. B. (2010). "Communication, Influence, and Informational Asymmetries among Voters." *Political Psychology* 31(5): 763-787. doi:10.1111/j.1467-9221.2010.00783.x.

Baybeck, B. (2005). "What Do They Know and How Do They Know It? An Examination of Citizen Awareness of Context." *American Politics Research* 33(4): 492-520. doi:10.1177/1532673X04270934.

Bryson, J. M., Crosby, B. C., and Stone, M. M. (2006). "The Design and Implementation of Cross-Sector Collaborations: Propositions from the Literature." *Public Administration Review* 66(s1): 44-55. doi:10.1111/j.1540-6210.2006.00665.x.

Calanni, J. C., Siddiki, S. N., Weible, C. M., and Leach, W. D. (2015). "Explaining Coordination in Collaborative Partnerships and Clarifying the Scope of the Belief Homophily Hypothesis." *Journal of Public Administration Research and Theory* 25(3): 901-927. doi:10.1093/jopart/mut080.

Cao, X. (2009). "Networks of Intergovernmental Organizations and Convergence in Domestic Economic Policies." *International Studies Quarterly* 53(4):

1095-1130. doi:10.1111/j.1468-2478.2009.00570.x.

Cao, X. (2012). "Global Networks and Domestic Policy Convergence: A Network Explanation of Policy Changes." *World Politics* 64(3): 375-425. doi:10.1017/S0043887112000081.

Carpenter, D. P., Esterling, K. M., and Lazer, D. M. J. (2004). "Friends, Brokers, and Transitivity: Who Informs Whom in Washington Politics?" *Journal of Politics* 66(1): 224-246. doi:10.1046/j.1468-2508. 2004.00149.x.

Carpenter, R. C. (2007). "Setting the Advocacy Agenda: Theorizing Issue Emergence and Nonemergence in Transnational Advocacy Networks." *International Studies Quarterly* 51(1): 99-120. doi:10.1111/j.1468-2478. 2007.00441.x.

Cranmer, S. J., and Desmarais, B. A. (2011). "Inferential Network Analysis with Exponential Random Graph Models." *Political Analysis* 19(1): 66-86. doi:10.1093/pan/mpq037.

Desmarais, B. A., Harden, J. J., and Boehmke, F. J. (2015). "Persistent Policy Pathways: Inferring Diffusion Networks in the American States." *American Political Science Review* 109(2): 392-406. doi:10.1017/S000 3055415000040.

Dorussen, H., Gartzke, E. A., and Westerwinter, O. (2016). "Networked International Politics: Complex Interdependence and the Diffusion of Conflict and Peace." *Journal of Peace Research* 53(3): 283-291. doi:10.1177/ 0022343316637896.

Dorussen, H., and Ward, H. (2010). "Trade Networks and the Kantian Peace." *Journal of Peace Research* 47(1): 29-42. doi:10.1177/00223433 09350011.

Elkins, Z., Guzman, A. T., and Simmons, B. A. (2006). "Competing for Capital: The Diffusion of Bilateral Investment Treaties, 1960-2000." *International Organization* 60(4). doi:10.1017/S0020818306060279.

Erisen, E., and Erisen, C. (2012). "The Effect of Social Networks on the Quality of Political Thinking." *Political Psychology* 33(6): 839-865. doi:10.1111/ j.1467-9221.2012.00906.x.

Esteve, M., Boyne, G., Sierra, V., and Ysa, T. (2013). "Organizational Collaboration in the Public Sector: Do Chief Executives Make a Difference?" *Journal of Public Administration Research and Theory* 23(4): 927-952. doi:10.1093/ jopart/mus035.

Fariss, C. J., and Schnakenberg, K. E. (2014). "Measuring Mutual Dependence between State Repressive Actions." *Journal of Conflict Resolution* 58(6): 1003-1032. doi:10.1177/0022002713487314.

Feiock, R. C., Steinacker, A., and Park, H. J. (2009). "Institutional Collective Action and Economic Development Joint Ventures." *Public Administration Review* 69(2): 256-270. doi:10.1111/j.1540-6210.2008.01972.x.

Fowler, J. H. (2006). "Connecting the Congress: A Study of Cosponsorship Networks." *Political Analysis* 14(4): 456-487. doi:10.1093/pan/mpl002.

Fowler, J. H., Heaney, M. T., Nickerson, D. W., Padgett, J. F., and Sinclair, B. 2011. "Causality in Political Networks." *American Politics Research* 39(2): 437-480. doi:10.1177/1532673X10396310.

Gallop, M. B. (2016). "Endogenous Networks and International Cooperation." *Journal of Peace Research* 53(3): 310-324. doi:10.1177/0022343316631 033.

Gerber, A. S., Huber, G. A., Doherty, D., and Dowling, C. M. (2012). "Disagreement and the Avoidance of Political Discussion: Aggregate Relationships and Differences across Personality Traits." *American Journal of Political Science* 56(4): 849-874. doi:10.1111/j.1540-5907. 2011.00571.x.

Hafner-Burton, E. M., and Montgomery, A. H. (2006). "Power Positions: International Organizations, Social Networks, and Conflict." *Journal of Conflict Resolution* 50(1): 3-27. doi:10.1177/0022002705281669.

Heaney, M. T., and McClurg, S. D. (2009). "Social Networks and American Politics: Introduction to the Special Issue." *American Politics Research* 37(5): 727-741. doi:10.1177/1532673X09337771.

Henry, A. D. (2011a). "Ideology, Power, and the Structure of Policy Networks." *Policy Studies Journal* 39(3): 361-383. doi:10.1111/j.1541-0072.2011. 00413.x.

Henry, A. D., Lubell, M., and McCoy, M. (2011b). "Belief Systems and Social Capital as Drivers of Policy Network Structure: The Case of California Regional Planning." *Journal of Public Administration Research and Theory* 21(3): 419-444. doi:10.1093/jopart/muq042.

Hibbing, M. V., Ritchie, M., and Anderson, M. R. (2011). "Personality and Political Discussion." *Political Behavior* 33(4): 601-624. doi:10.1007/s11109-010-9147-4.

Huckfeldt, R., Ikeda, K., and Pappi, F. U. (2005). "Patterns of Disagreement in Democratic Politics: Comparing Germany, Japan, and the United States." *American Journal of Political Science* 49(3): 497-514. doi:10.1111/j.1540-5907.2005. 00138.x.

Huckfeldt, R., and Mendez, J. M. (2008). "Moths, Flames, and Political Engagement: Managing Disagreement within Communication Networks." *Journal of Politics* 70(1): 83-96. doi:10.1017/S0022381607080073.

Huckfeldt, R., Mendez, J. M., and Osborn, T. (2004). "Disagreement, Ambivalence, and Engagement: The Political Consequences of Heterogeneous Networks." *Political Psychology* 25(1): 65-95. doi:10.1111/ j.1467-9221. 2004. 00357.x.

Ingold, K. (2011). "Network Structures within Policy Processes: Coalitions, Power, and Brokerage in Swiss Climate Policy." *Policy Studies Journal* 39(3): 435-459. doi:10.1111/j.1541-0072.2011.00416.x.

Isett, K. R., Mergel, I. A., LeRoux, K., Mischen, P. A., and Rethemeyer, R. K. (2011). "Networks in Public Administration Scholarship: Understanding Where We Are and Where We Need to Go." *Journal of Public Administration Research and Theory* 21 (supp. 1): i157-i173. doi:10.1093/jopart/muq061.

Kinne, B. J. (2013). "Network Dynamics and the Evolution of International Cooperation." *American Political Science Review* 107(4): 766-785. doi:10. 1017/S0003055 413 000440.

Kirkland, J. H. (2013). "Hypothesis Testing for Group Structure in Legislative Networks." *State Politics & Policy Quarterly* 13(2): 225-243. doi:10.1177/

1532440012473842.

Krueathep, W., Riccucci, N. M., and Suwanmala, C. (2010). "Why Do Agencies Work Together? The Determinants of Network Formation at the Subnational Level of Government in Thailand." *Journal of Public Administration Research and Theory* 20(1): 157-185. doi:10.1093/ jopart/mun013.

Kwon, S.-W., and Feiock, R. C. (2010). "Overcoming the Barriers to Cooperation: Intergovernmental Service Agreements." *Public Administration Review* 70(6): 876-884. doi:10.1111/j.1540-6210.2010.02219.x.

Lee, I.-W., Feiock, R. C., and Lee, Y. (2012). "Competitors and Cooperators: A Micro-Level Analysis of Regional Economic Development Collaboration Networks." *Public Administration Review* 72(2): 253- 262. doi:10.1111/ j.1540-6210.2011.02501.x.

Manger, M. S., Pickup, M. A., and Snijders, T. A. B. (2012). "A Hierarchy of Preferences: A Longitudinal Network Analysis Approach to PTA Formation." *Journal of Conflict Resolution* 56(5): 853-878. doi:10.1177/ 0022002712438351.

Maoz, Z. (2006). "Network polarization, network interdependence, and international conflict, 1816-2002." *Journal of Peace Research* 43(4): 391-411.

McClurg, S. D. (2003). "Social Networks and Political Participation: The Role of Social Interaction in Explaining Political Participation." *Political Research Quarterly* 56(4): 449. doi:10.2307/3219806.

McGuire, M., and Silvia, C. (2010). "The Effect of Problem Severity, Managerial and Organizational Capacity, and Agency Structure on Intergovernmental Collaboration: Evidence from Local Emergency Management." *Public Administration Review* 70(2): 279-288. doi:10.1111/ j.1540-6210.2010.02134.x.

Meier, K. J., O'Toole, L. J., Boyne, G. A., and Walker, R. M. (2006). "Strategic Management and the Performance of Public Organizations: Testing Venerable Ideas against Recent Theories." *Journal of Public Administration Research and Theory* 17(3): 357-377. doi:10.1093/ jopart/mul017.

Meier, K. J., and O'toole, L. J. (2001). "Managerial Strategies and Behavior in Networks: A Model with Evidence from U.S. Public Education." *Journal of Public Administration Research and Theory* 11(3): 271-294. doi:10.1093/oxfordjournals.jpart. a003503.

Micozzi, J. P. (2014). "Alliance for Progress? Multilevel Ambition and Patterns of Cosponsorship in the Argentine House." *Comparative Political Studies* 47(8): 1186-1208. doi:10.1177/0010414013488564.

Mintrom, M., and Norman, P. (2009). "Policy Entrepreneurship and Policy Change." *Policy Studies Journal* 37(4): 649-667. doi:10.1111/j.1541-0072. 2009.00329.x.

Moynihan, D. P. (2009). "The Network Governance of Crisis Response: Case Studies of Incident Command Systems." *Journal of Public Administration Research and Theory* 19(4): 895-915. doi:10.1093/ jopart/mun033.

Mutz, D. C. (2002). "Cross-Cutting Social Networks: Testing Democratic Theory in Practice." *American Political Science Review* 96(1): 111-126. doi:10.1017/S0003055402004264.

O'Toole, L. J. (1997). "Treating Networks Seriously: Practical and Research-Based Agendas in Public Administration." *Public Administration Review* 57(1): 45. doi:10.2307/976691.

O'Toole, L. J., and Meier, K. J. (2004). "Desperately Seeking Selznick: Cooptation and the Dark Side of Public Management in Networks." *Public Administration Review* 64(6): 681-693. doi:10.1111/j.1540- 6210.2004. 00415.x.

Park, H. H., and Rethemeyer, R. K. (2014). "The Politics of Connections: Assessing the Determinants of Social Structure in Policy Networks." *Journal of Public Administration Research and Theory* 24(2): 349-379. doi:10.1093/jopart/mus021.

Pattie, C. J., and Johnston, R. J. (2009). "Conversation, Disagreement and Political Participation." *Political Behavior* 31(2): 261-285. doi:10.1007/ s11109-008-9071-z.

Petridou, E. (2014). "Theories of the Policy Process: Contemporary Scholarship and Future Directions." *Policy Studies Journal* 42(April): S12-S32. doi:10.1111/psj.12054.

Poast, P. (2016). "Dyads Are Dead, Long Live Dyads! The Limits of Dyadic Designs in International Relations Research." *International Studies Quarterly* 60(2): 369-374. doi:10.1093/isq/sqw004.

Price, R. (1998). "Reversing the Gun Sights: Transnational Civil Society Targets Land Mines." *International Organization* 52(3): 613-644.doi:10.1162/002081898550671.

Provan, K. G., Huang, K., and Milward, H. B. (2009). "The Evolution of Structural Embeddedness and Organizational Social Outcomes in a Centrally Governed Health and Human Services Network." *Journal of Public Administration Research and Theory* 19(4): 873-893. doi:10.1093/jopart/mun036.

Provan, K. G., and Kenis, P. (2008). "Modes of Network Governance: Structure, Management, and Effectiveness." *Journal of Public Administration Research and Theory* 18(2): 229-252. doi:10.1093/jopart/mum015.

Quick, K. S., and Feldman, M. S. (2014). "Boundaries as Junctures: Collaborative Boundary Work for Building Efficient Resilience." *Journal of Public Administration Research and Theory* 24(3): 673-695.doi:10.1093/jopart/mut085.

Quintelier, E., Stolle, D., and Harell, A. (2012). "Politics in Peer Groups: Exploring the Causal Relationship between Network Diversity and Political Participation." *Political Research Quarterly* 65(4): 868-881.doi:10.1177/1065912911411099.

Ringe, N., Victor, J. N., and Gross, J. H. (2013). "Keeping Your Friends Close and Your Enemies Closer? Information Networks in Legislative Politics." *British Journal of Political Science* 43(3): 601-628. doi:10.1017/S0007123412000518.

Risse, T. (2000). " 'Let's Argue!' Communicative Action in World Politics." *International Organization* 54(1): 1-39. doi:10.1162/002081800551109.

Roch, C. H., Scholz, J. T., and McGraw, K. M. (2000). "Social Networks and

Citizen Response to Legal Change." *American Journal of Political Science* 44(4): 777. doi:10.2307/2669281.

Ryan, J. B. (2011). "Accuracy and Bias in Perceptions of Political Knowledge." *Political Behavior* 33(2): 335-356. doi:10.1007/s11109-010-9130-0.

Schneider, M., Scholz, J., Lubell, M., Mindruta, D., and Edwardsen, M. (2003). "Building Consensual Institutions: Networks and the National Estuary Program." *American Journal of Political Science* 47(1): 143.doi:10.2307/3186098.

Scholz, J. T., Berardo, R., and Kile, B. (2008). "Do Networks Solve Collective Action Problems? Credibility, Search, and Collaboration." *Journal of Politics* 70(2): 393-406. doi:10.1017/S0022381608080389.

Scholz, J. T., and Wang, C.-L. (2006). "Cooptation or Transformation? Local Policy Networks and Federal Regulatory Enforcement." *American Journal of Political Science* 50(1): 81-97. doi:10.1111/j.1540-5907.2006.00171.x.

Shanahan, E. A., Jones, M. D., and McBeth, M. K. (2011). "Policy Narratives and Policy Processes." *Policy Studies Journal* 39(3): 535-561. doi:10.1111/j.1541-0072.2011.00420.x.

Siegel, D. A. (2009). "Social Networks and Collective Action." *American Journal of Political Science* 53(1): 122-138. doi:10.1111/j.1540-5907.2008.00361.x.

Testa, P. F., Hibbing, M. V., and Ritchie, M. (2014). "Orientations toward Conflict and the Conditional Effects of Political Disagreement." *Journal of Politics* 76(3): 770-785. doi:10.1017/S0022381614000255.

True, J., and Mintrom, M. (2001). "Transnational Networks and Policy Diffusion: The Case of Gender Mainstreaming." *International Studies Quarterly* 45(1): 27-57. doi:10.1111/0020-8833.00181.

Victor, J. N., and Ringe, N. (2009). "The Social Utility of Informal Institutions: Caucuses as Networks in the 110th U.S. House of Representatives." *American Politics Research* 37(5): 742-766. doi:10.1177/1532673X09337183.

Walker, R. M., Andrews, R., Boyne, G. A., Meier, K. J., and O'Toole, L. J.

2010. "Wakeup Call: Strategic Management, Network Alarms, and Performance." *Public Administration Review* 70(5): 731-741. doi:10.1111/ j.1540-6210.2010.02201.x.

Ward, H., and Dorussen, H. (2016). "Standing alongside Your Friends: Network Centrality and Providing Troops to UN Peacekeeping Operations." *Journal of Peace Research* 53(3): 392-408. doi:10.1177/ 0022343316628814.

Weible, C. M. (2005). "Beliefs and Perceived Influence in a Natural Resource Conflict: An Advocacy Coalition Approach to Policy Networks." *Political Research Quarterly* 58(3): 461. doi:10.2307/3595615.

Zhukov, Y. M., and Stewart, B. M. (2013). "Choosing Your Neighbors: Networks of Diffusion in International Relations." *International Studies Quarterly* 57(2): 271-287. doi:10.1111/isqu.12008.

주석

1) 조사 대상에 포함된 저널은 다음과 같다. American Political Science Review, American Journal of Political Science, Journal of Politics, British Journal of Political Science, Political Analysis, International Organization, World Politics, Comparative Political Studies, Comparative Politics, Policy Studies Journal, Public Administration Review, Journal of Public Administration Research and Theory, Legislative Studies Quarterly, American Politics Research, Politics & Gender, Party Politics, Perspectives on Politics, State Politics Policy Quarterly, Political Research Quarterly, Journal of Peace Research, Journal of Conflict Resolution, International Studies Quarterly, Political Behavior, Political Theory, Journal of Theoretical Politics, International Security, Polity, Political Psychology, European Political Science Review, Canadian Journal of Political Science, and Annals of American Academy of Political and Social Science. The Canadian Journal of Political Science는 고립된 것으로 나타났다. 즉, 다른 저널이 인용하지 않았다.

2) 이 장의 부록 A는 그림 1.1에 나타난 제목 전체 리스트를 포함하고 있다.

3) 이 장의 부록 B는 그림 1.2에서 라벨이 달린 노드에 대한 전체 인용을 제공한다.
4) 이 장의 부록 C는 그림 1.3에서 라벨이 달린 노드에 대한 전체 인용을 포함하고
   있다.

제2장 조직과 국가의 등장

John F. Padgett[1]

서론

정치적 의미에서 국가의 등장과 진화에 대한 이해는 조직적 새로움 novelty의 등장에 대한 이해라는 좀 더 일반적인 문제에 속하며, 이는 다시 종種 분화에 대한 이해에 해당한다. 이것이 사회적 진화의 법칙이 생물학적 진화의 법칙과 같다는 의미는 아니다.[2] 그것은 일반적으로 인간적, 화학적, 문화적 삶의 토대가 서로 얽힌 다양한 변환의 네트워크 안에서 발생하는 혹은 네트워크 들 간에 발생하는 재생, 소멸, 그리고 반응 feedback이라는 점을 의미한다. (그림 2.1a에 나타난 것과 같은) 이러한 네트워크들은 시간의 흐름 속에서 상호작용하고 피드백을 통해 공진화하면서 때로는 경쟁하고, 때로는 공존하며, 때로는 모순되는 관계를 만든다. 피드백이 모든 노드들이 노드 집합 내 다른 노드들 간의 변환을 통해 재생산될 수 있는 일련의 노드들과 변환들이 존재하는 자가 촉매 작용 autocatalytic을 하는 경우, 네트워크들은 균형상태equilibrium에 놓인다(그림 2.1b와 그 아래 참조).[3] 이 자가 촉매 작용에 의한 균형상태는 정적이지 않고 역동적인데, 새로움을 통해 변화가 발생한다. 즉, 새로움이란 다양한 네트워크 간 전위轉位, transpose와 피드백을 통해 사태가 처리되는 방식의 재편으로, 그림 2.1에서 개인을 통해 친족 관계를 정치네트워크로 전위하는 것이나 또는 그 역의 경우를 예로 들 수 있다. 이러한 과정 지향적인 관점에서 균형과 변화는 다른 현상이 아니라 동일한 내재적 순환 과정에서 나타나는 별개의 순간일 뿐이다.

정치적 의미의 국가란, 동일하거나 중첩되는 일련의 인물(들) 간의 상호작용 네트워크로, 경제, 친족, 종교, 그리고 전쟁과 같은 다른 네트워크와 서로 엮여있고 그 네트워크에 종속되어 있다(그림 2.1a). 따라서 이들은 다중 네트워크 환경에 걸친 선택 압박에 동시에 노출되며, 그러한 환경을 조성하는 과정 중에도 마찬가지다. 우리가 조직이나 종種의 어떤 수준에서든 변화로 보는 것(아래에서 논하고 있는 덩샤오핑의 개혁과 같은)은 이러한 내재적 네트워크에서 환경 또는 동요로 인한 임계tipping로 개념화할 수 있으며, 이는 예를 들면 공생("규율")과 모순("분쟁") 사이에서 체제를 변경시킬 수 있다.

새로움은 연결ties이나 네트워크가 여러 네트워크에 걸쳐 전위될 때 발생하며, 이는 혁신innovation으로 이어질 수 있다. 혁신이 네트워크 전체 영역에 걸쳐 폭포처럼 쏟아져 내리면(그림 2.1a의 가로 평면), 혁신은 창조invention가 된다. 따라서, 연결은 단순히 수동적인 통로가 아니라 변화시키는 힘을 갖는 것으로, 생산 규칙을 통해 생산물을 변화시키고 통신 규약을 통해 정보를 변화시킨다. 분석가로서 우리는 동요("우연"), 균형("구조"), 개체("매개"), 또는 전체 중에서 우리가 관심이 있는 어떤 부분에 초점을 맞출지 선택할 수 있다. 그러나 피드백 체계와 그 체계가 어떻게 새로움을 가능 또는 불가능하게 하는가에 초점을 맞추면 시간의 흐름에 따른 조직 및 국가 수준의 기원, 진화, 그리고 새로움을 살펴볼 수 있게 된다. 그것이 어떤 체제가 (잘 작동하는지와 무관하게) 시간의 경과에 따라 어떤 진화의 과정을 겪는지 이해하는 가장 좋은 방법이다. 소셜네트워크에서 노드와 연결은 단순한 점과 선이 아니다. 노드와 연결은 변화하는 관계가 응고된 잔류물이다. 단기적으로는 행위자가 관계를 만들지만, 장기적으로는 관계가 행위자를 만든다.

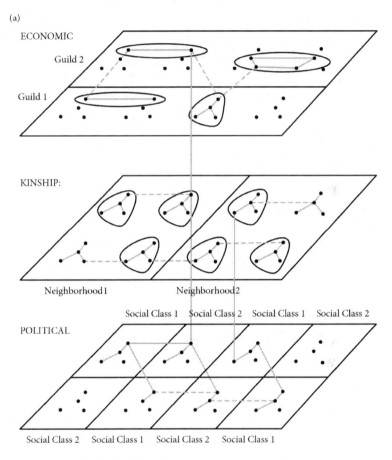

(a)

그림 2.1a 르네상스 플로렌스의 다중 네트워크 앙상블

설명: 연속선은 (변환적) 구성적 관계이며, 점선은 관계적 사회 교류다. 길게 늘여진 도형들은
공식 조직(가족과 회사)이다. 다중 역할을 하는 사람들은 수직선으로 표시되며 그들이
움직이는 활동영역 내에서 상응하는 점들을 연결하고 있다(예를 위해 두 개만 표시).

(b)

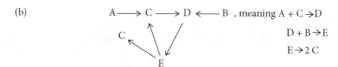

$A \longrightarrow C \longrightarrow D \longleftarrow B$, meaning $A + C \rightarrow D$

$D + B \rightarrow E$

$E \rightarrow 2C$

그림 2.1b 자가 촉매 반응 사례(Morowitz 1992, 98).

설명: 세트 내의 다른 노드 간 변환을 통해 모든 노드가 재생될 수 있으므로, C와 E는 자가 촉매 세트다. 이 노드 중 하나가 제거되면 그 순환 과정은 계속될 것이다. A, B, 그리고 D는 전체 자가 촉매 순환 과정 중의 일부지만, 세트 내의 다른 노드 간 변환을 통해 재생될 수 없다. 즉, 만일 D가 제거되면 C와 E만으로는 생성될 수 없어 B도 필요하게 되며, 이것은 이 순환 과정 내에서 생성될 수 없다. 그러나 A와 B는 다른 자가 촉매 순환을 통해 생산될 수도 있다.

이 장에서는 조직적 새로움의 등장에 관한 이 다중 네트워크 관점을 더욱 발전시킨다. 그 후에 스탈린과 고르바초프 시기 소련, 그리고 마오 쩌둥과 덩샤오핑 시기 중국의 공산 개혁 전환 비교분석에 이 관점을 적용한다.[4] 이 두 경우 공산주의의 공식적인 국가 구조는 짝을 이룬 두 개의 조직 간 네트워크가 상호 배치된 이중dual 위계 구조로, 정치영역에는 공산당, 그리고 경제영역에는 중앙 통제경제가 있었다. 이 공식적인 위계 구조 주변에는 서로 얽힌 비공식적 네트워크가 성장했는데, 이러한 비공식 네트워크들은 이 공식적인 이중 위계 구조가 실질적으로 작동하는 데 결정적인 역할을 했다. 특히, (a) (무슨 이유에서든) 개혁 또는 변화에 관심 있는 지도자들에 의한 비공식적 하향식 동원 네트워크, 그리고 (b) 지도부의 압력에 저항하는 세력에 의한 상향식 상호 방어 또는 상호 부조 네트워크의 역할이 중요했다. 이 체제는 피드백을 통해 진화한다는 것을 보여주었다. (중첩적일 것으로 생각되는) 두 비공식적 네트워크는 단기적으로는 이들이 작동시키거나 전복하려는 대상인 그 공식적 네트워크에 의해 조직되지만, 장기적으로는 통제의 대상이었던 경합하는 비공식적 네트워크가 공식적 위계 그 자체를 변경시켰다. 바꿔 말하면, 공식적인 조직 네트워크는 비공식적인 인적 네트워크를 유인하고, 이는 정치적 관심과 연합을 유발하고, 이들은 다시 서로 충돌하면서 수십 년에 걸친 경로 의존적 반복 속에서 원래의 공식적인 조직 네트워크를 새로운 형태로 바꿔놓았다. 이러한 정치적 재형성은 전기傳記적 결과로 이어졌다. 고르바초프는 그가 개혁하고자 했던 스탈린(의 역사적 잔류물)이 만들었고, 덩샤오핑은 그가 개혁하려 했던 마오쩌둥(의 역사적 잔류물)이 만들었다. 과거는 남겨진 네트워크를 통해 그림자를 드리운다.

소련과 중국 간 급격한 결과 차이가 개혁의 내재적 역학이 그만큼 달랐다는 의미는 아니다. 두 경우 모두 공진화하는 다중 네트워크 사이의 모순으로부터 공생을 분리한 것은 한 끗 차이였다. 특히, 극도로 중앙집권적인 공식적 구조(스탈린의 유산)를 통한 소련의 하향식 동원이 주로 수평적인 수동적 저항 네트워크를 유발한 데 비해, 행정적으로 분산된 공식적 구조(마오쩌둥의 유산)를 통한 중국의 하향식 동원은 주로 수직적인 후견 – 피후견patron clientage 네트워크를 유발했다. 1980년대 이 두 국가의 시장 사회주의로의 공산주의개혁이 이처럼 매우 다른 궤적을 보이는 것은 아마도 서구에 대한 시기심에서 비롯된 것일 수도 있고, 독창성 없이 서구를 모방하지 않으려는 공산주의 그 자체에 의해 반복적으로 생산된, 비슷하지만 같지 않은, 내생적 네트워크에 그 원인이 있다. 국내와 (디아스포라를 포함한) 외국의 경제 네트워크 간 연계의 재생산(뒤이은 성장의 한 비결)은 개혁 이전이 아니라 이후에 발생했기 때문이다.

혁신 대對 창조

새로움novelty은 다른 정도로 발현된다. 혁신innovations은 일을 처리하는 기존의 방식(즉, 행위, 개념, 목적)을 변경하는 것인데 비해, 창조inventions는 일이 처리되는 방식을 바꾸는 것이다.[5] 이 정의에 의하면, 어떤 것을 창조로 분류하는 핵심은 그것이 그 자신이 일부인 상호작용 시스템을 변경하고 결국 당연하게 여겨지도록 외적 반향을 일으키는 정도다. 혁신적 조합과 재조합의 미시 논리micro-logics는 어느 정도 알려져 있다. 그러나 창조라는 난제는 어떤 재조합이 창조로서 폭포처럼 전개되어, 서로 연결된 "일을 하는 방식"의 전체 생태학을 재구성하고, 새로운 조직 형태와 기능(종)을 만들어내는 것인데 비해, 대부분의 혁신은 그렇지 않다. 한 시스템이 창조에 의한 재구성에 적합한 상태인가에 대한 설명은 그 시스템이 창조 그 자체를 이뤄내는 것만큼 동등한 관련성을 갖는다.[6] 창조는 사회적 맥락의 치환이며 따라서 추상적으로 이해될 수 없다. 그러나 단속적인 변화에 대한 이해도를 높이기 위해서는, 구성적 요소와 관계가 생산되고 강화되는, 활발한 자기복제가 일어나는 사회적 맥락이라는 일상의 역학 속에서 재구성에 대한 분석을 진행할 필요가 있다.

그림 2.1a는 다중 네트워크의 시각에서 본 이 혁신과 창조의 구분을 이해하기 위한 토대를 제공한다. 그림의 횡단면에서, 소셜네트워크 분석가에게 모든 사회적 시스템은 이렇게 보인다. 그림에서 각 단면은 서로 다른 활동영역을 나타낸다. 여기에 그려진 르네상스 플로렌스의 경우,[7] 회사 간 상품이 생산 및 교환되는 경제영역, 가정 간 결혼을 통해 자녀가 출생하는 친족 관계 영역, 그리고 국내 당파 간 거래가 이뤄지는 정치영역이 있다. 여기에 나타나지 않은 종교와 군사 등 영역은 사안에 따라 추가될 수도 있다.[8] 영역 내 실선은 생산 협력 또는 파트너를 "구성하는 연결"constitutive ties을 나타내며, 각각 회사, 가정, 그리고 파벌을 나타낸다. 그러한 협력 관계는 특정 역할을 담당하는 사람들을 구성하는데, 왜냐하면 이들은 자신들과 합류하는 사람들에게 생산과 소통 관행 또는 기술을 가르치기 때문이다. 이들이 집합적 이름의 획득을 통해 언어적으로 통합되거나 공식화될 때 이러한 단위 주위에 원이 그려진다. 점선은 생산 단위 간 교환 또는 자원의 흐름을 나타내며, 각각 상

품, 아내, 거래를 나타낸다. 자원의 흐름이 빈번하고 집중되면, 이들은 "관계적 연결"relational ties을 구성한다. 예를 들면 시장은 영역 내 점선의 네트워크다. 조직과 시장에 관여하는 사람들은 그림에 나타난 것과 같이 개인적 속성이나 기구 소속을 통해 다양한 방식으로 범주화될 수 있다.

사회과학 분야의 학문은 보통 한 번에 하나의 영역만을 분석함으로써 마치 다른 분야나 학문이 존재하지 않는 것처럼 자신의 지적 활동을 분리한다. 외부 영역은 중요 관심의 대상인 네트워크 구조와 관련이 있고 이를 관통하는데도 불구하고, 그 내부 구조에 대한 조사 없이 기껏해야 물화된 "환경"으로서 개념적으로 암흑 상자에 갇힌다. 이와는 대조적으로, 다중 네트워크 시각의 전체 초점은 생산과 교환 네트워크 각각으로 이뤄진 다중 영역들을 포개놓고 상호 피드백의 역학을 조사하는 것이다.

그림 2.1a.의 평판(영역) 간 점들을 연결하는 수직 실선은 사람들이다. 평판 내 각 점은 그 평판 안에서 다른 사람들과의 연결 관계에 의해 정해진 역할이다. 그림 2.1a은 특정 시점snapshot을 포착한 것이다. 시간의 경과에 따라 수직선들이 그리는 경로는 일대기biograhpies인 데 대해, 시간의 경과에 따라 점들이 그리는 경로는 이력careers이다. 예를 들면 한 사람이 경제영역에서는 사업가일 수 있고, 친족영역에서는 아버지, 정치영역에서는 정치인일 수 있다. 모두 그 영역에서 그가 다른 사람들과 어떤 관계를 맺느냐에 따라 달라지는 것이다. 정확히 말하면, 개인이 아니라 역할이 목적을 갖는다.9) 복잡한 인물에 대해 다양한 역할에 걸친 동기의 일관성을 가정하는 것은 지양해야 한다.10)

다중 네트워크에서 어디에 위치하는가에 따라 중개 역할이 가능하기도 하고 또 제약받기도 한다. 다중 네트워크 위치가 만든 위상 중첩 topological overlay이 영역을 가로지르는 행위 효과를 유발할 수 있다는 것은 소셜네트워크 전통에서 학자들이 익히 인정하는 바이다. 사회 심리학

수준에서, 한 사람에게 다양한 역할을 부여하는 여러 방식은 역할 피로, 자율, 정보 접근, 또는 심지어 사회적 통제로부터의 자유까지 유발할 수 있다. 거래 수준에서, 한 영역에서의 연결tie은 다른 영역에서의 신뢰, 규범적 재구성, 또는 시간대의 변화를 유발할 수 있다.

다중 네트워크 위상학topologies은 또한 시간의 경과에 따른 조직 행위자의 등장과 진화의 역학을 형성할 수 있다. 우리가 사용하는 혁신은 여러 영역에 걸친 연결 또는 네트워크 구성요소들의 재조합, 네트워크 중첩folding의 다양한 조직 생성 구조 중 하나를 통해 발생하며, 아래에서 논의될 것이다.[11] 그렇다면, 창조란 원래의 혁신으로부터 나와 원래 그것을 유발했던 다중 네트워크를 통해 쏟아지는 폭포로서, 결과적으로 일어날 수 있는 체제 임계system tipping다.

조직 생성의 네트워크 재조합 구조는 따라서 사회적 관계를 한 영역에서 다른 영역으로 전위시키는 것을 포함한다. 이는 때때로 소규모의 전위로 시작하고 나중에는 반향을 불러일으킨다. 예를 들면 메디치가the Medicis에서 혼인과 경제 관계는 정치와 사회 영역으로 전위된다.[12] 이는 가끔 더 큰 규모의 인구 전위를 수반하는데, 한 영역의 새로운 네트워크의 부분 집합 전체가 다른 영역의 오래된 네트워크로 재연결rewired되기도 한다.[13] 그 후 재연결로 인해 양쪽 네트워크는 재구성된다. 어떤 변형이든, 그로 인한 위상 중첩topological overlay이 혁신적인 관계의 관행이 전달되는 경로를 규정한다. 전달의 경로는 다수의 영역에서 활동하는 전략적으로 위치한 사람들 (첫 번째 경우) 또는 영역을 가로지르는 일대기 biograhpies를 통해서다(두 번째 경우). 다중 네트워크 배열 안에서 한 사람의 위치는 그가 만날 수 있는 사람과 그를 만날 수 있는 사람 모두에게 영향을 미친다. 유전학에서, 재조합에 대한 이 네트워크 도달 가능성의 제약은 암시적으로 "가능성의 위상학"topology of the possible으로 불려왔다.[14]

조직적 혁신은, 그 원천이 무엇이든 간에, 생존을 위해 재생산해야 한다. 재생산하고 성장하기 위해서, 조직은 자원의 흐름(점선)과 사람의 흐름(실선)을 자신의 주된 활동 분야로 끌어들이는 데 성공해야만 한다. 예를 들면 이윤을 추구하는 회사는 상품시장에서 성공해야만 한다. 그러나 회사의 구성요소인 사람과 자원은 다른 영역에도 속해 있으므로, 조직은 사실상 다중 네트워크 선택 환경 속에서 살아남아야 한다. 정치, 친족 관계, 심지어 종교, 군사, 또는 과학 네트워크마저도 특정한 형식의 경제적 실체가 존재하기 위해서는 재생산을 해야만 한다. 많은 측면을 가진 사람들을 여러 영역에 걸친 재생산의 흐름으로 간주하는 것은 상품과 금융의 흐름에만 집중하는 것보다 다중 선택 환경에 관한 요점을 좀 더 투명하게 만들어준다.15)

요약하자면, 그림 2.1a에서 조직적 혁신은 여러 영역에 걸친 관계적 연결과 관행의 수직적 전위다. 창조는, 만일 발생한다면, 영역 내의 관계 및 구성적 네트워크를 재편하는 수평적 파급spillover이다. 지역 관계가 연결된 다중 글로벌 네트워크에 대한 재생산 피드백을 통해 지역 네크워크 전위가 어떤 영역 전체에 파급되거나 폭포처럼 쏟아질 때 조직적 혁신은 (만일 된다면) 체제적 창조systemic invention가 된다. 만약 이런 연쇄반응이 발생한다면, 그리고 발생할 때, 조직적 혁신을 위한 선택 환경 그 자체가 바뀐다. 이는 비선형 임계율nonlinear rates of tipping, 즉 단속평형punctuated equilibria의 역학으로 이어질 수 있다. 가끔 (거의 드물지만) 창조적 파급은 다기능 배태성multifunctional embeddedness 수직선의 재구성을 통해 영역 자체의 차별화를 재조정할 수도 있다.16)

표 2.1은 귀납적으로 발견한, 조직적 창조를 낳는 네트워크 중첩folding 메커니즘(Padgett and Powell, 2012) 전체를 열거한 것이다.

표 2.1 Padgett and Powell(2012)에서 발견한 조직적 생성(=다중 - 네트워크 중첩) 메커니즘

생성 메커니즘(& 실증적 사례)	정의
전위와 재기능Refunctionality (르네상스 플로렌스, 6장; 생명공학 기업, 13장)	기존 관행을 새로운 환경에 맞는 새로운 용도로 해석 (S.J. Gould의 "굴절적응exaptation"처럼)
합병과 분리 (중세 투스카니, 5장)	기존 네트워크를 새로운 네트워크로 흡수하여 혼성화한 후 방기leave
이주와 상동(근대 초기 네덜란드, 7장)	다른 관행을 가진 사람들을 잘 흡수할 새로운 환경으로 대량 이주
추방과 대중동원(스탈린과 마오, 9장[과 본장])	아래로부터의 사회적 이동으로 대체되도록 상층부를 대대적으로 제거
갈등 변위와 이중 포섭 (독일의 비스마르크, 8장)	제2당을 분할시키는 제3당을 공격, 이후 파편을 흡수
강경 행동(Cosimo de' Medici, Padgett and Ansell 1993; 덩샤오핑, 9장[과 본장])	다의적 속성을 지닌, 상반된 계층 간 중개
정착적 다양성(생명공학 산업 지구, 14, 15장; 실리콘 밸리 투자가, 17장)	이력 경로career flow를 통해 연결된, 중복 네트워크 간 중개

　　네트워크 중첩folding에 대한 다른 라벨은 진화론 문헌에 존재한다. 진화에서는 선택 환경이 고정된 상태로 남지만, 공진화에서는 선택 환경이 바뀐다. 선택 환경이 고정된 상태일 때, 어떤 하부단위라도 성과 기준performance criterion이 주어지며, 최적optimum의 개념은(실제로는 도달하거나 인식조차 불가능하더라도) 원칙적으로 명확하게 정의된다. 그러나 선택 환경이 자체 선택한 혁신을 통해 내생적으로 형성될 때, 성능 기준은 이동하며, "최적"을 정의할 지원 척도는 사라진다. 공진화에서는 시스템 간 "적합"fit의 개념이 유지되지만, 객관적으로 고정된 최적의 개념이 유지되지는 않는다. 낙천적 진보Panglossian progress라는 사회진화론자social Darwinist들의 환상은 따라서 실체 없는 안개 속으로 유효하게 사라진다.

혁신과 창조에 관한 이러한 전반적인 관찰을 좀 더 체계화하기 위해서는 다중 네트워크 피드백을 추진하는 동력에 정밀성이 요구된다. Padgett and Powell(2012)의 연구에서 그 동력은 주로 자가 촉매 작용이다. 그림 2.1b는 사실은 시간의 흐름이 있는 영상의 특정 시점snapshot을 담고 있다. 자가 촉매 작용은 정적이었을 이 그림에 재생하는 생명을 불어넣는다.

자가 촉매 작용

Padgett and Powell(2012)의 책과 이 장을 상징하는 문구는 이렇다. 단기적으로는 행위자가 관계를 만들지만, 장기적으로는 관계가 행위자를 만든다. 방법론적 개체주의와 사회적 구성주의 간의 차이는 종교의 문제가 아니라 시간 척도의 문제다. 단기적으로, 물리적, 생물학적, 또는 사회적 분야 등 모든 행위자는 고정된, 독립된 개체로 보인다. 그러나 장기적으로, 모든 행위자는 진화, 즉 등장, 변화, 소멸한다. 그들의 기원을 이해하기 위해서는 관계 및 역사적 발상의 전환이 필요하다. 좀 더 장기적으로 볼 때, 행위자는 노드 사이를 이동하면서 관념과 생산물을 형성하는 변형적 관계의 반복으로부터 고정화된다. 따라서, 만일 조직, 사람, 국가 등의 행위자가 주어진 것으로 가정되지 않아야 한다면, 행위자를 등장시키는 좀 더 심층적인 어떤 변형적 역학에 대한 조사가 반드시 이뤄져야만 한다. 어떤 영역에서든, 행위자 구성의 역학 이론 없이, 참신성의 기원이라는 과학의 문제를 해결할 수는 없다.

인간의 신체를 예로 들면 확실한 개념적 이해에 도움이 될 것이다. 우리의 관점에서 보면, 우리 몸은 확실한 경계가 있고 자율적이어서 충분히 고정적 실체인 것처럼 보인다. 그러나 화학의 관점에서 보면, 우리는 그저 복잡한 화학적 반응 세트일 뿐이다. 화학물질은 우리 몸에 들어오고, 나가고, 우리 몸 안에서 변형된다. 겉으로 볼 때 우리는 확실한 실체처럼 보이지만, 우리 몸속 단 하나의 원자도 겨우 몇 년 이상 계속 남아 있지 않다. 우리가 물리적 자신을 음식과 기타 영양소를 교환하는 자율적 신체로 보는 것은 가능한 (그리고 듣기 좋은) 일이지만, 우리는 또 자신을 이동하고 상호작용하는 화학물질의 총체로 볼 수도 있다. 인간 신체의 시간적 안정성이 부분들의 기계적 고정성을 의미하지는 않는다. 그것은 유동적인 부분들의 유기적인 재생을 의미한다. 우리를 화학적 반응이라고 볼 때, 우리는 우리 모두를 관통하는 생명의 소통 물질 안에 있는 소용돌이vortexes다.

새로운 조직 행위자의 출현은 생화학에서 생명의 출현과 유사한 메커니즘을 통해 작용한다. 이론적 차원에서 이러한 접근은 소셜네트워크 분석을 생화학의 자가 촉매 작용autocatalysis 모형과 통합한 것이다.[17] 소셜네트워크 분석은 시간의 경과에 따른 사회 및 경제적 상호작용에 관한 미세한 입자의 관계 데이터에 실증적으로 몰입하도록 해준다. 조직의 등장은 소셜네트워크의 생산물과 정보의 변형에 기반을 두는데, 이는 조직을 관통하고, 조직에 생명을 불어넣는다. 자가 촉매 작용은 생성과 촉매(창조와 변형) 과정 메커니즘의 발견과 공식화에 몰두하도록 해주며, 이는 상호작용이 매우 활발한 시스템에서 자기 조직self-organization을 만들어낸다. 소셜네트워크에서 노드와 연결은 점과 선이 아니라, 상호작용하는 반복된 생산 규칙과 통신 규약으로부터 파생한 변형적 관계의 응고된 잔류물이다. 인간 차원의 학습은 "화학적"chemical 차원의 규칙 및 규약의 공진화와 유사한 과정에 의해 생성된다. 따라서 행위자는 자가 촉매 작용을 하는 생명체가 자기 조직화하는 도구가 된다.

좀 더 정확히 말하자면, 네트워크 자가 촉매 작용은 한 세트 내 다른 노드 간 변환을 통해 모든 노드가 재생될 수 있는 그 노드 집합과 변환이라고 정의될 수 있다. 원래 이 개념을 발전시킨 생물학적 생명의 기원이라는 맥락에서,[18] 노드는 화학물질, 그리고 변환은 화학적 반응이었다. 화학물질은 다른 화학물질과 부딪쳐, 새로운 화학물질을 만드는 반응을 유발한다. 화학반응 네트워크 내부에 자가 촉매 작용 세트가 있을 때, 적절한 에너지가 공급된다면, 그 네트워크는 시간이 흐르면서 자기복제를 하게 된다. 자기 강화적 변환의 긍정적 피드백 고리 또는 사이클은 자가 촉매 작용 세트의 핵심이 된다. 그런 사이클이 화학적 성장의 토대를 이룬다.[19]

만일 나타난다면, 자가 촉매 작용의 함의는 심오하다. 네트워크 구성요소가 교체되어도 복제는 계속될 수 있다는 것이다. 네트워크의 한 분절이 파괴되면, 자가 촉매 작용 네트워크는 종종 (항상 있지는 않고) 그 삭제된 분절을 복원할 수 있다. 자기 복원과 자가 치료는 결국 자가 촉매 작용 세트가 위험한 시기에도 계속성을 유지하도록 해주는 결정적인 역학적 특성이다. 바꿔 말하면, 자가 촉매 작용은 여러 영역에 걸쳐 생명의 발생과 복제를 이해할 수 있게 해준다. 생물학적 생명의 맥락에서, 생명의 기원 문제는 최초의 임의적인 화학물질 세트가 자기 조직화하고 자기 복제하여 자가 촉매 작용 세트화할 수 있는, 생물 탄생 이전의 실험적 조건을 찾는 것이다. 이와 유사하게, 조직적 생명의 기원 문제는 조직이 끊임없이 자기를 재생할 수 있는 네트워크 연결 세트를 찾는 것이다. 생명 유지의 문제는 자가 치료와 회복력을 돕는 조건을 찾는 것이다.

Padgett(1997), Padgett, Lee, and Collier(2003), 그리고 Padgett and Powell (2012, 특히 2-4장)의 공헌은 화학적 네트워크에 관한 Eigen-Schuster의 자가 촉매 작용 통찰을 소셜네트워크로 확장한 것이다. 특히, Padgett and Powell은 사회적 자가 촉매 작용의 세 가지 중첩된nested 하위 유형을 다음과 같이 제시한다. (1) 규칙 (또는 관행이나 기술)이 생산 체인에서 규칙을 거쳐 유동하는 생산물을 통해 재생산되는 **생산 자가 촉매 작용** production autocatalysis, (2) 사람들이 교육과 학습 같은 구성적인 사회적 상호작용을 통해 그들을 관통하는 규칙 (또는 관행이나 기술)을 통해 역할 세트를 재생산하는 **전기적 자가 촉매 작용**biographical autocatalysis, 그리고 (3) (집합적 명칭을 포함한) 기호와 상징이 사람들 사이의 대화를 통해 재생산되는 **언어적 자가 촉매 작용**linguistic autocatalysis. Padgett and Powell (2012)은 생산과 전기적 자가 촉매 작용의 하위 유형을 상당한 모형과 실증적 깊이로 발전시켰지만, 단지 언어적 자가 촉매 작용이 가질 수 있는 추가적 중요성만을 지적했다.[20]

자가 촉매 작용은 소셜네트워크 분석가들이 네트워크 관계를 개념화하고 측정하는 방법을 수정해야 한다는 것을 암시한다. 자가 촉매 작용 네트워크는 단순한 전달의 네트워크가 아니라 변화의 네트워크다. 생산물도 정보도 파이프로서의 수동적 네트워크를 통과하는 움직임 없는 감자 자루가 아니다. 생산물은 생산 규칙을 통해 변화되고, 정보는 통신 규약을 통해 변화된다. 어느 쪽이든 소셜네트워크는 사물을 단순히 전달하지만은 않는다. 소셜네트워크는 분명 변화시키는 역할을 한다. 이런 시각에서, 확산은 모방 또는 전염에서 연쇄반응으로 재개념화되어야 한다. 이러한 연쇄 변화의 자가 촉매적 자기 조직화가 등장emergence이다.

소련과 중국에서의 공산주의 경제 및 정치적 변환

이 다중 네트워크 시각은 공산주의 체제에서의 경제와 정치의 공진화에 대한 상당한 통찰력을 제공한다.[21] 아래에 분석된 복잡한 사례들의 무수한 세부사항들이 모두 설명되는가보다 더 중요한 것은 그 논리 구조가 다루기 쉬운 방식으로 국가와 시장의 공진화를 이해하게 해주는가이다.

형식을 갖추기 위해, 아래에 그러한 공진화의 도식을 위해 채택한 조사 전략을 정리한다.

1. 서론의 그림 2.1b와 비슷하게 정치와 경제 체제 또는 네트워크를 나란히 배치하되, 평판plane이 수평이 아닌 수직이 되도록 90도 회전시킨다.

2. 체제 간 조직적 연결이 역동적인 진화적 피드백과 새로운 행위자의 등장이 일어나는 장소(위치)가 될 수 있으므로 세심한 주의를 기울인다. 이 장의 맥락에서, 이것은 경제개혁이 유발한 정치학 그리고 정치개혁이 유발한 경제학을 찾는 것을 의미한다.

3. 경제든 정치든 어느 한 체제에서의 의도적인 변화가 종종 나머지 다른 하나의 체제에 어떻게 파급되어 (긍정적이든 부정적이든) 의도치 않은 변화를 낳는지 역사적으로 추적한다. 여러 다양한 피드백은 연쇄반응을 유발하며, 그러한 반응은 아마도 상반된 성질일 것이다.

4. 이러한 미시적 역사로부터, 정치 또는 경제가 관찰된 새로운 정치적 연합 및 또는 새로운 경제적 교환 체제의 자기 강화적 피드백 고리로 비상하도록(또는 하지 않도록) 만든 거시적 자가 촉매 작용 네트워크를 유도한다. 그 기저에서, 이러한 네트워크 미시 - 토대가 자원과 일대기biographies의 흐름을 재생산하고 있다.

5. 관찰된 진화적 변환을 유도한 자가 촉매 작용 메커니즘 가설을 검증 또는 부정하기 위한 소셜네트워크 데이터를 찾는다. 르네상스 플로렌스에 관한 앞의 조사에서는 (바이오테크 조사에서 Powell이 그러하듯) 그런 데이터가 있었지만, 공산주의의 변화에 관한 이 장에서는 그런 데이터가 없다. 따라서 이 장에서는 이러한 조사 단계 중에서 처음 네 가지, 즉 학습과 해석까지만 거치고, 확정적 증명의 단계는 생략한다.[22]

이 이론적 조사를 교훈적인 용어로 표현하자면, 경제개혁을 그것이 촉발하는 정치학에 관한 생각 없이 생각한다는 것은 경제개혁에 관해 그다지 깊이 생각하지 않는 것이다. 이상에서 현실로 이동하기 위해 경제개혁은 그것을 끝까지 수행할 수 있는 관심을 유발해야 한다. 개혁을 지지하는 것이든 아니든, 촉발된 관심은 항상 이전의 반복 속에서 다져진 이전의 경제 및 정치네트워크 격자 위에 나타난다. 이것이 1980년대와 1990년대 서구가 소련의 지도자들에게 제공한 경제적 제언 그리고 아마도 고르바초프 자신의 결함이었다. 그것은 공산주의가 법령에 따라 바뀔 수 있다고 가정하는 것이었다. 네트워크 시스템은 결코 고안되는 것이 아니다. 그것은 새로운 네트워크 시스템으로 전해진 오래된 네트워크 시스템의 살아있는 유기적 복제체이자 변환체이며, 종종 격동적이고 의도되지 않은 것이다. 이상주의적 개혁가와 지도자들의 환상이 무엇이든, 실제 역사에 백지상태blank slate는 존재하지 않는다. 혁신에 관한 모든 이해는 이전에 무엇이 있었는가에 대한 심도 있는 분석으로 시작해야 한다.

이중 위계

우선 단순화가 필요하다. 소련, 중국, 동유럽 국가들은 많은 중요한 측면에서 서로 달랐지만, 이들은 모두 그림 2.2에 그려진 것과 같은 이중위계dual-hierarchy의 골격을 공유했다.[23] 모든 공산주의 체제는 이런 의미에서 이중 위계다. 즉, 중앙 계획과 국영 기업으로 구성된 경제 기둥이 공산당 지부와 세포로 구성된 정치 기둥과 쌍을 이뤘는데, 상호침투하고 감시하며, 경제 기둥에 대한 통제를 시도했다. 한 기둥은 경제, 다른 기둥은 정치였지만, 이 둘 모두는 사다리처럼 다양한 수준에서 서로 조직적으로 연결되었다.

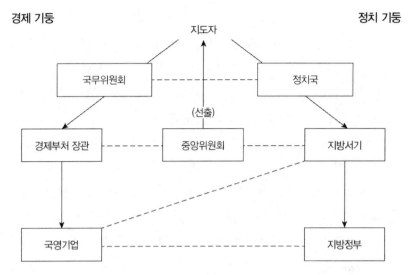

경제 기둥   정치 기둥

그림 2.2 공산주의 이중 위계

설명: Daniels는 지도자에서 지방 서기, 지방 서기에서 중앙위원회, 중앙위원회에서 지도자로
이어지는 이 임명의 고리를 "권력의 순환적 흐름"circular flow of power이라고 불러왔
다(1966, 1971).

공산주의 경제는, 적어도 그 핵심은, 중앙통제 경제다. 지도자는(소련
은 총서기, 중국은 주석) 정치국 및 각료회의와 상의하여 경제발전의 우
선순위를 정했다. 스탈린과 그 이후 소련의 지도자들은 중공업과 방위산
업을 경제발전의 최우선 순위로 삼았고, 때로는 거의 전적으로 그렇게
했다. 중앙 경제부처들은 지도자가 정한 우선순위를 실행하는 국영기업
들의 연간 생산 목표를 개발했다. 우선순위가 낮은 분야의 산업들은 의
무 공급 유동량을 통해서 순위가 더 높은 분야의 산업들을 부양했다.
"중앙 부처"에는 (예를 들면 Gosplan과 같이) 산업별 투입 - 생산 재료
유동량 통제 수치의 계획을 담당하는 중앙계획부서와 함께, 그 산업별
통제 수치를 구체적인 생산 주문으로 분류해 국영기업들에게 할당하는
산업 차원의 부처가 있었다. 계획에 의한 전체 경제의 비중은 시기와 국

가에 따라 달랐는데, 소련은 거의 전적으로 계획경제였고, 헝가리는 반이상, 그리고 중국은 시기에 걸쳐 유동적이었다. 전달된 생산 측이나 지표가 시기에 따라 변화되기 때문에, 구체적인 생산 주문의 내용도 시기마다 달랐지만, 그 핵심적인 명령은 대체로 ("올해에 철강 x톤 생산"처럼) 물리적 산출량이었다. 기업의 연간 생산 명령 수행에는 확실한 보수와 승진 인센티브 그리고 부정적인, 때로는 극단적인 처벌이 조건으로 덧붙었다.

두 번째 위계는 공산당 조직이다. 이는 모든 수준에서 중앙통제 경제에 대응하는 조직을 갖추고, 계획의 수행을 감시하고 집행했다. 최상층부에는 정치국과 각료회의가 같은 인사를 통해 중첩되어 있었다. 중앙위원회는 지도자와 정치국원들을 임명하는 비록 대개 고무도장 형식이지만[24] 공산당의 공식 통치기구였다. 중앙위원회는 드물게 소집되었고, 지방 서기, 경제부처 장관 등 정치와 경제 두 기둥 출신의 고위급 관료들로 구성되었다. 중앙위원회 서기처 또는 서기국은 모스크바에 기반을 둔 경제부처들의 업무를 감시하는 여러 부서로 조직화되었다. 그 밑으로 지방 차원에서는, 지방 제1서기들이 그 지방 소재 기업들의 전반적인 경제적 성과를 책임졌다. 그들은 산업부처 장관들과 함께 노멘클라투라homenklatura 시스템을 통해 관할 지역 기업의 수장들을 임명하고 해임했다.

경제적 기업이나 "회사"firm의 미시적 수준에서, 이중 위계는 그림 2.3과 같이 나타난다. 공산주의 노동자와 관리자들이 각 공장의 모든 수준의 최고 경영진, 중간 관리층, 그리고 노동자 당 세포를 형성했다.[25] 이러한 상호 연동의, 공식적 구조의 기본 조직 개념은 복잡하지 않았다. 경제의 관점에서, 이중 위계는 경영의 명령을 경제적 위계를 따라 하달하고 통제kontrol라 불린 정보 피드백을 통해 태만과 부패를 포함한 성과를 정치적 위계를 따라 위로 감독하도록 작동했다. 이 두 위계는 허위 방지를 위해 분리되었다. 정치의 관점에서, 이중 위계는 생산적인 경제 인사들에게 공산주의 가치(예를 들면 "소련인" 또는 "마오쩌둥 사상")를 주입하도록 작동했다. 공산주의에서 경제는 결코 단순한 경제가 아니었다. 경제는 미래를 위한 국가의 대규모 정치적 동원이기도 했다. 이 조직 도표가 암시하는 것처럼 일이 순조롭게 풀린 적이 거의 없었다는 것은 굳이 말할 필요가 없다. 다음 절에서 실제 운영의 윤곽을 그려보고 이를 정권에 걸쳐 비교한다.

이중 위계에 대한 이 초보적인 밑그림이 아무리 단순하다 하더라도, 공산주의 경제개혁의 정치학을 위한 제한된 궤적을 밝히는 데는, 그런 것이 바람직해진다면, 여전히 충분히 유용하다. 무엇보다도, 모든 개혁은 지도자로부터 위에서 아래로 내려와야 한다는 것은 분명하지만 말할 가치가 있다. 기본적 이중 위계 조직 시스템은 어느 방면에서든 정치적 구상이 가능해지기까지 너무 많은 교차 검증 거부 포인트가 존재했다. 게다가, "권력의 순환적 흐름"circular flow of power(주석 25 참고)은 공산주의 지도자 누구에게나 구상을 착수할 확실한 기반을 제공했다. 그러나 지도

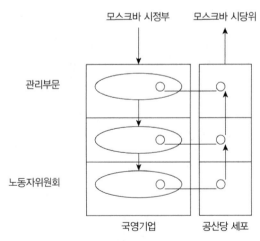

그림 2.3 기업 또는 회사 수준에서의 이중 위계

층의 구상만으로는 결코 개혁을 달성하기에 충분치 않았다. 그것이 단순한 법령 이상이 되려면, 체제 내에서 다른 사람들이 그 구상을 이어받아 그러한 관심의 자기 생존적 재생산이 이뤄져야 했다. 기본적 이중 위계 골격은 공산주의 지도자들이 그들의 구상을, 그것이 무엇이었든 간에, 실행하기 위해 기대를 걸었던 대안적 잠재 정치 동맹을 규정했다. 시스템 내에서 선택은 네 가지였는데, 지방의 서기, 지역의 당 간부, 경제부처, 그리고 국영기업에 손을 내미는 것이었다. 이들 중 누구에게도 호소력이 없었던 지도층의 구상은 그저 조용해지거나 방해를 받을 뿐이었다. 그러나 만일 적어도 누구 하나에라도 호소력이 있었다면, 그때는 개혁으로 이어지는 일련의 사건들이 잇달아 발생했을 수도 있었을 것이다.

먼저, 공산주의 소련과 중국의 역사에서 보이는 다양한 개혁의 추진은 지도자가 손을 내민 주요 기반에 따라 분류할 수 있다. 그런 개혁 추진 중 가장 요란스러웠던 마오쩌둥의 문화혁명과 스탈린의 대숙청Great Terror 등은 지도자가 지역의 당 지도자들 이하 지방 당 간부들에게 직접 손을 내민 경우들이었다. 그처럼 특별한 대중동원 사건은 "정상적인" 공산주의 역사의 외부에 있지 않았다. 즉, 그런 사건들은 단지 공산주의 지도자들이 이용할 수 있는 고유한 개혁 양태 중에서 가장 극적인 것이었을 뿐이다. 실제로, 서구의 관점이 아니라 공산주의개혁 역사의 내부적 관점에서 볼 때, 1989년 정치적 민주주의에 대한 고르바초프의 혁명적 요구는 선동가들이었던 스탈린 및 마오쩌둥의 그것과 전략적 형식에서 유사했다.[26] 아래에서 이 지도자 셋 모두가 그들 자신의 당 위계를 공격하기 위해 "숙청과 대중동원"(상위층의 대대적인 제거와 아래로부터의 사회적 이동에 의한 대체)을 사용했다는 것을 증명한다.

둘째, 경제개혁을 위해 정치적 기둥을 동원하는 좀 덜 위협적인 방법은 지도자가 당 위계를 통해 순응하며 일을 추진하는 것이다. 마오의 대약진 운동과 스탈린의 첫 번째 5개년 계획이 그 사례다.[27] 흐루쇼프의 지역 경제회의와 덩샤오핑의 재정 분권화("playing to the provinces") 역시 개혁을 위해 지방의 당 제1서기들을 동원한 사례들이다. 이러한 사례들은 이후 그 사례들의 진화에 영향을 미쳤던 중요한 세부사항에서는 달랐지만, 여기서 핵심은 그들의 후견인 정치(위의 언어로 "하향식 비공식 네트워크")에서 그들이 한 가족이라는 것이다.

개혁에 관심이 있는 공산주의 지도자에게 이중 위계가 제시하는 세 번째 정치적 선택지는 경제부처를 통한 동원이다. 이 개혁 양식은 베를리너의 범주Berliner's categories에 속한 브레즈네프식 "보수적" 또는 안드로포프식 "반동적" 방식으로, 말하자면, 급격한 개혁이 아닌 점진적 개혁이다. 그러나 이것은 대숙청 이후 스탈린이 히틀러와의 전쟁을 위해 경제를 신속히 건설할 필요성에서 전환한 양식이었다는 것을 잊어서는 안 된다. 제2차 세계대전 자체가 스탈린의 중공업 – 방위산업 접근법을 초광속으로 바꿨다. 따라서 부처를 통한 경제 동원은, 비록 좀 더 최근에는 그랬지만, 단지 반反개혁적인 접근은 아니다.[28]

마지막 네 번째는 "헝가리식" 경제개혁으로, 지도자가 부처 통제를 완화하고 기업의 자율을 확대함으로써 부처 이하 국영기업에 직접 손을 내민 경우들이었다. 대체로 이는 사유화가 아니라 중앙 계획의 방향을 물질의 흐름으로부터 사회적으로 통제되는 가격과 이윤 쪽으로 새롭게 전환하는 조치를 포함했다. 그러한 전환 속에서 부처들은 본질적으로 국영은행이 되었다. 이러한 경제개혁 접근법의 성공적 사례로서 헝가리에 더해, 소련의 1965년 코시긴Kosygin 개혁과 1987년 고르바초프 개혁은 이러한 접근법이 성공하지 못한 사례로 꼽힌다.

공산주의 체제에서 사유재산은 정치적으로 실행 가능한 개혁 방법으로 보기 어려운데, 이중 위계 내부에 이를 위한 지지기반이 존재하지 않기 때문이다. 그런 개혁에 찬성하는 비공산주의 지지층은 있었다. 수공예품, 소형 소비재, 소형 농경지 등 경제의 소비자 마진consumer margins에 민간 시장이 허용될 수도 있었다.[29] 그러나 이는 항상 무의미한 수준에 그칠 운명이었는데, 사유재산은 이중 위계의 해체와 마찬가지이기 때문이다. 이를 제안하는 공산주의 지도자는 누구라도 전복될 것이었다.

덩샤오핑은 피상적으로는 이런 정치적 제약에 기적적으로 예외인 것처럼 보인다. 즉 그는 중앙집중 경제를 서구식 시장경제로 성공적으로 바꾸어 놓은 공산주의 지도자다. 그러나 아래에서 보듯이, 사실 덩샤오핑은 전통적인 정치전략 2번, 즉 지역과 지방 정부의 간부들이 덩 자신의 개혁을 주도하도록 동원하는 전략을 채용했다.[30] 아래의 설명과 같이, 마오쩌둥의 대약진 운동과 문화혁명이 덩샤오핑에게 남긴, 기묘하게 분권화된 중국의 국유구조는 중국의 공산당 간부들이 사유재산의 소유 없이도 조숙한 기업가로서 행동하도록 만들었다. 중국의 경제 변화를 성공적으로 이끈 인물이 덩샤오핑이라고 보는 것은 타당하지만,[31] 장기적으로 소련 버전을 당이 지배하는, 분권화된 이중 위계 버전으로 다시 써서 덩샤오핑이 유사 시장경제로 전환할 수 있게 만든 인물이 마오쩌둥이라는 것은 그다지 널리 인정되지 않고 있다. 덩샤오핑이 이룬 것은 마오쩌둥이 길을 닦아 놓았기에 가능했다.

소련 측에서 고르바초프는 공산주의를 망치는 것이 아니라 강화하기 위해서 덩처럼 경제개혁가가 되고자 했다. 그러나 개혁 과정의 역학으로 인해 그는 전략적 방식에서 자신이 인정하는 것보다 좀 더 스탈린과 마오에 가까운 정치적 혁명가가 되었다. 공산주의 경제 개혁의 역학에는 많은 측면이 있다. 하나는 개혁의 정치학으로, 지도자의 제안이 그것을 지지하고 또 반대하는 연합을 어떻게 자체 조직하는가이다. 다른 하나는 경제적 피드백인데, 연합과 정책이 경제 기업 간 상호작용에 어떻게 파급되는가이다. 그러나 전기적 피드백도 있다. 즉, 이중 위계의 반응이 시간의 흐름에 따라 여러 영역에 걸쳐 어떻게 지도자를 재구성하는가이다. 아래에서는 요제프 스탈린, 니키타 흐루쇼프, 마오쩌둥, 덩샤오핑, 그리고 미하일 고르바초프의 공산주의개혁 사례들 속에서 서로 연결된 이러한 세 가지 역학을 부각시킨다.

스탈린

중앙계획경제의 조직적 창조invention는 두 단계로 등장했다. 그 첫 번째 단계는 1927년부터 1932년까지의 첫 5개년 계획에서 지역 공산당 관리들을 동원한 것이었다. 두 번째 단계는 1936년부터 1938년까지 벌어졌던 대숙청 기간에 바로 그 똑같은 지역 공산당 관리들을 숙청하고 대량 동원한 것이었다.

지면의 제약을 고려해, 소련의 국가형성과 관련해 이미 잘 기록된 이 두 일화에 대한 상세한 설명은 생략한다.32) 여기서는 가장 중요한 비공식 네트워크의 핵심 부분들을 하향식 동원의 측면과 상향식 저항의 이면(또는 "이중성")에서 요약하기로 한다.

스탈린의 1차 5개년 계획은 "계획의 향연"이라는 말로 잘 특징지어지는데, 바닥에서부터 대량생산 도시들 전체를 건설하는 것을 포함해, 놀랄 만큼 과도하게 낙관적인 산업발전 목표를 설정했기 때문이다.33) 스탈린의 예상은 매우 정확했다. "우리는 선진국들보다 50년이나 100년 뒤처져 있다. 10년 안에 이 격차를 줄여야 한다. 그것을 하든가 아니면 파멸하든가 둘 중 하나다"(Harris 1999, 131). 스탈린의 경제와 정치는 최우선적으로 자본주의 서구와의 (과거 및 미래의) 전쟁을 위해, 그 이후에는 누구든 그에게 방해가 되는 대상을 상대로 한 전쟁을 위해 공격적으로 건설되었다. 이것의 비효율성과 뒤이은 소련의 경제발전계획은 잘 알려져 있다.34) 당 위계가 이 경제 겸 전쟁 동원 과업에 쏟아 부었던 열정과 정력은 충분히 인식되지 않고 있다.35) 터무니없는 그 자체의 목표 달성 기준으로 보자면, 그 계획은 실패였다. 그러나 제2차 세계대전에서 히틀러를 물리친

좀 더 엄격한 기준으로 보자면, 그 계획은 대단한 성공이었다.[36]

그 계획은 도대체 왜 효과가 있었을까? 그 개혁은 두 기둥 체제 내 스탈린의 지지기반 중 하나에 호소력이 있었다. 그들은 생산을 최대화하도록 인센티브를 받은 당 "고위" 관료들이었다. 이러한 인센티브는 다시 "습격"storming할 필요성, 즉 원재료와 자금을 강제 확보할 필요성을 만들었다. "1차 5개년 계획 기간에 성공적인 소련의 관리자는 목적을 위해 수단과 방법을 가리지 않는 기업가보다 덜 순종적이고, 절차를 무시하고 경쟁자들을 이기기 위해 어떤 기회라도 잡을 준비가 되어있던 공무원들이었다. 계획의 (초과) 달성이라는 목적이 수단보다 더 중요했고, 물품이 절실한 공장들이 화물열차를 습격해 그 내용물을 강탈하고, 그 결과로 겨우 불만이 담긴 항의서를 받는 데 그치는 경우도 있었다"(Fitzpatrick, 2008, 133). 지역의 당 관료와 그들이 임명한 공장장들은 협력해서 물품을 사냥했다. 스탈린 정권 시작부터 소련에는 **흥정**blat과 **호혜주의**tolkach라는 악명 높은 완전히 곪은 비공식 경제가 확실히 존재하고 있었고, 그것이 계획을 실제로 작동시켰다. 이것은(공산당 자신이 상상했던 것처럼) 공산당에 의해 관리되는 "시장"이 아니다. 이것은 공산주의 중국의 사례에서 다시 등장하는 주제로서 공산당을 통한 "시장"이다. "정치를 통한 경제"가 신고전주의 경제학의 시각에서 그렇게 보이는 것처럼 불합리한 추론일 필요는 없다.

그러나 "습격"의 저항 이면裏面은 "한 식구들"family circles이었다. 계획을 달성하지 못한 데 대한 불이익에는 죽음도 있었다. 당 관료와 공장장 간 이중 위계의 수평적 협업은(그림 2.3 참조), 만일 공장의 성과가 낮아지기 시작하면, 물품 공동 사냥에서 모스크바 상급자에게 허위 보고를 하기 위한 공동 허위 공모로 쉽게 변할 수 있었다. 이것은 반란이라는 의미의 적극적인 저항은 아니었다. 이것은 나태한 속임수sandbagging라는 의미의 수동적 저항이었다. 게다가, 위에서 내려오는 압력이 강해질수록,

그런 속임수도 더 강해졌는데, 이는 스탈린을 넘어서 브레즈네프와 고르바초프 모두를 계속해서 괴롭힌 문제였다. 악순환의 피드백을 마무리짓기 위한 측면에서, 하이에크Hayek와는 반대로, 그 계획의 핵심적인 문제는 선형계획법linear-programming 알고리즘의 극대화 능력이 인지적으로 제한적이라는 것이 아니었다. 오히려 문제의 핵심은 누적된 허위를 그러한 알고리즘이 다소 효율적으로 극대화하고 있었다는 것이었다. 정치와 경제 관료 사이의 협력 관계인 이들 한 식구들은 비공식 네트워크를 통해 경제를 동원하는 스탈린의 5개년 계획이 사실상 탄생시켰다.

경제를 전쟁으로 이해했던 스탈린은 나태한 속임수를 "인센티브의 문제"가 아니라 "태업"과 "파괴"로 분류했다. 즉, 그에게 거짓말을 한 사람들은 "반역자들"이었다. 당 관료를 통한 개혁이 만들어낸 실패에 대한 이런 인식에서 스탈린은 대숙청을 통해 당 관료에 반하는 개혁으로 전술을 전환했다. 표 2.1에서 이는(마오의 문화혁명과 고르바초프의 무산된 민주화와 함께) "숙청과 대중동원"으로 분류된다. 그림 2.4에 나타난 것처럼, 1937년부터 1938년 사이에 681,692명이 스탈린에 의해 살해되었는데, 이 중 70%가 스탈린 자신의 중앙위원회 위원들이었고, 제27차 전당대회 대표자 가운데 1934년부터 1939년까지 3.3%만이 살아남았으며, 1937년에는 주 공산당obkom 제1서기들 거의 전부가 해직을 당했다 (Padgett and Powell, 2012, 282).

1927년부터 1932년까지 계획의 향연은 1937부터 1938년까지 테러의 향연으로 이어졌다. 이성을 넘어선 무언가가 있었다는 생각을 떨치기는 어렵지만, 스탈린이 실성했다고 성급히 규정하기 전에, 제2차 세계대전에서 스탈린이 히틀러를 물리쳤다는 것을 절대 잊어선 안 된다.

스탈린은 어떻게 그렇게 했을까? "대중동원," 아니면 이동으로 인한 공백 비율을 고려했을 때, 천문학적으로 높은 수준이기는 하지만 "사회적 이동"이라고 할 수 있는 것일까 그 많은 사람이 살해된 후에 경제와 정치를 운영할 사람으로 누가 남아 있었을까? 만일 스탈린이 대숙청으로 지지를 호소할 다른 대상이 없었다면 당 "고위" 관료들의 제거는 일어나지 않을 수 있었다. 이 경우 그 대상은 이전에 스탈린이 비공산주의 기술자를 숙청하는 동안 세웠던 공병 훈련학교를 졸업하고 쏟아져 나오기 시작했던 수만 명의 공산주의 청년들이었다. 30대 나이에, 아무런 경험도 없는 새로운 이 졸업생들은 자신들이 부름을 받아 새로운 공장장, 부처의 관료, 그리고 당 서기에 임명될 예정이라는 것을 알았다. 그들 위에는

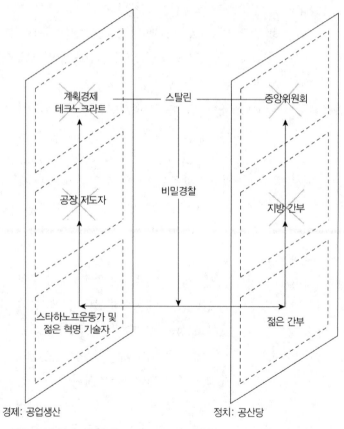

그림 2.4 숙청과 대중동원: 1937-1938 대숙청

엄청난 수의 일자리가 기다리고 있었고, 따라서 이 "'38세대"는 상상할 수 있는 가장 빠른 상향 사회 이동을 경험했다. 이들이 스탈린의 학살의 수혜자들이었다. 칭송받는 스타하노프 노동자들 그리고 콤소몰Komsomol 청소년들과 함께, 교육받은 젊은 이 간부들이 스탈린에게 고마워하고 개인적으로 매우 충직했다는 것은, 물론 한 식구들의 허위를 낳은 기저의 구조적 모순이 사라지지 않았음에도 불구하고, 놀라운 일이 아니다. 흐루쇼프, 브레즈네프, 코시긴, 안드로포프 등 급증하고 있던 젊은 테크노크라트들은 함께 세월을 보냈고, 함께 세계대전을 치렀고, 1985년 고르바초프가 승계할 때까지 결국 원로로서 함께 국가를 운영했다. 스탈린에게 이 집단의 결정적 이점은, 그에 대한 열광적인 개인적 충성 외에도, 그들은 더는 공산주의자 대 기술자라는 선택의 문제를 제기하지 않았다는 것, 즉 그들은 공산주의자 그리고 동시에 기술자였다는 것이다. 구조적 모순은 인사를 통해서 해결될 것이었다. Padgett and Powell(2012)은 이것을 "전기적 자가 촉매 작용"biographical autocatalysis이라고 부른다. 전기적 동원을 자가 촉매 작용으로 관례화한 인사체제는 노멘클라투라nomenklatura였다.

이 방대한 간부교체의 조직적 결과는 당의 정치적 기둥에 상대적인, 부처들의 경제적 기둥의 강화였다. 행정, 부처들과 당의 거의 모두가 이제는 기술자였다. 1933년 17개 그리고 1937년 19개였던 부처의 수는 1941년에 43개로 늘어났다. 대다수의 부처 확산은 중공업 분야에서 있었다. 행정적 차별화는, 산업 간 협력이 더 어려워진다는 것을 의미하기도 했지만, 산업에 대한 중앙의 감독과 통제의 강화를 의미했다. 군사비에 직접 투입된 소련의 국민총생산 비율은 1937년 7%에서 1940년 15%로 올랐다. 이는 1942년 전쟁이 고조에 달했을 때 55%였던 것과는 여전히 큰 격차가 있지만, 이미 준비되었던 방향으로 현저하게 상승한 것이었다.

그림 2.5는 소련의 부처들이 열망했던 자가 촉매 경제 비전을 Harrison

(1985, 123)으로부터 재현해 단순화한 것이다. 소련 경제의 중공업 분야 투입-산출 계획은 잘 돌아가는 최신 기계처럼, 특화된 대량생산으로 인해 최대한 효율적인 대형 공장 간 물품공급을 원활하게 순환시켜줄 것으로 기대되었다. 이러한 순환 과정에서 생산 주문과 이송은 개인이 아닌 공공의 수요를 반영하여 국영은행 계좌를 통해 관리 가격에 청산되기 때문에 자유시장은 필요치 않았다. "과학적으로 설계된" 이 경제 기계는 주로 전쟁을 위해 만들어졌다. 농업과 소비재는 이 기계를 돌리기 위해 무자비하게 착취당했지만, 성공 여부는 그런 다른 분야가 아니라 중공업과 군사적 측면에서 평가되었다.

Kornai(1980) 이후 그리고 그 이전부터 소련 계획경제의 효율성을 낮게 평가하는 것이 유행이었다. 공급 병목, 비장秘藏, 그리고 기술 혁신 부족은 고질적이었다. 그 명백한 현실을 부정하지 않은 채, 소련 경제의 핵심에 있는 군산복합체의 힘과 효율성을 간과하기는 너무 쉽다. 소련의 경제 문제 중 일부는 앞에서 언급한 바와 같이 정보 문제와 공모로 인한 것이었다. 그러나 일부 문제는 그토록 많은 자원을 의도적으로 전쟁에 전용했기 때문이다. 공장 노드가 너무 많지 않은, 중공업처럼 고도로 집중된 영역에서, 중앙 계획은 작동할 수 있다. 그림 2.5에 묘사된 자가 촉매 작용적 생산과 공급 경제 네트워크 피드백은 공급체인 그리고 균형 잡힌 투입-산출량의 위상학 문제이지 자본주의의 문제가 아니다. 원칙적으로 그런 것들은 중앙 계획 또는 민간 시장 어느 것에 의해서나 달성될 수 있다. 소련에서는 중앙 계획이 그 경제의 군사, 중공업 핵심에서 자가 촉매 작용에 실제로 확실히 이르렀다.

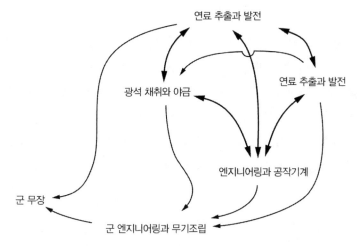

연료 추출과 발전

광석 채취와 야금

연료 추출과 발전

엔지니어링과 공작기계

군 무장

군 엔지니어링과 무기조립

그림 2.5 소련 중공업 분야의 생산 자가 촉매 작용(Harrison 1985, 123).

중공업에서의 자가 촉매 작용을 위한 조직적 고정화 장치lock-ins 역할을 한 신생 행위자는 중앙집중적 경제부처들이었다. 중공업 경제 집중은 중앙 부처의 정치적 힘을 강화했고, 중앙 부처는 계획 내에서 중공업의 구심성을 보호했다. 중공업 이외의 경제를 군산 복합이라는 핵심에 도움이 되도록 이용한 것은 사실이지만, 농업과 소비재가 목적은 아니었다. 소비자로서, 애국적인 군인으로서 소련인이 무엇을 생각했든, 그들은 자부심을 느낄 수 있었다.

그것이 스탈린 집권기 이중 위계의 조직적 창조였다. 원래의 두 기둥 공식 네트워크를 이용해 스탈린은 개혁을 위한 두 가지 방법을 사용할 수 있었다. 먼저 5개년 계획으로 당 관료를 통해서 하고, 그 후에는 "숙청과 대중동원"이라는 대숙청을 통해 당 관료를 제거하는 것이다. 이러한 개혁과 연관된 개별 비공식 네트워크는 그에 대응한 새로운 정치적 관심과 연합을 탄생시켰다. 5개년 계획은 한 식구들을 만들어냈고, 대숙청은 '38년 동기라는 새로운 계급을 만들어냈다. 그러나 후자만이 "고정화"locked-in되었고 경제 권력에 유리하게 두 기둥 체제를 재규정할 수 있었다. 제2차 세계대전은 숙청으로부터 등장한 중앙명령체제에 강력한 자극과 공진화 고정화 장치를 제공했다. 이 모든 것을 규칙화한 조직적 자가 촉매 작용은 **노멘클라투라**라는 사회적 이동 임명제도였다. 이것이 "'38세대"를 위한 조직의 전기를 만들었고 지도자를 위한 "권력의 순환적 흐름"도 만들었다. 이와 대조적으로, 한 식구들은 체제 내 구조적 대립이 낳은 것이었다. 그러나 그들은 높은 상향적 사회 이동 속도에 따라 완화되었고 이동 속도가 느려지면 다시 원래대로 돌아왔다.

마오쩌둥

중국보다 소련에 더 많은 지면을 할애한[37] 이유는 스탈린이 이중 위계의 출발점이었고, 이것이 두 경우 모두에 접근할 수 있는 일련의 진화경로("가능성의 위상학")를 설정했기 때문이다. 이 잠재적 경로 범위 내에서, 중앙집권화(역사적으로 마오의 대약진 운동에 기인한)의 정도 차이가 비슷한 조직 및 네트워크 피드백 역학으로부터 여러 가지 발전 경로를 만들어냈다. 중국에서 마오의 행정 분권화에 대응해 나타난 비공식 네트워크는 소련에서처럼 한 식구(그리고 습격)와 같은 수평적 저항이 아니라, 대부분 수직적인 후견 – 피후견 구조였다.

소련의 체제가 1949년 마오의 승리 이후에 도입되었다는 점을 고려할 때, 1958년부터 1960년까지 마오가 추진한 대약진 운동의 정치와 경제는 스탈린이 행한 집단화 그리고 1928년부터 1932년까지 그가 추진한 5개년 계획의 정치 및 경제와 유사성이 있다. 또 1966년부터 1969까지 진행된 마오의 문화혁명 정치는 1937년부터 1938년까지 행해진 스탈린의 대숙청 정치와 닮았다. 심지어 그 각각의 단계의 시차도 비슷하다. 그 차이점은 분명하다. 중국공산당은 농민층에 뿌리를 두었던 데 비해, 소련공산당은 도시 노동자층에 뿌리를 두었다. 그리고 스탈린은 반대자들을 처단한 데 비해, 마오는 단순히 그들을 "교정"했다. 그러나 중국이 30년 뒤처진 것을 제외하면, 이 두 공산주의 국가에서 경제 및 정치적 발전의 광범위한 리듬은 놀라울 정도로 비슷했다.[38]

중국의 신생 계획 산업경제는 소련의 경제가 겪었던 것과 같은 거시경제 주기를 겪었다. 즉 중공업을 위주로 한 급격한 투자주도 성장에 이어, 그에 따른 공급 불균형으로 인한 축소가 뒤따랐다. 중국에서 그러한 축소와 경제적 혼란이 시작된 첫해는 1956년이었다. 새로운 중공업 건설과 기존 자본주의 기업의 사회주의적 전환이 이 모든 것을 감당할 원시적인 중앙 계획의 능력보다 훨씬 앞서서 진행됐기 때문이다. 게다가, 중국에서 1956년과 1957년은 1차 집단화가 끝난 직후였기 때문에 당해 수확량이 매우 좋지 않았다. 이러한 경제적 사건들이 궁극적으로 1958년 시작된 대약진 운동의 자극제가 되었다. 그러나 이중 위계는 그 원인을 정치라는 매개체를 통해 그 특수한 결과와 연관 지었다.

마오쩌둥과 중국의 지도층은 1920년대 후반 스탈린이 했던 것과 같은 일을 했다. 즉 그들은 대중동원을 위해 당에 기대었다. 이는 기반 차원에서 지방 간부들뿐만 아니라. 자기 지역에 대한 투자, 개발, 그리고 선심성 혜택을 갈망하는 성省의 서기들을 의미하기도 했다.

대약진 운동은 당의 열정적인 반응으로 고조되었지만, 중앙 지도부에 의해 좀 더 점진적인 개혁 단계로서 1956년과 1957년에 시작되었다. 이로 인해 중국공산당은 경제 운영에 한층 깊숙이 개입할 수 있었다. 그 첫 단계는 1956년 8월 시작된 공장 수준의 개혁으로, 공장장에 의한 "독재적인" 운영으로부터 공장의 당 위원회에 의한 집단지도체제로 이행하는 것이었다. 이것은 스탈린이 했던 것과 정반대였다. 두 번째 단계는 1957년 11월 진행된 "소유" 수준의 개혁이었는데, 중공업 분야에서 대규모 기업을 제외한 공장들은 이후부터 성급省級 이하 정부 계획 당국이 운영하도록 했다. 마오는 중공업 분야 대규모 공장의 관리를 위해 중앙 부처들을 남겨두기는 했지만 대부분의 중앙 부처들을 없앴고, 중앙 정부 소유 기업의 80%를 하급 정부 수준으로 이동시켰다.

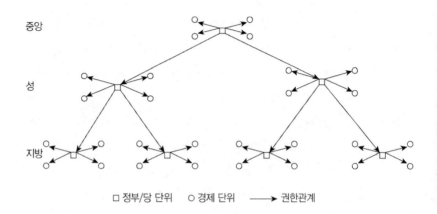

□ 정부/당 단위   ○ 경제 단위   ──→ 권한관계

그림 2.6 대약진 운동 이후 중국의 경제 기업 국가 소유

마오의 개혁이 가져온 순효과는 그림 2.6에 나타나 있다. 공산주의 중국은 소련처럼 여전히 경제 전부를 소유하고 있었지만, 그 "국가"는 더 이상 과도하게 중앙 집권화된 "모스크바"가 아니었다. 소련식 거대 기업은 여전히 베이징에서 관리했지만, 이제 중형 기업의 관리는 성도省都로, 그리고 소형 기업의 관리는 현縣 정부 소재지로 하향 위임되었다.

중국에서 이 체제가 고정화되어 자가 촉매 작용을 하게 된 이유는 당시 좀 더 저발전 상태였던 중국 경제의 지역적 분화(거의 자립 경제적인) 구조 때문이었다. 지역 행정은 지역 경제 클러스터에 적합했다(Donnithorne, 1967). 이는 스탈린이 소련에 유산으로 남겼던 매우 특화되고 지역적으로 상호의존적인 경제와는 극명한 대조를 이뤘다.[39]

비록 공식 네트워크 체제(두 기둥)와 개혁을 호소할 지지기반의 선택(당 관료들)에서는 같았지만, 마오의 대약진 운동으로 인한 분권화는 스탈린의 5개년 계획으로 인한 하향식 압력과는 매우 다른 정치적 연합을 만들어냈다. 수평적인 한 식구 결탁 그리고 기업 경영자와 당 간부 사이에서의 중개는 더는 명시적으로 베이징의 계획 일부가 아닌 중소기업들로서는 예전만큼 가치가 없었다. 이제 지방의 당 간부가 자신의 상관인 지방 당 제1서기가 가하는 하향식 압력으로부터 자신을 보호하는 최선의 방법은, 같은 수준의 기업 경영자에게 기대는 대신, 베이징에 있는 자신의 상관의 상관과 개인적인 연줄을 만들어서 교묘하게 벗어나는 것이었다. 문제가 많은 중간 단계를 우회하기 위해 상부와 하부 사이에서 수직적인 사적 충성 관계가 발전했다. 이데올로기가 그들을 연합시켜 내재한 조직적 긴장을 완화했다면, 인접 수준 간 "원칙적 당파주의"principled particularism의 수직적 연결ties도 발전할 수 있었을 것이다(Walder, 1986).

그림 2.7은 공식적인 경제적 분권의 격자 주위에 형성된 비공식적인 후견 - 피후견 네트워크 2차 증가의 순효과를 설명한 것이다. 피후견 네트워크는 지역 내에서 증가했고, 경합 파벌 간 대결이 일어난 중앙위원회에서[40] 최고점에 달했다. 아래로부터의 후견 수요는 경합하는 지도자들이 후계문제를 두고 투쟁하면서 위로부터의 열정적인 반응과 만났다. 마오가 카리스마적인 통합자/중재자로서 이러한 후견 "가계"lineage 위에 군림하는 한, 지역 기반의 경합 파벌들은 공존할 수 있었다. 하지만 만일 마오 주석의 통합 능력이 약해졌더라면(대약진 운동 이후에 그랬던 것처럼), 그 정치 체제는 자동으로 잠재적으로 치명적인 파벌들로 분열했을 것이다.

그 시점에, 약해진 그 공산당 지도자는 "숙청과 대중동원"이라는 핵폭탄급 선택지와 마주했다. 잘 알려진 바와 같이, 문화혁명기 동안 마오는 실제로 정확히 이 선택지를 골랐고, 자신의 홍위병을 통해 과격한 당의 하위층을 동원했다. 린뱌오가 쿠데타를 통한 마오쩌둥 암살 시도에 실패한 후, 마오쩌둥의 붉은 파벌이 인민해방군PLA을 숙청했다. 그렇지 않았다면, 문화혁명기 동안 인민해방군이 정치와 경제 기둥 사이의 긴장을 안정시키면서 마오를 위해 "세 번째 기둥"third-column 통제 기능을 수행할 수 있었을지도 모른다. 그리고 따라서 홍위병은 마오의 통제를 벗어나지 않았을 것이다. 사실은, 마오는(스탈린 후의 고르바초프처럼) 그가 풀어놓았던 강력한 상향 세력에 대해 스탈린 수준의 피드백 통제력을 키우지 못했다. 인민해방군은 그때, 문화혁명 관리가 아닌 진압을 위해, 소환되었다.

린뱌오의 실패한 암살 기도를 "우발적 사건"이나 "나비효과"로 부르는 것은 자유다. 그러나 그림 2.7에 나타난 파벌 구조에서 우두머리를 제

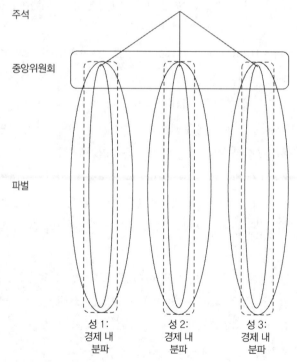

주석

중앙위원회

파벌

성 1:   성 2:   성 3:
경제 내   경제 내   경제 내
분파   분파   분파

그림 2.7 마오쩌둥의 공산주의 경제와 공산당의 자가 촉매 작용

거한 버전을 고려하면 실패한 쿠데타는 엄밀히 말해 놀랄 일은 아니다. 당을 통한 개혁이 만들어낸 정치적 연합(한 식구들)의 실패를 목격한 후 스탈린이 "숙청과 대중동원"을 이용했듯이, 마오도 대약진 운동이 만들어낸 잡다한 파벌들이 통제를 벗어나자 개혁 전술을 바꿨다.

덩샤오핑

서양인들은 덩샤오핑이 결국 서구의 우월한 이성과 "시장"을 이해했기 때문에 정신 나간 마오쩌둥을 현명하게 부인한 자유주의자였다고 생각하길 좋아한다. 그러나 이는 덩이 공산주의를 약화하려 했던 것이 아니라, 특히 공산주의 내부의 문제가 많았던 시기 이후에, 역으로 공산주의를 강화하려 했던 공산주의자였다는 것을 부인하는 것이다. 여기서 경로 의존적인 테마는 오히려 사회주의 "시장"이 줄곧 공산주의 발전의 내재적 경로 중 하나였다는 것이다.[41] 공산주의 경제가 그 길을 따라가도록 추진해줄 공산주의 정치와 네트워크가 이중 위계로부터 등장하기만 하면 되는 것이었다. 문화혁명의 여파가 그 필수적인 정치와 네트워크를 만들어냈고, 그러한 정치네트워크를 중개할 지도자를 만들어냈다. 마오에 대응해 만들어진 정치적 연합과 관심은 결국 그들을 탄생시킨 공식 네트워크를 변형시킬 수 있었다. 덩샤오핑의 개혁은 서구 모방과 아무런 관련이 없다.[42] 그보다는 오히려 마오가 덩샤오핑이 업적을 이룰 수 있도록 해주었다.

이러한 주장은 그림 2.8에 담겨 있다. 문화혁명의 파벌 잔존자들은 세 개의 조직 기둥에 자리를 잡았다. (a) 마오의 "4인방" 급진 분자들의 보루였던 소련식 중앙계획경제, (b) 베이징의 핵심인 덩 주변에 산재한, 분권화된 지방에 소재한 덩의 잠재적 개혁 지지자들, 그리고 (c) 문화혁명이 남긴 혼란의 뒤처리를 담당했던, 단련된 인민해방군. 덩샤오핑은 확고한 행동robust action의 다중 네트워크 중개 메커니즘(다의적 속성을 가진, 상반된 계층 사이의 중개; 표 2.1과 Padgett and Ansell, 1993 참조)을 통해, (a) 마오주의자들에 대항하는 (c)와 (b)의 연합을 구축했다.

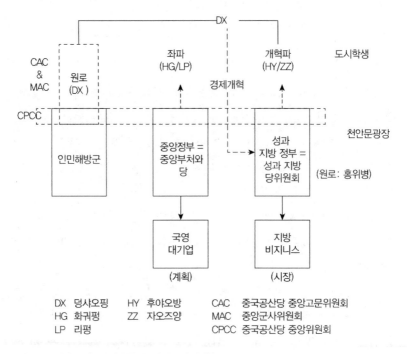

DX 덩샤오핑   HY 후야오방   CAC 중국공산당 중앙고문위원회
HG 화궈펑   ZZ 자오쯔양   MAC 중앙군사위원회
LP 리펑   CPCC 중국공산당 중앙위원회

그림 2.8 덩샤오핑 경제개혁의 정치: 강경 행동

덩의 원래 권력 기반은 기둥 (b)의 분권화가 아니라, 기둥 (c)의 인민해방군이었다. 마오는 문화혁명으로 1974년 하방下放한 덩을 두 가지 이유로 다시 불러들였다. 하나는 말기 환자였던 저우언라이를 대신해 경제를 운영하는 것이었고, 다른 하나는 군구軍區 사령관 8명을 동시에 순환시켜 그들의 집단 쿠데타 가능성을 약화하는 것이었다.[43] 장성들이 덩을 지지한 것(이것이 꼭 반反 마오주의는 아니었다)은 그들이 장정長征을

함께 했었고, 그 당시에 덩도 젊은 사령관이었기 때문이었다. 1976년 마오의 사망과 1978년 덩의 권력 승계 사이 공백기 정치의 변곡점으로서 군의 충성을 확보하기 위한 투쟁이 계속되었다.

덩의 확고한 행동 중개는 그의 오랜 인민해방군 권력 기반과 지방의 후원자들이 응집해 새롭게 구축된 경제개혁 기반의 연계를 통해 등장했고, 이 두 기반은 덩에게 정치네트워크 지지 구조의 두 다리가 되어주었다.44) 덩의 연합 중에서 좀 더 역동적인 이 두 번째 반쪽이 그의 유명한 경제개혁 자유화의 결과였다. Shirk(1993)가 재치 있게 "지방 공략"playing to the provinces이라고 부른 그러한 경제개혁은 공산주의 지도층의 표준적인 형태, 즉 정치적 동맹을 겨냥한 임의의 경제적 호의를 통해 지방과 성급 당 간부들에게 접근하고 이들을 동원하면서 등장했다. 1970년대 말과 1980년대 초의 이러한 유명한 경제개혁 조치들은 세 단계로 이뤄졌다. (1) 농촌의 가정생산책임제, (2) 지역이 징집한 세수 중에서 협상 가능한 X%를 그 지역이 갖도록 허용하는 재정 분권화,45) 그리고 마지막으로 (3) 연안항의 경제무역 특구. 세 경우 모두, 개혁의 혜택이 지역을 초월해 균일하게 분배되지 않고, 덩의 지역적 동맹에 따라 임의로 분배되었다. 따라서 경제개혁은 후견을 통한 정치적 파벌 구축과 같았고, 스탈린의 5개년 계획에서 있었던 것과 다르지 않았다. 그 두 경제개혁의 내용은 다소 달랐지만, 정치는 비슷했다. 또 소련의 그 첫 번째 5개년 계획과도 비슷해서 당 간부들 사이에 열성적인 사업 열풍이 이어지기도 했다(Walder, 1995; Oi, 1999).

관찰자들이 종종 덩의 경제개혁을 공산주의적 행태라고 인식하지 않는 주된 이유는 역사적 관점의 부재 이외에도 두 가지 곡해 때문이다. 첫 번째 전술적 곡해는 보통 공산주의 지도자들이 추진하고 지지자들이 반응하는 데 비해, 덩의 경우에는 지지자들이 반응하고 나서 지도자가 추진했다는 것이다. 통솔 방식상 이 전술은 의미심장했다. 즉, 이 방식으로 덩과 그의 정책 목표는 예견하기가 어려웠다. 그러나 피드백으로서 정치 지도자와 그의 지지 세력이 서로에게 주는 긍정적 강화는 피드백 사이클을 누가 시작했든 간에 매우 중요했다.

두 번째 곡해는 공산주의 이중 위계에서 공산주의 지도자의 지역 당 서기에 대한 피드백은 통상적으로 정치 및 경제영역 모두에서 집중화로 이어졌다는 것이다. 덩의 경우, 실제로 정치영역에서 집중화(좀 더 정확히는 재집중화)로 이어졌지만, 경제영역에서는 분권화로도 이어졌다. 이는 그 계획이 이제 정치적으로 신뢰하기 어려운 베이징의 대형 공장 기반으로 제한되었기 때문이다.

플로렌스의 코시모 데 메디치Cosimo de' Medici처럼 덩샤오핑도 그가 관리한 이종異種 지지 구조로 인해 다중 정체성을 가진 것으로 해석될 수도 있었을 것이다. 말이나 정책을 너무 명확히 하지 않음으로써 파괴하지 않았던 이 구조적 다의성으로 인해 덩은 스핑크스처럼 "모두의 친구" (마오주의자는 제외하고) 그리고 진실한 중개자로 비칠 수 있었다. 덩은 어떤 계층에도 신세를 지지 않고 체제 위로 떠올랐다. 덩은 심지어 그의 멘토인 마오를 모방해 뒤에서 비공개적으로 비밀스러운 통치를 더 잘 하기 위해 주석이라는 공직에서 사임하기도("일선에서 후퇴") 했다. 그러나 학습된 모호성을 수동성으로 오해하지 않도록, 톈안먼 광장에서 무자비하게 학생들을 죽인 데서 증명되듯이, 덩은 원래의 인민해방군 권력 기반으로 쉽게 옮겨갈 수 있었다.

서구의 기준에 따르면, 덩샤오핑이 역사상 가장 성공적인 공산주의 경제개혁가였다는 데에는 의심의 여지가 없을 수 있다. 경제적 기준에만 의한다면, 그가 이끈 중국의 변화는 기적에 가깝다. 이 때문에 그를 천재로 신성시하는 것이 이후의 귀인歸因 경향이다. 그러나 덩은 마오와 달리 유토피아적인 환상이 없었다. 그의 유명한 실용주의 선언은 "쥐만 잘 잡으면 검은 고양이든 흰 고양이든 상관없다"였다. 덩의 현명함에 관해서는 의심의 여지가 없지만, 그 현명함의 본질은 솜씨 있게 실행된 훌륭한 계획이 아니었다. Shirk가 인터뷰한 중국의 경제학자들이 덩과 그 연합세력의 통치 방식을 가장 잘 포착했는데, 그들은 이렇게 말했다. "헐거운 돌을 찾으면 그들은 끝까지 밀어붙였습니다. 돌이 움직이지 않으면, 미느라 힘을 낭비하지 않았습니다." 다시 말해서, 덩은 그가 직면한 상황 그리고 그가 물려받은 것에 적응했다. 그는 단순한 지도자가 아니라 자가 촉매 작용적 지도자였고, 그가 속한 역동적인 체제의 일부였다.

고르바초프

고르바초프에 대한 간단한 묘사는 그가 덩과 어떤 점에서 대조적인지를 알려주고 1980년대에 그가 추진한 일련의 개혁이 어떻게 경로 의존적 실패를 낳았고, 소련의 붕괴로 이어졌는지를 설명해 준다.[46] 그림 2.9는 적어도 이중 위계, 고르바초프에 대한 그러한 분석의 조직적 네트워크 골격 그리고 소련의 붕괴를 보여준다.

현 상황에서, 그러한 분석에서 나온 가장 중요한 결론은 스탈린이 고르바초프에게 남긴 촘촘한, "한 식구들" 식의, 수평적 비공식 네트워크가 고르바초프에게서 나태한 속임수에 의한 겹겹의 고의적인 저항들을 돌파할 어떠한 중국식, 수직적, 후견-피후견 네트워크도 박탈해버렸다는 것이다. 고르바초프가 크렘린 자체를 능숙하게 통제했음에도 불구하고 그가 "민주화"를 통해 자신의 공산당을 상대로 전쟁을 치르는 운명적인 결정을 내린 것은 그에게 크렘린 외부에 미칠 어떠한 비공식 네트워크 수단도 없었기[47] 때문이었다. (그림 2.9의 오른쪽 기둥은 고르바초프가 만들고 이끌려 했던, 단명했던 세 번째 기둥을 보여준다.) 그는 도시의 자유주의자들이 자신의 카리스마적인 측면에 몰려들어, 스타하노프 노동자들이 스탈린을 위해 했던 것처럼, 그리고 홍위병들이 좀 더 문제가 있는 방식으로 마오를 위해 했던 것처럼, 공산당 자체는 해산시키지 않고, 그가 당을 상대로 필요했던 영향력을 자신에게 실어주길 바랐다. 고르바초프에게는 유감스럽게도, 그 도시의 자유주의자들은 고르바초프의 친애하는 소련이 아니라 국민주의nationalist 러시아라는 이름으로, 그가 아닌 카

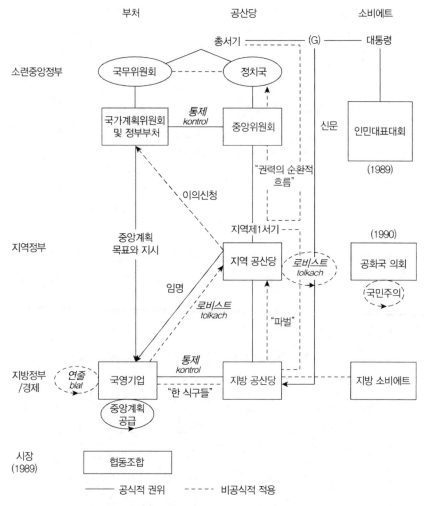

그림 2.9 소련의 이중 위계(소비에트에 대한 고르바초프의 도전을 포함)

리스마적인 옐친에게 몰려갔다. 높은 위험을 동반한 고르바초프의 숙청과 대중동원 통제 전략은 내장된 공산주의 진화 경로의 영역을 넘어선 것이 아니었다. 결국, 고르바초프는, 마오처럼, 그 자신이 풀어놓았던 강력한 피드백 역학을 통제하는 데 실패했다.

고르바초프는 다루기 힘든 당 내부의 수평 네트워크 때문에 당 외부에 자신을 위한 개혁주의적 수직 네트워크를 만들고 싶어졌고, 그 명목은 (필자가 보기에 그 진정한 목적은) 모두 공산주의의, 폐기가 아닌, 개혁이었다. 그러나 정치네트워크는, 작동은 고사하고, 재생산에만도 자가 촉매 작용 실체가 필요하다. 정치네트워크는 바란다고 해서 갑자기 생기는 것이 아니다. 고르바초프는 당혹스럽게도 공진화와 국가형성에는 선의, 영리한 사고, 독재 권력 이상이 필요하다는 것을 알게 되었다.

결론

이 장에서는 "단기적으로는 행위자가 관계를 만들지만, 장기적으로는 관계가 행위자를 만든다"(2012, 2)는 Padgett and Powell의 일반적인 상징 문구mantra를 공산주의에 적용해 설명했다. 이처럼 일반적인 상징 문구에도 실용적인 진화 및 연구 시사점이 있다. 사회 및 정치적 공진화의 역사는 어떤 신화 상의 최적 조건을 향한 목적론적 행진이 아니다. 그것은 접근 가능한 한정된 미래들만을 현재의 다중 네트워크 배열에 담은, 일련의 분기하는 궤적들이다. 그 배열은, 결국, 그 공진화의 역사에 대한 선택적 기억이다.

일반적으로 생명체의 생물학적 진화와 다르지 않다.

1) 유익하고 면밀한 제안과 편집을 해준 Alex Montgomery에게 특별히 감사드린다.
2) 과거와 현재의 사회진화론자들이 저지른 개념적 실수.
3) 예를 들면 친족 네트워크는 양육의 소임을 수행하기 위해 아이들을 기르고, 길드 네트워크는 도제를 훈련해 장인으로 키운다.
4) 이 장은 Padgett and Powell(2012)의 1장과 9장의 내용을 참조한 것이다. 이 장에 예시된 테마에 대한 보다 자세하고 면밀한 분석은 그 1장과 9장을 참고하기 바란다. 이 장보다 훨씬 광범위한 인용 자료가 제공되어 있다.
5) 더 상세한 구분은 Padgett and Powell(2012) 참조.
6) 예를 들면 공룡을 죽인 유성을 생각해 보라. 물론, 공룡들에겐 "우발적 사건"인 것이 사실이다. 그러나 이런 분석의 문제는 많은 비슷한 유성들이 지구에 충돌했지만, 생태 재앙을 일으키지는 않았다는 것이다. 그 역사적 시점에 지구의 생태에 관한 무언가가 상호의존적인 종 개체들이 죽음뿐만 아니라 멸종의 전염에도 취약하게 만들었다. 동일한 논리적 문제가 "전쟁은 국가를 만들고, 국가는 전쟁을 만든다."라는 Tilly의 경구에도 피해를 준다. 물론, 인간의 역사에 이 경구에 맞는 사례들은 많다. 그러나 전쟁이 쿠데타를 일으키고, 국가를 분할시키고, 사회 혁명을 일으키고, 단순히 몰락을 초래한 경우들도 있다. "전쟁"을, 그것을 만들고 또 그것에 반응하는 다중 네트워크 피드백으로부터 분리된 독립 변수로 보는 것은 진화적 변화의 이해에 대한 개념적으로 빈약한 접근법이다. (한편, 실제 Tilly는 그의 반(反) 호전적 비판자들이 그에 대해 구축했던 이 만화(cartoon)보다 훨씬 더 난해한 인물이었다.)
7) 이 그림은 Padgett의 실제 플로렌스 데이터 세트의 관계적 데이터베이스 구조를 그린 것(cartoon)이다. 자세한 것은 Padgett(2010) 참조.
8) 그리고 Padgett and Powell(2012) – 특히 6장 근대 초기 혁명기의 네덜란드와 7장 19세기 비스마르크 통치 시기의 독일에 대해 참조.
9) 예를 들면 이윤 극대화는 사업가의 목표일 수는 있다. 그러나 총체인 사람의 목표는 아니다. 이런 이유로, "방법론적 개체주의"는 잘못된 호칭이다. "방법론적 역할 – 주의"(Methodological role-ism)가 분리된 당대 사회과학 세계에서의 모형화 관행에 대한 좀 더 정확한 표현이다.
10) 이 경고는 어떠한 초월(meta-) 또는 교차(cross-) 역할 효용함수도 개인에게 전가하는 것을 문제시한다. Von Neumann-Morgenstern 공리를 위배할 가능성 때문이다. 효용함수가 잘 정의되지 않으면, 최대화의 정의는 흐트러진다. 교차 역할 정합성은 물론 가능하지만, 상당한 사회적 성취가 될 것이다. 이런 의미에서, 합리성(좁게는

개인적 최대화로 인식되는)은 사회적으로 만들어진다.

11) 문헌에 "재조합"이란 단어가 매우 널리 퍼져있으므로 이 단어를 계속 쓰기로 한다. 그러나 우리의 실증적 사례들에서 재조합되고 있는 요소들은 상황에서 분리된 원자와 같은 것이 아니라 어떤 네트워크 안의 노드나 연결 관계(ties)다. 그러므로, 별개의 독립적인 개체로 이뤄졌다는 뉘앙스로 들리는 "재조합"이라는 단어보다는 "네트워크 중첩"이라는 단어가 우리가 관찰하는 현상을 좀 더 정확하게 묘사한다.

12) Padgett and Ansell(1993) 참조. Padgett and Powell(2012)은 이것을 "전위와 기능재설정"(transposition and refunctionality)이라고 부른다(6장과 13장).

13) Padgett and Powell(2012)은 이 과정의 어느 쪽 반이 먼저 발생하는가에 따라 "편입과 분리"(incorporation and detachment)(5장) 또는 "이동과 상동"(migration and homology)(7장)이라고 부른다.

14) Stadler 외(2001); Fontana(2006).

15) Padgett, Lee, and Collier(2003) 참조.

16) Padgett and Powell이 촉매 작용에 대해 1장에서 설명한 바와 같이, 만약 분석가가 그림 2.1b를 위에서 아래로, 겹쳐진 영역들을 통해 내려보면, 그림 2.1b는 벤 다이어그램으로 보인다. 이 벤 다이어그램에서 영역 간 중첩 패턴은 사람들의 다기능 신분 패턴이 규정한다. 따라서 다기능 내재성의 패턴을 바꾸면 영역 차별화의 패턴도 바뀐다.

17) Padgett and Powell(2012) 2장과 3장에서 더 상세하게 설명하고 있는 자가 촉매 작용 이론은 대략적으로 본 복잡계 이론의 한 갈래(화학의 한 갈래)다.

18) Eigen and Schuster(1979). 심화 발전은 Fontana and Buss(1994)를, 그리고 종의 클러스터 생태학에 대한 Eigen-Schuster의 통찰 확장은 Jain and Krishna(1998)를 참조.

19) 물론 이것은 그러한 화학적 농축이 커지는 것을 제한하기 위한 부정적 피드백 고리 역시 중요하다는 것을 부정하려는 것은 아니다.

20) Emirbayer and Goodwin(1994)의 변화와는 반대로, 언어적 자가 촉매 작용에 계속 초점을 맞추기를 미룬 것은 "문화는 중요하지 않다."는 어떤 잘못된 이론적 의지 때문이 아니었다. 오히려, 우리가 행한 특정한 실증적 사례 연구는 생산과 특히 전기적 자가 촉매 작용에서의 임계가 이러한 임계에 대한 언어적 이해에서의 임계보다 시간상으로 앞선다는 것을 가장 자주 보여주었다. 단속평형의 격동기에 이는 놀라운 일이 아니다. 사람들은 종종 통제 범위를 넘어선 거대한 대규모 사건을 의식적으로 따라잡으려고 열심히 노력하기 때문이다. 제한적이지만 2012년 이후부터 언어적 자가 촉매 작용의 이해와 모형화를 위한 일부 진전이 이뤄져 왔다 (Padgett 2015).

21) 그러한 분석의 성공 여부는 미래 예측이라는 허영에 찬 기준에 의해 평가되어서는 안 된다. 나중에라도 마찬가지다. 그 평가 기준은 당시 정권의 실질적 정치를 통해 접근 가능한 진화적 경제발전의 한정된 경로를 밝힐 수 있는지가 되어야 한다. 영리하지만 현명하지는 않았던 서구의 옐친 경제 고문들의 경험만으로도 우리의 과도한 자신감을 치료하기에 충분할 것이다. 흥미롭게도, 덩이 이끈 경제개혁의 인상적인 성공은 서구 학자들의 어떠한 "유익한" 조언도 없이 성취된 것이었다.

22) 이는 변명이 아니다. 첫 네 조사 단계 없이 확증 데이터나 그 소재를 알 수는 없다.

23) 필자가 알기로 Schurmann(1968)은 명백하게 이중 위계의 개념적 관점에서 공산주의를 분석한 최초의 서구 학자다. 차이점으로는, 스탈린 시기의 비밀경찰, 마오와 덩 시기의 인민해방군, 그리고 고르바초프 시기의 군이 이들 정권의 역사에서 배후의 세 번째 기둥으로 크게 부각했고, 가끔 두 주요 기둥에 대한 지렛대로 사용되었다는 것이다.

24) 중앙위원회에 대한 지도층의 통제는 "권력의 순환적 흐름"를 통해 이뤄졌다. 즉, 지도자들이 중앙위원회에 들어온 지역의 서기와 부처장들을 임명하고, 중앙위원회는 지도자들의 승계와 갱신에 대해 투표권을 행사했다.

25) 회사 내 공산당원들의 신분이 비밀이 아니었다는 것을 제외하면, 이는 정치적 스파이 행위로 볼 수도 있을 것이다.

26) 사람들은 60만 이상의 당원을 살해한 스탈린의 1937-1938 대숙청 운동의 중요한 일부가 그의 새로운 헌법이었고, 이것이 하급 공산당원들에게 상당한 선거의 자유(비밀 투표를 포함한)를 부여했다는 것을 망각한다. 이러한 선거가 아래로부터의 비난을 강화하고 부채질했다.

27) 스탈린의 대숙청이 5개년 계획 직후에 일어났던 것처럼, 마오의 문화혁명이 대약진 운동 직후에 일어났다는 것이 흥미롭다. 이 순서의 논리는 아래에서 알아본다.

28) 공산주의 국가는 아니지만, 개발국가 일본과 한국도 추가로 적합한 사례들이다.

29) 1920년대 레닌 정권 시절의 신경제정책(NEP)이 그 예시였지만, 레닌은 이를 단지 과도기적인 것으로 생각했다.

30) 일단 인민해방군이라는 잠재적 기둥을 고려하면, 덩의 전략에 대한 좀 더 완전한 표현은 "강경 행동"(Padgett and Ansell 1993 참조)이 될 것이다.

31) 이것이 위인이 "해냈다"는 뜻은 아니다. 어떤 개혁 지도자라도 그가 할 수 있는 것은 자기 재조직화하도록 자가 촉매 작용 과정에 섭동을 일으키는 것뿐이다. 국가 변화의 복잡성은 어떤 누구의 지능과 선견지명도 넘어서는 것이다.

32) 여기에 간략히 요약한 것 이상의 문헌 및 2차 자료 증거에 대해서는 Padgett, "The Politics of Communist Economic Refrom: Soviet Union and China," in Padgett

and Powell(2012, ch.9)을 참조.

33) 정확히는 "바닥에서부터"가 아니다. 착취당하고 살해된 농민들의 농업 집단화의 등 위에서라고 하는 것이 정확할 것이다.

34) 부하린은 "미래의 벽돌로 현재의 공장 짓기"라며 냉소적으로 호통쳤다(Cohen 1973, 296).

35) "1929년 4월 제16차 당 대회에서 D.B. Riazanov의 발언은 매우 적절했습니다. 이 연단의 모든 발언자의 결론은 같습니다. '우랄 지역에 공장만 있다면, 우파들은 어찌 되든 상관할 바 아닙니다! [웃음] 발전소만 있다면, 우파들은 어찌 되든 상관할 바 아닙니다! [웃음]'"(Kuromiya 1988, 20).

36) Gerschenkron(1962)이 소수 다른 사람들도 있지만, 실제 그런 기준으로 측정했듯이.

37) 더 자세한 사항과 참고문헌은 Padgett and Powell(2012) 9장을 참조.

38) 제2차 세계대전 이후 중국의 경제발전 상태도 제1차 세계대전 이후 러시아의 경제 발전이 활기를 잃었던 상태와 대략 비슷했다.

39) 바꿔 말하자면, 흐루쇼프는 그가 비난했던 스탈린의 조직 유령에게 패배당한 것이었다.

40) 소련에서는 정치국(Politburo)이라고 불렸다.

41) 이에 대한 명백한 증거는 카다르(Kádár) 집권기의 헝가리로, 고르바초프가 가장 매력적이라고 생각했던 모형 사례였다. 비록 헝가리에서처럼 자가 촉매 작용으로 고정화되지는 않았지만, 브레즈네프 시기의 코시긴 그리고 레닌/부하린 시기의 신경제정책은 그 다른 사례들이다.

42) 예를 들면 옐친 그리고 동유럽인과는 달리, 덩은 서구의 경제학자들에게 어떤 조언도 구한 적이 없다.

43) "협상의 요소는 분명했다. 정치 권력을 포기하는 대가로, 장성들은 [총리직]을 믿을 수 있고 책임감 있는 오랜 동료에게 주겠다는 약속을 받았다"(MacFarquhar 1997, 291).

44) 덩의 2각(二脚) 정치네트워크 지지 구조는 코시모 데 메디치가 결혼을 통한 고령의 귀족들을 사업을 통한 젊은 사람들과 연결하는 것과 구조적으로 비슷했다 (Padgett and Ansell 1993).

45) 그 당시의 미국인들은 이것을 "수입 분배"(revenue sharing)라고 불렀을 것이다.

46) 관심이 있다면 Padgett and Powell(2012, 297-309) 9장을 참조.

47) "1985년부터 나는 3년 연속 모스크바로 날아가 그곳의 분위기에 젖어 들어 정치인, 기자, 예술가와 작가들을 만났다. 내가 받은 인상? 페레스트로이카가 전속력으로 진행 중이었다. 실제 거대한 해일 같았다!" 그리고 나서 나는 수도를 떠나 지방으

로 여행했다. 수도에서 100에서 200킬로 정도를 벗어나자 상태는 완전히 달랐다. 정적만 흐르고, 변화는 없었다"(1991년 미국 연구자 Ed Hewitt가 고르바초프에게 한 보고, Gorbachev 1995, 195-196).

제3장 정책네트워크의 권력 구조

David Knoke and Tetiana Kostiuchenko

정책네트워크 분석의 기원은 C. Wright Mills(1956)의 연구에서 미국의 파워 엘리트를 기업, 정치, 그리고 군 기관의 최상위 직책을 맡고 있는 엘리트들 간 인적 관계ties로 설명했던 1950년대까지 거슬러 올라간다. 이후 수십 년에 걸쳐, 유럽과 북미의 정치사회학자와 정치학자들은 소셜 네트워크 분석SNA의 수많은 특성을 통합한 정책네트워크에 대한 이론화 작업과 연구를 진행했다. 그 결과, 현재의 정책 학자들은 다양한 분석수준에서 선진국과 개도국의 폭넓은 정치조직에 걸친 정책수립 구조와 권력을 조명하는 풍부한 소셜네트워크 분석의 개념, 명제, 원칙, 방법론의 혜택을 누리고 있다.

이 장은 주요한 이론적 정책네트워크 발전, 논란 및 대안 모형, 그리고 핵심적 연구성과의 개요를 제시한다. 연대기적 접근법에 따라, 첫째 절에서는 권력 구조 그리고 겸직 임원 회의제interlocking directorates를 다루는 정책네트워크 연구의 기원을 밝힌다. 그다음 절에서는 20세기 말 미국과 유럽에서 구축한 정책네트워크 이론을 검토한다. 세 번째 절에서는 글로벌 네트워크와 포합적인 새로운 이론 및 방법론적 패러다임의 등장을 포함한 최근의 정책네트워크 발전 상황에 대해 알아본다. 끝으로 이 분야가 최근 몇 년 동안 다학제적 전공으로서 매우 성숙했고 더욱 제도화되어가고 있다고 결론짓는다. 비록 더 큰 통합을 촉진할 수 있는 혁신적인 핵심 아이디어 주변에 응집력은 여전히 없지만, 창의적인 분석가들이 정책네트워크학을 놀랄 만큼 새로운 방향으로 이끌 패러다임을 제안할 기회는 열려 있다.

권력구조 분석의 기원

정책네트워크는 "정책 문제와 정책 프로그램 모두 혹은 둘 중 하나에 중점을 두고 형성되는 상호의존적 행위자 간 (다소) 안정적인 사회적 관계의 패턴"이라고 정의될 수 있다(Kickert, Klijin, and Koppenjan, 1997, 6). 우리는 "그 가능성의 기반이 무엇이든, 사회적 관계 내에서 어떤 행위자가 저항에도 불구하고 자신의 의지를 실행할 수 있는 위치에 있을 가능성"이라는 권력에 대한 Max Weber의 구조적 정의를 수용한다(1947, 152). 실제 또는 잠재적인 권력의 행사는 둘 또는 그 이상의 행위자, 또는 단체 간 다양한 형태의 비대칭적 관계를 수반한다. David Knoke(1990, 3-7)는 영향력과 지배 관계의 조합에 기초해 네 가지 순수한 형태의 권력에 관한 이론화를 시도했다. (1) "위협과 부정적 제재의 활용"에 의해 행위자가 타자를 지배하는 강제력coercive power, (2) "대상자가 논란 없이 순종하리라는 기대로 하는 명령"을 수반하는 권위적 권력authoritative power, (3) 순응의 거절에 대해 제재를 가할 능력 없이, "메시지의 정보 콘텐츠"에 기초한 설득력persuasive power, (4) 지배와 영향력 모두가 거의 없는 평등주의적 권력egalitarian power. 대부분의 정책네트워크 연구가 행해지는 공식적인 민주주의 정체政體에서, 권력은 정부의 입법 및 행정 조직에서 권위와 설득 관계를 섞는 경향이 있다. 그에 따라, 권력 구조 분석가들은 소수정예의 정치 행위자들 간 네트워크 연결 유형과 이러한 정치 구조에 의한 집단적 의사결정의 결과를 조사했다.

이 절은 1950년대에 시작된 권력 구조와 겸직 임원 회의제 연구에서의 정책네트워크 연구의 기원을 밝히고 있다. 비록 이 학자들은 공식적인 소셜네트워크 분석의 원칙들을 명시적으로 이용하지는 않았지만, 이후 그러한 접근법이 확산할 수 있는 토대를 마련했다.

중첩적 파워 엘리트 그룹

70년 전, 미국 사회학자 C. Wright Mills는 그가 "파워 엘리트" 또는 "지배계층"이라고 부른 사회 그룹을 정치, 경제, 그리고 군사 영역의 권력 기구에서 공동의 멤버십을 가진 고도로 연결된 구조로 해석할 것을 제안했다. 그는 저서 *The Power Elite*(1956)에서 "고위 그룹"higher circles 이라고도 부른, 밀도 있게 연결된 이러한 구조를 중첩적 지위의 수와 함께 증가하는 권력 능력을 갖춘 개인들이 장악한 연동聯動 지위 세트라고 설명했다. 정치 그룹 연구에 대한 구조적 접근 내에서 Mills의 주요 이론적 주장은 국가의 의사결정에 대한 한 사람의 영향력은 정치, 경제, 군사적 제도 영역의 총체적 착근의 시기 동안에 연동 지위와 함께 증가한다는 것이었다.

비록 후속 학자들은 네트워크 권력 구조를 위계적인 조직 환경과는 대조적으로 수평적인 것으로서 탐구했지만, Mills는 네트워크 위계와 권력의 개념을 중첩적 엘리트 그룹 내에서의 연동을 통해 예측했다. 대기업, 정치 기구, 그리고 군대에서 전략적 지위를 공동으로 장악한 사람들이 공공정책 결정에 주기적으로 영향을 미치는 진정한 엘리트 그룹을 구성한다. 결과적으로, 대기업은 주 의회나 정부 행정관을 상대로 로비를 하기 위해 정치 당국에 접근하는 것을 목표로 삼을 수 있다. 이 기본적 개념화는 현재 네트워크 중심성 척도network centrality measures를 이용하여 커뮤니티 권력에 대한 파워 엘리트의 영향력의 기능성을 분석하는 데 널리 적용되고 있다. Mills는 또 경제, 정치, 군사 기구 간 연동이 증가하면 그러한 행위자들 간에 상호 영향을 초래할 수 있다고도 강조했다. 이후 20년에 걸쳐 Mills의 중첩적 권력 서클과 기구 연동이라는 개념은 아래의 절에서 논의된 실증 연구에서 발전 및 적용되었다.

경제 행위체의 겸직 임원 회의제와 정책 결정

Mills의 주요한 이론적 통찰은 중첩되는 구조적 지위가 광의廣義의 개별적 국가 기구의 고위직보다 더욱 강력하고 영향력 있는 연동을 형성한다는 것이었다. Mills의 이론에서 연동 지위는 영역별로 영향력을 행사할 수 있는 역량의 차이가 있어서 어떤 영역에서는 더 높고, 어떤 영역에서는 더 낮을 수 있지만, 정치, 경제, 군사 영역에서는 여전히 강력하기 때문에 중첩되어 행사되면서 모든 영역에서 우위를 점할 수 있다. "기업 연동"corporate interlock과 "겸직 임원 회의제"interlocking directorates 개념은 기업 경영의 영역만을 언급한다. William Domhoff(1970)에 따르면, 연동은 직업적 자질뿐만 아니라 상호 간 인적 연결 관계로 인해 선택된, 동일한 최고 관리자(소유주가 아닌)가 몇 개 회사의 임원 회의에서 동시에 임원직을 맡을 때 형성된다. 게다가, 조직간 연결은 성공적인 기업 성과를 위한 주요 조건이라는 것이 업계의 믿음이다. Domhoff는 연동 임원들이 네트워크를 형성한 기업들 간에 정보의 흐름을 촉진하고, 더 나아가, 종종 정부 위원회 회의에 초대를 받고, 로비와 이익단체에 둘러싸이기도 한다고 주장했다.

Mills와 Domhoff의 아이디어와 이론적 주장은 이후 학자들이 겸직 임원 회의와 기업 성과에서 겸직 임원들의 역할을 연구하는 데 적용되었다. 그들은 연구에서 국가 수준의 연동 구조 또는 기업 연동의 정치적 관계에 관한 지도를 작성하는 것부터 네트워크 구성원들의 미래 행동을 예측하는 것까지 다양한 사안들을 조사했다. Michael Allen(1974)과 Michael Useem(1984)은 기업, 은행, 그리고 국가 기구를 연결하는 핵심 연동 임원들을 밝혀냈다. Useem은 정당이나 후보에 대한 기업의 기부와 같이, 상호작용 구조로 확인될 수 있는 연결 관계를 명확히 함으로써 정치와 경제 기구 간의 연결을 밝혔다. 영국과 미국의 "내부 그룹"inner circle(넓은 의미에서 Mills의 파워 엘리트에 상당함)에 관한 Useem의 연구 결과는 정치나 정책 결정 영역(정당, 조합, 연맹, 싱크 탱크, 기타 등등)에서 기업의 기부가 어떻게 엘리트 네트워크 내 권력 집단의 기업 및 정치적 행위의 상호 의존의 원천으로 이용되는가에 대한 실마리를 제공했다.

Useem이 부른 "제도 자본주의"institutional capitalism 시대의 대기업들은 의회 위원회와 정부 기관에 대한 전례 없는 영향력을 획득했다. 미국과 영국에서 30여 년 전에 관찰되었던 것과 유사한 구조가 유럽과 아시아의 탈사회주의 국가들처럼 체제전환 국가들에서도 등장했고 따라서 이는 가치 있는 조사였다. 전직 정부 고위 관리자들은 선거 후에 의회 의석이나 정부 고위직을 획득할 수 있었고, 그들의 회사가 시장에서 이익을 얻을 수 있도록 직접 옹호했다. 예를 들면 시장 전환기 헝가리의 기업 및 은행의 정치 행위자들과의 관계에 관한 Vedres(2000)의 연구가 보여주듯이, 경제 주체의 정치 부문에서의 내재성은 기업에 편의와 특혜를 제공했다. 우크라이나의 은행들이 정부 당국과의 관계를 이용했을 때도 유사한 결과가 나타났다(Baum et al., 2008). 따라서, 정치와 기업 행위자의 상호 이익은 연동 구조를 통해 밀도 있게 연결된 정책 결정 네트워크의 형태로 실행된다. 정치 행위자는 기업 주체로부터 금전적 기부를 포함한 지지를 받고, 기업 주체는 법안과 규제 정책 결정에 영향을 미칠 기회를 획득한다. 이 문맥의 요점은 지배계층 구성원 간 금전 및 소통 관계의 패턴을 참고하는 네트워크(구조적) 관점으로 권력 집단을 연구할 수 있다는 것이다.

요약하자면, 연동 지위와 그 지위의 인물은 정치와 경제라는 두 주요 제도institutons의 결속에 중요하다. Mills, Domhoff, Allen, Useem의 접근법은 Mills의 파워 엘리트가 주로 인적 속성을 포함하는 데 반해, 겸직 임원 회의는 직위를 조사를 위해 중요한 구조적 특성으로 다룬다는 점에서 서로 다르다. 게다가, 개인의 특성은 어떤 사람이 연동 지위를 차지할 기회를 결정할 수도 있다. 예를 들어 Domhoff는 여성과 소수 민족이, 기업의 임원 회의가 그런 여성과 소수 민족 중에서 임원의 자격을 갖춘 후보가 부족하다는 것을 인식하고 있음에도 불구하고 그러한 대표자들을 임원회의에 포함하려고 할 때, 더 자주 연동되게 되었다고 주장했다.

정책네트워크 이론

이 절은 1980년대부터 점차 소셜네트워크 분석의 공식 이론과 방법론을 이용하기 시작했던 정책네트워크 연구를 재검토한다.(Schneider et al.(2007)은 정치네트워크에 관한 1,100여 건의 저서 목록을 체계적으로 작성했다.) 개요는 대략 연대기 순으로 정리했고, 불가피하게 굵직한 부분들만 다뤘다. 반복되는 주제는 은유 또는 실제 사회 구조로서의 정책네트워크, 비공식적 관계와 공식적 통치 기제의 대비로서의 정책네트워크, 그리고 질적 네트워크 관찰과 엄밀한 양적 방법(그래프와 매트릭스)의 대비다.

로즈 방식

R. A. W. Rhodes(1981, 1985, 1988, 1990)는 영국 정책 커뮤니티에서의 중앙-지방 정부 간 상호작용을 설명하기 위한 조직 간 관계, 자원 의존, 조합주의 이론의 종합에서 정책네트워크 이론을 개발했고, 그와 여타 영국의 정치학자들은 그 이론을 영국과 유럽연합의 정책 결정에 적용했다 (Wilks and Wright, 1987). (이에 대한 개관은 다음을 참조. Rhodes and Marsh, 1992; Thatcher, 1998; Rhodes, 2008; Börzel, 1998, 2011.) 그 주요 이론적 개념은 정책네트워크, 핵심 간부, 그리고 "국가 내부에서 도려내기"hollowing out of the state, 즉, 공공 서비스의 사유화였다. 후자에는 "정책네트워크의 문맥, 변화와 아이디어의 역할 설명, 그 국가의 쇠락, 핵심 간부 구출, 그리고 운영 네트워크와 같은 주요 문제들"이 포함된다(Rhodes, 2007, 1244). 초기에 정책네트워크를 이익단체 중재를 위한 구조로 특성화한 것은 결국 "통치학study of governance으로 변형되었고, 실증주의는 해석적 입장에 길을 내주었다." Rhodes는 자신의 이론을 아래와 같이 간략하게 요약했다.

영국 정부 분석에 쓰였듯이, "정책네트워크"라는 용어는 공공정책 결정과 시행에 대한 공동 관심 주변에 구성된 정부와 기타 행위자 간 공식 및 비공식적 기관의 연결 세트를 가리킨다. 이러한 기관들은 상호 의존적이다. 정책은 네트워크 구성원 간 협상에서 등장한다 …. 다른 행위자에는 보통 전문직업군, 노동조합 그리고 대기업이 포함된다. 영국 정부가 직접 서비스하는 경우는 거의 없으므로 중앙 부처들은 그들의 협조가 필요하다. 영국 정부는 다른 단체들을 이용한다. 또한, 협의할 단체가 너무 많아서 정부는 관심을 종합해야 한다. 영국 정부는 그 정책 영역의 "합법화된"legitimated 대변인들이 필요하다. 단체들은 오직 정부만이 제공할 수 있는 돈과 입법 권한이 필요하다(Rhodes, 2007, 1244).

"로즈 모형"(Rhodes, 1990; Börzel, 2011)의 핵심 명제는 "[정]책은 선거장이나 의회의 검투사 같은 대결에서 만들어지지 않고, 위원회, 공무원, 전문가집단, 그리고 이익집단으로 구성된 어둠의 세계에서 만들어진다"라는 것이다(Marsh and Rhodes, 1992). 이론의 범위 조건, 즉 그 이론의 주장이 적용되는 제한된 상황은 정책 제안의 형성에 대해 거래와 영향력 행사가 가능하고 또 특정한 정책 분야 내에서 집단적 결정이 가능한 모든 정부 및 비정부 행위자를 포함해야 한다. 그러한 정책네트워크 분야를 설명하기 위해 Marsh와 Rhodes는 공저 *Policy Networks in British Government*(1992)에서 실증적 사례 연구 모음에 농업, 민간 원자력, 청년 고용, 흡연, 심장병, 식품과 건강, 해상 방어, 정보기술, 그리고 환율 정책을 포함시켰다. David Marsh and Martin Smith(2000)는 1930년대 이후 영국 농업 정책네트워크의 지속과 변화를 설명하기 위해 네트워크 구조, 행위자, 상황, 그리고 정책 결과 간 상호작용의 변증법적 모형을 적용했다. 이 모형은 유전자 변형 식품(Toke and Marsh, 2003) 그리고 농사 및 사냥개를 동반한 사냥을 포함해 영국의 농촌 문제를 홍보하는 이익단체인 농촌연맹Countryside Alliance에도 적용되었다(Marsh et al., 2009).

Rhodes(1986, 1990)는 정책네트워크를 두 가지 차원에 따라 분류했다. (a) 네트워크 구성원의 통합 정도 (b) 구성원과 그들 간 자원의 분배 방식. 그 결과, 통합 정도에 따라 5개 유형이 도출되었다. (1) **정책 커뮤니티** policy communities, 매우 제한적인 멤버십, 안정적인 관계, 수직적인 상호의존, 그리고 "다른 네트워크로부터 그리고 반드시 일반 대중(의회를 포함해)에 대해 격리상태"인 네트워크(Rhodes, 1990, 304); (2) **전문가 네트워크** professional networks, 국가보건의료NHS 소속 의사들처럼 하나의 직업군이 지배; (3) **정부 간 네트워크**intergovernmental networks, "지방 당국의 대표 기구에 기초한" 네트워크; (4) **생산자 네트워크**producer networks, 공공 및 민간 부문의 경제적 이익이 정책 결정을 지배하는 네트워크; (5) **쟁점 네트**

워크issue networks, "다수의 참여자와 제한적인 상호의존도"가 특징인 네트워크(1990, 305). 이 밖에 다양한 차원을 활용한 정책네트워크 유형으로는 Wilks and Wright(1987) 그리고 Van Waarden(1992)이 있다.

정책네트워크 이론에 대한 주요 비판은 주로 기술적이고 역사적인 문화기술지적ethnographic 연구 조사를 촉진하면서 네트워크를 근본적으로 비유적으로 취급했다는 것이다. 영국의 정치학자들은 이론 구축에도, 네트워크 구조, 과정, 그리고 결과에 관한 실증 연구에도 소셜네트워크 분석의 개념과 방법론을 엄밀하게 적용하지 않았다. Keith Dowding(1995)은 영국의 정치학자들, 그리고 아래에서 논한 미국의 정치학자들도 모두 정책과정에 관한 근본적인 이론을 생산하지 못했고, 그 이유는 그들이 정책 행위자의 속성을 강조했기 때문이라고 주장했다. 정식으로 정량화된 소셜네트워크 분석방법만이 네트워크 속성 관점에서 설명을 제공할 수 있었다. "네트워크 구성원의 속성보다는 네트워크의 속성이 설명을 추동하는, 네트워크 이론을 생산하기 위해서는 정치학이 대수적代數的 방법의 차용과 수정 등 사회학적 네트워크 전통을 활용해야 한다"(Dowding, 1995, 137). 중요한 함축적 의미는 네트워크 분석가들이 권력 구조에서 핵심적 위치를 점하고 있는 행위자들의 정부 기구 내부 및 기구 사이에서의 관계를 비롯해, 그 행위자들 간 구조적 관계의 패턴을 밝혀내야 한다는 것이다. Tanja Börzel(1998, 254)은 "정책네트워크를 위계와 시장에 대한 대안적 거버넌스 형태로 이해하는 주로 독일의 시각"을 무시하고, "정해진 이슈 영역에서의 국가/사회 관계"에 집중한 영국의 정책네트워크 개념을 비판했다. 그녀는 그 후에(2011, 49) Rhodes가 "또한 영국 정치학에서 네트워크 거버넌스 개념을 개척"했고, 네트워크의 재귀성reflexivity을 논했으며, 네트워크학에서 "문화기술지적 전환"을 촉진했다고 지적했다.

조직국가

영국의 정치학자들이 정책네트워크에 관한 이론화를 진행하고 있을 때 즈음, 미국의 두 사회학자 Edward O. Laumann과 David Knoke는 소셜네트워크 분석의 이론, 개념, 그리고 방법론적 도구를 명시적으로 받아들인 국가 정책 영역에 관한 조직국가 모형을 개발했다(Knoke and Laumann, 1982; Laumann, Knoke, and Kim, 1985; Laumann and Knoke, 1987; Knoke, 1998). 정책 영역은 "논쟁 중인 한정된 범위의 실질적 문제를 해결하기 위한 행동 방침(즉, 정책 선택지)의 수립, 옹호, 그리고 선택과 관련된 중요한 행위자들 간 실질적으로 규정된 상호 관련성이나 공동 방향성의 기준을 구체화함으로써 밝혀진" 모든 하부 체계subsystem다(Knoke and Laumann, 1982, 256). 모형의 이름이 함축하듯이, 관련 행위자는 모두 조직이다. 사람은 기관을 대신해 행동하는 대리자로만 나타나고, 그들은 정책 경쟁에서 기관의 관심을 대표한다. 에너지, 보건, 노동과 같은 정책 영역에서 특정한 정책 문제와 정책 결정 이벤트에 관심을 가진 민간과 공공 부문 조직들은 모두 로비 캠페인에 협력하기 위해 정치적 자원을 교환하고 연합을 형성한다. 이런 행위자들은 정부의 정책 결정 기구에서 정책 이벤트의 결과에 영향을 미치려 한다. 조직국가 모형의 주요 조항(Knoke, 1998, 152-153)에는 다음과 같은 사항들이 포함된다.

- 국가의 핵심 행위자는 점차 사람이 아닌 조직이 되는 조직국가이다.
- 공공과 민간 부문의 경계는 모호하고 무의미하다.
- 많은 사건에서 정부 기관들은 중립적인 심판이 아니라 자신들의 목표를 증진하려 한다.
- 조직의 정책 선호는 주로 비非 이념적인 조직의 필요를 반영한다.
- 실질적이고 절차적인 문제(게임의 규칙) 모두에서 주요한 구조적 변화는 일반적으로 의제에 포함되지 않는다.

- 사건의 분열event cleavages은 조직의 관심이 갖는 독특한 성질을 반영한다.
- 대부분의 집단적 결정은 조직 간 연합의 변화를 포함하며 상호작용에 영향을 미친다.
- 일련의 정책 사건에 걸친 집단적 결정의 중대 역학은 특정한 정책 결과에 다양한 관심을 나타내는 행위자 간 통제 자원의 교환이다.

영국의 정책네트워크가 질적 연구방법을 강조한 것과는 대조적으로, Laumann and Knoke(1987)는 데이터의 수집과 분석에 엄격한 소셜네트워크 개념, 실증적 기준, 그리고 분석적 방법의 적용을 통해 조직국가 모형을 개발했다. 미국의 보건과 에너지 정책 영역의 의사결정 사건에 대한 조직의 참여를 실증적으로 비교한 그들의 연구는 블록모델링 block-modeling, 계층적 클러스터링hierarchical clustering, 그리고 다차원척도 법multidimensional scaling method으로 분석된 복합적 정보교환 네트워크, 자원 거래, 그리고 정치적 지원을 특징으로 한다. 그들은 또한 아래에 논한 바와 같이 네트워크 교환network exchange 모형도 적용했다. 비슷한 소셜네트워크 분석 이론과 방법론이 미국과 서독 노동 정책 영역의 비교분석(Knoke and Pappi, 1001; Pappi and Knoke, 1991) 그리고 일본을 포함한 3국 비교에 사용되었다(Knoke et al., 1996). 조직국가 모형은 행위자가 어떻게 집단적으로 정책 이벤트 결과에 영향을 미치는가에 관한 이론이지만, 입법적 결정만을 조사할 뿐, 그러한 결정의 차후 실행에 대한 설명을 시도하지는 않았다. 조직국가 관점을 적용한 실증 연구 프로젝트는 소셜네트워크 기준과 분석적 방법의 엄밀한 적용이 비슷한 정책 관심사를 가진 조직 간 연합 형성 방법, 반대 진영의 정치적 자원 동원 방법, 그리고 정책 영역 네트워크 구조가 집단적 결정의 결과에 영향을 미치는 방법에 대한 통찰을 제공할 수 있다는 것을 입증했다. 이러한 기여는 후속 연구가 정책네트워크에 대한 비유적 관점에서 벗어나 더욱 분석적인 정밀성을 확보하는 방향으로 이동하도록 영향을 미쳤다.

독일의 정책네트워크

기업, 노조, 정부 간 정책 거래와 협상을 다루는 신조합주의 이익 중재 이론은 1970년대와 1980년대 독일연방공화국의 정책네트워크 분석의 주요 원천이다(Schmitter and Lehmbruch, 1979). Gerhard Lehmbruch(1984, 1989)는 중앙 정부의 연합 구조를, 중앙 정부와 비교해 중요한 정책 권력을 지방Länder, 州이 보존하는 분권화된, 조직 간 네트워크라고 설명했다. 그 결과는 정당, 지방州 및 연방 관료제, 그리고 민간 부문 조직과 같은 자율적 이익단체 간 권력과 영향력 자원의 광범위한 교환을 포함한 **조합주의적 협조**corporatist concertation 과정이었다. 그룹 간 협의, 협상, 그리고 거래가 연방 정책 결정에서 위계적 지배를 대체했다. 경제정책네트워크는 국가 통합을 추구했고, 지역과 주州 정책네트워크는 권력과 영향력을 키웠다. Lehmbruch의 핵심 주장은 정치 제도political institution가 정책네트워크의 특정 구조와 역학을 제약하고 형성한다는 것이었다. 또 다른 독일 원천은 쾰른의 막스 플랑크 사회연구소Max Planck Institute for the Study of Societies in Colonge로, Fritz Scharpf와 Renate Mayntz와 같은 학자들이 합리적 선택, 게임이론, 공식 기관, 그리고 비공식 네트워크를 통합하려는 노력을 기울이는 곳이다(Martin and Mayntz의 편저[1991] 그리고 Scharpf[1993]를 참조). Scharpf(1993, 159)는 "실제 행위자가 게임을 할 수 있었던 제도적 구조의 중요성을 설명하기 위해서 우리는 위계와 네트워크 간 상호작용의 효과를 이해할 필요가 있다"라고 주장했다. Scharpf의 행위자 중심 제도주의actor-centered institutional 접근법은 정책네트워크를 게임의 생태학으로 모형화하는 최근의 발전 추세에 영향을 미쳤고, 이는 아래에서 논하였다.

소셜네트워크 이론은 추가적인 원천으로, Edward Laumann and Franz Pappi(1976)가 서독의 소도시 "알트노이슈타트"Altneustadt의 정치 엘리트 간 의사결정 구조를 발굴할 수 있도록 해주었다. 그들은 구조기 능structural functional의 틀을 적용해, 성패가 걸린 집단행동의 결과에 따라 구성원들이 달라지는 전이 연합shifting coalitions을 발견했다. 이 커뮤니티의 권력 구조 내 영향력은 주요 행위자들의 네트워크 중심성에 긴밀하게 연결되어 있었다. 그러나, 개인들의 사회 및 정치적 관계에 명시적으로 초점을 맞춰 권력의 조직 및 제도적 기반을 이해하기 어렵게 만들었다. 독일 학자들의 후속 노력으로 소셜네트워크의 분석적 접근법은 국가 정책 결정 영역까지 확대되었다. Patrick Kenis와 Volker Schneider는 이에 대해 다음과 같은 간결한 정의를 제공했다.

> 정책네트워크는 행위자, 행위자의 연계 그리고 그 경계에 의해 설명된다. 그것은 비교적 안정적인, 주로 공공 및 민간 기업 행위자들을 포함한다. 행위자 간 연계는 소통의 통로 그리고 정보, 전문지식, 신뢰와 기타 정책 자원의 교환 통로 역할을 한다. 정해진 정책네트워크의 경계는 공식 기관에 의해 애초에 결정되는 것이 아니라 기능적 관련성과 구조적 내재성에 의존하는 상호인식의 과정으로부터 생겨난다.(Kenis and Schneider, 1991, 41-42)

미국과 독일의 정책네트워크 학자들 간 연구 협력이 빈번하다는 점을 고려하면, 조직국가의 국가 정책 영역과 독일식 정책네트워크 개념화 간 유사성이 높다는 것은 놀라운 일이 아니다.

정책네트워크를 주로 국가-사회관계를 중재하는 비공식 구조로 보는 미국과 영국의 경향과는 대조적으로, 독일의 분석가들도 정책네트워크를 독특한 통치 형태로 취급한다. "정책네트워크는 정치적 통치의 통합된 혼합 구조로 봐야 한다. 그들의 통합논리는 관료제, 시장, 커뮤니티 또는 기업가 협회와 같은 어떠한 단일 논리로 축소될 수 없고, 그것들을 서로 다른 조합으로 혼합하는 능력에 의해 특징지어진다"(Kenis and Schneider, 1991, 42). 공공행정의 관점에서 볼 때, 정책네트워크는 연합의 구성원들이 관심사를 조율하고, 자원을 교환하고 모으며, 집단적 결정의 결과를 공공기관과 협상할 수 있게 해준다. 정책 논쟁을 해결하기 위한 기제로서, 분권화된 조합주의 협상 네트워크는 기존의 중앙집권화된 위계와 규제 없는 시장 모두에 대한 거버넌스 우위를 부여하는 것으로 알려져 있다(Börzel, 1998). 비록 정책네트워크에 의한 자가 조율 거버넌스가 시장 실패의 부정적 외부효과와 집권화된 위계의 영합적 해법을 모두 예방하기는 하지만, 그것은 "또한 차선의 결과를 만들기 쉽다. 즉, 그러한 교섭 체계는 반대에 막히는 경향이 있어 공동 이익의 실현에 필요한 합의에 이르지 못하게 한다"(Börzel, 1998, 261). 하나의 실증적 사례는 독일과 유럽연합의 위험한 화학물질과 원격 통신 정책네트워크에 관한 Volker Schneider(1986, 1992)의 연구다. 그는 정책 결정 과정에서 민간 부문 조직을 끌어들인 다양한 네트워크 거버넌스 구조로서 공식 자문 기구, 실무위원회, 그리고 비공식적 비밀 파벌 등을 발견했다. 1990년대 독일의 통일기간 동안, 공공 및 민간 부문 조직을 병합한 정책네트워크 거버넌스 구조는 구 동독의 조선 및 제강 기업의 민영화에 결정적이었다(Oschmann and Raab, 2002; Raab, 2002). "신탁청"Treuhandanstalt에 대한 공식적인 제도적 제약은 구시대 산업 자산의 민영화 또는 폐쇄를 위한 협상 기간에 등장한 비공식적이고 밀도 높은 수평적, 그리고 좀 더 밀도가 낮은 위계적 소통 관계를 형성했다.

특히 유럽연합에서, 정책네트워크 거버넌스에 대한 의존이 갈수록 높아지는 것은 새롭게 등장한 다음과 같은 경향을 반영하는 것이다. 즉, 민간과 공공 부문 조직 간 정책 자원의 분산 증가, 집단행동이 필요한 정책 영역의 확산, 필연적으로 민간 조직에 의존하고 그에 따라 의사결정과 정책 실행 기간에 그들의 요구를 수용할 수밖에 없게 만드는 정부 과부하(Schneider, 1992). Jörg Raab and Patrick Kenis는 "중앙 정부, 유럽 위원회, 유럽 의회, 대기업 그리고 국가 또는 유럽의 협회 간 협상에 기초한," 복합적인 초국가적 거버넌스 체제가 등장했다고 주장했다(2007, 187). 연구자들은 이러한 복합 정책네트워크를 설명하는 수많은 연구 결과를 발표했지만, Raab and Kenis는 그러한 연구들이 일관성 있는 정책 결정 네트워크 이론에 해당하는지에 대해 회의적인 태도를 유지했다. 여전히 부족한 것은 "정책 체계의 어떤 구조적 특성"인 밀도, 중심성, 응집도와 같은 완전한 네트워크의 거시적 수준의 속성이 그것의 집단적 정책 결정과 결과의 효율성 및 민주적 특성에 어떻게 영향을 미치는가에 대한 이론적 설명이다.

옹호연합모형ACF, Advocacy Coalition Framework

미국의 정치학자 Paul Sabatier(1987, 1988)는 10년 또는 그 이상에 걸친 정책 주기에서 과학 및 기술 정보의 역할을 조사하기 위해 옹호연합모형을 개발했다.(이 연구 프로그램에 대한 개관은 Weible et al.[2011]과 Jenkins-Smith et al.[2014]을 참조.) 옹호연합은 입법 기관, 정부 기관, 이익단체, 과학 단체, 뉴스 미디어 등 다양한 기관에서 끌어온 잠재적으로 수많은 사람과 조직의 세트이며, 그 구성원들은 핵심적인 정책적 믿음을 공유한다. 연합은 비슷한 행위자들의 인식과 행동을 모으는 기제다. 비슷한 이념 또는 정책 선호를 가진 사람과 조직의 연합에서 조율된 행동은 단독 행동보다 새로운 공공정책을 만들어내는 데 더 도움이 된다. 연합의 구성원은 정책 하위체제 내에서 정책에 영향을 미치기 위해 비슷한 생각을 하는 참여자들과 연합하면서 "시간의 흐름에 따라 사소하지 않은 정도의 조율된 활동을 보여준다"(Sabatier, 1988, 139). 하위체제는 쟁점 특정적 네트워크로서, 선출직 공무원이 정부 관료에게 정책 입안의 책임을 부여하고, 그 관료가 다시 그 쟁점에 관심을 가진 단체와 협의할 때 생겨난다. 수요 측면에서, 연합은 신뢰할만한 정치적 또는 전략적 정보와 시의적절한 기술적 데이터가 필요하다. 연합은 그 연합의 정책 선호를 정당화하는 기술적 지식을 제공해 줄 수 있는, 특히 정보에 정통하다고 생각되는 전문가, 과학연구단체, 싱크탱크와 같은 행위자에게 의존한다(Sabatier, 1987, 650). 이익단체들도 정책설계, 원인과 결과, 목표 순위에 관한 자신의 기술적 정보를 반대자들과 공유하는데, 이는 그들이 연합의 선호를 수용하도록 또는 반대하지 않도록 설득하기 위해서다.

옹호연합모형은 개인적 신념의 사회심리학에 관한 이론들에 근거한다. 이 모형은 정치적 논쟁에 대한 올바른 해결책에 관한 연합 구성원의 아이디어 수렴을 통해 공공정책을 창출할 것을 강조한다. 사람들의 신념은 가변성의 정도에 따라 다르며, "기저 핵심"deep core 그리고 "정책 핵심"policy core과 같은 규범적 신념은 거의 변하지 않는다. 대조적으로, 어떤 정책의 구체적 특성에 관한 좀 더 협소한 "이차적 측면"의 신념은 참여자들이 정책 결과와 그 영향에 관해 학습하게 됨에 따라 좀 더 쉽게 변할 수 있다. 신념은 정책 변동을 만들어낸다. 정책학습은 연합이 정보를 선택적으로 해석하고 정책 결과에 영향을 미치기 위해 데이터와 설득력 있는 주장을 전개하면서 발생한다. 기술적 정보는 연합이 반대자에 대항하기 위한 목적으로 정치화될 수 있다. 정책 변동은 연합 간 경쟁으로 발생하고 안정적 체제 요소systemic factors와 역동적 외부 사건external events 모두에 의해 형성될 수 있다. 옹호연합모형은 정책참여자들이 경쟁자들보다 더 신속하게 자신들의 신념을 정책 결정으로 전환하려고 노력하고, 이는 상호 적대화devil shift, 즉 경쟁자가 가진 힘의 왜곡으로 이어진다고 가정한다. 경쟁자들은 "누구든 그들에 반대하는 자들은 사실을 오해하는 것이 확실하고, 잘못된 가치를 전제로 움직이거나 사악한 동기에서 활동하는 것이다"라는 식으로 비난을 받는다(Sabatier, Hunte, and McLaughlin, 1987, 452).

Sabatier와 그의 동료들은 처음에 옹호연합모형을 캘리포니아 물 정책 같은 미국의 환경정책에 대한 실증 사례 연구에 적용했다. 행위자들은 공식 의사결정 당국을 통제하는 행위자들 또는 그러한 의사 결정자들에게 비공식적으로 접근이 가능한 행위자들과 연합을 형성하려 했다. 캘리포니아 해양보호지역 정책California Marine Protected Area Policy에 관한 연구 결과는 "자원을 통제하는 영향력 있는 조직적 제휴가 있는 기술적이고 복잡한 정책 하위체제에서, 행위자들은 신념과 상관없이 어떤 조언/정보를 얻고 영향력 있는 조직과 어느 정도 협력을 해야 한다"였다(Weible and Sabatier, 2005, 471). 최근 수정된 옹호연합모형에서(Sabatier and Weible, 2014), 연합 기회 구조는 안정적 체제 변수와 정책 하위체제 사이에서 중재 역할을 한다. 그것은 공공정책에 영향을 미치기 위해 연합이 사용할 수 있는 정책 관련 자원의 유형을 사실로 가정한다(여론, 정보, 능숙한 리더십). 주요한 정책 변동을 낳는 두 가지 새로운 경로는 내부 충격internal shocks과 협상에 의한 동의negotiated agreements다. 저자들은 협력 기관collaborative institutions에, 그리고 비례선거제를 채택하거나 정책 변동을 초래할 현장이 적은 유럽 국가들과 같은 조합주의 체제corporatist regimes에 옹호연합모형을 적용하기 위해서는 이 모형이 수정되어야 한다고 인식했다(Henry et al., 2014). 옹호연합모형의 주요한 발전은 유권자들의 당파성과 투표 행위의 정치적 유사성을 지역 계획 네트워크에서 지방 정부의 협력과 실증적으로 연결하는 것이었다(Henry, 2011; Henry, Lubell, and McCoy, 2011). 정치적 동종선호homophily는 "지역 협력의 정치적 거래 비용을 감소시키고, 네트워크 모형은 정치적 유사성이 네트워크 연결 형성의 가능성을 높인다는 것을 시사한다"(Gerber et al., 2013, 608). 그러나 신념적 동종선호와 협력이 모든 집단행동 상황에서 발생하지는 않으므로, 이런 우발적인 관계를 설명하기 위해서는 다양한 상황을 비교하는 추가 연구가 필요하다.

교환모형

네트워크 교환모형은 정책 결과를 법안의 통과 같은 특정한 이벤트의 결정에 다양한 관심을 가진 정책 행위자 간 자원 교환의 결과로 다룬다(이에 대한 개괄은 Knoke, 2011 참조). 더 강한 행위자는 덜 강한 행위자의 행위에 영향을 미치기 위해 정치적 자원을 동원하고 전개해 덜 강한 행위자가 더 강한 행위자에게 의존하게 하고, 또 그렇게 해서 강한 행위자는 선호하는 정책 결과를 성취할 수 있는 능력을 향상하게 된다. James Coleman(1973)은 투표거래를 모든 입법자가 모든 사람의 정책 선호에 관한 완전한 정보를 가진 시장으로 모형화했다. 시장 균형market equilibrium에서, 입법자 각자의 힘은 그(녀)가 가진 가치 있는 이벤트 자원에 대한 통제력, 즉 다른 입법자들이 높은 관심을 가진 일단의 법안에 대해 그 입법자가 가진 의결권에 비례한다. 입법자는 자신이 더 큰 관심을 둔 정책 이벤트에 대한 통제력을 얻는 대신 관심도가 낮은 정책 이벤트에 대한 통제력을 포기하는 투표거래로 자신의 효용을 극대화하려 한다.

유럽의 정책네트워크 분석가들은 이익단체와 의사결정 당국을 구분하고 정책 투표가 이뤄지기 전에 협상 과정이 이뤄진다고 가정함으로써 Coleman의 기본적인 교환모형을 상세하게 설명했다. Franz Pappi는 제도적 접근 모형institutional access model을 통해 이익단체(대리인)는 조직국가의 의사 결정자(행위자)에게 영향을 미치려고 노력한다는 견해를 제시했다(Pappi and Kappelhoff, 1984; König, 1993; Pappi, 1993; Pappi, König, and Knoke, 1995). 행위자의 힘은 유능한 대리인에게 접근하는 데서 나온다.

행위자는 자신의 정책 정보를 활용하거나 대리인의 정보를 동원해 정책 이벤트에 대한 통제력을 획득하고자 한다. 미국, 독일, 일본의 노동 정책 영역 네트워크에 제도적 접근 모형을 적용한 한 연구는 정보 동원 과정은 미국의 사례에 부합하고, 이용 과정은 독일의 상황에 들어맞으며, 일본의 데이터에는 두 모형이 모두 부합한다는 것을 밝혔다(Knoke et al., 1996, 184). 세 국가 전부에서, 행정 및 입법 대리인은 이익 행위자가 얻고자 하는 정책 정보를 통제함으로써 강력해졌다.

Frans Stokman의 역동적 접근 모형dynamic access model 역시 2단계 의사결정을 가정했는데, 이 모형에서 행위자는 자신의 정책적 입장을 지지하도록 다른 행위자들에게 영향을 미침으로써 승리하는 연합을 구성하려고 한다(Stokman and Van den Bos, 1992; Stokman and Van Oosten, 1994; Stokman and Zeggelink, 1996). 1단계에서, 대리인들의 선호는 직접적인 네트워크 연결을 통해 그들에게 접근할 수 있는 행위자들의 선호에 의해 영향을 받는다. 2단계에서, 대리인들은 1단계 동안 합의된 일련의 정책 선호에 기초해 투표한다. 암스테르담시의 10개의 결정에 대한 분석에서, 정책 극대화 모형policy maximization model은 관찰된 결과에 가장 부합하는 설명을 내놓았다(Stokman and Berveling, 1998). 행위자들은 힘이 있으나 거리가 멀어 접근하지 못하는 경쟁자들 대신 자신들과 정책 선호를 공유하는 다른 사람들에게 영향을 미치려 노력했다. 이 전략은 성공적인 결과가 나올 가능성은 높였지만, 자신들을 지지하도록 다른 사람들을 설득하려고 할 때 자신들의 정책 선호를 변경해야 할 필요성은 회피했다.

유럽연합 기관들은 역동적 접근 모형을 따르는 성원국 간 복잡한 의사결정을 수행한다. Thomson 등(2006)은 비공식적 교섭과 공식적 의사결정 절차에 관한 세 개의 대안 모형을 유럽연합의 정책 결정에 적용했다. 이익단체는 유럽 위원회의 준비 단계에서, 또는 이어지는 유럽이사회와 유럽 의회의 의사결정 단계에서 정책 제안에 영향을 미치려고 노력한다. 정책의 채택을 예측하는 데서 단순한 타협 모형compromise model이 좀 더 복잡한 도전 모형challenge model과 입장 교환모형position exchange model보다 오류가 더 적었다(Arregui et al., 2006, 151). 만일 비공식적 교섭 단계에서 행위자들의 정책 공유 관심이 그들의 서로 다른 선호보다 더 크면, 일부 행위자들은 설득력 있는 정보로 인해 자신들의 입장을 바꿀 수도 있다. 정책 결과는 그렇다면 행위자들이 가장 선호하는 정책 세트의 가중평균으로 예측될 수 있다(행위자의 힘actor power과 정책의 현저성policy salience을 곱한 결과로 계산됨).

거버넌스 네트워크

일부 이론가들이 정책네트워크와 거버넌스 네트워크를 구분할 것을 제안한(Blanco, Lowndes, and Pratchett, 2011) 데 반해, 다른 이론가들은 후자가 전자의 한 구성 부분이라고 생각하거나(Bevir and Richards, 2009), 그저 동의어라고 생각하는 경향이 있다. 예를 들어 Bevir and Richards는 "정책네트워크는 정부와 사회의 행위자들로 구성되며 이들 서로의 상호작용이 정책을 낳는다"라고 주장했다(2009, 3). 그들의 시각에서, 정책네트워크 분석은 "이익단체와 정부 부처의 상호작용에서 연속성"의 정도에 초점을 둔다. 따라서, 거버넌스 측면은 정책 결정 구성요소 내에 존재하며 정책 결정 과정의 구체적 조건이다. 게다가, 정책네트워크는 "중간 수준의 개념으로, 특정한 정책 결정에서 이해관계자들과 정부의 역할을 다룬다는 점에서 미시적 수준의 분석과 관련되며, 힘의 분배에 관한 좀 더 넓은 문제를 다룬다는 점에서 거시적 수준의 분석과도 관련된다"(Bevir and Richanrds, 2009, 5). 정부 모형government model이 구조화된 공식적인 제도적 경계로 취급되는 반면, 정책네트워크는 그러한 제한을 넘어 목적 달성을 위해 자원을 교환해야만 하는 일단의 상호의존적 조직들을 망라한다(Marsh and Rhodes, 1992, 10-11).

이후 이어진 일부 연구들은 정책네트워크가 거버넌스의 핵심에 있다고 주장했는데(Rhodes, 1997), 거버넌스는 민간 조직과 공공 당국 사이에 조직 간 연결이 존재할 때만 효율적인 서비스의 제공 과정이기 때문이다. 따라서, 정책네트워크는 신뢰, 협력, 외교에 기초해 자원을 조정하고 배분하는 수단이다. 바꿔 말하면, 네트워크는 효율적인 거버넌스와 특정한 정책 문제를 다루기 위한 특정한 구조적 체계로 취급된다. Klijin, Edelenbos, and Steijn(2010, 22)는 "정부, 재계와 시민사회 행위자들 간 관계의 그물을 통한 공공정책의 결정과 실행"을 표현하기 위해 거버넌스 네트워크라는 용어를 사용했다. 거버넌스 네트워크는 공공, 민간, 그리고 시민사회 행위자들 사이의, 반드시 평등하지는 않을 수 있는 상호의존을 포함한다.

다른 학자들은(Blanco et al., 2011) 연구 관점으로서 "정책네트워크"와 "거버넌스 네트워크"를 특정한 경험적 문맥을 고려한 변별적인 해석과 연구 전략을 제공하는, 공존하는 개념으로 봐야 한다고 제안했다. Blanco와 동료들은 정책 및 거버넌스 네트워크를 여덟 개 차원에서 대비시켰다. 예를 들어 정책네트워크 접근법이 국가 그리고 때로는 초국가적인 정책 영역(농업이나 산업 경제정책)에 초점을 두는 반면, 거버넌스 네트워크 접근법은 거버넌스의 형태와 다층적 네트워크(즉, 공공, 민간, 그리고 "제3부문" 비정부기구처럼 각기 다른 부문을 대표하는 형태)에 초점을 맞춘다. 정책과 거버넌스 네트워크 관점의 또 다른 차이는 힘과 정치의 개념화에 있다. 따라서, 정책네트워크 접근법은 특정한 정책 영역에 대한 결정적인 자원을 소유한 행위자에 한정된, 제한적인 체계로서 네트워크를 다루지만, 거버넌스 네트워크 이론가들은 정책 결정 과정에 잠재적으로 공헌할 수 있는 좀 더 넓은 범위의 행위자들에게 열려 있다. 현재, 거버넌스와 정책네트워크의 구별에 관한 논쟁은 해결되지 않은 상태다. 이론가들은 불필요하게 개체entities를 늘리지 말라는 오컴의 권고Occam's injunction를 잊지 않는 것이 좋을 것이다.

Blanco 등(2011, 304)이 역설했듯이, 정책네트워크 접근법은 집권적 엘리트 모형과 더 유사하지만, 거버넌스 관점은 분권적 다원주의 전통에 더 가깝다. 이 두 접근법 간의 균형은 다음 절에서 설명한 바와 같이 국가 및 초국가적 엘리트들이 국가 수준과 글로벌 차원의 정책 결정에 미치는 영향을 고려할 수 있게 해준다.

최근의 정책네트워크 발전

1970년대부터 1990년대에 걸쳐 개발된 기업 연동 네트워크corporate interlock network와 정책 영역 네트워크 이론은, 앞서 논의된 바와 같이, 국가 수준에서 힘의 구조와 정책 결정 과정에 대한 분석에 주로 초점을 맞췄다. 이러한 연구는 21세기에 착수된 글로벌 정책네트워크에 관한 연구에 분석적 기반을 제공했다.

글로벌 정책네트워크

Leslie Sklair에 따르면, 세계화globalization는 "자산계급의 구조와 역학을 변화시키고 있"으며, 따라서 분석가들은 "개별 국가의 자산계급에 더해 … 초국가적 자산계급의 등장을 탐구"해야 한다(Sklair, 2001, 12). 초국가적transnational이라는 것은 "국경을 넘지만, 권력과 권위가 국가로부터 기인하지 않는 세력, 과정, 그리고 제도"를 가리킨다(2). 기업 연동, 정치적 행위자, 그리고 정책기획 전문가 간 권력 네트워크에 관한 Domhoff의 설명을 따라, Sklair는 글로벌 시스템도 서로 맞물린 사람과 조직으로 구성된 글로벌 권력 구조와 같은 네트워크 개념들을 이용해 연구할 수 있다고 주장했다. 그의 연구에는 포춘지Fortune magazine가 선정한 글로벌 500대 초국적 기업들과 이러한 기업들이 어떻게 국제기구 관료들 및 국가 또는 지방, 그리고 국제 정부의 정치인들과의 상호작용을 통해 효과적으로 일하는가에 대한 분석이 포함되었다. 글로벌 정책네트워크 내 기업 및 의제설정 행위자들이 갖는 추가적인 효과는 기업 영역에서의 겸직 임원 회의제interlocking directorates 그리고 싱크탱크, 자선단체, 대학, 스포츠, 기타 비영리 단체와 같은 기관에서의 교차 멤버십을 통해 작동한다.

Robinson(2004)은 세계적으로 이동하는 초국가적 자본의 형성으로인한 세계 경제world economy와 글로벌 경제global economy의 구분을 강조함으로써 글로벌 권력 계급에 관한 주장을 제시했다. Robinson(2004, 15)에 따르면, "세계화globalization는 세계를 단일한 생산 형태와 단일한 글로벌 시스템으로 통합하는 것," 즉, 달리 말해, 글로벌 네트워크로 통합하는 것이다. 그것은 북미자유무역협정NAFTA, 아시아태평양경제협력체APEC 지역 포럼, 유럽연합과 같은 국제적 제휴와 조직들, 그리고 국가 수준 행위체들의 초국가적 네트워크로의 통합을 촉진하고 국가와 기업 간의 상호작용을 조정하는 세계무역기구WTO, 국제통화기금IMF, 세계은행WB과 같은 초국가 조직들을 망라한다(Robinson, 2004, 50, 75). Robinson은 초국적 기업, 초국적 기관의 엘리트와 관료, 그리고 언론 재벌로 구성된 상호 연동하고 상호작용하는 행위체의 네트워크 등 초국가적 자본 계급에 의해 시행되는 정치와 정책은 축적과 생산의 글로벌 구조 논리에 의해 좌우된다고 결론 내렸다. 초국가적 자본 계급의 네트워크 특성 또한 기업, 정부기관, 공립대학, 그리고 기타 기관에 의한 하도급 및 외주와의 연결 관계로 이뤄진다.

William Carroll은 초국적 기업 커뮤니티의 분석을 위해 네트워크 개념과 도구를 실증적으로 적용한 최근 연구에서 초국가적 자본 계급의 실증적 구조를 밝혀냈다(Carroll, 2010; Carroll and Sapinski, 2010). 그는 1976

년부터 시작해 1996년, 그리고 이후 1996년부터 2006년까지 글로벌 차원의 기업 연동corporate interlocks에 관한 도식을 작성함으로써, 최대 규모의 기업들이 20세기 마지막 10년 동안 수많은 기업 연동으로 더욱 밀도 높게 초국가 네트워크에 통합되었다는 것을 입증했다. 초국가적 자본 계급 네트워크 설립에 중요한 장소는 정책 그룹으로, 다보스 세계경제포럼World Economic Forum at Davos, 세계지속가능발전 기업협의회World Business Council for Sustainable Development 3극위원회 Trilateral Commission, 국제 상업회의소International Chamber of Commerce, 빌 더버그 회의Bilderberg Conferences 등 5개 주요 그룹이 포함된다. Carroll은 글로벌 기업 연동 지도작성에서 포춘지 선정 글로벌 500대 기업 중 둘 이상 다수의 기업 이사회에 자리를 가진 사람들과 정책 그룹 이사회에 서도 자리를 차지한 사람들을 강조했다. 이 연구는 정책 이사회와 그룹 이 중개 역할을 하는, 초국적 기업-정책네트워크 내부의 중심-주변 구 조core-periphery structure를 보여주었다.

글로벌 정책네트워크 연구에 대한 주요 비판은 글로벌 무대의 주요 행 위자가 초국적 기업 커뮤니티와 영리 조직이라는 가정이다. 국가와 지배 적 자본 계급은 신흥 사회 구조의 가능성을 고려하지 않은 채 모두 글로 벌 수준에서 구체화 된다. Diane Stone(2008)은 글로벌 및 초국가적 공공 정책 결정을 변모시키기 위해, 사회 및 정치적 공간 내의 행위자들 간 상호작용으로 형성되는 공간으로서 글로벌 아고라global agora라는 개념을 제안했다. 그것은 상대적인 무질서와 불확실성의 영역으로, 제도 개발 수 준이 낮고 정치적 권위의 경계가 불분명하며 급증하는 기관과 네트워크 사이에 분산되어 있다. 이전의 이론가들과 마찬가지로, Stone은(워싱턴, 헤이그, 제네바, 파리에 소재한) 국제기구와(뉴욕, 런던, 도쿄, 다보스에 본부를 둔) 글로벌 금융기관들, 그리고 초국적 집행 네트워크, 지식 네트 워크 및 기타 행위자들을 다중 모드 네트워크 분석에 많은 확산 기회를 제공하는 자신의 글로벌 아고라 분석에 포함시켰다.

기타 네트워크 발전

그 밖의 다른 중요한 발전으로는 게임의 생태학과 자기 조직적 네트워크에 관한 이론 그리고 정책네트워크에 대한 고급 통계 방법론advanced statistical methodology의 적용 등이 있다. Mark Lubell과 동료들은 Norton Long의(1958) 게임의 생태학 프레임 워크ecology of games framework을 부활 및 갱신하고 이를 Fritz Scharpf의(1997) 행위자 중심 제도화actor-centered institutionalization와 통합했다. 정책 게임은 "'정책 기관'policy institution이라 불리는, 규칙에 따른 집단적 정책 결정 과정에 참여하는 일단의 정책 행위자들로 구성된다." 정책 기관은 "특정한 시간과 장소에 존재하며 하나로 결합하여 거버넌스의 제도적 장치를 규정한다"(Lubell, 2013, 538). 게임 생태학 모형은 개별적 행위와 제도적 변화의 원인을 분석하고, 각기 다른 제도적 장치가 어떻게 정책을 산출하고 결과를 만들어내는지 이해하기 위해, 복잡한 적응성 거버넌스 시스템에 관한 검증 가능한 가설을 세우고자 했다. 이 이론가들은 정책네트워크의 구성요소를 명시적으로 수용했고(Lubell et al., 2012), 동시에 베뉴 쇼핑venue shopping, 옹호연합, 문화 및 제도적 진화, 행위자 기반 계산 모형agent-based computational model, 그리고 정책 결정에 관한 기타 관점들에서 나온 개념들을 종합했다. 행위자와 기관을 연결하는 이분 네트워크bipartite networks는 "게임 생태학 네트워크를 유용하게 보여주고 시스템의 구조에 관한 일부 초기 가정들을 검증할" 방법을 제공한다(Lubell, 2013, 553). 게임 생태학의 실제 응용에는 샌프란시스코 만 지역의 물 정책 결정(Lubell, Henry, and McCoy, 2010; Lubell, Robins, and Wang, 2014) 그리고 호주 퀸즐랜드의 기후 적응(McAllister, McCrea, and Lubell, 2014) 사례가 포함된다. 예를 들면 샌 프란

시스코 만 프로젝트는 387명과 정책 기관으로 구성된 이분 네트워크를 발견했고 16개 또는 그 이상의 다른 실체들과 직접 연결된, 가장 중심이 되는 행위자와 기관의 그래프를 보여주었다(Lubell et al., 2014).

게임 생태학 프레임워크와 관련하여, 자기 조직적 네트워크는 중심 권력에 의한 방향 제시나 통제가 없는 상태에서 지역적 상호작용으로부터 행위자 협동이 발생할 때 생긴다. 그 결과, 자기 조직적 네트워크는 모든 시스템 구성요소에 걸쳐 분권화되거나 분산되고 보통 분열에 강하며 스스로 회복하고 재생할 수 있다. 친구들 간의 비공식적 소통 네트워크는, 월드 와이드 웹World Wide Web이 그렇듯, 전형적으로 자기 조직적 특성을 보여준다(Barabási et al., 2002). 자기 조직적 네트워크는 종종 공유재(예를 들면 공공 목초지, 어장, 대수층)를 둘러싸고 등장하는데, 개인 모두가 자신만의 이익을 최대화하려고 할 때, 자원은 고갈되고, 이용자들은 혜택이 줄어든 것을 느낀다. 집단행동은 보통 공유재의 남용을 막고 지속 가능한 생산과 소비를 달성하는 데 필요하다. 자기 조직화 된 행위자들은 대중 행위자들과 연계해 효율적으로 정보를 전달하고 신뢰와 응집력을 키우는 네트워크 구조를 만드는 경향이 있다. 자기 조직적 네트워크 조사는 미국의 하구河口 연구(Schneider et al., 2003; Berardo and Scholz, 2010; Berardo, 2013), 아르헨티나의 하천 유역(Berardo, 2014), 네팔의 농촌 급수와 수질 위생 프로그램(Shrestha, 2013)을 포함했다.

세 번째 중요한 진전은 정책네트워크 연구에 고급 통계 방법을 도입한 것이다. 그것은 이 분야가 초기의 비유적이고 질적인 사례 방법론에서 갈수록 소셜네트워크 분석의 엄밀한 통계적 이론을 적용하는 방향으로 진화하는 추세를 반영하는 것이다. 이러한 경향을 추동한 것은 수학자, 물리학자, 생물학자(Freeman, 2008) 그리고 긴박한 경쟁과 거버넌스 문제에 대한 해결책을 모색했던 기업과 정부가 생산한 관계적 "빅 데이터"의 확산 등에 의한 네트워크 방법론적 공헌이었다.

이러한 선진적인 방법론 중에서 주목할 만한 것은 2차 할당 절차 quadratic assignment procedures, 지수 랜덤 그래프 모형, 확률적 행위자 기반 모형(Lubell et al., 2012; Robins, Lewis, and Wang, 2012), 고유 스펙트럼 접근법 eigenspectrum approaches이다. 지면의 한계로 이 방법론들의 기술적인 세부 사항을 상세히 설명하기는 어렵지만, 몇 가지 실례들은 정책네트워크 연구를 변모시킬 이 방법론들의 잠재력을 보여준다. 확률적 행위자 기반 모형은 열 개의 하구에 대한 장기 데이터longtitudinal data를 위한 파트너 선정에서 사회적 자본의 효과를 추정했다(Berardo and Scholz, 2010). Lubell 등 (2014)은 샌프란시스코 만 지역 물 관리 게임 생태학의 4개 내포 모형 nested model을 위한 지수 랜덤 그래프 모수를 추산했다. Heaney (2014, 66)는 미국의 보건정책 영역에서 "측근, 협력자, 그리고 이슈 옹호자의 다중적 역할이 그룹 대표들이 그들과 관련 있는 사람들의 영향을 이해하는 방식에 영향을 준다"는 것을 입증했다. Melamed, Breiger and West(2013)는 오하이오주 신시내티시의 스포츠 스타디움 건설을 둘러싼 인물, 이슈, 그리고 게임의 3자 네트워크 내의 커뮤니티를 밝히기 위해 스펙트럼 분할법spectral partitioning을 사용했다. 각 연구는 서로 얽힌 불가분의 네트워크 이론, 방법, 그리고 실질적 데이터가 어떻게 정책네트워크 연구에서 새로운 지식과 이해를 낳을 수 있는가를 잘 보여주는 사례들이었다.

향후의 전망

소셜네트워크 분석 역사가 Linton Freeman은 조직화된 연구 패러다임이 등장하기 위해서는 네 개의 기준이 필수적이라고 주장했다.

1. 소셜네트워크 분석은 사회적 행위자를 연결하는 관계에 기초한 구조적 직관이 동기가 되며

2. 체계적인 실증적 데이터에 기반을 두고
3. 그래픽 이미지에 많이 의지하며
4. 수학 그리고/또는 계산 모형의 활용에 의존한다(Freeman, 2004, 3).

그러한 기준에서 볼 때, 정책네트워크 분석은 다학제적 전공으로서 상당히 성숙해졌다. 지난 10년 동안, 정책네트워크 분석은 또 좀 더 제도화되었다. 미국 국립과학재단National Science Foundation의 후원으로 2008년 하버드대에서 개최된 "정치학에서의 네트워크"Networks in Political Science 회의가 그 신호탄이었는데, 200명의 학자가 회의에 참석해 폭넓고 다양한 네트워크 주제를 논의했다. 이듬해에는 회의 논문 중 8편이 출판되었다(Heaney and McClurg, 2009). 2009년에는 또한 미국정치학회American Political Science Association 내에 정치네트워크 분과가 만들어졌고, 정치네트워크POLNET 연례회의 그리고 이 책이 그 후원을 받고 있다. 이 하위분야가 성숙했다는 다른 증거는 정치학, 행정학, 사회학, 그리고 관련 학문에서 정기적 교육이 이뤄지는 학과 과정과 세미나가 확산하고 있다는 것이다. 정책네트워크 분석은 이러한 부흥의 중심에 있는 요소다.

현재, 당대의 정책네트워크 분석은 수많은 이론, 틀, 관점, 개념, 제안, 그리고 방법론을 포용한다. 그러나 이러한 구성요소 간에 더 큰 통합을 촉진할 수 있는 중요한 혁신적 아이디어를 응집시켜줄 힘이 부족하다. 개발도상국은 차치하고 유럽과 북미 학자들 간 접근법의 분기는 추가 발전을 제한하고 있다. 단편화되었다는 점에서, 정책네트워크 분석은 다른 많은 학문 전공과 그렇게 다르지 않다. 그렇지만, 창의적인 분석가들이 정책네트워크 연구를 놀랄 만큼 새로운 방향으로 이끌어 줄 수 있는 패러다임을 제안할 기회는 충분하다.

제4장 정치네트워크와 컴퓨터 사회과학

David Lazer and Stefan Wojcik

서론

사회과학자들은 소셜 미디어, 인터넷, 다양한 형태의 기술 혁신으로 인한 데이터의 급증을 목격하고 있다. 지난 수십 년간의 이러한 데이터의 급증은 인터넷의 등장에 따른 것이었고, 그에 따라 사회과학자들은 앞뒤로 시간을 오가며 방대한 일련의 데이터에 접근할 수 있게 되었다. 수많은 빅 데이터들은 명시적이든, 묵시적이든 관계가 있기 때문에, 이러한 인류의 디지털화는 네트워크 연구의 증가에 있어 중요하다. 이러한 데이터를 연구에 활용할 기회는 증가하고 있지만, 컴퓨터 사용능력이 없거나 약해 사회과학 분야에서 데이터를 컴퓨터로 처리하려면 여전히 어려움이 있을 수 있다. 이 장에서는 데이터 급증이라는 변화에 따라 사회과학자들이 어떻게 인간의 행태를 개인적 수준이 아닌 사회적 규모의 현상으로 보면서 관계적 측면과 역동성을 더 강조하게 되어 갈 것인가에 대해 논한다. 우리는 정치학의 이러한 방향으로의 변화 잠재성을 논한다.

정치네트워크 연구에서 빅 데이터의 출처

"빅 데이터"는 사업에 있어 대규모 데이터의 중요성이 급격히 증가하는 것을 분석한 맥킨지 보고서에서 만들어진 용어다(Manyika et al., 2011). 그 용어는 대규모 데이터 문제가 학계를 비롯해 여러 분야에 영향을 미치고 있던 글로벌 시대정신의 특별한 순간을 정확하게 표현하였다. 교육기관 내에서 이 용어는 많은 다른 현상들을 불러일으켰는데, 예를 들어 컴퓨터 과학자에게 있어 빅 데이터는 대규모 데이터 세트를 관리하기 위한 계산의 문제를 의미했으며 대체로 "빅"big이 된 데이터는 여러 대의 컴퓨터를 요구한다. 생물학자에게는 대규모 유전체학 데이터를 보여주었고, 천문학자에게는 천체의 상세한 이미지를 의미했다. 빅 데이터와 사회과학은 "컴퓨터 사회과학"computational social science이라 불리는 영역에서 접점을 이루고 있다(Lazer et al., 2009). 몇 가지 예외를 제외하고는 여전히 빅 데이터가 사회과학에 적용되는 데 큰 영향을 주지 못하고 있다. 이는 대부분의 인적 연구의 빅 데이터가 컴퓨터 및 정보과학자와 관련된 분야의 과학자들에 의해 처리되어 왔고, 그것은 사회과학 내 컴퓨터 및 정보과학에 익숙한 연구자가 상대적으로 적은 상황을 반영하고 있을 것이다("빅 데이터라는 큰 과제Big Challenges of Big Data" 참조).

인간의 행태를 연구하기 위해 빅 데이터를 이용할 기회는 무궁무진하다. 10년 전만 해도 거의 기록되지 않았고, 측정하는 데 많은 노력을 기울여야 했던, 그리고 상당한 측정 오류가 나타나기도 했던 사회적 행태가 오늘날에는 코드 몇 줄을 입력해서 정확하게 파악될 수 있다. 일상생활이 트위터와 페이스북과 같은 플랫폼을 통해 디지털화되면서 사회과학은 개인 및 관계를 보다 체계적이고 빠르게 측정할 수 있게 되었다. 예를 들어 구글은 스마트폰을 통해 매일 출퇴근하는 기록을 자동으로 수집한다. 사회과학자가 수집하려면 시간이 많이 걸리기 때문에 비용이 많이

들고 효율적이지 않았던 소셜 네트워크에 관한 데이터를 오늘날에는 여러 매체(트위터, 페이스북, 웹 브라우저, 스마트폰, 사물 인터넷)가 디지털로 암호화해 저장하고 있다. 이러한 과정은 여러 각도에서 사람의 일상에 대한 잠재적으로 정확한 거시적 그림을 그려낸다. 그 산출물은 매일 웹을 통해 흐르는 엑사바이트exabytes 규모의 개인적 수준, 관계적 수준, 사회적 수준의 데이터들이다.

정치네트워크

정치학의 핵심은 네트워크 연구다(Lazer, 2011). 정치학의 기본 개념은 권력이라 할 수 있을 것이다. 그 권력은 일반적으로 관계 구조, 예를 들어 누가 누구를 지배하는가와 같은 관계 구조로 생각해야 한다. 하지만 정치학은 오랜 시간 동안 네트워크의 연구를 등한시했다. 지난 10년 동안 이러한 경향은 극적으로 바뀌었다. 이 책의 다른 장들이 제시하듯이, 정치학에서 관계의 개념과 방법들이 다뤄지기 시작했고, 대학원 교육 과정에서도 관계의 개념과 방법들을 불편한 요인으로 다루기보다는 상호의존성interdependencies을 모형화하는 것으로 점점 더 강조되고 있다. 현재는 무기거래 네트워크로부터 일상의 가십 네트워크, 입법 협력 네트워크에 이르기까지 다양한 주제를 정치네트워크에서 다루고 있음을 알 수 있다(이 책의 다른 장들 참조). 그렇다면 정치네트워크는 개인, 조직, 국가 또는 다른 정치적으로 연관된 실체들 사이의 정치적 관계를 나타내는 유용한 방법을 제공하고 있는 것이다. 이러한 네트워크는 디지털 활동 정보를 통해 추적할 수 있고, 인간의 행태의 사회적 수준 현상과 관계적 측면을 이해하기 위해 수집될 수 있다. 이러한 경향은 더 나은 기술 및 데이터와 결합되면서 정치네트워크에 대한 연구의 급증을 가져왔다. 빅 데이터의 가용성은 이러한 추세를 가속화 할 가능성이 높다.

관계 차원의 정치학 빅 데이터 출처는 무엇인가?

인간 행태의 디지털화는 매우 광범위하게 이뤄져서 디지털화된 무의미한 순간의 행태들을 구분하기가 어렵다. 가령 현관에 앉아 있는 행위도 구글 지도에 잡힐 수 있고, 집 안에서의 이동도 전화기의 블루투스 기능에 의해 잡힐 수 있다(Eagle et al., 2009). 이 절에서는 인간의 행동에 관한 빅 데이터의 자료를 검토한다. 물론 전체 검토를 의미하는 것은 아니다. 그것은 불가능하다.

인간 생활을 디지털화하는 가장 큰 동인은 인터넷이다. 사용자가 웹에서 수행하는 모든 작업은 캡처될 수 있고 종종 웹사이트를 방문하는 행위만으로도 잠재적으로 흥미로운 관계의 사건으로, 개인과 웹사이트 사이에 시간별time-stamped 링크가 구축된다. 트윗, 게시물, 다양한 콘텐츠 공유 플랫폼을 포함한 소셜 미디어 활동은 디지털 세계로 유출되는 테라바이트 규모의 네트워크 정보를 생산한다. 웹 브라우저나 구글에 저장된 개인의 디지털 정보활동의 추적은 개인의 관계 상태, 병력病歷, 채무, 고용, 가족, 종교, 정치 등에 관한 수많은 데이터를 보여준다(Manber et al., 2000; Hu et al., 2007l Wood, 2014).

온라인과 오프라인에서의 수많은 개인의 흔적들은 검색기록을 다운로드하는 것만으로 쉽게 복원된다. 브라우저 쿠키는 구글과 같이 광고 기반 수익을 위해 검색, 클릭 및 기타 웹 액션을 추적해, 개인들이 매일 방문하는 조직을 파악할 수 있도록 하는 디지털 지문이다. 웹사이트는 개인들이 방문할 때마다 그 이력을 브라우저에 저장해 특정 개인의 브라우징 이력의 디지털 추적을 가능케 한다. 또한 이러한 방문 이력들은 특정 개인을 상당히 쉽게 식별할 수 있는 개인 지문처럼 작용함과 동시에 개인의 특정한 취향, 기호, 호기심, 관심사를 드러내기도 한다(Olejnke et al., 2012).

인터넷 세계에서 발견되는 또 다른 관찰 가능한 데이터도 데이터 증가 추세에 일조했는데, 사용자가 웹사이트를 방문해서 컴퓨터를 통해 보여 주는 관찰 가능한 데이터를 토대로 사용자들에게 맞춰 웹서비스를 "개인화하는 것"이 그것이다. 사용자들이 사이트에 접속할 때 많은 양의 정보가 수집될 수 있다. 여기에는 지리적 위치, 제3자third-party 추적 데이터, 사용한 컴퓨터 종류가 사용자들은 접속할 때 사이트에 축적된 관찰 가능한 정보에 근거한 상품의 다양한 옵션과 가격을 제공받는다. 이러한 추세는 현실 세계의 불평등이 웹에서 어떻게 나타나는지를 이해하는 새로운 기회를 제시한다(Hannak et al., 2013, 2014). 개인화 추세가 우리에게 가르쳐 주는 교훈은 자동화된 개인화 알고리즘이 사회적으로 내재된 사회경제적 불평등을 반영할 수 있고 심지어는 더 강화할 수도 있다는 것이다.

트위터는 짧은 기간에 인터넷 연구의 가장 큰 영역이 되었다. 소셜미디어 연구에 있어 가장 중요한 학회인 국제 웹 소셜미디어 콘퍼런스ICWSM에서 2013년 발표한 연구 논문의 절반가량이 트위터 데이터를 분석에 활용하였다(Tufekci, 2014). 트위터와 관련된 연구들은 사용자 위치 추론(Jurgens et al., 2015), 정치적 양극화 이해(Lynch, Freelon, and Aday, 2014), 주식시장 예측(Bollen et al., 2011)을 위한 방법들 모두를 포함한다. 트위터는 글로벌 커뮤니케이션 플랫폼으로, 다음에서 이슈별로 다뤄지는 "빅 데이터라는 큰 과제"에서 확인하겠지만 단순함과 상대적 투명함이 연구에 활용될 수 있는 장점이다. 그 핵심은 트위터가 사용자들에게 (1) 최대 140자 길이의 문구를 게시(또는 다시 게시)하게 하고 (2) 다른 사용자들을 팔로우할 수 있게 해준다는 것이다. 트윗은 대체로 단어들로 작성되고, 이따금 이미지를 사용하고 있으며, 종종 트윗이 게시된 곳, 즉 축약되지 않은 버전의 참조 URL과 같은 "메타 데이터"를 포함하기도 한다. 또한 트윗은 종종 #political networks와 같은 해시태그를 포함하고 있어 사용자가 시스템 전반에 걸쳐 보다 광범위한 교류를 할 수 있도록 해준다. 응용 프로그래밍 인터페이스는 트윗의 스크랩을 제한적으로 허용하고, 트윗의 1%, 10% 및 전체에 대한 유료 접속을 허용한다.

트위터는 누가 누구를 팔로우하는지, 누가 누구를 리트위트 하는지, 누가 어떤 해시태그를 사용하는지 등 다양한 네트워크 데이터를 제공한다. 콘텐츠, 시기, 위치에 대한 정보는 네트워크 정보에 상승작용을 가져오는 차원을 더한다. 이 상승작용을 가져오는 정보를 이용한 예는 Gonzalez-Bailon 등(2011)인데, 그들은 대규모 시위 열흘 전부터 시위 후 며칠까지의 트위터 데이터를 수집하였다. 그들은 사용자의 로컬 네트워크 크기, 사용자가 시위와 관련된 메시지에 노출된 정도, 각 사용자의 활동 시기 간의 관계를 검토한다. 통찰 결과 그들은 시위에 나서도록 같은 양의 사회적 압력을 받은 사용자들 간에도 지역 네트워크의 크기와 구성에 따라 활동에 나서는 데 걸리는 시간이 줄어들거나 늘어난다고 밝혔다. 연결관계가 많은 사람은 활동에 나서는데 더 오랜 시간이 걸리는데, 그 이유는 큰 자아중심 네트워크egocentric network 안에서 사회적 압력이 강화되는 데 더 많은 시간이 걸리기 때문이다.

그러나 트위터에서 유용한 통찰을 얻는 데에는 매우 상세한 데이터까지 필요하지는 않다. 누가 누구를 따르는지에 대한 기본적인 정보로도 관련성이 높은 정치적 정보를 생산하는 데 활용될 수 있다. Barberá(2015)는 트위터에서 정치인, 단체, 시민들의 하위 네트워크에서 누가 누구를 팔로우하고 있는가에 대한 정보를 사용하고 있다. 그는 트위터에서 누구를 팔로우하는 선택이 자신의 관심의 일정 부분을 일부 의원, 개인, 조직, 정당에 두고 있음을 보여주는 가치 있는 행동이라고 생각한다. 그는 베이지안 최적점 평가를 사용해 트위터 팔로워 데이터를 활용한 최적점ideal point 점수를 추론한다. 그는 여러 국가의 샘플을 활용해서 자신이 도출한 추정치가 r^2=.94로 일반적인 최적점 추정치와 상관관계가 있음을 보여준다.

페이스북

원래 하버드대 학부생들 사이에 소셜 네트워킹 사이트로 구상되었던 페이스북은 현재 15억 명(Statista, n.d.)이 넘는 사용자를 보유하고 있고, 수많은 사회·정치 현상을 연구할 수 있는 잠재력을 갖고 있다. 페이스북은 "친구"만으로 된 1-모드 네트워크뿐만 아니라 그 사이트의 어떤 콘텐츠에 관여하고 있는 사람들과 결과적으로 그 콘텐츠를 공유하는 사람들로 이뤄진 복수 모드multimodal 네트워크로 구성된다. 페이스북은 사용자들에 관한 데이터 저장소를 트위터보다 훨씬 더 많이 갖고 있다. 이러한 데이터는 실제 사용자의 신원, 인구통계, 일대기biographies 그리고 사진, 동영상, 게시물 등을 비롯해 영구적으로 저장되는 콘텐츠의 형태로부터 나오고, 그 콘텐츠는 6만 3천 자 이상의 길이를 허용한다. 유감스러운 것은 페이스북 데이터 팀과 직접 협력하지 않는 연구자들은 그 데이터에 접근하기 어렵다는 것이다(Tufekci, 2014). 트위터 사용자의 10% 미만이 자신의 프로필과 게시물을 비공개로 설정하고 있는 데 반해, 페이스북 사용자의 50%가 프로필을 비공개로 설정하고 있는 것으로 추정된다 (Tufekci, 2014).

페이스북의 모범적인 연구로는 Bakshy 등(2015)의 페이스북 콘텐츠 공유 연구와 Bond 등(2012)의 친구들 간 투표의 실험 처리와 관련된 정치 동원 연구 등이 있다. 전자는 페이스북 사용자가 콘텐츠를 어떻게 공유하고 소비하는지, 콘텐츠가 자신의 이념과 잘못 연결되었을 때 사용자가 어떻게 행동하는지를 관찰한 연구이고, 후자는 사용자의 표출된 투표 행태가 동료들의 실제 검증된 투표 행태에 미치는 영향을 식별하는 실험이다. 또 다른 흥미로운 Coviello 등(2014)의 연구는 날씨 패턴을 사용하여 페이스북의 친구 네트워크를 통한 감정 확산을 조사한다. 이러한 연구들은 온라인 소셜 라이프가 온라인 및 오프라인 행태에 어떤 영향을 미치는지를 정량화하기 위해 네트워크 빅 데이터를 활용하는 추세를 보여준다.

그러한 연구는 또 다른 흥미로운 측면, 즉 우리가 소셜 미디어에서 소비하는 콘텐츠를 결정하는 소셜 알고리즘의 역할을 드러낸다(Lazer, 2015). 소셜 네트워킹 사이트는 콘텐츠 알고리즘을 활용해서 피드를 사용자에게 맞춰 사용자가 콘텐츠에 더 쉽게 참여할 수 있도록 하고 있다. 사용자는 다양한 이유로 콘텐츠에 참여하고 있지만, 흥미롭고, 관련 있으며, 정치적 성향과 일치하는 콘텐츠에 좀 더 참여할 가능성이 크다. 결과적으로, 알고리즘은 이러한 선호를 파악하고 가장 참여할 가능성이 큰 콘텐츠를 제공한다. 이러한 알고리즘은 사용자의 이념에 반하는 콘텐츠를 걸러내는 역효과, 즉 "필터 버블" 효과를 낳을 수 있다(Pariser, 2011; Bakshy et al., 2015; Lazer, 2015).

콘텐츠 공유 플랫폼

유튜브, 플리커Flicker, 인스타그램 등 콘텐츠 공유 플랫폼들에서 후보자와 정치단체는 종종 뉴스 매체를 거치지 않고 동영상과 사진을 이용해 유권자들과 직접 소통하면서 기존의 정치 채널 밖에 있는 유권자들과 교류하는 전례 없는 기회를 갖고 있다. 정치인들이 만든 유튜브 동영상은 "입소문"을 내서 국가적 정치 의제나 토론을 설정하려는 의도로 구상되기도 한다. 일부 연구는 입소문을 내서 잠재적 유권자를 참여시키는 데 있어 (비)효과적인 전략과 메시지의 유형을 탐구한다(Carlson and Strandberg, 2008; English et al., 2011; Gibson and McAllister, 2011). 콘텐츠, 특히 정치 콘텐츠에 관한 공유 네트워크 구조에 관해 이해할 기회가 있다. 이 연구자들은 우리가 "Web 2.0" 환경에 확실히 들어서기는 했지만 그러한 콘텐츠 공유 플랫폼이 정치네트워크 전반에 걸쳐 정치적 메시지, 여론 및 정치 캠페인을 확산시키는데 어떻게 일조하고 있는지 이해하기 위해 그 플랫폼들을 활용한 연구는 부족하다고 지적한다.

뉴스 매체, 블로그

Adam and Glance의 정치 블로그 영역 연구(2005)는 온라인에서의 정치적 논의에 대한 통찰력을 드러낼 수 있는 빅 데이터와 네트워크의 힘을 시사하고 있다. 이 연구는 정치 블로그의 양극화를 이해하기 위해 블로거들의 링크, 콘텐츠, 참고 자료를 사용하였다. 정치 블로거들은 그들이 다른 정치 블로그에 게시한 링크의 구조에서 정보 흐름과 정보 노출의 도식을 추적하고 있었다. 유사한 취지로, Siegel(2003)은 컴퓨터 시뮬레이션 기술을 사용하여 뉴스 매체 흐름의 패턴과 소셜 네트워크에 대한 대응을 탐구한다. 그는 다양한 네트워크를 통해 서로 연결된 개인들의 컴퓨터 시뮬레이션 모형을 사용하는데, 개인들은 정치에 참여할지 여부에 대해 서로 간에 영향을 주고(지역 네트워크), 매체의 영향을 받으며 (글로벌 네트워크), 그들 자신의 편견의 영향을 받을 수 있다(내부 네트워크). 그는 소셜 네트워크 구조가 여론에 대한 대중매체의 영향을 조건화하고, 소셜 네트워크가 미디어 편향의 효과를 증폭시킬 수 있다는 것을 파악한다. 그 이유는 미디어 편향이 사람들을 현상 유지보다는 현상 변화를 지향하도록 하기 때문이다. 이러한 사례들은 사회 과학자들의 손에 쥐어진 계산 도구가 디지털 시대에 우리가 직면한 미디어와 정치에 관한 복잡한 문제를 해결하는 데 어떤 도움이 될 수 있는지를 보여준다.

법안, 뉴스 매체 및 전자 메일과 같은 텍스트 데이터

컴퓨터 사회과학에서 특히 성장할 여지가 있는 영역은 텍스트 분석의 영역이다(Grimmer and Stewart, 2013). 입법과정의 디지털화가 잘 진행되어 가고 있고, 법안 간의 중복 텍스트 분석은 입법 아이디어의 기원, 정책 목표의 지도를 제공한다. Wilkerson 등(2015)에 의한 연구는 법안의 원천 자료가 이전에 가정된 것보다 훨씬 더 다양한 출처에서 나온다는 사실과 입법 과정이 연속적인 복제, 반복, 그리고 짜깁기 가운데 하나라는 사실을 제시한다. 법안은 여러 가지 출처의 텍스트에서 복사해 붙여넣기 한 작업의 산물이다. 법안의 텍스트는 많은 표본에서 추출되고 혼합되며 재혼합된 후 비로소 법이 된다. 텍스트를 도구로 사용한 연구의 다른 예로는 전자 메일을 통한 정보의 흐름(Karsai et al., 2011)과 매체 보도의 글로벌 네트워크(Leetaru and Schrodt, 2013)를 검토하는 것이 있다. 예를 들어 미디어 텍스트 분석은 전지구적 사건을 예측하는 데 특히 유망해 보인다(Arva et al., 2013).

트위터 연구의 급증을 가져온 텍스트 분석의 주요 혁신 중 하나는 주제 모형 개발이다. Blei 등(2003)은 자연어 처리에 사용되는 표준 주제 모형인 잠재 디리클레 할당LDA, latent Dirichlet allocation을 제안하였다. 이를 통해 연구자들은 확률적으로 특정 단어와 관련된 문장의 덩어리에서 주제를 구별할 수 있다. 예를 들어 이 책에서는 계산, 데이터, 정치라는 단어가 뜨개질이나 프랑크푸르트 사람에 관한 책에서보다 더 많이 발견될 개연성이 크다. 잠재 디리클레 할당은 문헌 내 단어 분포에 관한 생성 모형을 제공하고, 이는 텍스트 말뭉치에서 주제 분포를 추론하는 방법이 된다. 잠재 디리클레 할당 주제 모형은 단어의 순서가 단어의 종속성과 무관하다는 "말뭉치bag-of-words" 가정으로도 알려진 "교환성"을 가정한다. 이 가정은 상당한 비판을 받았지만, 잠재 디리클레 할당은 여전히 텍스트를 해독하는 데 가장 흔하게 사용되는 기법 중 하나다. 이는 텍스트를 분석해 범죄를 예측하고(Wang et al., 2012), 국립과학원회보에서 과학의 주제 구조를 연구하며(Griffith and Steyvers, 2004), 동일 사건에 대한 주류 언론 보도와 트위터를 비교하는(Zhao et al., 2011) 데 사용되어 왔다.

인터넷 아카이브

인터넷 아카이브Internet Archive는 인터넷의 역사를 보존하는 것을 목적으로 하는 비영리 조직이다. 이 조직은 텍스트 콘텐츠에서 하이퍼링크에 이르기까지 월드 와이드 웹의 수천억 페이지를 모으고 기록한다. 이러한 데이터에는 일반적인 국가별 도메인을 가진 웹사이트의 네트워크와 같은 특정의 지리 영역 내 혹은 웹 전역에 있는 다양한 콘텐츠의 경로를 탐색하는 데 유용한 원본 텍스트와 상세한 시간별 링크 정보가 포함되어 있다(Hale et al., 2014). 인터넷 아카이브의 네트워크는 매체 및 커뮤니케이션 학자들을 위한 점증하는 데이터 소스인 상호 연결된 조직의 진화하는 태피스트리이지만, 동시에 이러한 분야를 훨씬 넘어서 응용될 수도 있다 (Weber and Monge, 2014 참조). 학자들은 이러한 방대한 데이터 저장소를 활용하여 조직 간의 변화하는 연계를 보여주는 온라인상의 진화하는 조직 생태계를 이해하기 시작하였다(Weber, 2012).

휴대폰과 스마트폰

휴대폰의 보급으로 네트워크 구조를 사회적 척도로 이해할 수 있는 깊은 통찰이 가능해졌다. 예를 들어 이 분야의 연구는 로컬 네트워크 구조가 연결 강도tie strength에 어떤 영향을 주는지, 그리고 휴대폰 통화 패턴을 보고 어떻게 대인 관계나 취업 상태를 예측할 수 있는지에 관한 많은 흥미로운 연구 결과를 낳았다(Onnela et al., 2007; Eagle et al., 2009; Toole et al., 2015). 휴대폰을 사용한 최근의 연구는 시민들이 자연재해 이후 어떻게 이주하고(Bengtsson et al., 2011), 인구 밀도가 시간이 지남에 따라 어떻게 변화하는지를 파악하였다(Deville et al., 2014). 현재는 매우 상세한 데이터의 새로운 원천으로 활용할 수 있는 향상된 기능과 앱을 갖춘 스마트폰이 등장하면서 이러한 잠재력이 더욱 증폭되고 있다. 스마트폰은 어떤 전화기에서든 빼낼 수 있는 행동, 이동, 이동 범위 및 약속의 패턴 외에도 상세한 행동 데이터, 쌍방향 조사, 사회적 실험을 위한 앱, 및 다양한 GPS가 부착된 데이터의 수집을 가능하게 한다(Eagle et al., 2009; Boase and Ling, 2013). 휴대폰의 영향에 대한 연구는 신용 분석에서부터 중동에서의 폭력 억제에 이르기까지 거의 모든 것을 포함한다. 이처럼 잠재력이 분명하지만, 연구는 이제 겨우 스마트폰이 가져온 사회 연구의 방대한 가능성을 활용하기 시작하고 있을 뿐이다.

지난 몇 년 동안 지하철이나 버스를 이용했던 사람이라면 누구나 스마트폰이 일상생활에 엄청나게 침투해 있다는 것을 간파했을 것이다. 사람들은 이제 스마트폰을 개인 비서, 소셜 미디어 연락관, 웹 브라우저, 사진 저장소 및 통신 수단으로서 항상 휴대한다. 스마트폰을 통해 보지 못하는 우리의 일상생활은 거의 없다. 이러한 상황은 스마트폰을 사회 연구의 이상적인 도구로 만든다. 스마트폰은 완전한 프로그래밍이 가능하고, 상대적으로 비용이 저렴하며, 사람이 가는 곳이라면 어디든 거의 다 가기 때문에, 개인의 매우 상세한 데이터에 쉽게 접근할 수 있는 탄력적이고 가성비가 있는 도구이다(Raento et al., 2009). 그러나 이러한 상세한 개인 데이터를 수집하는 연구에 누가 참여할 수 있는지, 적절한 대상 기간은 어느 정도이고 연구 질문은 적정한지에 대한 윤리적 우려가 제기된다.

스마트폰은 우리의 일상생활과 매우 밀접한 정보를 포함하고 있는 경우가 종종 있기 때문에 사회과학자들은 이러한 데이터를 사용하는 데 있어 윤리적 의미를 고려해야 한다.

휴대폰 연구가 정치학에 일조한 한 가지 중요한 방법은 통신 패턴의 변화가 매우 불안정한 반란 지역의 폭력을 어떻게 방지하는가에 대한 문제를 다루는 것이다. 이 영역은 아직 초기 단계이지만, Pierskalla and Hollenbach(2013)는 휴대폰 데이터를 사용해서 지리적 기준 구획의 휴대폰 통신탑 범위가 아프리카에서 폭력 발생에 미치는 영향을 시험하였다. 그들은 휴대폰의 송수신 범위가 아프리카 전역의 폭력 증가와 관련이 있음을 파악하였다. 유사한 맥락에서 이뤄졌지만, 다소 반대되는 조사 결과가 나오기도 했는데, Shapiro and Weidmann(2015)은 2004년부터 2009년 사이에 휴대폰이 이라크에서 폭력사태 발생에 영향을 미쳤는지를 탐구하였다. 그들은 휴대폰이 두 가지 메커니즘을 통해 폭력을 줄인다고 주장하였다. 즉 반란세력의 메시지를 가로채는 능력(신호정보)과 반란세력의 정보를 익명으로 진압세력에게 보고하는 사람들의 능력(인간정보)을 증가시킴으로써 폭력 감소를 가능케 한다는 것이다.

정부의 아카이브 데이터

연방 선거 위원회Federal Election Commission, FEC의 공식 데이터베이스에 기록에는 수백만 명의 기부자들이 낸 막대한 정치 헌금에 대한 데이터는 너무 방대하고 복잡해서, 어떤 연구자라도 작은 부분 외에 모두를 체계적으로 분석하는 것은 극히 어렵다. 몇 가지 측면에서 최근의 연구는 FEC의 데이터를 사용 가능한 형태로 정리하는 과제를 극복하였다 (Bonica, 2013; Dianati et al., 2015). 이 연구는 강력한 컴퓨터 능력이 정치학과 사회과학에 어떻게 영향을 미칠 수 있는지를 강조하였다. "정체성 확인"의 문제, 즉 말뭉치 내 두 개의 기록이 동일한 독립체에 속하는지 여부를 결정하는 것과 관련된 컴퓨터 과학 분야는 표준적인 대학의 사회과학 교육과는 다르다. 그러나 사회과학자들은 정체성 확인과 유사 기술을 이용해 크고, 난잡하며, 복잡한 데이터 세트에 좀 더 직접적으로 접근할 수 있다. 이러한 이슈는 또한 컴퓨터 과학과 물리학 같은 분야와 사회과학 간 협력의 중요성을 강조한다.

방법론적 기회

앞에서 지적하였듯이, 빅 데이터가 제공하는 두드러진 과학적 기회는 서로 떨어져 있다고 가정되는 개인들의 집합이 아니라 하나의 체제로서 사회 체제를 연구한다는 것이다. 그 외에도 빅 데이터가 제공하는 뚜렷한 방법론적 기회는 무엇인가? 이전에는 상상할 수 없었던 데이터 양을 요구하는 몇 가지 과학적 목적이 있다. 비유하자면, 의료 분야에서 빅 데이터가 적용되는 한 가지 사례는 "개인화된 의료"이다. 이는 치료 효과가 개인 수준의 요인, 유전과 같은 것에 따라 다소 달라진다는 개념이다. 사회과학에서 거의 확실한 것은 대부분의 연구 결과가 매우 불확실한 관계의 평균을 나타낸다는 것이다. 그러한 불확실한 상황을 식별하기 위해서는 많은 데이터가 필요하고, 다량의 데이터는 그러한 상호작용 효과를 식별하는 데 있어 강력한 수단이 된다.

유사한 논리로, 다량의 데이터는 특별한 과학적 관심의 대상이 될 수 있는 작은 소수의 집단을 구분하고 연구할 기회를 제공한다(Foucault-Welles, 2014). 특별한 경우는 기존의 가치 있는 작은 데이터가 있을 때인데, 이때 기존 데이터의 힘은 빅 데이터의 관련 부분 집합과의 연계에 의해 활용된다. Chetty 등(2011)의 연구가 대표적인데, 그 연구는 1970년대 거주지 (재)이주에 대한 현장 실험 데이터를 그 가구 아이들의 미래 수입에 대한 미국 국세청IRS 데이터와 연결시켜서, 아이의 연령에 따라 나타나는 극적인 효과를 파악하였다.

빅 데이터가 생성되는 많은 사회기술적 체제는 그 체제의 유연성으로 인해 현장 실험의 좋은 기회를 제공한다. Bond 등(2012)은 페이스북을 통한 실험으로 강력한 사례를 제시했는데, 그 사례들에서 6천 2백만 명의 사람들이 참여한 페이스북에 관한 실험은 각 개인들이 자신의 동료들이 투표했는지를 확인할 수 있는지를 다뤘다. 이어서 그들은 공식 투표 기록과 자체 보고 투표를 비교해 검증하였다.

컴퓨터 사회과학은 이미 우리가 틀렸을 수 있는 부분을 보여주기 시작하였다. 예를 들어 연령과 투표에 관해서는 대체로 노년층이 정치 참여 성향이 더 강하기 때문에 투표 등록을 할 가능성이 크다는 통념이 있다. 그러나 Ansolabehere 등(2012)의 연구는 미국의 등록 유권자 180만 명의 대규모 랜덤 표본을 사용하여, 그 통념이 잘못되었다는 증거를 제시한다. 그들은 미국의 유권자 등록 규정에 따라 노년층 유권자의 투표 등록 가능성이 더 큰데, 그 이유는 단순히 충분한 시간을 갖고 일정 장소에 머물러 계속 유권자로 등록되어 있을 가능성이 더 크기 때문이고, 그것이 젊은 층보다 높은 노년층 유권자들의 등록 비율을 가져온다는 것이다.

다른 연구자들은 컴퓨터 능력을 활용함으로써 기존의 사회 연구를 발전시킬 기회를 찾아냈다. Poast(2010)는 제2차 세계대전에서 연합군이 추축국에 대항하여 연합하는 결정과 같은 다자간 사건을 추론하는 기법을 개발했는데, 그 사건들은 전형적으로, 또 때로는 희극적으로, 다수의 쌍의 사건으로 이해된다(예를 들면 NATO의 벨기에 - 터키 동맹). 동맹과 국제조약을 이해하고자 개발된 포스트Poast의 방법은 최종 결과가 일부 행위자들의 집단인 k-항k-adic의 사건들을 추론하고, 그 집합이 어떻게 달라질 수 있었을 지를 설명하는 데 유용할 수 있다. 그러한 컴퓨터 기법은 정치학, 커뮤니케이션communication 및 사회학에서 집단team/group의 형성을 이해하는 데 다양하게 응용할 수 있고 응용 전망도 밝다.

빅 데이터의 큰 과제들

빅 데이터는 현재의 사회과학 방법론에 상당히 많은 과제를 제시한다. 아마 틀림없이 대부분의 빅 데이터는 내부 관리 및 기술 처리의 디지털 잔여물digital refuse이다. 휴대폰이 유용한 사례인데, 휴대폰의 경우 통화 때마다 발신 번호, 수신 번호, 통화 전송에 관련된 휴대폰 통신탑 및 통화 시기 등의 정보를 포함한 통화 세부 기록call detail record, CDR이 생성된다. 이러한 기록의 목적은 청구를 위한 것이기도 하고, 기반 시설의 관리를 위한 것이기도 하며, 법적 요건을 충족시키기 위한 것이기도 하다. 이러한 기록들이 학문 연구를 위한 용도로 활용되게 되었는데, 사회 구조에 관한 추론(Onnela et al., 2007)으로부터 미래 실업 보고서의 예측(Toole, 2015), 질병의 확산을 더 잘 예측하기 위한 인간 이동성 모형화(Wesolowski et al., 2012)에 이르기까지 다양하게 적용된다. 그러나 CDR은 해석의 문제가 존재한다. 예를 들어 "누가 당신에게 문자를 보내는가"가 사회과학에서 매우 의미 있는 구성인지 아닌지는 분명하지 않은데, 이는 식료품 구입 지출의 크기를 영양의 측정 기준으로 사용하는 것과 유사할 수도 있다. 거기에 어떤 의미signal가 있을 것 같지만, 실제 측정은 과학적 목적으로 사용할 수 없는 이질적인 것일 수 있다.

이는 빅 데이터 내 기본적인 사회 메커니즘의 대표성에 대한 광범위한 우려를 반영한 것이다. 트위터는 연구에 많이 사용되어서 매체 연구의 "노랑초파리"fruit fly라고 불릴 정도이다(Tufekci, 2014). 트위터 플랫폼은 데이터를 빠르게 생성하기에, 연구자들이 몇 주나 몇 달이 아닌 며칠의 문제로 연구할 수 있다. 트위터는 언제나 실행되고 데이터를 생산하는데, 운영되는 플랫폼이 단순하기 때문에 데이터를 쉽게 수집, 저장, 분석할 수 있다. 이러한 특성은 트위터를 연구에 필요한 흥미로운 플랫폼으로 만들기는 하지만 몇 가지 중요한 선입견을 갖게 한다. 그 선입견은 사용자의 수준에서 나온 것은 아니다(Tufekci, 2014).

사용자가 140자 내로 트윗과 리트윗을 하도록 유도하는 소셜 프로세스는 수명 주기가 긴 다른 데이터 자료와는 본질적으로 다르다(Tufekci, 2014). 소셜 미디어를 둘러싼 대다수의 연구가 트위터 데이터에서 나온다면, 연구자들은 자신들의 연구 결과가 소셜 미디어와 관련이 있는 대다수의 사회적 과정을 나타낸다는 잘못된 생각을 가질 수도 있다. 트위터 계정은 매우 이질적이어서, 사람, 조직, 보트bot를 포함한다. 트위터를 하는 사람이 더 많은 인구를 반영하지 못하는 것이 분명하고, 사람들이 트위터로 표현하고 싶어 하는 것과 표현하고 싶어 할 것 같은 것도 매우 다를 것이다.

앞으로 논의하겠지만, 이와 같은 문제는 검색하기 쉽고 수명 주기가 상당히 짧은 다른 데이터 자료를 괴롭힌다. 이런 문제들은 극복할 수 없는 것은 아니지만, 신중하게 다룰 필요가 있다.

빅 데이터도 항상 유효한 데이터인 것만은 아니다. 매일 인터넷에서 쏟아져 나오는 데이터는 사회과학적 문제들에 광범위하게 활용될 수 있다. 그러나 이미 언급한 바와 같이, 이용 가능한 대다수의 데이터는 사회과학에 제공할 것이 거의 없는 디지털 찌꺼기다. 빅 데이터 혁명을 비판하는 이들이 내놓은 주요 "도발" 중 하나는 양과 질의 혼동이다(boyd and Crawford, 2012). 빅 데이터는 지식의 직접적인 방향을 제시하지는 않지만, 데이터 생성 처리, 표본 추출, 제거 및 결과 해석에 상당한 주의를 요구한다. 분석의 사회적 목표는 풍부한 데이터가 다른 약점을 보완할 것이라고 착각하면서 쉽게 잊혀질 수 있다. 뛰어난 이론, 연구 설계 및 표본 추출은 여전히 빅 네트워크 데이터 시대의 주요한 고려사항이다(boyd and Crawford, 2012).

모든 연구는 어떤 이론적 구조를 포착하기 위해 측정에 의존한다. 신뢰할 수 있는 척도measure는 서로 다른 시점에 유사한 결과를 산출한다. 그러나 빅 데이터 시대에 매력적으로 보이는 다양한 측정 전략(예를 들면 Google 쿼리, Facebook 좋아요, 콘텐츠 소비)은 다른 관심사를 가진 회사의 직원이 만든 복잡하고 독점적이며 역동적인 알고리즘에 의존한다. 예를 들어 구글 검색 알고리즘의 지속적인 조정tweaking은 아마도 구글 독감 팀의 독감 수준 과대평가에 계속 영향을 미쳤을 것이다(Lazer et al., 2014). 이 경우 독감 관련 검색을 포착하는 기본적인 측정 전략은 구글 검색 알고리즘의 지속적인 변화로 불안정하였다. 이러한 알고리즘의 불안정성은 알고리즘을 사용해 고객에게 서비스를 제공하는 모든 온라인 플랫폼에서 유사하게 발생할 수 있다. 이러한 불안정성은 트위터, 구글, 페이스북과 같은 주요 기업들의 빅 데이터를 활용하는 다수의 연구에도 영향을 미칠 수 있다.

최근 빅 데이터 도구의 통합이 통계 및 연구 관행의 기본 틀을 변화시킬 것인지에 대한 이견이 존재한다. 예를 들어 일부 연구에서는 데이터가 "크기 때문에", 연구자들이 표본 추출과 대표성의 문제를 놓칠 수 있다고 우려한다(빅 데이터에 관해서는 Ardoin and Gronke, 2015 참조). 학자들은 또한 빅 데이터 활용이 이론을 연구 처리의 원동력으로 강조하지 않게 하는지 여부에 대해서도 의견일치가 이뤄져 있지 않다. 학자들은 빅 데이터의 활용이 데이터 마이닝 모형이나 극단적으로 사실적인 모형을 선호하면서 이론 중심의 연구를 후퇴시킬 것으로 우려하고 있다.

대용량, 속도 및 다양성 등의 특성을 갖고 있는 데이터(즉, 빅 데이터)에 대한 관심은 거의 모든 민간 및 공공 부문과 학계의 모든 분야에서 폭증하였다. 그러나 그 잠재력의 크기와 범위에 대해서는 회의적이다. 회의론자들은 종종 빅 데이터를 사용하는 연구가 모집단 속성에 대해 비현실적으로 추정하거나, 모형으로부터 추출된 추론을 하거나 혹은 작은 데이터에 적합하지 않은 연구 설계를 활용한다고 주장한다. 예를 들어 Patty and Penn(2015)은 빅 데이터의 맥락에서 측정에 대한 보다 원칙적인 접근법이 있어야 한다고 주장한다. 즉 연구자들은 대규모 데이터를 관심 있고 관련된 것으로 검토할 수 있게 적정하게 변형할 분명한 척도를 선택해야 한다. Nagler and Tucker(2015)는 트위터 및 기타 소셜 미디어에 있는 데이터가 특히 어떤 모집단을 대표하는 것은 아니다. 이러한 플랫폼에 대한 연구로부터 나온 결과가 특정 모집단(예를 들면 가능성 있는 유권자)을 나타내는 데이터 세트로 일반화될 가능성이 없을 것이라고 주장한다.

제도적 과제

빅 데이터는 사회과학에 있어 제도적 과제를 제시하고, 방법론적인 역량, 서버 공간, 연산 능력computing power, 시간 등 사회과학 자원을 확장시킬 것이다. 우선, 사회과학 교수진과 대학원생 중 극히 일부만이 빅 데이터를 둘러싼 인프라와 관련된 전문적 기술력을 보유하고 있다. 빅 데이터를 사용하기 쉽게 만드는 도구들, 즉 구조화 조회 언어SQL, 파이썬Python 및 분산 컴퓨팅 소프트웨어 등은 컴퓨터 과학 분야에 속한다. 사회과학의 컴퓨터 활용 능력 부족 때문에 컴퓨터 과학자들과의 협업이 최선의 해결책일 수 있지만, 정치학은 그러한 연결을 좀처럼 발전시키려 하지 않았다. 둘째, 많은 교수진이 접근하지 못하는 빅 데이터와 관련된 필수 인프라가 있다. 과학 컴퓨팅에는 종종 상당한 메모리와 처리 능력을 가진 대형 컴퓨터가 필요하다. 마지막으로 빅 데이터를 정리하고, 재암호화하며, 기술하고, 분석하는 데에는 더 많은 시간이 필요하다. 대규모 데이터 세트에 대한 각 명령은 현재 기준으로 실행되기까지 상당한 컴퓨팅 비용이 소요될 수 있으므로 분석가는 분석에 대한 표준 관행과 접근 방식을 재고해야 한다.

대규모 데이터 수집의 윤리를 둘러싼 많은 논의가 있다. 트위터나 인스타그램의 공개 데이터는 웹 수집 도구를 사용하여 쉽게 접근해 대량으로 수집 및 처리할 수 있다. 수동적인 청취/녹음 소프트웨어를 통해 누구나 사용자의 공개 온라인 행동을 모니터링할 수 있다. 그러나 인스타그램이나 텀블러Tumblr와 같은 사용자가 제작한 콘텐츠의 대부분은 이러한 의도로 제작되지 않는다. 사용자들은 종종 자신의 데이터가 수집되고 있다는 것을 알지 못한다(Boyd and Crawford, 2012). 명백히 익명인 데이터가 익명화되지 않을 수 있는 경우 윤리적 파장은 더 심하다(de Montjoye et al., 2015).

결론

정치학은 본질적으로 관계의 현상을 다룬다. 어떻게 사람들이 동원되고 조직되는가, 누가 권력을 무엇에 또 누구에게 행사하는가, 누가 누구와 동맹을 맺고 반동맹을 맺는가, 어디에서 사람들이 정보를 획득하는가 등 이 모든 문제들이 네트워크의 토대가 된다. 즉 그 질문들은 다양한 유형의 사람들과 실체들 간의 연결에서 생겨나는 현상으로 이해해야 한다. 정치학을 위해서는 다행인 우연의 일치로, 우리는 이러한 수많은 관계들을 포착해 내는 네트워크 기술의 시대에 살고 있다. 불과 몇 년 전만 해도 공상과학 소설의 소재가 되었을 방식으로 우리는 누가 누구와, 언제, 어떤 목적으로 연결되어 있는지를 관찰할 수 있다. 이러한 유형의 데이터는 이제 막 사회과학 전반에 걸쳐 영향을 미치기 시작했지만 이런 데이터가 정치학을 사람들 사이의 상호의존적 구조를 조사하는 분석틀로 방향 전환 시키는 데 특히 중요한 영향을 끼칠 수 있도록 해야 한다.

제5장 정치네트워크에서의 인과 추론

Jon C. Rogowski and Betsy Sinclair

서론

학자들은 정치네트워크의 구조와 관련하여 보다 가치 있는 연구 결과
들을 산출해 왔다. 네트워크 접근 방식은 정치 후보자, 기부자 및 이익집
단, 판례, 여론 및 법학자, 테러 집단, 무기 거래에 종사하는 행위자 간의
관계를 새롭게 조명하였다. 이 책의 다른 장에서 제시하고 있듯이, 이와
같은 네트워크는 정치적 결과에 광범위하게 영향을 미친다. 예를 들어
정치적 태도와 행태는 소셜네트워크의 개인들에 의해 형성될 수 있고,
입법 행태는 입법자와 연계된 공식적 및 비공식적 관계에 의해 영향을
받을 수 있고, 정치 관료의 의사결정은 그들이 소속된 정책네트워크를
반영할 수 있으며, 정치 체제는 국가 간 관계의 구조에 반응할 수 있다.
정치네트워크를 통해 영향력이 전달되는 방식을 연구하는 것은 정치학의
모든 분야에서 정치적 결과에 대한 우리의 이론을 풍부하게 하였다.

그러나 정치네트워크와 이해관계의 결과 사이의 인과 관계를 구분하
려면 다양한 경험적 과제에 맞닥뜨리게 된다. 동종선호와 단위들 간 간
섭을 포함하는 이러한 과제는 정치네트워크 연구에만 국한되는 것은 아

닌데, 이러한 우려를 해결하기 위해 연구자들이 정치네트워크의 인과 효과를 추론하도록 하는 것이 그만큼 중요하다. **동종선호**Homophily는 공유된 특성을 바탕으로 형성되는 연계 경향을 말한다. 예를 들어 개인들은 공유 관심사를 가진 다른 개인들로 구성된 소셜네트워크에 가입할 수 있다. **단위 간 간섭**Interference between units은 한 개인에 대해 취해지는 어떤 처리가 '확산되어' 그 개인이 속한 네트워크에 있는 다른 개인들에게도 취해지는 시나리오를 말한다. 경우에 따라 학자들은 창의적인 연구 설계를 통해 이러한 구분 문제를 유리하게 활용하고 네트워크를 통한 영향력 전달에 대한 주장을 강화할 수 있다.

이 장에서는 네이먼-루빈 인과 모형Neyman-Rubin causal model의 틀을 사용해 네트워크 효과에 대한 연구를 논의하고, 연구자들이 이해관계의 정치적 결과에 대한 네트워크의 인과적 효과를 연구할 때 직면하게 되는 주요한 어려움들을 강조한다. 정치네트워크의 효과에 대한 최근 문헌을 검토하면서, 우리는 연구자들이 이러한 구분의 문제를 언제나 인식하는 것은 아니고, 그 문제를 인식한 연구자들은 그 어려움을 다루기 위해 광범위한 접근법을 취한다는 점을 제시한다. 그런 다음 우리는 관찰 연구와 실험 연구 모두에서 최상의 방법을 위한 권고를 포함해, 이러한 문제를 해결하는 데 있어 연구자들이 채택할 수 있는 일련의 전략들을 설명한다.

네트워크 효과를 연구하기 위한 일반 프레임워크

우리는 네이먼-루빈 인과 모형이라고도 알려진 잠재적 결과 프레임워크를 사용하여 네트워크 효과에 대한 연구를 논의한다(Rubin, 1974; Holland, 1986). 실행 사례로서, 우리는 한 여성 유권자의 소셜 네트워크에 속한 일부 개인들이 동원 메시지를 받았을 때, 그리고 아마 그녀도 이

메시지를 받았을 때에 이 네트워크가 그녀가 투표하기로 결정하는 데 어떻게 영향을 미칠 수 있는지 생각해 본다. 투표를 다룬 정치학 연구의 상당수가 개인의 동기에만 초점을 맞추고 있기에, 가족, 친구, 그리고 이웃들이 미치는 영향들을 간과해왔다. 정치네트워크 분야의 최근 문헌들은 다양한 경험적 설계를 통해 다른 사람들의 영향이 있다는 점을 인정하면서 기존의 연구들을 업데이트하였다(Bond et al., 2012; Sinclair, 2012).

네이먼 - 루빈 인과 모형으로 보면, 우리 연구의 각 단위는 여러 잠재적 결과를 갖고 있지만 관찰된 결과는 하나만을 갖는다. 잠재적 결과들은 우리 연구의 단위들이 처리의 여부에 따라 어떻게 행동하는지를 나타낸다. 예를 들어 우리 연구의 단위인 i를 $i = 1, 2, \cdots, N$로 표시하고, 이해관계의 결과인 Y_i에 대한 처리 효과를 추정한다고 가정해보자. 단순성을 위해 변수 이항 처리 $T_i \in \{0, 1\}$을 가정해보면, 여기에서는 변수 T_i의 값은 단위가 처리되었는지를 가리킨다. 따라서 2개의 잠재적 결과는 처리되지 않은 단위의 행위를 나타내는 Y_{i0}와 처리된 단위의 행위를 나타내는 Y_{i1}로 제시된다. 종속변수는 $T_i = 1$일 때의 $Y_i(1)$과 $T_i = 0$일 때의 $Y_i(0)$으로 구분된다. 관찰된 결과는 $T_i \in \{0, 1\}$로 쓰여질 수 있고 단위 수준의 처리 효과의 추산은 $Y_i = T_i Y_i(1) + (1 - T_i)Y_i(0)$ 으로 나온다. 그러나 우리는 주어진 단위 I에 대한 $Y_i(1)$과 $Y_i(0)$ 모두의 결과를 결코 관찰할 수 없고, 따라서 우리는 단위 수준의 처리 효과를 추산할 수 없다. 이것은 인과 추론의 근본적인 문제로 알려져 있다. 대신, 우리는 이해관계의 다른 추정치estimands를 구분하는 데 중점을 둔다. 가장 일반적인 추정치는 평균 처리 효과ATE, average treatment effect이다. 평균 처리 효과 ATE는 전체 모집단에 걸쳐있는 잠재적 결과 간의 평균적 차이이다. ATE는 단순하게 처리 단위에 대한 평균 결과와 처리되지 않은 단위에 대한 평균 결과 간의 차이, 즉 $\bar{\tau} = \mathbb{E}[Y \mid T = 1] - \mathbb{E}[Y \mid T = 0] = \mathbb{E}[Y_{i1} - Y_{i0}]$를 사용하여 추정된다.

τ의 편향되지 않은 추정치를 산출하려면 비교란성unconfoundedness 또는 무시가능성ignorability이라고도 불리는 교환가능성exchangeability과 안정적 단위 처리 값 가정SUTVA이라고도 빈번하게 언급되는 비간섭성noninteference의 두 가지 핵심 가정이 필요하다.[1) 교환가능성은 처리 할당treatment assignment이 잠재적 결과와 독립적이어야, 즉 $(Y_{i1}, Y_{i0}) \perp T_i$ 이어야 한다. 이 가정을 통해 연구자는 관찰할 수 없는 잠재적 결과와 관찰된 결과를 연결할 수 있다. 즉 처리된 단위들에 대한 관찰 결과의 기댓값은 처리된 단위들에 대한 잠재적 결과의 기댓값과 같다. 즉 $\mathbb{E}[Y_i \mid T = 1] = \mathbb{E}[Y_{i1}]$이다. 그리고 처리되지 않은 단위의 경우에도 유사하게 규정된다. 이 가정은 처리 할당이 완전히 무작위로 이뤄질 때 충족된다. 그러나 이러한 가정을 충족시키는 것은 연구자들이 단위가 이익을 의식해 특별한 처리를 받거나 받지 않기로 선택했다고 우려할 수도 있는 관찰 연구의 맥락에서 더욱 어렵다. 이러한 상황에서 인과적 효과의 추정치를 얻기 위해 추가 가정을 충족시켜야 하며, 이러한 가정을 충족시키는 것은 네트워크 데이터의 맥락에서 더 어려운 일이 된다.

비간섭성 가정은 한 단위의 잠재적 결과가 다른 단위의 처리 할당이 아닌 자체 처리 상태에 의해서만 영향을 받을 것을 요구한다. 즉 J-값 처리는 J의 잠재적 결과를 가져오는 것으로 가정한다. 그러나 비간섭 가정이 침해되면, 단위 i의 잠재적 결과의 수가 급격히 증가할 수 있다. 연구자들은 단위의 잠재적 결과를 Y_{i1}과 Y_{i0}으로만 특성화하는 대신, 전염이나 확산과 같은 과정을 통해 다른 단위의 처리 투입 조합에서 발생할 수 있는 모든 잠재적 결과를 고려해야 한다. 예를 들어 감염성 질환의 확산을 줄이기 위한 새로운 백신의 효과를 평가하는 데 관심이 있는 연구자를 고려해 보자(Hudgens and Halloran, 2008). 백신을 접종하지 않았지만 백신을 접종한 대상자들에 둘러싸인 실험 참가자 A와 역시 백신을 접종하지 않았지만 마찬가지로 백신을 접종하지 않은 다른 대상자에게 둘러싸인 참가자 B 사이에는 다른 결과가 나올 가능성이 있다. 참가자 A와 B 모두 동일한 처리 상태에 있지만, 이들이 상호작용하는 개인들의 처리 상태 또한 결과에 영향을 미치기 때문에 그들의 잠재적 결과는 상당히 다르다. 주어진 실험 풀pool 내에서 피실험자의 비율이 증가하면, 백신을 맞도록 할당되지 않은 피실험자들의 잠재적인 결과가 백신을 맞은 대상자들의 잠재적 결과와 비슷해질 것이기 때문에 연구자들은 백신의 진정한 효능을 과소평가할 가능성이 있다.

교환가능성과 비간섭성의 가정을 충족시키지 못하면 인과관계 추정에서 심각한 편견이 발생할 수 있다. 이러한 과제는 정치네트워크 연구에만 국한된 것은 아니다. 그러나 교환가능성과 비간섭성 문제는 네트워크 효과에 대한 연구에서 특별한 방식으로 나타날 수 있다. 이제 우리는 이러한 문제를 실험 및 관찰 연구와 함께 네트워크 연구의 맥락에서 논의한다.

실험 데이터를 이용한 네트워크 효과 연구

앞 절에서 지적한 바와 같이, 교환가능성 가정은 일반적으로 처리 상태가 무작위로 할당되는 실험 연구에 적합하다. 네트워크 효과 연구에 관심이 있는 연구자들은 일부 중재intervention의 직접적인 처리 효과를 연구하고 확산 효과의 정도를 정량화하는 데 관심이 있을 가능성이 있다. 실제로, 처리의 효과가 간섭을 통해 전달되는 정도를 특징짓는 이와 같은 확산 효과를 측정하는 것이 일부 적용에 있어 주요 이해관계의 크기일 수 있다(Nickerson, 2008; Sinclair, McConnell, and Green, 2012 참조).

소셜 네트워크를 통해 전달되는 재활용recycling에 대한 공공서비스공지PSAs, public service announcements의 효과를 연구하는 데 관심이 있는 연구자를 생각해 보자. 연구자는 여러 대학에 있는 정치학 전공생들의 학급을 모집할 수 있으며, 재활용의 중요성 또는 운동exercising의 중요성에 대한 메시지를 받을 각 학급의 1명 이상의 학생을 무작위로 배정할 수 있다. 연구자는 공공 서비스 공지PSA가 그 학급의 동료 네트워크를 통해 전달되었을 것이기 때문에, 재활용 메시지를 받은 학급의 학생들이 보다 높은 수준의 재활용 행태를 보고할 것이라고 가정한다. 연구자는 1주일 후 참가 학급 학생 전원을 대상으로 조사를 해서, 학생들이 보고한 재활용 정도를 측정하고, 재활용 메시지를 받은 학급 중 재활용 평균 비율을 운동 메시지를 받은 학급의 평균 비율과 비교한다.

연구자가 자신의 가설에 대한 지지, 즉 재활용 PSA를 받은 반의 학생들이 실제로 운동 PSA를 받은 학급의 학생들보다 더 높은 재활용 행태 비율을 보고했다는 결과를 확인했다고 가정하자. 이 경우 연구자는 어떤 추론을 할 수 있는가? 불행하게도, 이와 같은 단순한 랜덤 실험에서 연구자는 메시지 자체의 직접적인 효과와 동료의 영향을 받은 메시지의 효과를 구별할 수 없다. 따라서 연구자는 PSA에 포함된 메시지를 전달하기 위한 수단으로서 동료 전달의 효과에 대한 어떠한 확실한 결론도 도출할 수 없다. 실험 연구에서 네트워크 효과를 구분하려면 연구자는 간섭(또는 SUTVA 위반)으로 인한 효과와 중재 자체로 인한 직접적인 효과를 보다 정확하게 구별할 수 있는 연구 설계를 사용해야 한다.

관찰 데이터를 이용한 네트워크 효과 연구

관찰 연구는 구분에 관한 추가적 과제를 제시한다. 랜덤 실험과 달리, 관찰 연구는 교환가능성에 대한 잠재적 위협을 심각하게 받아들여야 한다. 예를 들어 정치적 태도에 관한 소셜네트워크의 효과, 혹은 국가 간 갈등에 관한 무역 네트워크의 효과에 관심이 있는 학자들은 그러한 네트워크들이 어떻게 형성되었는지를 생각해야 한다. 네트워크에 관한 학문은 서로 유사한 개인들이 서로 연관되도록 선택하는 동종선호의 중요성을 주기적으로 강조한다(Shalizi and Thomas, 2011; VanderWeele, 2011). 보다 일반적으로, 네트워크 관계는 그렇게 함으로써 얻게 될 약간의 혜택을 생각한 회원국들 사이에서 형성될 수 있다. 예를 들어 우호 네트워크는 동조자들이 공동의 성격이나 가치관을 공유하기 때문에 결성될 수 있고, 무역 네트워크는 네트워크에 참여한 결과로 회원국에게 발생할 이익 때문에 형성될 수 있다. 위에서 제시한 표시법notation으로 돌아가면, 이 상황에서 우리는 T_i와 (Y_{i1}, Y_{i0}) 사이의 상관관계를 보게 된다. 공유된 정치적 태도에 관한 우호 네트워크의 영향을 연구한다면, 우리는 동일한 우호 네트워크에 속한 개인들이 그 네트워크에 속하지 않는 개인들과 비교했을 경우 본질적으로 유사한 태도를 더 보인다는 것을 발견할 수 있을 것이다. 그러나 이 경우 네트워크 멤버십은 대체로 공통 가치관이나 특성의 작용일 수 있기 때문에, 우호 네트워크의 멤버들의 정치적 태도의 유사성은 우리가 측정하려는 수량인 네트워크 멤버십의 영향보다는 이러한 공통점들의 반영이라고 할 수 있다. 이러한 연구를 그럴듯하게 네트워크의 인과적 효과로 설명하기 위해, 우리는 단위의 처리 할당을 결정하는 특성 X의 벡터vector를 고려해야 한다. 실행 예제를 계속 진행하려면 개인들의 소셜 네트워크 선택 또는 무역 네트워크에 가입하려는 국가들의 결정에 영향을 미치는 모든 공변량을 포함해야 한다. 그렇게 함으로써 우리는 X에 따른 처리 효과 추정할 수 있다. 이 과제는 관찰할 수 없는 것에 관한 선택 가능성의 영향을 받으면 훨씬 더 해결하기 어려워진다. 예를 들어 개인의 소셜 네트워크 가입 선택에 영향을 미치는 특성을 연구자가 알지 못하는 경우를 생각해 보자. 연구자가 이러한 특성을 조건화할 수 없기 때문에, 네트워크 멤버십이 결과에 미치는 추정된 인과적 효과는 사실상 네트워크 멤버십 자체보다는 이러한 다른 특성들을 반영할 수 있다.

또한 비간섭성 가정 역시 실험 연구에서보다 관찰 연구에서 충족시키기가 더 어려운데, 이것은 영향의 패턴이 우리가 추정하려는 과정과 쉽게 분리 될 수 없다는 단순한 이유 때문이다(Morgan and Winship, 2014, 본장의 2.5 참조). 예를 들어 어떤 사람에게 특정 선거운동을 하는 친구가 있는 경우, 그 사람이 정치운동을 할 가능성이 더 있을 지 여부를 연구하는데 관심을 갖고 있다면, 우리는 그 선거운동을 했던 누군가를 알고 있는 것의 효과와 선거운동원으로부터 그 친구에 전달되는 영향력을 구분하는데 있어 어려움에 부딪히게 된다.

이와 같은 실험의 문제는 정치네트워크 연구에만 국한되는 것은 아니다. 오히려 네트워크의 실험 연구에서 잠재적 어려움을 설명하기 위해 이 문제들을 강조한다. 더욱이 정치네트워크에 대한 기존의 실험 연구는 이러한 문제를 항상 인지하거나 해결한 것은 아니고, 따라서 이 연구는 우리가 다수의 문헌으로부터 끌어낼 수 있는 추론에 대한 함의를 갖고 있다.

정치학에 있어서 네트워크 효과 규정

정치학 학자들과 관련 문헌들이 오랫동안 정치 현상을 설명하는 데 있어 사회 구조와의 관련성에 관심을 가져왔지만, 이러한 관계에 대한 체계적인 실험 연구가 급증한 것은 최근 몇 년 사이의 일이다. 우리는 지난 10년 동안 이 분야의 주요 저널에 게재된 거의 100개의 논문들을 조사하여 앞 절에서 설명된 인과 식별에 대한 잠재적 문제를 어떻게 해결하려고 시도했는지 검토하였다. 우리는 *American Journal of Political Science, American Political Science Review, British Journal of Political Science, Comparative Political Studies, International Organization, Journal of Politics, and World Politics* 등에 실린 논문을 분석하였다. 이러한 저널들은 다양한 하위 분야에 걸친 학문을 대표하기 때문에 선택했지만, 네트워크와 관련된 주제를 다루는 모든 논문들을 확인했다고 주장하는 것은 아니다. 대신에, 우리는 2단계 과정을 거쳤는데, 우선 각 저널 데이터베이스에서 "네트워크"라는 용어와 "정치적" 또는 "사회적"이라는 용어가 포함된 논문들을 검색하였다. 우리는 논문의 어디에든 이 용어들이 나오는 모든 논문들을 대상에 포함시켰다. 이 검색을 통해 수백 개의 논문이 나왔다. 다음으로 우리는 각 논문들을 숙독하여 논문들이 네트워크를 통한 영향 전달과 관련된 경험적 연구를 포함하는지 여부를 확인하였다. 예를 들어 네트워크 형성 또는 상호 작용의 공식 모형을 포함한 논문들과 이해관계의 결과에 대한 네트워크의 영향 측정과 직접 관련이 없는 실험 연구 논문들을 배제하였다. 우리는 더 나아가 일부 결과를 단위의 네트워크 특성의 기능으로 추정하는 논문들에 초점을 국한시켰다. 검색 결과 2005년에서 2014년 사이에 출판된 총 89개의 논문이 채택되었다.

표 5.1은 우리의 평가의 요약 통계를 보여준다. 네트워크 효과를 확인하는 접근법의 가능한 시간적 추세를 평가하기 위해, 논문들은 출판된 시기를 기준으로 2005년부터 2009년 사이에 출판된 논문들과 2010년부터 2014년 사이에 출판된 논문들의 그룹으로 나누었다. 그런 다음 기본 내용 분석으로 (1) 네트워크 효과에 대한 연구에서 저자가 인과 식별에 대한 문제를 논의했는지 여부와 (2) 문제를 논의했다면, 저자가 그 문제를 해결하기 위해 어떤 전략을 사용했는지를 검토하였다. 강조하고자 하는 것은 우리의 내용 분석이 이들 논문에서 사용된 접근 방식의 적합성이나 타당성에 대해서는 판단하지 않았고, 정치학 학자들이 최근 연구에서 네트워크 효과를 어떻게 연구해 왔는지만을 평가하였다는 점이다.

표 5.1 사회적 영향의 연구에 있어서 인과 관계 식별 접근(2005 - 2014)

식별 과제 논의	2005 - 2009 24(51%)	2010 - 2014 22(54%)
식별 전략		
실험	5(10%)	4(10%)
자연 실험	0	2(5%)
매칭	0	1(2%)
시차 변수	6(13%)	4(10%)
도구 변수	2(4%)	0
패널 설계	6(14%)	3(8%)
행위자 기반 모형	1(2%)	0
상기에 해당 없음	27(57%)	26(65%)
논문 수	47(100%)	40(100%)

설명: 상기 저널들에 게재된 2005년부터 2014년까지 발표된 논문 내용을 요약한다.

첫 번째 질문을 해결하기 위해, 우리는 각 논문들에서 저자들이 단위의 네트워크 할당이 외부적으로 결정되지 않을 때 네트워크 효과를 식별하는 데 있어서의 어려움을 논했는지 여부를 검토하였다. 우리는 논문이 이 주제를 다루는지 여부를 평가하기 위해 완화된 표준을 사용하였다. 예를 들어 네트워크 영향에 대한 실험 연구는 단순히 연구 설계가 동종 선호와 내생성을 피하려는 의도에 의한 것이었음을 나타낼 수 있다거나, 관찰 연구는 특정 네트워크로의 단위의 선택과 관련된 잠재적 교란 요인에 대한 제어 필요성을 언급함으로써 특정 회귀 설명을 지지할 수 있다.

그런 다음 각 논문에서 사용되는 식별 전략을 "실험", "자연 실험", "매칭matching", "시차 변수", "도구 변수", "패널 설계", "행위자 기반 모형", "상기 해당 없음" 중의 하나로 분류하였다. "실험" 범주에 있는 논문들은 연구자가 단위 네트워크의 특징이나 내용을 조작하기 위해 결정한 랜덤 추출 체계를 사용하였다. "자연 실험"에는 네트워크 할당이 연구자에 의해 설정되지 않았지만 그래도 랜덤 "인 것처럼" 간주될 수 있을 때의 네트워크 효과를 연구한 논문들이 포함되었다. 예를 들어 Urbatsch(2011)는 형제자매 간의 정치적 태도 영향을 연구했고 정책 선호도를 설명하기 위해 형제자매 중 연장자의 성별을 외생적 변화의 원천으로 사용하였다. Urbatsch는 언니(혹은 형)가 있는 동생들이 성격차가 있는 정책 항목에 대해 "전형적인 여성(또는 남성) 선호"를 보여줄 가능성이 훨씬 높다고 제시했는데, 이는 형제의 성별을 준랜덤 quasi-random으로 할당했기 때문으로 볼 수 있다.

식별 전략의 세 번째 범주("매칭")는 단위들의 네트워크 할당과 별도로 일종의 변형 매칭 기법을 사용해 가능한 한 유사했던 단위들을 식별해 분석한 연구를 범주화한 것이다. 우리는 매칭이 관찰 가능성의 교란성을 크게 감소시킬 수 있기는 하지만 인과 추론을 위한 만능 해결책은 아님을 지적한다(Sekhon, 2019 참조). 우리가 검색한 논문들 중 단 한 개만이 이 범주에 속하였다. Boyd, Epstein & Martin(2010)은 미국 연방 항소재판부US federal appellate panels에 여성 판사가 있을 때 남성 판사들이 다르게 의결하는지 여부를 연구하였다. (연령, 이념 및 근속 연수를 비롯해) 법의 13개 영역에 걸쳐 다른 변수들 간에 매우 유사한 연방 판사들의 재판부를 식별하기 위해 매칭 기법을 적용한 후, 여성 판사가 있을 때 남성 판사들이 성차별과 관련된 경우에만 상당히 다르게 행동한다는 증거를 제시한다.

네 번째 범주의 전략은 몇 가지 형태의 지연 변수를 사용한 연구를 분류한다. 이 범주의 논문들에서는 대체로 회귀 기반 접근법이 사용되었고, 네트워크로의 단위 선택과 종속 변수의 값 모두와 관련될 수 있는 요인을 설명하기 위해 지연된 적어도 하나(이따금 복수)의 변수가 제시되었다. 다섯 번째 범주인 "도구 변수"는 Z와 X가 강한 상관관계를 가지고 있지만, Z와 Y 사이의 연관성은 X를 통해서만 발생한다는 가정 하에 특정 네트워크에 대한 단위 i의 할당인 X를 추정하기 위해 도구 Z를 사용하였다(도구 변수 방법의 입문서로 Sovey and Green, 2011 참조). 예를 들어 저널*Political Analysis*에 실린 논문 중 우리의 검색 조건에 속하지 않는 Rogowski and Sinclair(2012)의 논문은 의원 사무실의 공간적 근접성을 설명하는 도구로 새롭게 선출된 의원에게 무작위로 할당되는 추첨 번호를 사용하였다. 추첨 번호(Z)는 두 의원 사이에 공간적 연결(X)이 존재하는지 여부를 예측하는 데 사용되었고, 공유된 법안 투표 패턴(Y)은 이러한 예측 값에 따라 회귀되었다.

여섯 번째 범주인 "패널 설계"는 단위의 네트워크에서의 변화가 어떻게 이해관계의 결과의 변화에 영향을 미쳤는지를 연구하기 위해 반복되는 척도measure를 사용하는 연구를 포함한다. 일곱 번째 범주인 "행위자 기반 모형"은 주요 네트워크 구성 요소가 이해관계의 결과에 어떻게 영향을 미치는지 분리하기 위해 컴퓨터 시뮬레이션을 사용하는 연구를 특징으로 한다. 우리가 이 접근 방식을 사용했다고 평가한 유일한 논문은 모집단의 크기와 연결성이 학습과 협력에 어떤 영향을 미치는지 조사한 Scholz and Wang의 연구(2006)이다. 마지막 범주인 "상기에 해당 없음"은 여기에 나열된 어떤 전략도 사용하지 않은 논문들을 나타낸다. 전형적으로 이 범주에 속하는 연구는 생략된 변수나 선택에 대해 조정하려는 추가적인 시도 없이 전통적인 회귀 기반 접근법을 채택한다.

표 5.1의 문헌 조사 결과에서 드러나듯이, 최근의 연구에서는 네트워크 효과를 추정할 때 식별 문제를 다루는 방식에 있어 근본적인 변화가 나타나고 있다. 첫째, 네트워크 효과에 대해 분석 논문 중 거의 절반이 인과 식별에 대한 가능한 문제에 대해 논의하지 않았다는 것을 파악하였다. 2005년부터 2009년 사이에 발표된 논문(51%)과 2010년부터 2014년 사이에 발표된 논문(54%)에서 유사한 비율로 논의된 것은 자기 선택self-selection 또는 내생성 같은 문제가 이해관계의 결과에 대한 네트워크 멤버십의 영향을 식별하려는 노력을 어떻게 복잡하게 만들 수도 있는가

였다. 우리는 다른 실험적 문헌의 식별 논의에 대한 비교 가능한 정보가 없기 때문에 이러한 수치를 과장되게 해석하고 싶지는 않다. 그러나 이 데이터는 네트워크에 대한 실험 연구가 네트워크 또는 네트워크 특성으로 인한 인과 효과의 분리와 연관된 어려움을 온전하게 인식하지 못했을 수 있음을 시사한다. 동시에, 우리의 연구는 네트워크 효과 연구에 혁신적인 연구 설계 또는 통계 기법을 적용하는 데 관심을 갖고 있는 정치학 방법론자들에게 상당한 기회가 있을 수 있음을 보여주기도 한다.

우리의 분석은 식별에 대한 잠재적 과제를 해결하려는 연구자들의 접근 방식에서도 상당한 이질성이 있음을 보여준다. 실험, 지연 변수 및 패널 설계가 가장 자주 사용되는 식별 전략이었다. 우리는 식별에 대한 우려를 해결하는 데 있어 가장 명확한 방법으로 제시되는 실험의 사용에 고무된다. 어떻게 이용되는지에 따라, 지연 변수와 패널 설계도 선택과 교란성에 대한 우려를 완화하는 데 도움이 될 수 있다. 하지만 우리는 이러한 설계의 강점이 궁극적으로 자신이 만들고자 하는 가정으로 귀결된다는 것을 연구자들에게 경고한다. 아마도 가장 우려되는 것은 이러한 식별 전략을 전혀 채택하지 않은 연구가 상대적으로 많다는 것이다. 2005년부터 2009년 사이에 출판된 논문의 57%와 2010년과 2014년 사이에 출판된 논문의 63%가 여기에 기술된 식별 전략을 전혀 사용하지 않았다. 이러한 연구 결과 자체가 이들 논문에서 논의된 가설이나 결론에 대해 이의를 제기하는 것은 아니지만, 증거의 강도는 식별 전략의 정밀함에 따라 증가한다. 앞에서 개략적으로 설명한 이유로, 네트워크로의 선택과 같은 내생성 또는 과정을 설명하지 못하는 경우 통계적 시험을 통해 생성된 포인트 추정치가 편향될 뿐만 아니라 전체적으로 정확하지 않거나 잘못된 결론이 도출될 수 있다. 다음 절에서는 연구자가 관찰 연구 설정의 맥락에서도 이러한 가능성에 대비하는데 도움이 되는 실질적인 방법의 예를 제시한다.

모범 사례: 관찰 연구에 있어 네트워크 효과 식별

네트워크 연구에서 관찰 연구의 주요 관심사는 네트워크 구조가 무작위로 발생하는 것이 아니라 동종선호의 직접적인 결과로서 발생한다는 것이다. 따라서 실제로 네트워크를 생성하는 것은 개별 행위자들 사이의 유사성이다. 그 경우에 이러한 유사성들은 처리 할당의 차이와 관계없이 결과에서의 유사성들을 생성할 수 있다.

무시가능성의 근본적인 문제는 특히 랜덤 시험randomized trial이 비윤리적인 것으로 간주되는 공중 보건의 맥락에서 광범위하게 연구되어왔다. 윤리적 측면에서 연구자들은 흡연이 폐암을 유발하는지 혹은 납 페인트 노출이 신경성 문제를 일으키는지를 평가하기 위한 실험을 할 수 없다. 그렇다면 연구자들은 이러한 사례들의 인과관계를 어떻게 판단할 수 있는가? 간단히 말해, 적절한 통계 기법으로 민감도 분석sensitivity analysis을 사용하게 될 것이다.

민감도 분석을 통해 연구자는 측정되지 않은 즉 관찰되지 않은 요인의 잠재적 크기를 추정할 수 있고, 측정되지 않은 요인이 "처리된" 모집단에서 어느 정도 되어야 연구 결과를 훼손할 지를 확인할 수 있다. 예를 들어 흡연과 폐암의 경우 민감도 분석은 흡연과 폐암의 연관성에 대해 이의를 제기하기 위해 흡연 모집단 내에서 관찰되지 않은 요인이 얼마나 유효한지를 연구자에게 알려줄 수 있다. 네트워크 효과의 맥락에서, 주된 관심사는 결과에 있어 관련성을 야기하는 측정되지 않은 원인으로 동종선호가 존재하는데, 그 동종선호가 네트워크 효과의 존재를 증명할 실험 연구를 왜곡한다는 것이다(Shalizi and Thomas, 2011).

다행히 VanderWeele and Arah(2011)는 네트워크 효과에 대한 민감도 분석 접근법을 개발하였다. VanderWeele(2011)은 네트워크의 알터들과 그 알터들의 비만, 흡연, 행복 및 고독 사이의 연관성이 일부 연구

(Christakis and Fowler, 2007, 2008, Cacioppo, Fowler and Christakis, 2009)에서 연구자들이 주장하듯이 전염이 아닌 동종선호에 의해서만 작동한다는 비판을 해결하기 위해 이 기법을 채택한다. Christakis와 Fowler 그리고 그의 동료들의 연구들은 프레이밍햄 심장 연구Framingham Heart Study의 일부로 수집된 관찰 데이터를 사용한다. 그러한 연구(Christakis and Fowler, 2007)에서, 저자들은 비만이 된 친구를 갖고 있는 개인들의 경우 비만 위험요인이 57%까지 증대한다는 것을 발견하였다. Christakis와 Fowler의 연구는 동종선호에 맞춘 일련의 통제를 포함하고 있기는 하지만, 친구가 되는 성향과 비만이 될 가능성 모두에 영향을 미치는 측정되지 않은 요인이 결과를 심각하게 편향시킬 수도 있었다. VanderWeele(2011)이 수행한 민감도 분석은 Christakis와 Fowler가 제시한 결과를 설명하기 위해 측정되지 않은 요인과 비만 사이의 관계가 얼마나 강한 관계가 있어야 하는 지를 평가한다. VanderWeele(2011)은 Christakis와 Fowler가 제시한 일부 네트워크 효과, 특히 비만과 흡연과 관련된 효과에 대한 강력한 지지를 파악하였다. 특히 친교 집단 구성원이 비만에 미치는 영향을 완전히 설명하려면 측정되지 않은 요인이 비만 가능성을 3배 증대되어야 함과 동시에 비만이 아닌 친구보다 비만인 친구가 훨씬 더 우세한 관계가 되어야 했던 것이다. 이러한 결과들로 인해 관찰 데이터로부터 추정된 효과를 뒤집는 데 있어 식별에 대한 위협이 얼마나 심각한지를 평가할 수 있다. 우리는 네트워크 분석을 위해 관찰 데이터에 의존하는 이들에게 이러한 방법을 택하도록 권장한다.

아울러 일부 관찰 연구는 그 자체로 간접 효과가 아니라 근접성 수준 neighborhood-level의 효과라는 추정에 유의해야 한다. 특히 그 경우에 어떤 개인 간 처리 상호작용도 명시적으로 지정될 필요가 없다.

모범 사례: 실험 연구에 있어 네트워크 효과 식별

본 장의 앞에서 논의한 바와 같이, 단위 간 간섭 가능성을 인정하면 잠재적 결과의 수가 크게 증가한다. 예를 들어 가상 실험에 네 명의 개인이 있다고 가정해 보자. 단위들 사이에 간섭이 없을 때, 우리는 각 개인 i, 즉 처리나 통제를 받은 각 개인의 잠재적인 결과만을 고려하면 된다. 간섭이 가능할 때에는, 개인 i는 개인 l이나 개인 m, 혹은 개인 n에 의해 접촉할 수 있고, 각 개인은 개별적으로 치료나 통제에 할당될 수 있다. 따라서 잠재적 결과의 여지는 폭발적으로 확장된다. 즉 i 자신에게 두 개의 잠재적 결과가 있을 뿐만 아니라, 각각의 결과에서 우리는 개인 l의 두 개의 결과를, 다시 개인 m의 두 개의 결과를, 그리고 다시 한 번 개인 n의 두 개의 결과를 고려해야 한다($2 \times 2 \times 2 \times 2$). 실제로, 실험의 대상자 N과 함께, 모든 가능한 대상자 사이의 간섭에서 비롯되는 모든 잠재적 결과를 허용한다면, 어떤 종류의 통계적 추론을 빠르게 처리하기 어려워질 것이다. 왜냐하면 개인은 두 가지 잠재적 결과(처리, 통제)로부터 2N개의 잠재적 결과로까지 행동할 것이기 때문이다. 어떤 실험 전략이 이 문제를 해결하는데 채택될 수 있는가?

연구자들은 잠재적 결과의 여지를 줄이고 네트워크의 다른 개인들로부터 간접적인 효과를 제약하는 두 가지 전략을 가지고 있다. 적절한 연구 설계와 실질적 정보의 추가 배치를 통해, 연구자들은 네트워크 효과 여부를 시험할 수 있고, 경우에 따라 네트워크 효과를 추론할 수 있는 잠재적 결과의 여지를 제한할 수 있다. 이 두 가지 전략은 네트워크 구조에 대한 구체적인 지식이나 네트워크 구조의 이론적 모형을 필요로 한다. 두 전략은 이것이 사실일 가능성이 높은 시기에 대한 연구자의 실질적인 지식을 통해서든, 이론화된 네트워크 구조와 일치하는 연구 설계를 배치해서든 연구자가 일부 개인 간의 간접적 영향을 0으로 제한할 수 있게 한다.

먼저, 네트워크 구조가 이미 알려져 있다고 가정하자. 만약 이것이 사실이라면, 연구자는 그 정보를 활용하여 잠재적 결과의 공간을 제약할 수 있다. 특정 맥락에 대한 실질적인 지식에 기초하여, 연구자는 예를 들어 네트워크 전반에 걸쳐 한 다리만 건너면 연결되는 개인들에게 개인들을 드러내도록 제약함으로써 잠재적 결과의 공간을 더욱 잘 억제할 수 있을 것이다. 알려진 네트워크 구조를 추정(또는 시험)과 밀접하게 결합시키는 명시적 추정 전략은 Aronow and Samii(2012) 및 Aronow(2012)에서 발견될 수 있다. 많은 정치학 연구가 명백하고 알려진 네트워크를 갖고 있지 않는 데 반해, 네트워크 구조가 알려진 최근의 사례는 Bond 등(2012)의 6,100만 명 페이스북 실험이다. 일부 개인들은 크고 알려진 네트워크 구조의 맥락에서 처리 받도록 무작위로 할당되었다. 네트워크에 대해 알려진 것을 고려할 때, 간접적 효과의 크기를 추론할 수 있다. 그런데 정치학자들은 네트워크 효과를 추정하기를 바랄 뿐만 아니라 네트워크 구조를 이론화하기를 바라는 입장을 자주 보인다. 이런 경우에, 우리의 두 번째 실험 전략이 수반된다.

네트워크 구조의 일부 구성요소가 이론화되었다고 가정하자. 예를 들어 유권자들이 동거인들의 영향을 받을 것이라고 생각된다고 가정하자. 이 경우, 우리는 실제로 이러한 "네트워크"가 정치적 선택에 영향을 미칠 것이라고 믿을 만한 충분한 이론적 근거를 갖고 있다(예를 들면 우리는 정치에 대해 논하는 사람들을 알고 있다!). 네트워크의 명확한 이론적 모형의 경우, Bowers, Fredrickson and Panagopoulos(2013)의 논문에서 제시된 실험 전략을 따라 네트워크 효과 여부를 시험하는 모형을 사용할 수 있다. 네트워크 구조에 대해 알려진 추가 정보가 있는 경우들도 있는데, 예를 들어 위계적인 네트워크 구조가 그것이다. 우리가 (인접한 다른 개인들과는 소통할 수 있지만 그 외의 개인들과는 소통하지 않는) 근접성 효과 또는 (학생들이 학교실 내의 다른 학생들과 소통할 수 있지만 그 외의 개인들과는 소통하지 않는) 교실 효과에 관심이 있다고 가정하자. 이와 같은 지리적 위치geography에 따른 한계는 잠재적 결과의 여지를 제한하고 분석적인 추론을 가능하게 한다. 본질적으로, 잠재적 결과의 감소는 SUTVA 가정을 완화시키지만, 그 완화는 부분적일 뿐이다. 즉 단순하게 개인적 수준과 클러스터 수준의 잠재적 결과만 있다고 가정해 보자. 그러면 클러스터 j에서 각 개인 i에 대해 4가지 잠재적 결과를 작성할 수 있다.

그러면 실험 단위는 개인 수준 또는 클러스터 수준의 처리를 받도록 구성될 수 있으며, 실험 단위에 대한 잠재적 결과는 클러스터 간 상호작용에 부과되는 제한에 기초할 것이다. 고무적인 투표율의 사례를 보면서, 우리는 유권자들이 가정과 이웃에 살고 있다는 것을 상상할 수 있다. 그런 다음 우리는 다단계 실험 설계를 진행하게 되는데, 처음엔 이웃, 그 다음엔 가정, 그 다음에는 이웃 수준에서 유권자가 무작위로 할당되고, 그 다음에는 가정 수준에서, 그 다음에는 개인 수준에서의 처리 순이다. 그렇게 되면 개인이 처리될 확률은 개인의 할당뿐만 아니라 클러스터 수준의 할당에도 기초하게 된다. 일군의 학자들이 이 방법 또는 그의 변형 방법을 채택하였다(Hudgens and Halloran, 2008; Sinclair, McConnell, and Green, 2012). 복수의 위치 실험을 수행하려는 학자들에게 있어, 이러한 맥락에서 추론하려면 클러스터의 처리 효과가 다른 강도로 처리된 클러스터들 간의 평균을 낸 선형 모형을 통해 획득되는지, 그리고 클러스터들 간의 교환가능성을 가정할 수 있는 지점은 어디인지와 같은 몇 가지 모형 기반의 가정이 매우 필요하다(Hong and Raudenbush, 2006 참조).

향후 과제

정치네트워크 연구는 지난 10년 동안 발전하고 있고 개인 간, 집단 간, 국가 간에 영향력이 어떻게 전달되는지에 대한 풍부한 이론적 통찰을 만들어냈다. 지속적인 발전은 그 분야를 활성화시키는 이론들의 실험 검증에 주의 깊게 지속적인 관심을 갖는 데 달려 있다. 본 장에서 정치네트워크에 대한 실험 연구를 수반하는 몇 가지 중요한 과제를 강조했지만, 이 분야에 종사하는 학자들에게는 상당한 기회가 기다리고 있다. 여기서 그 중 몇 가지를 강조한다.

첫째, 학자들이 네트워크 데이터 분석을 위한 강력한 연구 설계들을 개발해 온 오늘날에는, 새로운 데이터를 수집하는 것이 중요한 과제이다. "빅 데이터"는 이와 관련하여 상당한 가능성을 제시한다. 빅 데이터는 종종 사람들이 관계를 형성하고 상호 작용하는 방식과 시기에 대한 사회적 관계뿐만 아니라 전체 정치네트워크의 구조도 보여준다. 따라서 이러한 네트워크 구조를 식별하면 처리 효과가 네트워크를 통해 전파되는 방식을 이해하고자 무작위로 처리가 이뤄지는 실험을 설계하는 데 핵심적인 활용 수단을 갖게 된다. 간접적 영향이 거의 보이지 않는 대부분의 환경에서 그러한 과정을 관찰한다는 것은 불가능하지는 않더라도 훨씬 더 어려운 일이다. 더욱이 학자들은 위에서 설명한 실험 설계를 배치하기 위해 네트워크의 이론적 모형을 개발할 수 있고, 그에 따라 연구자들이 네트워크 영향의 효과를 신중하게 추정할 수 있는 실험을 수행할 수 있다. 네트워크 과정에 관심이 있는 학자들은 데이터 수집의 풍부한 기회를 가질 수 있고, 데이터 수집에 적극적으로 참여함으로써 정치네트워크 분야를 발전시킬 수 있을 것이다.

둘째, 네트워크 영향의 모든 문제가 실험 프레임워크 내에서 연구될 수 있는 것은 아니라는 점을 인식하여, 관찰 연구를 할 때에는 인과 추론에 주의를 기울여야 한다. 대부분의 관찰 데이터는 선택 편향과 같은 것으로 가득 차 있는데, 그러한 것들은 전통적인 데이터 분석 양식을 통해 강력한 인과 추론을 도출하는 능력을 심각하게 복잡하게 만든다. 이러한 영역의 과학적 발전에 따라 연구자들이 이러한 한계를 인식하고 그 한계를 해결하기 위한 조치를 취할 필요가 있다. 관찰 데이터를 분석하기 위해 이 장에서 설명한 전략은 연구자들이 동종선호에서 발생하는 잠재적 편향을 잘 설명하도록 하는 데 보다 더 도움이 될 수 있고, 따라서 어느 정도 네트워크 과정으로 기인한 것 같은 "네트워크 효과" 추정치를 평가할 수 있게 한다. 민감도 분석이 지금까지 정치네트워크 연구에서 상대적으로 드물게 사용되었기 때문에, 학자들은 동종선호 같은 관찰되지 않은 요소와 관련된 결론의 경직성을 평가한 이전 분석을 재검토해 볼 수도 있다.

이 책의 장들이 증명하듯이, 정치네트워크는 정치학의 모든 하위 분야를 다루는 흥미롭고 활기찬 분야이다. 이 영역의 지속적인 발전은 실험 연구에서 도출한 추론에 있어 세심한 주의를 필요로 한다. 그렇게 함으로써, 이 분야는 네트워크가 이해관계의 정치적 결과에 영향을 미치는 조건에 대한 더 큰 통찰을 개발하고 네트워크 영향의 전달에 대한 훨씬 더 미묘한 설명을 개발하도록 이끌 것이다.

감사의 글

연구 지원을 해준 박태용과 본 장의 초안에 대한 도움이 되는 피드백을 해준 이 책의 편집자들에게 감사드린다.

주석

1) 인과 확인, 연구 설계 및 통계 분석에 대한 두드러지게 명쾌한 설명에 대해서는 킬(Keele, L., 2015)을 참조.

제6장 네트워크 이론과 정치학

John W. Patty and Elizabeth Maggie Penn

네트워크 이론은 커다란 천막과 같다. 즉, 일부만 언급하자면 Heider (1946), Harary and Norman(1953), Cartwright and Harary(1956), Davis (1963), 그리고 Granovetter(1973)와 같은, 사회심리학과 관계가 깊은 사회학적 전통에서 종사했던 초기 인물들의 공헌으로부터 "네트워크 이론" 분야는 모든 사회과학을 망라할 만큼 성장했다(Borgatti et al., 2009). 네트워크 이론의 기본적인 매력은 단위(개인, 기업, 국가, 정당, 등) 간 연결 구조를 엄밀하지만 융통성 있는 방식으로 설명하고 분석할 수 있는 능력이다. 대부분의 정치적 현상이 집단행동을 수반하고 따라서 다양한 개인 간의 상호작용을 수반한다는 점을 고려하면, 정치학에서 네트워크 이론이 활발한 연구 분야라는 것은 놀라운 일은 아니다.[1] 이 책의 내용에서 알 수 있듯이, 현재까지 정치네트워크에 관한 연구의 상당 부분은 실증적 동기에서 비롯되었다.

이 장에서는 정치 현상 연구에서 네트워크 이론의 역할, 즉 정치학에 적용되는 네트워크 분석의 분석적 이론 토대에 대해 숙고해 본다.[2] 현재까지 정치네트워크에 관한 이론적 연구성과는 양적 측면에서 실증적 연구성과에 훨씬 못 미치는 수준이므로, 이 장은 네트워크 개념들을 선정하는 것부터 시작해 이를 중심으로 정치학에서 네트워크 이론의 역할을 논의하기 위한 틀을 만들어보려 한다. 지면의 제약과 논의의 초점을 고려해, 네트워크가 역할을 하는 응용 모형은 논하지 않기로 한다.3) 부분적으로 지금까지 그런 모형은 비교적 거의 없는 편이기 때문에, 그런 모형과 이 장의 공통점은 일반적으로 그런 모형이 네트워크의 역할을 포함한다는 사실로 시작하고 끝난다.

정치네트워크에 관한 이론적 연구의 주요 과제는 네트워크 구조가 개인의 의사결정과 그룹의 행동을 결합하는, 정말 문자 그대로 결합 조직을 보여준다는 것이다. 실행 가능하다면 언제든, 최선의 분석 단위는 개인의 결정이라는 믿음을 갖고 있는 방법론적 개체주의는 당대, 실증적 정치학 연구에서 분명 지배적인 패러다임이지만, 그룹이 하나 또는 그 이상의 형태의 독립적 영향력을 행사할 수 있다는 생각 또한 이해가 걸린 많은 정치 현상과 적어도 직관적으로 관계가 있다.4) 두 번째 절에서는 네트워크 이론의 기본적인 구성요소들(노드, 엣지, 그래프)과 요소 간 상호관계 그리고 실증적 측정에 대해 논한다.

문화, 정체성, 영향력, 권력과 같은 전형적인 개념들을 신뢰할 수 있게 측정하기 위해서는 그 후에 개인의 행태에 대한 그러한 요소들의 인과적 영향을 측정하고자 시도하는 것은 차치하더라도 결국 이러한 개념들을 확인하고 그 개념들을 다른 환경적 및 개별적 결정 요소들로부터 분리할 수 있는 이론이 필요하다. 네트워크 이론은 그룹 또는 구조에 기초한 개념들의 기준을 명확하게 규정하는 데 특히 적합하다. 세 번째 절에서는 대표적인 네트워크 개념들을 정치 현상 연구에 도입하려 할 때 직면해야 하는 이른바 "측정 가능성"measurability 문제를 검토한다.

물론 정치적 연관성이 있는 다수의 네트워크는 누구와 교류할 것인가에 관한 개인의 결정으로부터 내생적으로 만들어진다. 그런 상황에서, 우리가 관찰하는 네트워크 구조를 우리는 왜why 관찰하는가 하는 중요한 의문이 생긴다. 사실, 그런 많은 질문은 네트워크 구조의 인과적 영향을 밝히는 것과 관련이 있다. 예를 들면 동종선호homophily(자신과 비슷한 사람들과 더 자주 교류하려는 개인의 성향)은 네트워크의 독립적 인과 효과를 밝히려는 학자들이 직면하는 근본적인 문제다. 네 번째 절에서는 대중적이고 유연한 네트워크 형성 모형의 종류를 검토한다.

로드맵. 네트워크 이론은 공통의 틀이지만, 그것이 적용될 수 있고 또 적용되어온 문제는 무수히 많고 다양한데, 이것이 때로는 너무 다양해 그런 문제들을 이어주는 공통의 틀을 모호하게 하기도 한다. 여러 분야의 많은 학자가 주장해온 것처럼, 네트워크 이론을 통합한다는 생각은 매력적인 동시에 쉽지 않기로 유명하다. 네트워크 이론이 존재하기보다는, 네트워크 개념들이 여러 분야에서 다양한 이론의 통합적 특성의 역할을 하고 있다(Salancik, 1995; Borgatti and Halgin, 2011). 이에 따라 첫 번째 절에서는 그러한 개념 세 개, 즉 중심성centrality, 커뮤니티community, 연결성connectivity에 관해 설명한다. 중심성의 적용은 권력이나 영향력과 유사한 측면에서 네트워크 내 행위자의 위계를 정하는 하나 또는 그 이상의 방법에 적어도 부분적으로 의존한다. 반면에, 커뮤니티는 네트워크가 행위자 간 차이점과 공통점을 어떻게 나타내는가의 문제를 검토한다. 연결성의 개념은 네트워크 내 행위자의 쌍pair을 그들의 위치에 기초해 구별함으로써 중심성과 커뮤니티를 연결한다.

두 번째 절에서는 네트워크 이론의 기본적인 구성요소들(노드, 엣지, 그래프)과 이 요소들의 측정 역할에 대해 논한다. 정치네트워크에서 노드와 엣지가 무엇인지(그리고 아닌지) 결정하는 것이 분석가가 취해야 할 가장 기본적인 이론적 행동이다. 그 후에 세 번째 절에서 그러한 기본적인 구성요소들을 이용해 정치네트워크가 어떻게 측정되고 특징지어지는가에 관해 논한다. 측정에 관한 논의는 중심성과 커뮤니티 개념을 위

주로 구성했고, 초점은 이 두 개념이 각각 운용하고 이용한 여러 방법에 두었다. 그다음 네 번째 절에서는 정치학에서 네트워크 이론에 관한 가장 활발한 연구 영역 중 하나인 네트워크 형성network formation에 관해 논한다. 마지막으로, 다섯 번째 절에서는 몇 가지 결론을 제시한다. 이러한 로드맵을 가지고 이제 중심성과 커뮤니티 연관 개념을 논한다.

네트워크 이론의 세 개념: 중심성, 커뮤니티, 연결성

네트워크 이론에 기초한 분석 중 두 가지 느슨한 범주에 초점을 맞추면 정치네트워크 연구에서 공식적인 이론의 역할을 좀 더 직접적으로 이야기할 수 있다. 이는, 적어도 "이론"theory의 일상 회화적 의미에서, 이 두 범주 중 어느 하나에 속하는 분석은 공통의 이론적 기초에서 나오기 때문이다. 이 두 분석 범주 각각의 내부에서 설명되지 않는 모호함은 네트워크 이론에 기초한 도구와 네트워크 내에서 행위자가 어떻게 행동하는가에 대한 분석가의 기반 이론을 엄밀하고, 공식적으로 연결하는 것이 중요하다는 것을 명확히 해준다.

그러한 연결은 실증적 분석의 결과로부터 추론하거나 추정하려는 모든 시도의 유효성 확보에 필수적이다. 즉, 분석가가 어떤 행동 패러다임을 선택해 연구하느냐와 무관하게 우리 주장의 핵심은 유효하다. 예를 들면 우리 주장은 분석가의 이론이 "합리적 선택," "행위자 기반," "행태주의적," 또는 "사회학적" 모형으로 잘 표현되는지에 구애받지 않는다. 오히려, 네트워크 이론에 기초한 모든 실증적 도구는 어떤 행동 유형들을 구분하고 또 구분하지 않을 것인가에 관한 다수의 가정에 기초한다. 즉, 가장 사소한 것을 제외한 모든 네트워크는 매우 고차원적인 객체이기 때문에, 어떤 현실적인 실증적 분석도 실제 데이터 세트에 존재하는 정보를 통합해야 하고, 따라서 그 일부 정보는 부분적으로 상실하게 된다. 공식적인 정치네트워크 이론은 이러한 작업 과정에서 정확히 어떤 정보가 유실되고, 어떤 정보가 유실되지 않았는지 정밀하게 추적할 수 있게 해준다(Patty and Penn, 2015).

중심성

아마도 정치학에서 네트워크 이론이 가장 일반적으로 적용되는 것은 그룹 내에서 행위자의 중심성을 측정하는 것일 것이다. 중심성은 네트워크 이론에서 긴 역사가 있고, 특히 사회학에서 발전되었다. 한 행위자가 다른 행위자들과 연결된 정도는 비록 해석은 다르고 다양한 모습을 하고 있지만, 네트워크 내에서 행위자의 "영향력"influence을 나타내는 주요 결정 요인의 하나로서 널리 받아들여진다. 중심성을 영향력과 연결하는 중심성 척도 이론(주장일 수도 있다)에 대한 좀 더 상세한 논의는 뒤로 미루겠지만, 이러한 이론들의 몇 가지 공통 전제를 설명하는 데는 유용하다. 이러한 주장들, 그리고 수반되는 몇 가지 중심성 측정 문제는 아래에서 재검토한다.

- 아는 사람이 많을수록 좋다. 기본적인 영향력의 척도는 행위자가 얼마나 많은 "사람을 아는가"(또는 그 대신에, 얼마나 많은 사람이 "행위자를 아는가")이다. 행위자가 얼마나 많은 사람을 아는지(또는 얼마나 많은 사람이 행위자를 아는지)를 측정하는 방법은 많은데, 간접 지식을 정하는 방법이 다양하기 때문이다. 아래에서 논하는 바와 같이, 이러한 선을 따른 더 복잡한 중심성 척도는 행위자가 아는 사람들의 중심성을 설명하려고 하는데, 분명 중요한 사람들을 아는 사람들은 그들 자신이 더 중요한 사람들이기 때문이다.

• 연결된 사람이 많을수록 좋다. 중심성 척도의 주요 집단은 특정 인물에 의해by 얼마나 많은 행위자가 연결되느냐는 개념에서 유래한다.[5] 매개 중심성betweenness centrality 척도가 가장 널리 사용되는 것으로 알려진 이 집단의 기본적 개념은, 행위자의 중심성은 그 행위자가 네트워크에 있을 때가 제거했을 때보다 네트워크 구조가 더 많이 연결되는 (또는 정보 전달에 효율적인) 정도에 비례한다는 것이다.

커뮤니티

네트워크는 어떤 의미에서는 그룹 구조를 가정하지만, 네트워크 이론의 강력한 적용은 네트워크 내의 행위자 간 하위그룹, 즉 "커뮤니티"를 찾는 것이다. 공동체 탐지community detection는 다양한 도구를 이용해서 이뤄지는데, 각각 개인들이 그룹을 형성하는 이유나 방법에 대한 서로 다른 개념에 기초한다. 많은 도구가 갖는 하나의 약점은 정밀한 이론적 기반이 부족하다는 것이다. Jackson(2008)은 이 상황을 아래와 같이 묘사한다.

연구자들은 커뮤니티를 규정하고, 커뮤니티가 네트워크 정보에 어떻게 영향을 끼치며, 또는 왜 이 알고리즘이 커뮤니티를 발견하는 당연한 방법인지의 측면에서 굳건한 토대 없이, 일반적으로 어떤 발견적 방법에 기초해, 네트워크 노드 분할을 위한 단순한 알고리즘으로 작업을 시작한다. 따라서 커뮤니티는 잘 정의된 커뮤니티 개념에 기초한 알고리즘으로부터 끌어내기보다는 무엇이든 알고리즘이 찾는 대로 정해지는 경향이 있다.[6]

커뮤니티 탐지는 정치학에서 응용할 수 있는 부분이 많은데도,[7] 아직 널리 활용되지 않고 있다. 부분적으로 그 이유는 이러한 기술이 비교적 새로운 것이고, 전산 자원의 가격 하락에 의해서만 이용 가능해졌기 때문이다. 이와 관련한 (그리고 좀 더 흥미로운) 이유는 "커뮤니티"의 적절한 개념이, 그것을 경험적으로 어떻게 찾느냐는 말할 것도 없이, 주로 실제 적용으로 추동되는 (또는 추동되어야 하는) 중요하고도 어려운 이론적 문제라는 것이다. 이런 문제들은 아래에서 다시 검토하고 이제 연결성 개념을 살펴본다.

연결성

앞에서 논한 바와 같이, 커뮤니티 개념은 네트워크 내의 행위자를 하위그룹으로 나누고자 하며, 중심성의 개념은 이러한 행위자들을 그들이 얼마나 잘 연결되어 있는가에 따라 위계 지으려 한다. 이 두 개념은 양자적 (또는 상위 질서) 현상인 **연결성**의 개념을 통해 서로 연관된다. 예를 들어 매우 중심적인 행위자는 보통 많은 사람과 연결될 것이고, 그와 같은 커뮤니티 내에 있는 행위자들은 다른 커뮤니티에 속한 행위자들보다 더 잘 (또는 더 가깝게) 연결되는 경향을 보일 것이다. 네트워크 이론의 구성요소들을 논하기 전에, 연결성의 개념에 대해 간략히 논한다.

한 네트워크 안의 두 행위자를 고려할 때, 그들이 서로 어떻게 연결되느냐에 관해 많은 중요한 질문을 던질 수 있다. 그런 질문의 세 가지 예는 다음과 같다.

1. 그 행위자들이 서로 연결된 것인가 - 그 두 행위자 사이에 엣지의 **경로**가 존재하는가?[8]
2. 두 행위자를 잇는 최단 경로의 길이는?
3. 두 행위자 사이에 몇 개의 독립 경로가 있는가?

짧은 경로로 다른 많은 행위자와 연결된 행위자는 대부분의 중심성 척도에서 높은 중심성 점수를 얻는 동시에, 어떻게 정해졌든 다른 행위자들이 속한 많은 커뮤니티에 속해 있을 가능성이 있다. 따라서, 행위자 자체의 "연결성"은 확실히 중심성 척도와 커뮤니티 개념 둘 모두의 요소다. 그러나, 이와 관련된, 보충적인 질문은 특정 행위자가 **다른 행위자 쌍 사이의 연결성**을 구축하거나 강화하는 데 얼마나 중요한가이다. 그런 개념의 사례 중에서 이목을 끄는 것이 브리지bridge이다. 브리지는, 만일 네트워크에서 제거되면, 둘 또는 그 이상의 행위자가 어떤 경로에 의해서도 더는 연결되지 않게 만드는 엣지(또는 노드)이다.9)

브리지는 네트워크를 통한 영향력/행동/정보와 같은 것들의 지구적 확산(또는 "감염")에 관심이 생길 때마다 네트워크 이론에서 매우 중요하다. 지면의 제약으로 이 주제를 충분히 다루지는 못하지만, 잠재적으로 정치학에 적용할 수 있다는 바로 그 이유로 인해 언급할 가치가 있다. 네트워크의 연결성, 그리고 네트워크의 "사소한" 변경에 대한 이 연결성의 민감성이 핵심 관심사인 주제의 중요하고 분명한 사례들로는 테러리스트와 범죄조직 잠입(Krebs, 2002; Morselli et al., 2007), 기간 시설망에 대한 공격 방어(Comfort and Haase, 2006; Lewis, 2014), 그리고 전염병의 감시와 통제(Christakis and Fowler, 2010; Liu et al., 2012) 등 다양한 안보 주제를 들 수 있다. 좀 덜 분명하지만, 역시 흥미로운 주제로는 공식 및 비공식 조직의 구조적 무결성(Krackhardt, 1990; Fowler, 2006; Scholz et al., 2008; Grossmann and Dominguez, 2009; Berardo and Sholz, 2010; Leifeld and Schneider, 2012), 전략적 로비(Skinner et al., 2012), 사회의 정보 흐름에 대한 감시 그리고/또는 통제(Enemark et al., 2014; Song and Eveland Jr., 2015) 등이 있다.

네트워크 이론의 기본 구성요소

"정치네트워크"political network는 단순히 어떻게든 정치적 결과와 연관된 네트워크이며, 어떤 네트워크이든 그 기본은 보통 이른바 "고전적 네트워크 이론"의 도구들로 설명된다. 사회과학에서 고전적 네트워크 이론의 이론적 토대는 **그래프 이론**graph theory으로,[10] 이는 **노드**nodes(또는 꼭지점vertices)가 **엣지**edges에 의해 어떻게 연결되는지를 본질에서 설명하고 특징짓는다. 그렇다면, **그래프**는 분명하게 구별되는 두 노드를 각 엣지가 연결하는, 모든 노드의 집합, N, 그리고 엣지의 집합, E다.[11] 따라서, 엣지는 보통 $e=(n_1, n_2)$로 표기되고, 여기서 n_1과 n_2는 N 안의 서로 다른 두 노드이며, e는 n_1 "에서" n_2 "로"의 연결을 나타낸다.[12] 엣지에서 첫 번째와 두 번째 노드를 구별함으로써, 이 정의는 이른바 **방향** 그래프 directed graph를 설명한다. 모든 양의 정수 n에 대해서, n 노드에 대한 모든 방향 그래프 세트는 G_n으로 표시된다. 이것은 n 행위자 사이에 가능한 모든 네트워크의 세트다. 세 번째 절에서 논한 바와 같이, 고전적 네트워크 이론의 범위 내에서, 이 세트는 구별할 수 있는 "구조들"structures의 전체 공간을 나타낸다는 것을 기억하는 것이 실증적 관점에서 중요하다.

측정의 기초: 노드와 엣지

그래프 이론은 추상적이고 따라서 노드와 엣지가 나타내는 것을 인지하지 못하지만, 그것들이 나타내는 것에 관한 결정은 어떤 정치네트워크 이론이든 그 이론의 토대가 된다. 예를 들면 국제관계에서, 노드는 종종 국가를, 그리고 엣지는 무역이나 분쟁 같은 상호작용이다. 정치행태에서, 노드는 흔히 개인을, 엣지는 신뢰나 소통 같은 관계를 표시한다. 입법연구에서, 많은 경우에 노드는 입법자를, 엣지는 법안의 공동 발의나 공동 위원회에서의 근무와 같은 상호작용을 나타낸다. 사법정치에서, 노드는 의견서일 수 있고, 엣지는 소환장을 나타낸다. 가장 간단한 연구에서조차도, 가능한 엣지와 노드의 할당은 적어도 겉보기에는 무한하다.

이 광대함은 더 넓게 생각해 노드 그리고/또는 엣지가 상당히 광범위하게 정의될 수 있다는 것을 깨닫게 되면 더욱 뚜렷해진다. 예를 들어 입법 정치 연구자는 입법자와 법안을 각각 별개의 노드로 표현할 수 있고, 그에 따라 두 가지 "유형"의 노드가 생긴다. 그런 표시 형태에서, 연구자는 엣지로 입법자의 법안 후원을 식별할 수 있다. 이와 유사하게, 만일 그 입법자가 그 법안에 찬성표를 던졌다면 엣지의 집합을 확장해 입법자와 법안 사이에 존재하는 두 번째 "유형"을 포함시킬 수 있다. 정치 네트워크의 사례는 많고, 여기서는 노드를 개인 또는 "행위자"라고 언급했지만, 이것은 단지 언어를 단순화하기 위한 것이다.

분석: 네트워크 내부에서인가 아니면 전체에 걸쳐서인가?

많은 학자가 정치적 환경에서의 다양한 "네트워크 효과"를 밝히려는 시도를 해왔으며, 그러한 시도의 방법론적 난제는 잘 알려져 있고 또 활발한 연구 영역이다(Fowler et al., 2011; Gentzkow and Shapiro, 2011; Noel and Nyhan, 2011; Klofstad et al., 2013; Campbell, 2013). 정치네트워크 연구에 내재된 많은 측정, 평가, 추론의 난제에 관한 논의는 다른 장들을 참조할 것을 권하지만(GROSS AND JANSA, ETC.), 일부 네트워크 이론의 개념들은 네트워크 내부의 노드들과 같은 단위를 비교하고, 일부는 둘 또는 그 이상의 서로 다른 네트워크 비교를 허용하며, 또 일부 개념들은 두 가지 분석 유형 어느 쪽에나 적용될 수 있다는 것에 유의하는 것이 도움이 된다. 네트워크 이론의 개념들을 이용할 때 이러한 다양성을 명심하는 것이 중요하다. 만일 어떤 개념이 네트워크 수준에서만 의미가 통하면,[13] 그 개념과 개별적 행위를 인과적으로 이어주는 이론적 기반이 그러한 행위와 노드 수준에서 측정된 개념 사이를 이어주는 이론적 기반과 필연적으로 다르게 된다. 이제 실증 연구에서 네트워크 이론을 활용하려는 사회과학자가 직면하는 분명 가장 근본적인 이론적 난제, 즉 네트워크 구조의 측정과 특징 규정에 대해 검토한다.

네트워크 측정

네트워크의 측정, 또는 유사하게, 표시는 중요한 주제이며 응용 연구자 또는 분석가에게 두 가지 근본적인 그리고 상반되는 난제를 제기한다. 이 중 첫 번째 난제는 아래에서 설명한 것처럼, 네트워크가 "난잡하다"messy는 사실에서 기인한다. 이는 이 난잡한 세트에 구조를 부여하는 조치를 촉진할 필요가 있다는 것을 의미한다. 두 번째 난제는 고전적 네트워크 이론의 틀 안에서, 네트워크 세트가 연결(즉, 엣지)를 가장 거친 방식으로만 구별할 수 있다는 것이다. 이제 이러한 각각의 난제를 순서대로 검토한다.

네트워크의 난잡성

네트워크가 "난잡하다"라고 한 이유는, 실수實數와 다르게, 자연적인 순서가 없기 때문이다. 네트워크 세트는 특정한 행위자들의 집합에 대해 가능한 네트워크 구조를 전부 열거할 수 있지만, 그것들을 조직하거나 분류할 명백하게 올바른 방법이 없다는 의미에서 질적으로 거대하다. 따라서, 네트워크에 관한 상당수의 이론 연구가 그것들을 조직하는 기능을 만들어내는 데 초점을 두고 있고, 그중 한정된 일부를 선택해 아래에서 좀 더 상세히 논의한다. 이러한 기능은 모두 관련된 네트워크 세트의 난잡성을 일부 제거하고 따라서 네트워크 구조에 담긴 정보를 일부 상실한다(Patty and Penn, 2015).

이러한 정보의 상실은 네트워크에 관한 상당수의 응용 작업에서 필수적인데, 분석가는 일반적으로 본질에서 일차원적인 하나 또는 그 이상의 "네트워크 효과"에 관심을 두기 때문이다. 몇 개만 예를 들면 여러 국가의 지속 가능한 실천의 성공적 추구에 관한 몇 가지 네트워크 중심성 척도의 효과를 조사한 Ward(2006), 입법자의 연결성 및 중심성 척도와 기타 미 하원의 연공서열, 인종, 성별과 같은 특성 간 상관관계를 탐구한 Victor and Ringe(2009), 그리고 세계무역기구에서 후속 분쟁의 선례로서의 사례에 할당된 값을 측정하기 위해 카츠 중심성을 이용한 Pelc(2014)가 있다. 이러한 적용 사례들에서, 실증적 분석으로 나아가기 위해서는 관련 네트워크 내 노드의 "위치"에 대한 해석 가능하고 이동 가능한 척도가 필요하다. 이를 실행하기 위해, "네트워크를 회귀regression로 밀어 넣는" 것은 비실용적이다. 이런 접근법들은 모두 어떤 형태의 데이터 축소data reduction를 활용한다.

네트워크의 측정과 특징 규정을 위한 데이터 축소 접근법은 그 다수가 암묵적으로 어떤 **구조적 등위성**structural equivalence 개념에 의존하는데, 이는 White(1970) 때문이다. 구조적 등위성은 네트워크 내 모든 행위자에 대한 네트워크의 "영향"effect은 그 행위자가 포함된 그 네트워크의 로컬 구조와 관련하여 측정 가능해야 한다고 가정하는 동일성 확인 개념이다. 즉, 다른 **사정이 같다면**, 만약 한 네트워크 내 두 행위자가 모든 개개의 측면에서 **똑같고** 네트워크 내에서 그들의 지역적 이웃이 동등하다면, 그들은 같은 방식으로 행동하고 선택해야 한다.[14] 이 생각에는 "이웃"neighborhood이라는 개념에서 물려받은, 어떤 이해할 수 있는 모호함 또는 유연함이 있다. 예를 들면 두 행위자가 유사한 다른 개인들의 집합과 직접 연결되어 있지만, 이러한 "1차 연결"과 연결된 행위자들, 즉 행위자들의 "2차 연결"이 두 행위자 간에 현저히 다르다고 가정하자. 행위자들은 서로에 대해 구조적으로 동등한가?

최근 연구는 점점 더 네트워크 이론의 여러 측면을 응용문제에 적용하고 있다. 예를 들면 Patty 등(2013)은 미국 연방 대법원이 자체 판례에 할당한 비중의 개산槪算을 제공하기 위해 커뮤니티 탐지와 새로운, 공리적으로 이끌어낸 배점 알고리즘(Schnakenberg and Penn, 2014)을 결합시킨다.

물론, "이웃의 크기는 얼마인가?"는 연구자가 관심을 둔 현상을 고려한 이론적 질문이다. 예를 들면 행위자 간 상호작용은 순서대로 발생하는가, 아니면 동시에 발생하는가? 만일 상호작용이 순차적이라면, 상호작용이 몇 번 일어나야 하는가?[15] 이런 문제에 대한 적절한 대답은 당면한 현실에 달려있다. 즉, 응용 네트워크 이론은 필연적으로 데이터에 입각한 이론이다.

(고전적) 네트워크의 조야성粗野性

고전적 네트워크 이론은 이진법적 연결 표현에 기초한다. 어떤 두 행위자 간에든, 엣지는 존재하거나 존재하지 않는다. 각 엣지 e가 숫자, w_e[16]를 할당 받는 가중치 그래프의 개념이 분명 이러한 제한을 어느 정도 완화하지만, 이러한 완화는 이 가중치가 엣지의 순서를 정할 수 있다고 가정하기 때문에 완전하지 않다.[17] 지면의 부족으로 여기서는 고전적인, 가중치 없는 네트워크에 주목하고, 이제 정치네트워크 분석에 이용되는 몇 가지 중심성 척도에 대해 검토한다.

척도의 모음 : 중심성, 권력, 그리고 영향력

중심성 개념은 정치네트워크 연구에서 가장 일반적으로 적용되는 개념 중 하나다. 이것은 부분적으로 중심성이 흔히 권력과 막연히 동일시되기 때문인데, 이런 동일시는 종종 "링크"links는 바람직하거나 아니면 적어도 어떤 형태의 영향력을 나타낸다는 추정으로 정당화된다.

예상대로, 중심성의 척도는 매우 많다. 이 장의 초점에 따라, 여기서는 좀 더 흔하게 사용되는 척도들을 논하지만, 그런 척도들이 실증적 정치네트워크 연구에 어떻게 사용되어왔는지에 대한 상세한 설명은 생략한다. 그 대신, 그러한 척도들 사이의 이론적 토대의 차이를 보여줄 수 있도록 척도 몇 가지를 설명한다. 이러한 토대는 많은 학자가 연구해왔다(Freeman, 1979; Bonacich, 1987; Friedkin, 1991; Monsuur and Storcken, 2004; Borgatti and Everett, 2006; and Boldi and Vigna, 2014). 지면의 제약으로 여기에서 논의는 이러한 척도들 사이의 이론적 연결점과 차별점에 대한 간략한 소개 정도로 하고, 더 자세히 알고 싶은 독자들은 여기 그리고 장 전체에 인용된 문헌들을 참조하기 바란다.

연결 중심성Degree Centrality. 가장 기초적이고 가장 흔히 이용되는 중심성 척도는 연결 중심성degree centrality이라고 알려져 있다. 방향 네트워크 directed network에서 연결 중심성은 두 가지 개념이 있다. 하나는 내향 연결정도in-degree이고 다른 하나는 외향 연결정도out-degree이다. 내향 연결정도는 (다른) 노드들에서 당해 노드로 엣지가 연결될 때 그 (다른) 노드들의 수를 가리키고, 외향 연결은 당해 노드에서 노드들로 엣지가 연결될 때, 그 노드들의 수를 가리킨다. 이러한 각 중심성 척도의 관련성은 분명하다. 즉, 어떤 사람의 내향 연결정도 척도는 얼마나 많은 사람이 그 또는 그녀"에게 말을 하는"가이고, 외향 연결 척도는 얼마나 많은 사람이 그 또는 그녀"의 말을 듣는"가이다. 내향 연결정도나 외향 연결정도 어느 하나가 본질상 다른 하나보다 더 연관성이 높지는 않은데, "화자"와 "청자"의 정의가 임의적이기 때문이다. 그러나 "화자"와 "청자"가 매우 다른 역할을 나타낼 수 있다는 사실은 근본적이다.

연결 중심성은 아주 쉽게 계산할 수 있고 간단하게 이해할 수 있다. 이러한 장점들은 물론 상당한 대가가 있다. 특히, 연결 중심성은 어떤 행위자의 중심성에 대한 엄격히 "지역적인"local 척도다. 특히, 어떤 행위자의 연결 중심성은 다른 행위자들 사이의 네트워크 구조에 전적으로 둔감하다. 즉, 다른 두 행위자 j와 k가 연결되어 있는지는 제3의 행위자 i의 연결 중심성에 영향을 미치지 않는다.[18]

고유벡터 중심성Eigenvector Centrality. 연결 중심성의 연관성만큼 분명한 것은 그것의 주된 약점이다. 연결 중심성의 두 개념 중 어떤 것도 한 노드와 연결된 다른 노드들의 정체성에 반응하지 않는다. 이 약점은 Bonacich(1972)의 고유벡터 중심성eigenvector centrality 개념으로 일부 해결된다(Bonacich, 1987, 2007도 참조). 고유벡터 중심성의 기본 개념은 어떤 행위자의 중심성은 그 행위자와 연결된 다른 행위자들의 중심성과 긍정적 관계가 있다는 것이다. 달리 말해, 고유벡터 중심성은 자기 준거적 self-referential이다. 그 중에서도, "중요한 사람들은 중요한 사람들을 안다." 좀 더 공식적으로, 이는 스펙트럼 척도(Vigna, 2009)의 한 사례인데, 페이지랭크PageRank 알고리즘(Page et al., 1999), 하이퍼링크 유도 주제 검색HITS 척도(Kleinberg, 1999), 카츠 중심성(Katz, 1953), 그리고 켄달 - 웨이 Kendall-Wei 방식(Wei, 1952; Kendall, 1955) 등 다른 유명한 중심성 척도 몇 가지를 포함한 척도의 일종이다. 이러한 척도들은 실증적 네트워크 분석에 점차 더 많이 활용되고 있지만(Fowler and Jeon, 2008; Gray and Potter, 2012), 정치네트워크의 맥락에서 그 이론적 토대는 아직 연구되지 않았다.[19]

매개 중심성Betweenness Centrality. 연결 중심성과 고유벡터 중심성 척도는 모두 특정 행위자에 연결된 행위자들의 수를 측정한다. 매개 중심성 (Freeman, 1977)은 특정 행위자에 의해 얼마나 많은 행위자가 서로 연결되는가를 고찰한다. 따라서, 어떤 행위자의 중심성은 얼마나 많은 다른 행위자들이 그들과 소통 또는 상호작용하기 위해서 그 행위자를 "필요로 하는"가에 기초한다는 개념을 매개 중심성은 부분적으로 포착한다. 매개 중심성의 중요한 특징은 한 행위자의 매개 중심성이 다른 행위자 쌍 사이의 연결에 민감할 수 있다는 것인데, 이는 이 개념을 연결 중심성과 구별해주는 것이다. 이러한 특성으로 인해 매개 중심성은 비공식 정책과 쟁점 네트워크에서의 영향에 관한 실증 연구에 활용되어왔다(Scholz et al., 2008; Skinner et al., 2012).

근접 중심성Closeness Centrality. 근접 중심성은(최초의 정의는 Bavelas, 1948, 1950), 본질적으로, 한 행위자에서 각각 다른 모든 행위자로 가는 데 얼마나 많은 "단계"steps를 거쳐야 하는지를 측정한다. 이는 정보 네트워크에서 특히 유용한 중심성 개념인데, 경로가 길수록 횡단에 필요한 시간이 더 길고 정보 손실의 위험도 더 커지기 때문이다. 따라서, 근접 중심성은 일부 실증적 정치네트워크 연구에 활용되어왔다(Koger et al., 2009). 근접 중심성의 한 가지 문제는 두 행위자를 연결하는 엣지의 경로가 없는 어떤 행위자 쌍이 존재하는 "비연결"unconnected 네트워크에 대해 근접 중심성을 가장 잘 정의할 방법이 모호하다는 것이다. 근접 중심성의 두 번째 약점은, 연결 중심성도 이 약점을 갖고 있지만, 그것이 모든 행위자에게 같은 비중을 할당한다는 것이다. 즉, 고유벡터 중심성과는 다르게, 근접 중심성은 자기 준거적이지 않다. 그렇긴 해도, 근접 중심성은 확실히 연결 중심성보다 네트워크 구조를 더 많이 포착한다.

척도의 용광로A Melting Pot of Measures. 앞에서 설명한 각 척도는 직관적 호소력이 있지만, 확실히 하자면, 정치네트워크에서의 이론적 토대는 불분명한 경우가 많다. 결국, 어떤 중심성 척도를 선택하느냐와는 무관하게, 네트워크를 형성할 때 어떤 유형의 상황에서 자신의 중심성을 최대화하려 할 것인지가 확실하지 않다. 예를 들어 고유벡터 중심성에 잠시 초점을 맞추면, "연결된 줄이 많은 사람들"과 연결되는 것은 어떤 상황에서는 유리하고 상품이나 정보의 교환이 필요한 상황, 다른 상황에서는 바람직하지 않거나 질병의 교환을 수반하는 상황, 선험적 관점에서 모호할 수도 있다. 폭력이나 강압에 연루되는 상황에서 그렇다.

이 모호함의 일부는 이론적 불완전성에서 기인한다. 다양한 중심성 척도가 그것들이 사용되고 있는 맥락에서 의미하는 바가 무엇인지 좀 더 정확히 판정하기 위해서는 네트워크 내 행위자들의 선호와 동기, 그리고 행위자들이 할 수 있는 행동에 대한 모형이 필요하다. 그러나 행위자의 행태에 관한 충분히 세부적인 이론으로도, 중심성 척도의 모음은 권력 개념의 근본적인 모호함을 반영하는 중심성 개념의 근본적인 모호함을 나타낸다(Bachrach and Baratz, 1962). 즉, 여러 가지 척도는 중심성이 내생적으로 다면적인 개념이기 때문에 다양하다. 조사하고 있는 상황의 기초 요소들을 처음부터 끝까지 연구하는 것은 각각의 다양한 척도들의 상대적 강점과 약점을 이해하기 위한 훌륭한 첫걸음이다.

순수하게 이론적인 관점에서, 다양한 척도들이 실제 측정하고 있는 것이 무엇인지 규정하는 작업이 계속되어야 한다. 기존 척도들의 **공리적 토대**axiomatic foundations를 끌어내는 것, 즉 여러 가지 척도의 일반적 특성을 결정하고, 바람직한 특성들로부터 어쩌면 새로운 척도를 끌어내는 것은 정밀하고 일반적인 특성화를 가능하게 하여 여러 가지 다른 상황에 적용할 척도를 더욱 명확하고 확실하게 선택할 수 있도록 해줄 것이다. 대체로, 우리는 공리적 발전의 가치를 다음과 같이 기술한 Boldi and Vigna(2014)의 의견에 동의한다.

> 비록 [공리]가 실제로 그렇게 차별적이거나 필요하다고 믿지 않더라도, 공리는 중심성 척도에 관한 매우 구체적이고, 공식적이며, 증명 가능한 정보를 제공하며, 이러한 정보는 "이 중심성은 진입차수indegree와 정말 상관관계가 있다"거나 "이 중심성은 정말 클릭cliques에 조롱당했다."와 같은 민간의 직관보다는 훨씬 더 정확하다.[20]

실증적 연구에서 중심성 측정(그리고 실제로, 많은 네트워크 이론 개념들)은 현재(적어도 겉으로 보기에는) 필요에 따른 알고리즘과 이론적 개념 또는 구조의 즉흥적 조합에 기초해 사용되고 있다. 이것은 전형적인 측정의 문제로, 분석가들은 일반적으로 난잡하고 조야한 실증적 자료에서 잠복해 있는 구조를 찾아내려고 시도해왔다. 이것은 어려운 일이며, 완벽한 대책은 거의 존재하지 않을 것이다. 그러나 현 상태의 이론적 작업은 이러한 난제에 거의 도움이 되지 않고 있다. 이런 상황이 계속되지 않기를 바란다. 이제 관련은 있지만, 다른, 실증적 난제, 즉 네트워크 내부의 그룹을 측정하고 찾는 문제를 다룬다.

분류의 보고: 커뮤니티, 클릭, 그리고 그룹

중심성은 일반적으로 정치네트워크 연구의 권력과 동일시되는 반면, "그룹" 같은 어떤 것을 두고 누가 누구에 대해 권력을 갖는가를 분석하는 개념은 앞서 논의된 중심성 척도에서 다뤄지지 않았다. 네트워크 내부의 (하부) 그룹 구조를 밝히는 문제는 **분류**classification 즉, 각 노드를 하나(또는 가끔은 하나 이상)의 노드 집합에 할당하는 문제다. 정치네트워크 내부의 그룹 구조를 추정하기 위한 방법론 후보가 많다는 것은 거의 말할 나위도 없다.

응집성과 구조적 등위성 Cohesion and Structural Equivalence. 그룹의 척도를 끌어내는데 흔히 의존하는 두 이론적 개념은, 앞서 언급한, 구조적 등위성, 그리고 **응집성**cohesion이다(Burt, 1978, 1987; Friedkin, 1984; White and Harary, 2001; Moody and White, 2003). 중심성과 마찬가지로, 이러한 각각의 개념들에 대한 다양한 공식적 정의가 존재한다. 느슨하게 표현하자면, 노드를 그룹화하는 방법은 두 노드가 만일 그 둘 사이에 경로가 더 많다면 좀 더 같이 그룹화될 가능성이 있는 정도의 응집성의 원칙에 기초한다.

그룹화 방식은 두 노드가 네트워크 내에서 비슷한 위치를 차지하고 있을 때 그 두 노드를 그룹화할 가능성이 더 많은 정도에서 구조적 등위성의 원칙에 기초한다. 이 두 개념을 명확하게 구분하려면, 구조적 등위성의 원칙에서는 두 노드가 그 둘 사이에 경로가 존재하지 않더라도 그룹화될 수 있지만, 응집성에 기초한 방식에서는 그렇지 않을 것이라는 데에 유의해야 한다.

클릭Cliques. 네트워크 내 하위그룹에 관한 가장 강력한 개념이자 응집성에 기초한 그룹 척도의 중심은 클릭clique 개념이다(Luce and Perry, 1949). 클릭은 네트워크 내의 최대로 완전하게 연결된 부분 그래프 또는 집합의 모든 노드가 각각 연결되는 다른 노드가 없도록 서로 직접 연결된 노드 집합이다.[21] 그림 6.1은 이 개념의 예시다.

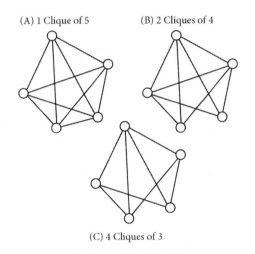

(A) 1 Clique of 5   (B) 2 Cliques of 4

(C) 4 Cliques of 3

그림 6.1 클릭과 그 취약성의 예시

클릭 개념은 두 가지 이유에서 기준 이론 관점으로서 유용하다. 첫째, 클릭은 분명 잘 규정된 집합이다. 즉, 네트워크 내의 클릭이 집합이 아니라면, 네트워크 내의 어떤 구조가 그룹을 구성하는지가 분명하지 않다.[22) 둘째, 이 개념은 숨어 있는 그룹 구조를 언급하거나 추정하는 근거의 역할을 할 수 있다. 이것은 3자 집합에서 연결 관계가 정확히 두 개인 경우는 드물다고 가정하는 사회학적 개념인 삼자 완결구조triadic closure(Heider, 1946; Granovetter, 1973)의 개념을 일반화한 것이기 때문이다.

그렇다 하더라도, 그림 6.1은 확실한 이론적 기준점을 보여주는 한편, 클릭이 분명히 너무 까다로운 개념인 이유도 보여준다. 이론적 관점에서, 클릭은 "취약"하고, 결과적으로 셋 또는 넷 이상의 구성원을 포함한 크기가 큰 클릭은 실증적 네트워크에는 보통 거의 존재하지 않는다. 그림 6.1의 그래프 (A)를 그래프 (B)와 비교하여, 엣지 하나를 제거하면 노드가 5개인 클릭이 파괴될 뿐만 아니라, 노드가 4개인 (겹치는) 두 개의 클릭이 생긴다. 취약성 관점에서 좀 더 불안할 수 있는 것은, 그래프 (C)에서 보는 것처럼, 두 번째 엣지를 제거하면, 노드가 4개인 두 개의 클릭이 모두 파괴되고 노드가 세 개인 네 개의 겹치는 클릭이 생긴다는 것이다.

취약성에 더해, 클릭은 사회과학 관점에서 관심이 분명 제한적인데, 모든 클릭의 "내부" 구조가 같기 때문이다. 즉, 어떤 클릭도 그 각 노드가 그 클릭의 다른 각 노드와 연결되어 있다. 따라서, 클릭을 "그룹"의 정의로 사용하면 그 크기를 제외하고 그룹 간 구별해 줄 요소가 사라진다. 그룹이 단일한 차원에서만 변화한다는 것을 믿지 않는 이상, 이러한 현실은 네트워크 관점에서 그룹의 집합이 클릭의 집합보다 더 풍부하고 따라서 더 크다는 것을 암시한다. 클릭 개념의 이러한 약점들 때문에, 이 개념을 완화하는 다양한 개념들이 제시되어왔다. 이제 이러한 개념 중 일부를 검토한다.

클릭의 일반화: 클랜Clans과 플렉스Plexes. 어떤 것이라도 클릭 개념을 체계적으로 일반화하기 위해서는 어떤 특정한 부분 그래프가 클릭과 얼마나 유사한지 측정하는 방법을 선택하는 것이 필요하다. 여기서는 세 가지 다른 유사성 개념과 그것이 어떻게 클릭과 유사하지만, 그보다 더 확

장적인 방식으로, 그룹을 정의하는 데 쓰이는지를 간략하게 설명한다.[23]

1. *k*-클릭k-cliques. *n*개 노드의 클릭은 각 노드 쌍이 길이가 1인 가장 짧은 경로로 연결된 최대 부분 그래프다. 따라서, 하위그룹이 클릭과 얼마나 비슷한가에 관한 한 가지 개념은 잠재한 그래프 내 모든 노드 쌍 사이의 최대 거리다(Luce, 1950). *k*-클릭 개념 내에서 클릭 개념이 중첩되는 것을 보려면, 1-클릭 집합이 클릭 집합과 동일하다는 점에 주목한다.

2. *k*-클랜k-clans. *k* > 1일 때, *k*-클릭은 그 자체가 연결이 끊긴 부분 그래프를 유발할 수 있다. 이 가능성을 바로잡기 위해, k-클랜 개념은 *k*-클릭 집합을 다음과 같이 개선한다. 노드의 집합은, 만일 그것이 *k*-클랜의 각 노드가 **k-클랜 내의 노드만을 사용하여** *k* 이하의 최대 거리를 갖는 *k*-클릭이면, 그리고 그때에만, *k*-클랜이다(Alba, 1973). 모든 *k*-클랜은 *k*-클릭이므로, 노드의 집합은, 만일 그것이 클릭이면, 그리고 그때에만, 1-클랜이다.

3. *k*-플렉스k-plexes. *n*개 노드의 클릭은 다음 속성을 갖는다. *n*개의 각 노드는 다른 각 *n*-1개 노드와 연결 관계를 갖는다. 따라서, *n*개 노드의 클릭에 "가까운"close 하나의 부분 그래프 집합은, 각 노드가 적어도 다른 노드 중 *n*-2개에 연결되는, *n*개 노드에 대한 부분 그래프 집합이다. 좀 더 일반적으로, *n*개 노드로 구성된 *k*-플렉스는 *n*개의 각 노드가 다른 노드 중 적어도 *n*-*k*개에 연결되는 부분 그래프다(Seidman and Foster 1978). *k*-클릭 및 *k*-클랜처럼, 1-플렉스는 클릭이고, 그 역도 마찬가지다.[24]

이 장에서 자주 쓴 말을 반복하자면, 클릭, 클랜, 플렉스 같은 커뮤니티 분류 개념을 다양한 정치적 환경과 연결짓는 측면에서 할 일이 많이 남아 있다. 앞서 설명한 중심성 척도처럼, 커뮤니티 분류에 대한 다양한 접근법은 "그룹"의 여러 다른 측면들을 포착하기 때문에, 적절한 선택은 다양한 정치네트워크에 걸쳐 달라질 것이고, 무엇이 적절한 선택(들)인가에 관한 결정은 네트워크 내부의 개별적 상호작용에 대한 명시적인 모형화가 도움이 될 것이다.

클릭, 클랜, 플렉스는 정치네트워크 연구에서 아직 널리 쓰이지 않지만, 이와 연관된 접근법, 즉 잠재 공간 모형은 일부 관심을 끌고 있다.[25]

잠재 공간 Latent Spaces. 많은 커뮤니티 탐지 알고리즘이 그룹을 별개의 대상(아마 이러한 그룹에서 개인이 부분적, 연속적인 "멤버십"을 갖게 하는)으로 이해하지만, 행위체를 어떤 공간에 내재되어 그룹 구조를 규정하거나 추론하는 데 사용될 수 있는 것으로 이해할 수도 있다. **잠재 공간 모형**latent space models(무역에 이 모형을 적용한 사례로는 Hoff et al., 2002와 Ward et al., 2013을 참조)으로 알려진 이러한 접근법은 노드를 어떤 공간 안에서의 위치로 설명하려 한다. 즉, 그 공간에서 서로에게 더 가까운 노드들은 엣지로 연결될 가능성이 더 크다는 것이다.[26]

커뮤니티Communities. 그룹 분류에 사용되는 또 하나의 개념은 **커뮤니티** (Radicchi et al., 2004; Clauset, 2005; Porter et al., 2007; Fortunato, 2010)다. 일반적으로 말해서, 클릭에 기초한 그룹 분류 접근법은 거의 전적으로 그룹의 내부 구조에만 초점을 맞추는 데 비해,[27] 커뮤니티에 기초한 접근법은 그룹의 내부 구조와 외부 연결에 관한 정보를 모두 포함하고자 한다. Radicchi 등(2004)의 설명처럼, "커뮤니티는 노드들 사이의 연결 밀도가 나머지 네트워크와의 연결 밀도보다 더 높은, 그래프 내 노드들의 부분집합으로 정의된다."[28] 이런 유형의 접근법은 정치학의 일부 관심을 끌었지만(Zhang et al., 2008), 알고리즘과 조사 중인 데이터의 근원적인 특성 사이의 결합보다는 여러 가지 알고리즘의 계산 시간과 복잡성에 더 초점을 맞추면서 현재까지 대부분 비논리적인 방식으로 개발되어왔다.

개념과 목적의 다양성

역사적으로, 중심성과 그룹 같은 네트워크 개념의 측정에 대한 접근법은, 네트워크 분석에 대한 학제적 관심과 기원 때문에, 출발점이 광범위하게 다른 종종 비공식적인 이론적 주장에서 나왔다. 정치네트워크 학자들이 해야 할 중요한 과제는 기존의 네트워크 척도들을 재검토 및 재고하고 이를 자신의 목표 및 연구 중인 현상에 대한 이론적 토대의 강화와 더 잘 연결하는 것이다. 다시 말해, 이미 만들어진 이러한 척도들을 꺼내 사용하고 싶겠지만, 이런 유혹을 적어도 잠시만이라도 견뎌야 한다. 기존의 여러 가지 척도들을 데이터 세트에 적용해보는 "극히 사실적인"kitchen sink 접근법은 새로운 데이터의 초기 탐구에 유용할 수도 있겠지만, 그런 접근법이 얼마나 생산적인가는 그 학자가 여러 다른 척도들의 이론적 토대를 얼마나 알고 있는가와 직결되어 있다. 기존 척도들의 토대를 밝히는, 즉 속성을 특징짓는 작업은 최근에 관심을 끌기 시작했다(Borgatti, 2005; Borgatti and Everett, 2006; Borgatti et al., 2006; 그리고 Lubell et al., 2012). 할 일이 많이 남아 있지만, 이는 네트워크 개념의 속성과 토대를 정치적 환경 내의 동기 및 행위와 연결하는 것과 관련하여 특히 그렇다.

네트워크 형성 모형

학자들은 정치네트워크가 결과에 영향을 미치는 만큼 그러한 네트워크의 형성이 완전히 임의적이지 않으리라는 것을 오랫동안 알고 있었다. 이에 따라, 학자들은 정치네트워크가 어떻게 형성되고 유지되는가를 조사해왔다(Chaharbaghi et al., 2005; Rogowski and Sinclair, 2012; Eveland et al., 2013). 마찬가지로, 학자들은 많은 정치 및 소셜네트워크가 직접적인 관찰이 불가능하다는 현실을 두고 고심하기 시작했고, 이는 그러한 네트워크를 탐지하거나 추정하기 위한 도구의 개발을 자극했다(Cranmer and Desmarais, 2011; Heaney, 2014; Box-Steffensmeier and Christenson, 2014, 2015). 이러한 두 가닥의 작업을 연결하는 것은, 당연히, 네트워크가 어떻게 생성되는가에 관한 이론의 필요다. 이는 분명 현재 정치네트워크 내에서 이론과 실증적 통찰을 가장 활발하고 생산적으로 혼합하고 있는 작업 영역을 보여준다. 이 절에서는 네트워크 형성을 모형화하기 위한 가장 일반적인 두 가지 접근법, 랜덤 그래프 이론과 지수 랜덤 그래프 모형을 검토한다.

랜덤 그래프 이론

네트워크 세트 대부분의 비구조적 특성을 고려하면, 네트워크에 관한 일반적인 이론적 결과를 획득하고 설명하는 것은 분명 "랜덤 그래프"의 개념화를 통해서만 가능했다(Erdős and Reyni, 1959). 랜덤 그래프 이론 Random Graph Theory은 네트워크의 어떤 정해진 특성이라도 그것을 마주치게 될 가능성을 잘 규정할 수 있게 해준다. 따라서, 이 이론은 네트워크가 어떻게 형성되는가에 관한 문제를 다룰 때 추론의 이론적 기준선 (즉, 표준 "영가설") 역할을 한다.

표준 랜덤 그래프 모형canonical random graph model은 프아송 랜덤 그래프 모형Poisson random graph으로 알려져 있는데,[29] 노드의 개수 n, 그리고 연결 확률, $p \in (0, 1)$와 같이 두 개의 숫자에 의한 변수로 표시된다. 이 모형의 가정은 p는 어떠한 별개의 노드 쌍이든지 하나의 엣지로 연결될 확률을 나타내고, 어떠한 특정 엣지든지 그 엣지의 연결 $e=(n_i, n_j)$은 어떠한 다른 엣지, $e'=(n_k, n_m)$의 연결 여부에도 구애받지 않는다는 것이다. 이 모형은 그러므로 n개의 노드에 대한 모든 그래프의 집합 G_n에 걸친 확률분포를 유도한다.

사회과학의 관점에서, 프아송 랜덤 그래프 모형은 출발점으로 보는 것이 가장 좋다. 좀 더 구체적으로 말하자면, 관찰한 정치네트워크의 구조에 대한 여러 요소의 영향을 추론하려는 학자들에게 랜덤 그래프는 표준적인 영가설을 세워주는데, 진정한 랜덤 그래프의 분포는 검토 중인 모든 요소와 네트워크 구조가 무관하다면 거의 틀림없이 예측된 분포이기 때문이다.

"랜덤"random과는 다른 네트워크 구조의 실증적 분포 또한 연구 중인 어떠한 요소들과도 무관하다는 것을 발견할 수도 있으므로, 순수한 랜덤 그래프 이론은 단지 "출발점"일 뿐이다. 그러나 연구자가 "오차"errors의 분포(즉, 모형 외부의 요소들)를 반드시 알고 있는 것은 아니라는 사실은 관찰 데이터의 통계적 분석에서 일반적으로 진실이다.

지수 랜덤 그래프 모형

대중적이고 다루기 쉬운 네트워크 형성 모형 집합은 지수 랜덤 그래프 모형, 즉 ERGM이다. Frank and Strauss(1986)이 처음 설명한 ERGM 접근법은 프아송Poisson 랜덤 그래프 모형보다 풍부한 변수화가 가능하고, 따라서 그 모형을 포함하는, 랜덤 그래프 모형의 한 범주를 가리킨다. 지면의 제약으로 ERGM 접근법의 세부사항에 관한 심층적인 설명은 어렵지만,30) 이 접근법의 구조에 관한 간략한 개요는 그것이 정치네트워크에 어떻게 적용되어왔고, 또 적용될 수 있는지를 검토하는 데 유용할 것이다.

ERGM의 변수들은 두 가지 기초적 범주로 분류할 수 있다. 첫째는 구조 변수structural parameters로, 행위자/노드 그 자체의 라벨/정체성에 대한 참조 없이 여러 다른 그래프 구조의 확률을 규정한다. 방향 그래프에서 그러한 변수의 두 가지 전형적인 사례는 (1) 임의로 끌어낸 어떠한 노드의 쌍 i와 j에 대해서도, i는 j에 연결되고 j는 i에 연결되지 않을 확률, 그리고 (2) 임의로 끌어낸 어떠한 노드의 쌍 i와 j에 대해서도, i는 j에 연결되고 j는 i에 연결될 확률이다. 첫 번째 확률은 네트워크 내 비대칭 관계의 가능성을 측정하고, 두 번째 확률은 대칭 관계의 가능성을 측정한다. 이는 "two-in-stars," "two-mixed-stars," 등, 그림 6.2에 나타난 것처럼 좀 더 복잡한 부분 그래프가 생길 추가적인 확률을 포함하도록 쉽게 확장할 수 있다.

이 범주의 변수들은 관행에 따라 "네트워크에 초점을 둔" 것이고 따라서 비정치적이다. 그렇지만, 이 변수들은 예비분석에 사용될 수 있다. 이것의 흔한 예는 세 개의 별개 노드 간의 상호 연결인 삼자관계triad와 같은 고차 구조다.[31] 삼자관계는 가장 간단한 고차 상호의존의 사례이기 때문에, 그것의 영향과 등장에 대한 검토는 분명 진정한 **네트워크** 분석의 출발점이다. 따라서, 이러한 변수 이면의 정치이론은 종종 모호하겠지만, 이러한 변수들은 가까운 장래의 응용에 네트워크 분석(그리고 궁극적으로, 네트워크에 기반을 둔 이론)이 특히 필요하다는 합리적인 의심을 확립하는 데 유용한 출발점이 될 수 있다.

첫 번째 범주가 다양한 네트워크 형태를 구분하는 데 비해, ERGM의 두 번째 변수 범주는 노드의 특성에 기초해 노드 간의 차별적 의존을 위한 구조를 제공한다. 예를 들면 당파적 입법 기관에서의 협력적 행동에 대한 소셜네트워크 분석은 같은 당파 간 협력의 가능성을 다른 정당의 당원 간 협력의 가능성과 다르게 해줄 수도 있다. 물론, 다른 정치네트워크를 검토할 때, 비슷한 관계가 곧바로 떠오른다. 즉, 연합이 어떻게 분쟁에 영향을 미치는가, 자원과 생산 요소가 어떻게 무역에 영향을 미치는가, 종교, 수입, 교육과 같은 요소들이 어떻게 그룹 멤버십 결정에 영향을 미치는가 등등. 늘 그렇듯이, 이 범주에 포함시킬 수 있는 요소들의 수와 복잡성의 주요 한계는 이용할 수 있는 데이터의 양이다.

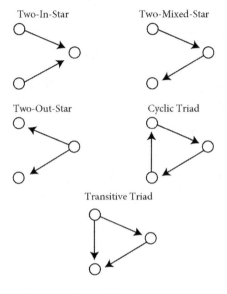

그림 6.2 그래프 구조들

검토 중인 정치네트워크 내에서 이 두 번째 범주의 매개변수들은 분명 정치학의 초점이다. 따라서, 이러한 매개변수들은 명백한 이론으로부터 끌어내야 한다는 데 유의하는 것이 중요하다. 어떤 경우, 이 변수들을 포함하느냐 그리고 어떻게 포함하느냐의 결정은 조사 중인 현상에 관한 하나 또는 그 이상의 중요한 이론적 선택을 나타낸다. 중심성 척도와 그룹 분류에 관한 논의의 연장선에서, 이 분야에 주요하게 필요한 것은 정치네트워크의 형성을 강화하는 선호와 행동의 모형화에 더욱 힘을 써서, 그런 미시적 기반과 ERGM 같은 통계적 네트워크 형성 모형 사이의 명백한 연계를 끌어낼 수 있도록 하는 것이다.

결론: 하나의 이론, 다수의 방향

네트워크 이론은 다면적이고 겉보기에 공통점이 없는 방식으로 적용될 수 있다. 이것은, 물론, 사회과학자들에게 네트워크 이론이 갖는 가장 강력한 호소력 중 하나다. 이러한 보편적 적용 가능성은 난제를 의미하기도 한다. 즉, 정치네트워크 개념은 보조적인 개념과 도구들을 연결하므로, 이러한 도구들의 출처가 어디인지 기억하는 것이 중요하다. 실증적 연구에 집중하는 학자들도 "순수 네트워크 이론" 문제에 주의를 기울이는 것이 중요하다. 가장 분명한 것은, 그렇게 주의를 기울이는 것이 연구자가 채택한 네트워크 기반의 실증적 도구를 보강하는 가설과 조건이 연구자의 이론적 설명과 일맥상통하도록 하는 데 도움이 된다는 것이다. 좀 더 섬세하게 말하자면, 다중 네트워크 기반의 실증적 도구들을 채택할 때, 그런 도구들을 강화하는 네트워크 이론에 주의를 기울이면, 이런 도구들이 서로 일관성을 갖도록 하는 데 도움이 된다는 것이다.

우리는 정치네트워크 연구의 일부 이론적 난제와 기회를 빠르게 둘러볼 기회를 제공하고자 했다. 지면의 제약으로, 흥미로운 부분들을 많이 생략한 것은 유감으로 남는다. 어떻게 보면, 중심성, 커뮤니티, 그리고 연결성처럼 좀 더 광범위하게 활용되는 일부 네트워크 이론의 개념에 대한 일종의 거친 로드맵을 제공하려 했다. 그 과정에서, 우리는 이러한 개념들을 발전시킬 수 있는 몇 가지 방향을 설명하고자 했다. 포괄적으로 말하자면, 우리는 두 가지 연구 영역이 향후 특히 중요하다고 본다.

첫째, 정치네트워크를 실증적으로 연구할 때, 우리는 자료가 **어떻게** 생성되는지 검토하는데 시간을 더 쓸 필요가 있다. 노드와 엣지가 나타내는 것은 무엇인가? 왜 **이러한** 자료를 수집(또는 사용)하는가? 네트워크 내에서 행위자의 동기는 무엇인가? 네트워크는 어떻게 변경될 수 있었는가? 네트워크가 행위로부터 추정되었다면, 정책 처방의 궁극적인 목표처럼 문제에 대한 대답은 행위자 자체의 동기 그리고 현실적으로 변경 가능한 정책 수단들에 달려있다.

둘째, 많은 네트워크 개념들과 척도들은 그 자체가 비교적 이론화 수준이 낮은데, 정치적 환경에 적용될 때 특히 그렇다. 즉, 직관 그리고 가끔의 컴퓨터 실험을 제외하면, 중심성, 권력, 커뮤니티, 그룹, 유사성과 같은 개념들을 정량화하고 분류하기 위한 다수의 알고리즘과 접근법들의 이론적 기반과 속성에 대한 이해가 부실하다. 주요 난제는 이러한 기반을 발전시키고 그 속성을 실증적 마인드를 지닌 정치네트워크 학자들이 즉시 사용할 수 있는 방식으로 명확하게 표현하는 것이다.

주석

1) 정치학에서 네트워크 이론의 적용에 관한 최근의 비평은 일반적인 것(Lazer, 2011; Ward et al., 2011)부터 Huckfeldt(2009)(미국정치); Siegel(2011a)(비교정치); Hafner-Burton et al.(2009)(국제관계); 그리고 Fowler et al.(2007)(사법정치)처럼 좀 더 본질에 초점을 맞춘 것까지 다양하다.
2) 지면의 제약으로 인해, 다른 분야(주로 사회학)에서의 정치네트워크 논의는 그 어떤 것도 대부분 생략했다. 이는 그러한 작업의 질에 관한 판단으로 의도된 것이 아니며, 그러한 작업의 상당수는 매우 흥미롭다. 그보다는, 현재의 정치학 외부의 전통에 있는 작업들이 직면한 이론적 난제와 기회에 관한 적절한 설명은 그러한 분야들이 방법론적 개체주의와 현시선호(revealed preference)처럼 정치학 및 경제학과 좀 더 밀접한 관계가 있는 개념들에 다양하게 의존하고 있기 때문에, 초점이 달라질 것이다.
3) 정치학 저널에서 그런 모형의 일부 최근 사례로는 Volden et al.(2008); Pierskalla(2009); Siegel(2009, 2011b, 2013); Baybeck et al.(2011); 그리고 Patty and Penn(2014)가 있다.
4) 최근 이러한 쟁점에 관해 다양한 관점에서 신중히 고찰한 것을 몇 개 들자면 List and Pettit(2011); Peters(2011); List and Spiekermann(20130); 그리고 Zahle and Collin(2014)이다.
5) 개념의 가장 유명한 대중적 예는, 당연히, "케빈 베이컨의 6단계"(six degrees of

Kevin Bacon)이다.

6) Jackson(2008, 446).

7) 몇 가지 예는 (1) 입법자 행동을 통해 정당 내 당파를 탐지, (2) 승인을 통해 이익집단 간 비공식 연합을 추정, (3) 규칙 제정과 자문위원회 협력을 통해 기관 간 연계를 조사, 그리고 (4) 선거 기부 자료를 통해 선거기부자 간 이슈의 연계를 탐지.

8) 방향 네트워크에서, 각 행위자로부터 다른 행위자로 가는 경로가 존재하는지를 추가로 질문할 수 있다.

9) 이에 거의 상당하는 개념은 구조적 공백(structural hole)(Burt 2009), 즉 존재할 때, 둘 또는 그 이상의 행위자 사이에 브리지(bridge)를 만드는 엣지이다.

10) 지면의 제약으로, 여기 제공된 설명은 극소량이다. Jackson(2008)은 사회과학에 적용할 수 있도록 이러한 주제를 훌륭히 모범적으로 다루고 있다.

11) 기술적으로, 엣지는 두 개 이상의 노드를 연결할 수도 있는데, 그런 그래프는 종종 하이퍼그래프(hypergraph)라고 불린다. 이와 비슷하게, 엣지는 노드를 그 노드 자체에 연결할 수도 있으며, 이는 "자체 루프"(self-loop)이라고 알려져 있다. 이러한 개념의 연장은 흥미로운 가능성(그리고 몇몇 난제)을 제기하지만, 현재 정치네트워크 연구에서 사용되는 경우가 상대적으로 드물어, "고전적 네트워크 이론"의 개념에서 제외했다.

12) 가지각색의(말하자면) 강도, 빈도, 또는 중요성의 연결을 구분하기 위해 다양한 엣지에 "가중치"를 부여하는 것이 드문 일은 아니다. 이 가능성은 아래에서 다시 검토하겠지만, 대체로 가중치 없는 전형적인 그래프 사례로 논의를 국한한다.

13) 그러한 개념의 예로는 밀도와 클러스터링 계수(clustering coefficient)(Newman, 2010, 134 그리고 199)가 있다.

14) 물론, 그것은 확률적으로 동일하다.

15) 일견 단순해 보이는 이 문제는 생각보다 빨리 복잡해질 수 있는데, 특정한 한 쌍(dyad) 사이의 상호작용이 여러 차례 일어날 수 있는지와 같은 "상호작용의 규칙"(rules of interaction)을 수정할 수 있기 때문이다.

16) 가중치는 보통 (그러나 항상 그렇지는 않고) 0과 1사이이다.

17) 두 개의 노드가 다중 연결로 연결될 수 있는 다중 그래프(multigraphs)는 일반화의 또 한 방향이지만(가중 다중 그래프는 말할 것도 없이), 정치학에서는 자주 사용되지 않았다.

18) 이점은 Patty and Penn(2015)에서 좀 더 상세히 논하고 있는데, 이들은 이 연결 중심성 속성을 사용해 네트워크와 기타 "빅 데이터"의 사례들을 설명하고 분류하기 위한 공리적 접근법의 활용 가치를 예증한다.

19) 스펙트럼 척도와 기타 중심성 척도 간의 비교는 Perra and Fortunato(2008)를 참조.

20) Boldi and Vigna(2014, 237).

21) 그래프 G=(N, E)와 그 노드의 어떤 부분 집합에 대해서도, M⊂N일 경우, M이 유도하는 부분 그래프는 GM으로 표시되고 GM=(M, EM)과 같이 정의되며, 여기서 EM은 정확히 그 엣지들 e′∈E를 포함하여 e′의 두 끝은 M의 원소다. 부분 그래프 GM은 완전히 연결되어 있다면(M의 각 노드가 E의 엣지에 의해 M의 다른 각 노드에 연결되어 있다면) 최대로 완전히 연결된 것이고, 어떠한 엄격한 전체 집합 M에 대해서도, M′⊃M일 경우, GM′은 완전히 연결되지 않은 것이다.

22) 이는, 2절에서의 논의에 맞게, 노드 사이의 엣지를 어떻게 표시하느냐의 선택이 분별적(sensible)이라고 상정한다. 특히, 만일 엣지가 한 개 이상의 연결 유형을 표시한다면, 결과적으로 나타나는 네트워크에서 하나의 클릭은 또 다른 클릭과 질적으로 아주 다를 수 있다. 그러나 이는 클릭 개념의 문제가 아니라, 조사 중인 네트워크 내 엣지에 대해 사용된 정의의 문제다.

23) k-club을 포함하여, 이러한 개념에 관한 자세한 설명은 Mokken(1979)을 참조.

24) k-plex와 밀접한 관련이 있는 개념은 k-core인데, 이는 최대 부분 그래프(maximal subgraph)로, 각 노드가 부분 그래프 내 다른 노드 중 적어도 k개에 연결되는 그래프다(Seidman, 1983).

25) 정치네트워크 연구에서, 이러한 관심은 적어도 두 가지 사실이 자극했다. 첫째, 일부 유형의 잠재 공간 모형은 네트워크를 그래프로 전형적으로 시각화하는 데 필요하고(Brandes et al., 1999), 둘째, 공간 모형(Davis et al., 1970)은 현대 정치학에서 오랜 역사가 있다.

26) 따라서, 잠재 공간 모형은 아래에서 논의할 지수 랜덤 그래프 모형(ERGMs) 같은 접근법의 보완재로 느슨하게 간주할 수 있다. ERGM 같은 접근법들이 노드의 외생적 속성을 수용하고 이러한 속성이 모든 노드 쌍 사이의 엣지의 확률에 대해 갖는 효과를 추정하려고 하는 데 비해, 잠재 공간 모형은 엣지를 주어진 것으로 보고 이러한 추정된 위치에 기초해 ERGM 유형의 접근법과 가장 잘 양립할 수 있는 속성의 집합(잠재 공간 내 좌표)을 구축하려고 한다.

27) 보통, 유일한 "외부" 요건은 그룹이 유도한 부분 그래프가, 원하는 내부 구조 속성과 관련하여, 최대(maximal)여야 한다는 것이다.

28) Radicchi et al.(2004, 2658).

29) 이 틀을 좀 더 이해하기 쉽게 다룬 것으로는 Jackson(2008, 9-14)을 참조.

30) 그리고 지면의 제약이 없었더라도, ERGM 접근법에 관한 다양한 입문서는 이미 많다. 예를 들면 Robins 등(2007)은 이 부류의 모형을 훌륭하게 소개하고 있는데, Anderson 등(1999)이 제공한 초보적 내용을 갱신한 것이다.

31) 그런 구조는 비방향 네트워크의 경우에는 한 개 - 삼각형 - 그리고 방향 네트워크
의 경우에는 다섯 개가 있다.

제2부

정치네트워크 방법론

제7장 관계의 개념, 측정, 데이터 수집

Justin H. Gross and Joshua M. Jansa

서론

일반적인 사회생활과 마찬가지로 정치생활은 근본적으로 관계로 이뤄진다.[1] 정치학은 제도 내 인간들과 사회 내 인간들 사이의 관계의 산물이고 그렇기에 정치적 결과는 인간관계에 뿌리를 두고 있다. 그러한 점에서 사실상 학자들은 관계를 나타내는 정치 현상을 연구한다. 영향력 있는 정치학 연구 저작들은 설득, 권력, 상호작용, 동종선호homophily[2], 신뢰와 같은 관계의 개념들을 정치 현상 형성의 중요한 요소로 식별한다. 그러나 하나의 분야로서의 정치학은 최근 들어서야 소셜네트워크 분석social network analysis, SNA[3]이라고 하는 이론적 관점과 경험적 기법을 수용하기 시작했는데, 이 접근법들은 관계의 평가에 특별히 맞춰졌고, 관계 현상의 복잡성에 대처하도록 설계되었다.

정치학자들이 광의의 네트워크 분석 시각에 더 익숙하게 되면서, 우리는 **정치적 네트워크 분석**과 관련된 특정한 미묘함을 점점 더 의식하게 되고; 정치 제도, 행태, 국가 간 관계 등의 네트워크 이론들을 더 잘 만들거나 개선할 수 있게 되며; 결과적으로 관심의 정치적 관계를 조작하고 측정하려는 이전의 시도들의 단점을 더 잘 알게 된다.

지난 10년 동안 정치네트워크 분석에 대한 관심이 증대했음에도 불구하고, 가장 두드러진 이론들에서 중심을 이루는 관계의 개념을 고려하면, 몇몇 연구 분야(예를 들면 관료주의, 조직간 권력, 사회 운동의 상대적 성공에 대한 분석)는 네트워크 분석을 충분히 활용하지 못하고 있다. 이미 네트워크 분석을 통해 성과를 확인한 분야에서는, 내재된 네트워크와 관찰된 네트워크 사이의 불일치(즉 연구하고자 하는 이론적 네트워크와 수집된 데이터에서 네트워크가 제시하는 것 사이의 차이), 결측 데이터 missing data의 문제를 취급하는 데 있어 보다 세심한 주의, 그리고 단위와 분석 수준의 보다 정확한 설명 등을 가치 있는 목표들로 설정하고 있다. 이 장에서 우리는 기존 연구의 관계적 개념, 그들의 연구 설계, 그리고 아직 연구되지 않은 영역을 고려해, 2000년 이후 정치학에서의 네트워크 분석 사용을 검토하는 것으로 시작한다. 아울러 우리는 이러한 최신 문헌에 의존해서 공통 데이터 수집, 측정measurement 및 설계 선택을 검토한다.4) 이 장의 대부분은 학자들이 정치적 네트워크 분석을 설계할 때 직면하게 되는 공통의 문제들을 다룬다.

네트워크 기술을 이용한 정치학 연구에 있어서 중요한 관계의 개념

문헌을 조사하면서 우리는 정치현상의 SNA가 정치 행태/정치 심리, 입법 행태, 이익집단 및 정당, 국제기구/무역 등 실질적인 조사의 몇 가지 주요 영역에 집중되어 있음을 파악하였다. 행태/심리학의 영역에서 네트워크 연구의 상당수는 응답자의 관점을 통해 제공되는 지역적 하위 네트워크인 개인의 자아중심적 또는 개인 네트워크(에고 네트워크)가 특정 정치적 행동에 미치는 영향을 고려한다(Everland and Hively, 2009; Klofstad, 2007, 2009; Lazer et al., 2010; McClurg, 2006; Bello and Rolfe, 2014). 입법 학자들은 연방의원 또는 주의원들의 전체 네트워크를 구축하고 분석하기 위해 공동 후원, 공동 투표, 위원회 및 입법 구성원 조직의 공동 회원 등과 같은 관찰 가능한 공유 행태를 파악해왔다(Porter et al., 2005; Fowler, 2006; Victor and Ringe, 2009; Tam Cho and Fowler, 2010; Bratton and Rouse, 2011; Kirkland, 2011, 2012; Alvarez and Sinclair, 2012; Ringe and Victor, 2013; Kirkland and Gross, 2014; Parigi and Sartori, 2014). 다른 학자들은 이익집단 네트워크와 그들의 정당 조직과의 교집합을 구성하고 분석하기 위해 공유된 의사소통, 후원 contributions 및 지지endorsement 데이터를 이용해 왔다(Carpenter, Esterling and Lazer, 2004; Grossmann and Dominguez, 2009; Heaney and Lorenz, 2003; Heaney et al., 2012; Koger, Masket, and Noel, 2009, 2010). Box-Steffensmeier and Christenson(2014)은 미국 대법원 앞에서 이뤄진 이익집단들 간의 역동적인 관계의 척도로 1930년부터 2009년까지의 참고인 의견서amicus briefing 서류철을 사용한다. 국제관계에서, 정부 간 기구IGO의 공동 회원, 동맹들, 그리고 이민자와 상품의 흐름은 국가들을 묶고 갈등과 정책 변화를 예측하는 연결을 형성한다(Hafner-Burton and Montgomery, 2006; Breunig et al., 2012; Dorussen and Ward, 2008; Manger, Pickup, and Snijders, 2012; Rhue and Sundararajan, 2014). 특정 유형의 관계는 소극적negative 지향의 연결을 통해 국가들의 쌍을 연결하는 경제 제재의 경우처럼 "소극적"으로 간주될 수 있다(Cranmer et al., 2014).[5] 마지막으로, 공공행정/공공정책 영역을 다루는 정치학자들은 네트워크 분석을 이용하여 조직들 간 혁신과 소통 지향의 흐름을 검토하였다(Desmarais, Harden, and Boehmke, 2015; Provan, Huang, and Milward, 2009; Garrett and Jansa, 2015; Scholz, Berardo, and Kile, 2008). 이 영역의 학자들(Krackhard and Stern, 1988; Krackhardt, 1992)이 조직적 행동을 위한 SNA 개발에 있어 핵심적인 역할을 해왔던 데 반해,

정책 과정을 연구하는 정치학자들은 그러한 접근법을 훨씬 더 늦게 채택하였다.

게다가, 정치학의 많은 분야들이 소셜네트워크 관점을 체계적으로 통합하기 시작하면서 새로운 통찰의 길을 열고 있다. 사회학자들은 수십 년 동안 네트워크 이론과 분석을 사용하여 운동movements의 구조와 효과를 연구해 오면서(Tilly, 1978; Rosentahl et al., 1985; Tarrow, 1994), 정치학자들은 엘리트 응답성과 정책 결정 과정에 대한 풍부한 지식을 쌓았다. 이러한 분리된 전통의 통합으로 사회 운동이 정치 변화와 정책 변화를 촉진하는 과정에 새롭게 초점을 맞출 수 있다. 우리는 이미 그러한 창조적 통합의 일부 사례들을 보고 있다. Heaney and Rojas(2015)는 민주당에 대한 이라크 전쟁 반대 운동의 효과를 검토하면서, 반전 활동가 네트워크의 동원을 조사한다. 유사하게 Hadden(2015)은 네트워크의 시각으로 기후변화 운동의 국내 기구와 전술, 그리고 국제 정책에 대한 효과를 연구한다. 최근 Carpenter and Moore(2014)의 연구 저작은 여성의 참정권 집단들이 반노예운동 기간에 여성 활동가들이 구축한 사회 구조로부터 혜택을 받았던 사회운동의 제도화와 정치적 영향에 대한 풍부한 관계 이론을 강조한다.

정치네트워크 연구 설계에 있어서 공통의 관행

정치네트워크 분석가들은 각각의 특별한 연구 질문과 그들이 직면하는 장애물에 따라 매우 다양한 연구 설계를 채택하였다. SNA 설계 옵션이 많이 있기는 하지만, 네트워크 분석을 연구 의제에 적용하려는 정치학자들은 공통의 관행에 유의해야 한다.

수많은 네트워크 연구들이 데이터 수집을 위한 조사survey를 활용한다. 조사 기반 데이터는 정치 행태 연구들, 특히 지식과 활동에 대한 사회적 연결의 영향력 연구에 상당히 광범위하게 사용되어 왔다(Eveland and Kleinman, 2013; McClurg, 2006). 원리대로라면 조사 도구를 이용해 관심의 관계도 직접 측정할 수 있을 것이다. 예를 들어 연구자들은 개인들에게 간단하게 그들의 통신 파트너를 묻는 것만으로 정치적 의사소통을 측정할 수 있다. 물론, 그러한 조사 자체가 직접 측정은 아니다. 따라서 우리가 기억해낸 만남의 네트워크를 연구하는 것이 타당하지 않다고 생각한다면, 우리는 결국 잠재적으로 큰 측정 오류가 발생할 수 있는 프록시 변수의 값을 수집하게 될 것이다. 게다가, 대중의 정치적 행태 환경에서는, 소셜네트워크 전체의 구축은 사실상 불가능하다. 따라서 우리는 불가피하게 전달자communicators의 세계에 있는 응답자들을 표본으로 하는데, 그 경우에 분명 응답자들이 언급하지 않는 의사소통 파트너들이 있을 것이다. 따라서 설문조사에 기반한 분석들은 언제나 개인 속성에 대한 에고 네트ego-net의 영향에 초점을 맞춘다(Huckfeldt et al., 2000; Lazer et al., 2010; McClurg, 2006; Llofstad, 2009; Jang, 2009 참고). 에고 네트 분석의 이점은 에고 네트가 서로에 대해 전형적인 독립성을 유지하고 있어, 전통적인 표본 추출과 추론 통계를 적용할 수 있다는 것이다.[6]

엘리트 네트워크에서의 행태를 조사하고자 하는 연구자들이 에고 네트 분석의 제약을 받을 가능성은 적다. 그러한 경우, 네트워크 경계는 보다 더 명확하게 규정된다. 단일 회기會期 내 의원들 간의 관계(예. Sarbaugh-Thompson et al., 2006; Ringe, Victor and Gross, 2013; Leifeld and Schneider, 2012)처럼 명확하게 기술된 네트워크에서는 무응답으로 인한 조사 관리의 어려움이 여전하지만, 적어도 완전한 노드 목록이 쉽게 작성되고 객관적으로 검증될 수 있다. 공공정책과 공공행정 문헌 가운데 많은 논문들도 하위 정부들의 네트워크 간(Huang and Provan, 2007; Provan, Huang, and Milward, 2009) 그리고 공무원과 정책 옹호자 간(Schloz, Berardo, and Kile, 2008)의 정보 교환을 분석하기 위해 조사 기반 데이터를 이용하였다. 이러한 연구들은 설문조사에 기반하더라도 명확하게 규정된 엘리트 집단에 초점을 맞추었기 때문에 전체 네트워크, 또는 전체 네트워크에 매우 가까운 네트워크를 구축할 수 있다.

관찰 데이터Observational data는 더 빈번하게 정치적 네트워크 분석의 토대가 된다. 불행하게도, 우리가 연구하고자 하는 관계 구성을 포착할 때 관찰 데이터에서 직면하게 되는 빈도의 부족은 내재된 관계 개념과 조작화operationalization 사이의 보다 큰 잠재적 차이를 가져온다. 예를 들어 의원들 간의 보다 일반적인 사회적 연결을 위한 프록시로서의 공동 후원에 대한 의존(논의를 위해 Kirkland[2011], Tam Cho and Fowler[2010]를 참조), 공유하는 정책 합의의 프록시로서 공동 투표(Alvarez and Sinclair, 2012), 연합 구축의 조작화로서 후보자들에 대한 공동 출자의 재정 지원이나 투표 발의(Bowler and Hanneman, 2006; Grossmann and Dominguez, 2009), 공유된 친화성의 척도로서 동맹이나 정부 간 기구IGO의 공동 회원(Maoz et al., 2006), 그리고 정보 공유를 위한 능력의 조작화로서의 공동 위원회caucus 회원(Victor and Ringe, 2009) 등을 고려해 보자. 연구자들이 다른 저자들의 훌륭한 연구를 발판으로 삼았을 때, 우리는 이러한 관찰된 행태를 그것 자체의 가치를 인정하여 더 연구해야 한다고 강하게 주장해야 할지(예를 들면 공동 후원) 아니면 우리가 연구하고자 하는 잠재적 구성의 관찰 가능한 다른 지표들을 규정해야 하는지(Kessler and Krehbiel, 1996; Koger, 2003)를 심사숙고할지도 모른다. 공동 후원의 행태 자체를 조사하는 경우, 공동 후원에 관한 데이터는 사실상 관심의 관계를 포함하고 있다고 가정하는 데 무리가 없다. 그러나 공동 후원 데이터가 관심의 다른 관계의 프록시로 사용된다면, 이것이 왜 적절한지를 정당화하기 위한 강력한 논거가 필요하거나, 또는 공동 후원과 함께 내재된 개념을 활용하는데 사용될 수 있는 다른 지표들이 필요하다.[7]

소셜네트워크 분석은 대체로 지각 있는 별개의 존재들 간 연결의 연구를 의미하지만, 네트워크 분석에서는 하나의 노드가 항상 하나의 사람이나 동물을 의미하는 것이 아닌 것이 더 일반적이다. 실제로 **정치네트워크 분석**이라는 말은 대개 SNA의 특수한 경우를 나타내는 경우가 많은데, 정치 연구에 적용되는 네트워크 분석은 단순한 개인 간 관계 이상으로 확장된다. 개념들과 다른 존재들 간의 관계 측정을 수반하는 연구들이 점점 늘고 있다. 사례들로는 혁신 확산의 경로(Desmarais, Harden, and Boehmke, 2015; Garrett and Jansa, 2015), 인권 침해의 인접성(Fariss and Schnakenberg, 2014), 정당 강령 간의 유사성(Maoz and Somer-Topcu, 2010) 등을 나타내는 것이 있다. 이러한 연구들에서 노드들은 보다 각각 형세, 권리, 강력 등 보다 추상적인 대상들이며, 연결은 쌍으로 측정되는 특별한 관계를 나타낸다.

연구자들의 핵심 고려사항들

네트워크를 파악하는 것과 관련된 연구 과정은 개인들의 속성 지향의 연구들과 구별되는 고유의 특수성을 가지고 있기 때문에, 조사자는 고려해야 할 수많은 선택들을 처음부터 마주하게 된다. 이 선택들이 모두 다 확실한 것은 아니고, 동일한 현상을 연구하는 연구자들이라도 동일한 선택을 하기가 쉽지 않다. 이에 다음에는 연구자들이 연구과정의 초기에 자문해 봐야 할 핵심 질문들을 제시하는데, 그 질문을 하고 답을 찾는 과정에서 연구 설계를 구체화하게 될 것이다.[8]

네트워크 대표성이 적절한가?

몇몇의 경우에는, 관계가 분명하고 연결connections이 연구 질문에 필수적인 때와 같이, 분명하게 네트워크를 분명하게 다루고 있는 것이 유난히 두드러진다. 사실, 한 개인이 일련의 개인들에서 관찰된 관계의 데이터에 관심이 있을 때마다, 이것을 네트워크로 개념화하는 것이 대체로 바람직한데, 설령 그 연구 질문이 형식상 네트워크에 관한 것이 아니고 이론이 구조적 고려사항들에 의해 특별히 동기 부여되지 않더라도 그렇다. 이것은 관계 데이터의 근본적인 자동 상관관계 문제 때문이다. 즉 연구자가 쌍들 간의 공통 노드가 없고 직접적인 상호작용의 가능성이 거의 없는 독립적인 쌍들dyads을 표본화하지 않는다면, 어떤 방식으로든 쌍들 간의 종속 구조를 제시하는 것이 중요하다(Boehmke, 2009; Cranmer and Desmarais, 2011; Bowers et al., 2013). 네트워크 표시는 사회과학의 관계 데이터에서 기인하는 고유의 복잡성을 모형화하는 표준 방식이 되었다.9) 전통적인 통계 모형이 왜 불충분한지는 관계변수인 **군사적 호전성**military belligerence을 하나의 예로 생각해 보면 확인된다. 가령, 독일이 일정 기간 영국과 전쟁을 했는지 여부가 독일이 그 기간에 미국과 전쟁을 했었는지 여부와 별개가 아니라는 것을 명확히 제시해야 한다. 상호의존성이 두드러지게 높은 경우, 즉 연구 중인 단위들이 독립적으로 동작할 가능성이 없는 경우, 모형 평가에 있어 편향 가능성이 있다(예 Boehmke, 2009). 네트워크 효과나 중심성centrality 또는 연결성connectedness 과 같은 네트워크 관련 개념들에 대해 이론화하지 않더라도, 네트워크 학자들이 수 세대 동안 조합한 추론 절차inferential machinery를 활용하기 위해서는 네트워크 용어로 생각하는 것은 당연하다. 요점은 쌍의 상호의존성을 해결하고자 노력해야 한다는 것이다.

분석 단위와 분석 수준

전통적인 경험 연구에서 직면하는 초기의 기본 질문은 적절한 분석 단위에 관한 것이다. 어떤 종류의 존재가 관심의 변수로 측정되는 속성을 갖고 있는가? 상원의원, 국가, 법안, 부처bureaus, 기업, 가족? 종합한 데이터는 얼마나 정확한가, 혹은 동등하게 어떤 종류의 대상이 관련된 테이블 데이터 세트의 각 행에 있는가? 관계 데이터의 수집 및 관리는 개별(노드) 데이터의 경우보다 더 복잡할 수 있지만, 분석 단위의 인식은 설계 및 측정 과정의 모든 측면에 대한 생각을 분명하게 하는 데 있어 중요하다. 개별 노드의 속성 역시 분석에서 종종 중요하게 다뤄지기는 하지만, 대체로 연구자들은 분석의 기본 단위로서 노드들의 짝들pairs of nodes인 쌍dyads들을 다룬다. 처음에는 이것이 네트워크를 사용하지 않는 연구들에서의 전형적인 분석 단위들과 별 차이가 없어 보일 것이다. 하지만 결국에는 단일 노드들로부터 노드들의 쌍들로 이동하게 되고 가구들이나 인구조사 표준지역처럼 관계가 없는 상황에서 종합된 분석 단위들을 다루는 것이 이상하지 않게 된다. 본질적인 차이점은 종합된 분석 단위가 네트워크가 아닌 환경에서 중복되지 않는다는 것이다. 네트워크 데이터에 내재된 복잡성은 쌍들이 중복되는 것이고, 사실상 그 쌍들이 언제나 분명하게 나타나는 것만은 아니어서 중복될 수 있다는 기본적인 사실로부터 기인한다(2-모드two-mode 혹은 이분bipartite 네트워크에서 노드들의 세트는 분할되어 있고, 각 쌍은 각각의 부분집합subset에서 추출된 하나의 노드로 구성된다).

네트워크 데이터 연구에 특화된 추가의 고려사항은 연구자가 단일 연구 내에서 **복수의 분석수준**[10]을 사용할 수도 있다는 것이다. 생물학자가 인체를 신경, 순환, 소화 등의 체계 간의 상호작용으로서 체계적 수준에서 연구하기도 하고, 이러한 체계들 내에 있는 개별적인 기관들을 연구하기도 하며, 심지어 분자 수준까지 줄기차게 파고 들기도 하는 것처럼, 정치학자들 또한 네트워크화된 정치적 통일체를 다양한 수준에서 연구할 수 있다. 그 수준에는 가장 흔한 경우로 노드, 쌍, 커뮤니티 그리고 전체로서 네트워크 등이 포함된다.

연구 질문에 따라 분석 수준이 선택되고, 단일 수준으로 제한하는 것이 충분한지 여부가 결정된다. 예를 들어 연구자가 쌍의 차이variation(예를 들면 두 명의 유권자가 정치에 대해서나, 두 개 국가 간의 갈등에 대해서, 또는 글로벌 공급망에 있어 링크links의 존재에 대해서 논의하는 것)를 설명하고자 한다면, 그 연구자는 쌍 수준dyad-level 분석을 수행할 것이다. 연구자가 의회에 대한 여론이 어느 정도 의원 집단들을 협력하게 하거나 반대로 의원들을 스스로 고립시키게 하는지를 예측하는 것처럼 네트워크 수준에서의 차이를 이해하는 데 관심이 있다면, 전체 네트워크 데이터의 몇 가지 사례들을 수집해야 할 것이다. 종종 설명 변수와 반응 변수는 상이한 분석 수준에서 취해진 지표를 수반한다. 예를 들어 연구자들은 갖고 있는 가설들이 개인적 수준의 속성에서 삼자관계triad 수준의 결과를 예측하는 경우(예를 들면 3명이 모두 특정한 속성을 공유하고 있을 때 폐쇄적인 삼자관계가 나타날 가능성이 높은 경우), 네트워크 수준 속성에서 개인적 수준의 결과를 예측하는 경우(예를 들면 정치적 대화 네트워크의 밀도가 각 구성원이 투표에 참여할 가능성을 높이는 것), 또는 쌍의 관계에서 다른 쌍의 관계를 예측하는 경우(예를 들면 범죄인 인도 조약에 서명하는 경향에 상응하는 양국 간의 높은 수준의 무역)를 제시하는지를 고려해야 한다.

에고 네트는 또 다른 가능한 분석 수준을 구성하고 있고 어느 정도는 뚜렷한 분석 접근방식을 제시한다. 상당수가 SNA를 전체 네트워크 연구와 연계시키고 있기는 하지만, 에고 네트 분석은 관계 추론의 한 형태로 몇 가지 주목할 만한 이점을 제공한다. 노드의 속성으로부터 관계 혹은 그 반대 상황을 예측하는 데 관심이 있다면, 개인들을 표본으로 추출하고 그들과 그들의 직접적 교제에 대한 데이터 수집이 필요할 것이다. 이는 네트워크 분석의 한 유형으로, 이 유형에서는 전통적인 표본화 도구를 활용해 무응답을 무작위로 누락된 것MAR, missing at random으로 그럴 듯하게 해석할 수 있다.[11] 연구자가 개별 에고 네트가 독립적이고 무응답 메커니즘이 수집된 변수에만 관련이 있다고 가정하는 한, 그 연구자는 상당히 확실한 방법론적 논거를 갖고 있는 것이다. 독립성 가정이 타당하려면 적어도 연구 내 알터alters가 에고egos로 등장하지 않는 것이 사실이어야 한다(Robins, 2015, 52). 보르가티 등(Borgatti et al. 2013, 270-276)은 에고 네트 설계를 다루면서 가장 중요한 질문들이 사회적 자본이나 사회적 동종선호social homogeneity와 관련된 처리 절차에 초점을 맞추고 있음을 지적한다. 두 경우 모두, 연구자들은 개인들의 대인관계 상황이 그들의 특성과 행태에 어떻게 영향을 미치는지를 이해하고자 한다. 따라서 주요한 설명 값은 관계를 나타내거나 관계 변수의 총합이고(예를 들면 개인 네트워크의 밀도, 상호관계의 경향), 반응 변수는 일부 개인적 속성을 나타낸다. 정치 연구에서, 우리는 정치적 자본, 자기 효능감self-efficacy, 정치 사회화, 지식, 투표 행태 또는 이데올로기를 더 잘 이해하기를 바랄 수 있다. 그러한 연구에서는, 개인의 직접적 연결 그리고 그들이 연결된 개인들 간의 상호 연결이 가장 적절하다.[12]

측정 수준

관계와는 대조적으로 노드의 변수 분석에서, 우리는 일반적으로 어떤 종류의 그래픽 표시와 요약 통계가 데이터에 적합한지를 결정하기 전에 어떤 측정 수준이 가장 적절한지, 혹은 단순히 데이터 수집에 실용적인지를 고려한다. 예를 들어 한 가지 간단한 구분은 이산형(가산)이나 연속형(불가산) 세트로 구성된 수치 측정을 이용한 범주형(명목형, 순서형)과 수치형(비율형-구간형)이다. 지금까지 관계 측정 수준에 있어 가장 일반적인 선택은 2개로 나눈 명목형으로, 이는 일부 관계가 존재하느냐 존재하지 않느냐를 보여준다. 이따금 이러한 선택은 이론적 고찰로 정당화 된다(예를 들면 관료는 상관으로서 다른 사람에게 답을 하거나 하지 않고, 잠재적인 기부자는 선거운동에 기부하거나 기부하지 않으며, 입법부 의 두 구성원은 공통의 위원회에서 활동하거나 그렇지 않고, 국가는 다른 국가와 범인인도조약을 체결하거나 체결하지 않거나 한다). 그러한 관계를 더 정확하게 측정할 수도 있겠지만, 관계의 유무가 가장 중요한 관심사인 경우가 종종 있다. 실제로 더 세밀하게 측정을 하는 것은 불가 능하지는 않더라도 상당히 어려울 수 있다. 더욱이, 네트워크 분석 기술 의 상당수가 이분법적 연결에 토대를 두고 있다. 특히, 수학적 그래프 이론의 가장 일반적인 특징을 이용해서 단순히 네트워크에서의 연결 유무 로 추정한다. 바퀴살형hubs and spokes, 닫힌 삼자관계closed triads 등 소셜 네트워크 이론과 연결된 다양한 형태는 본질적으로 이산형이다.

그러나 이것이 정치적 적용에 적합한 것인지를 항상 명확하게 판단할 수 있는 것은 아니다. 예를 들어 국가 또는 민족 간의 정책 확산을 생각 해 보자. 하나는 경계를 공유하고 있는 두 개의 주들이 연결된 네트워크 로 미국을 제시할 수 있다. 정책이 지리적으로만 미친다면, 이것이 적합 할 것이다. 그러나 주들은 다른 어떤 주에서 나온 정책 혁신을 모방할 수 있고, 그 대상은 바로 인접하고 있는 주들에 국한되지 않는다(Karch, 2007). 이를 처리하는 한 가지 방식은 각 쌍의 주들 간의 연계 유무라고 가정하지만, 우리는 이러한 연계를 직접적으로 관찰할 수 없다. 그때 법 안 유사점 데이터Bill similarity data(Garrett and Jansa, 2015), 혹은 주들 간 채택 순서의 반복 측정(Desmarais, Harden, and Boehmke, 2015)이 숨어 있는 네트워크의 지표로 간주된다. 이것은 상당 부분 그래프 이론(Barnes and Harary, 1983)에서 파생된 이산 수학discrete Mathematics과 표시에 토대 를 두고 있는 것으로, 일반적인 네트워크 툴킷을 활용하기 위해 요구될 수 있는 표본의 단순화인데, 보다 정확한 표시는 (모든 주들의 쌍 간의 연계인) 완전한 네트워크를 고려할 수도 있고, 그 경우에 엣지edge i, j의 가중치는 주 i로부터 입법 언어를 차용하는 주 j의 경향을 보여주고 각 주는 다른 모두 주로부터 법률을 채택할 개연성이 있다.

연구자가 직면하는 또 다른 문제는 이러한 측정치가 **방향성을 갖는지** 여부이다. 어떤 정치적 관계(권력, 기부금)는 본질적으로 방향이 있는 데 반해, 어떤 정치적 관계(공유하는 소속, 개인적 접촉)는 방향이 분명하지 않다. 본질적으로 방향성이 있는 관계는 방향성이 없는 것으로 표현될 수 있지만, 그 반대는 아니다. 왜 사람들이 비대칭 관계를 방향성이 없는 것처럼 표현해야 하는가? 그것이 정보를 버리는 것은 아닌가? 그것은 연구를 이끄는 이론에 따라 달라진다. 신뢰의 방향이 있다고 하더라도, 어떤 결과가 어느 한 방향으로의 신뢰 관계가 존재할 때마다 이든 상호호혜적인 신뢰 관계가 존재할 때만이든 예측되는 것이 있을 수 있다. 더욱이 다수의 전체 네트워크 분석 과정은 일련의 비방향 연결만을 명확하게 보여주거나 아니면 이러한 유형의 엣지를 보다 명확하게 할 수 있다. 네트워크 통계를 계산하고, 기록하고, 분석하고자 할 때마다, 연구자는 언제나 비방향 연결에 적합한지, 방향 연결에 적합한지, 아니면 둘 다에 적합한지를 명확하게 해야 한다.

인정되고 있는 관행을 조사하는 것이 특히 중요한데, 그 이유는 그 결과가 터무니없을 수 있을지라도 계산을 수행하는 네트워크 소프트웨어 패키지에서는 그다지 드문 일이 아니기 때문이다. 그러한 경우 다른 패키지는 데이터를 처리하는 데 다른 디폴트 규칙을 가질 수도 있어서(예를 들면 방향 연결을 비방향 연결로 전환할지 아니면 단순하게 오류 메시지를 생성할지 여부와 방법), 필요한 전환을 사전에 준비하고 처리하는 것이 바람직하다. 예를 들어 매개 중심성betweenness centrality처럼 노드 쌍 간의 **측지선**geodesics(최단 거리)에 의존하는 통계는 방향을 고려하지 않는다. 관심 관계가 **정보 공유**information sharing라고 가정해 보자. 개인 둘

이 연결되었다고 보는 기준이 상대와 정보를 공유하는 경우로 할 것인지, 아니면 양방향에서 정보 흐름이 있는 경우만으로 할 것인지는 연구자가 이론적 고려사항에 기초하여 해결해야 할 본질적 문제이다. 경우에 따라서는 두 개의 노드 사이의 거리(정보의 흐름을 어떤 방향으로든 배열된 일련의 연결들arcs이 출발점에서 도착점까지 경유한 최단 경로)를 결정하기 위해 더 복잡한 규칙을 만들어야 할 수도 있다. 중요한 것은 측정 결정을 임의의 소프트웨어 디폴트에 맡길 것이 아니라 조사되고 있는 연구 주장에 대해 신중히 생각하는 것이 필요하다는 것이다.

네트워크 연구는 이따금 관계들의 개별 속성이나 관계의 결과에 대한 예측, 혹은 개인들의 속성에 관한 관계의 중요성이 아니라 하위 그룹 또는 전체 네트워크 수준에서의 일부 종합이나 전체 네트워크에서 각 노드의 위치와 관련된 측정에 집중한다. 연구자는 연구 목표가 그러한 종합에 의존할 것인지를 처음부터 명확히 해야 한다. 중심성, 연결성 및 소집단 구성원과 같은 종합 측정이 유의미한지는 관계 변수 및 측정 오류 measurement error의 특성에 따라 크게 달라진다. 연구자는 그러한 종합 통계를 계산될 수 있다는 이유만으로 타당하다고 받아들여서는 안 된다. 연구자가 관심의 관계를 조작하는 과정을 잘 알고 있으면, 제시된 측정의 종합이 발전되고 있는지, 아니면 오도되고 있는지를 그만큼 더 잘 평가할 수 있을 것이다.

관계가 동일한 유형의 노드를 연결하는가?

관찰된 관심의 관계 현상은 한 쌍의 행위자(혹은 다른 노드들)를 직접 연결할 수 있지만, 그 연결은 종종 다른 종류의 노드와 공유하고 있는 상호작용 때문에 간접적이다. 어떤 경우에는, 그 차이가 결과 네트워크를 분석하는 가운데 내포되어 있다. 사실 SNA 학자들이 1-모드 네트워크라고 하는 것과 2-모드 네트워크라고 하는 것의 차이가 미묘한 경우도 이따금 나타난다. 명백한 1-모드(혹은 부분으로 나뉘지 않은[13]) 네트워크의 예로는 행위자가 연결된 행위자alters에 대해 어떤 관계(우정, 신뢰, 적의)를 공유하는 사람으로 식별하는 조사에 기초한 네트워크이고, 전형적인 2-모드(2개의 부분으로 된) 네트워크는 공유하는 소속(예를 들면 회원, 사교모임의 참석자)에 기초한 네트워크이다. 판단하기 애매한 네트워크들은 부분으로 나뉘지 않은 것으로 제시되기 쉽지만, 적어도 암묵적으로 다른 대상들을 통한 연결에 토대를 두고 있는 것들이다. 예를 들어 우리가 관심을 공유하고 있는 정치인들의 네트워크를 구축하고자 한다고 가정해 보자. "공유하고 있는 관심"이 모호하다면, 의원들에게 그들 동료 의원들 가운데 누가 그들과 관심사를 공유하는지를 제시해달라고 요구함으로써, 나뉘지 않은 네트워크를 도출할 수 있다. 다른 한편, 우리가 **특정한 공유 관심사**를 식별하기 위해 아카이브 데이터를 사용한다면, 우리는 한 명의 사람과 한 개의 관심을 각각 연결시키는 연결로 구성된 이분 bipartite 네트워크에서부터 시작할 것이다(Ringe and Victor, 2013). 그런 다음 연구자들은 그 네트워크를 해체해서 나뉘지 않은unipartite 네트워크로 만드는 전략을 선택하거나 각 쌍이 공유하는 다양한 유형의 관심사를 명시적으로 다루어야 한다.

이분 네트워크들에 관해 수행되는 대다수의 분석은 주어진 네트워크를 붕괴시켜 관심의 1-모드(노드 유형)로 만드는 것으로 시작한다. 현재까지는 나뉘지 않은 네트워크 분석에 사용할 수 있는 도구가 훨씬 더 포괄적이고 해석에 적합하기에, 이러한 경향은 놀랍지 않다. 그러나 연구자들은 이분 그래프를 나뉘지 않은 그래프로 변환하는 데 사용된 규칙들을 정당화해야 하고, 지나치게 자의적으로 보일 경우 다른 선택으로 측정이 영향을 미치는 방식을 제시해야 한다. 예를 들어 공동 후원이라는 하나의 행위를 두 의원 사이의 긴밀한 연결로 설명하려면, 입법의 공동 후원 네트워크는 매우 긴밀한 것으로 보인다. 그런데 그렇게 하지 않고 우리가 연계를 제시하기 전에 n명 이하의 공동후원자를 가진 법안에 관한 공동 후원 행위들을 설명하거나 반복된 협력의 사례를 요구한다면, 우리는 더 강한 연결을 보이는, 더 느슨한 네트워크로 결론을 내리게 될 것이다. 결국 이러한 방식으로 네트워크를 표시하는 것을 다르게 검토하는 것이 부각될 수 있다.

그러나 연구자가 다중 모드 네트워크를 붕괴시키는 작업에 들어가면, 어떤 식으로든 중요한 정보가 손실될 가능성이 있다는 점을 기억해야 한다. 공동 후원 사례에서, 우리는 법안의 속성을 무시하고 그 속성을 교환 가능한 것으로 간주한다. 정치학에서 붕괴시키지 않은 이분 네트워크 데이터를 분석하는 연구는 거의 없다. Skinner, Masket, and Dulio(2012)가 예외이다. 그들은 공화당과 민주당의 확장된 네트워크 내의 527그룹으로 알려진 비과세 정치 조직의 영향력을 탐구한다. 스키너 등은 조직의 직원이 다른 조직에서 일했었던 적이 있으면, 527그룹이 다른 당 조직과 연결되는 2-모드 네트워크를 구축하였다. 복수의 노드의 네트워크 수준의 지표를 갖고서, 저자들은 527그룹이 정당 내 조정을 하고 확장 정당 네트워크에 계층 구조를 제공하는 필수적인 요소임을 발견한다. 데이터를 붕괴시키는 것은 저자들이 정당 네트워크 형성을 촉진하는 527그룹의 고유한 기여를 분석할 수 없게 하였다.[14]

네트워크 구조 및 분석이 전통적인 단위와 변수로 된 "테이블" 데이터 세트에 없는 다양한 복잡한 결합을 수반하듯이, 타당성과 신뢰성에 대한 우려는 관계 분석을 어렵게 한다. 다음에 우리는 이들 중 몇 가지 우려, 그 우려들을 다루는 옵션, 그리고 네트워크 측정 문제를 아직도 충분하게 해결하지 못한 방식에 대해 논의한다.

측정 오류: 유효성, 신뢰성, 결측 데이터

사회과학에서 타당성과 신뢰성에 대한 우려를 많이 한다면, 네트워크 분석에서 이러한 우려와 관련된 어려움, 다른 형태의 측정 오류는 여전히 더 크다. 결측 데이터가 그 데이터의 더 큰 복잡성과 민감성으로 나타나는 특별한 문제 때문에 소셜네트워크 분석가들에게 있어 "두 배로 저주"라는 Ronald Burt의 주장(1987)은 다른 네트워크 측정 문제로까지 확대된다. 결측 데이터가 분석가에게 가장 성가신 문제가 될 수 있지만, 측정 오류의 여러 원인은 광범위하게 적용할 수 있는 해결책을 만들어내는 우리의 능력을 제한한다. 이 절에서 우리는 정확한 측정에 대한 주요 우려를 고려하고; 몇 가지 주요 민감도 분석을 검토하며; 사례별로 수행되는 설계, 모델링 및 시뮬레이션 기반 민감도 분석을 통해 이러한 우려를 해결할 다양한 틀을 논의한다.

SNA 문헌에서 결측 데이터와 다른 측정 오류 원인을 논의하는 학자들은 타당성 및 신뢰성 우려에 대한 네트워크 데이터의 특정 취약성을 입증함으로써 주제에 접근하였다. 초기 통계 네트워크 모형 설계에 영향을 미친 연구자인 Holland and Leinhardt(1973)는 관찰된 구조가 "참의 구조와 무의미한 정보true structure plus noise"로 구성된다는 일반적인 개념이 네트워크에 적합하지 않을 수 있다고 지적하였다. 그들은 정교한 모델링을 하더라도 대부분의 소셜네트워크 표시가 수정하기에 간단하지 않은 왜곡들을 포함하고 있다고 주장하였다. 그런데도 네트워크 연구자들은 논문을 작성할 당시에 데이터의 표면적 타당성을 일반적인 것으로 수용하고, 오류 메커니즘을 근본적으로 무시할 수 있는 것으로 처리하였다. Holland와 Leinhardt는 "구조적 복잡성과 측정 오류를 구별하지 못하는 연구자들의 무능력"을 지적하고, 그 대신에 연구자들이 그러한 차이를 관찰된 네트워크와 실제 네트워크의 "호환성"이라는 관점에서 볼 수 있는 보다 유연한 방식을 생각하도록 하였다. 여기에서 흥미로운 점을 지적하자면 Holland와 Leinhardt가 이 상황을 직접 관찰되지 않는 **내재된** 네트워크와 불완전한 관계 지표로 구성된 **관찰된** 네트워크 중의 하나로 설명하였다는 것이다. 이때 요인 분석factor analysis, 내재된 특성 분석 latent trait analysis, 내재된 계층 분석latent class analysis 등 우리가 현재 내 재된 변수 모델링latent variable modeling이라고 부르는 것의 실제 적용은 계산상의 제약computational constraints으로 여전히 상당한 제약을 받고 있고, 고전적인 측정 이론classical measurement theory은 계속 지배적이어서, 네트워크 연구자들이 이러한 내재된 구조 분석의 다른 영역에 공식적으로 연결된 내재된 네트워크 모형을 제안하지 않았던 것은 그렇게 놀랄 일이 아니다.

이러한 초기의 연구에서 문제되지 않았던 것은 관계의 구조 자체가 잘 규정되어 있는가다. 우정, 신뢰, 그리고 성적 접촉과 같은 일반적으로 연구된 개념들은 큰 논란을 일으킬 것 같지 않은 연구자 규정과 더불어 비교적 확실한 의미를 갖고 있다.15) 이것은 정치적 영향력, 정치적 지지, 정책 혁신의 채택 및 **정치네트워크** 분석가들 사이에서 가장 큰 관심을 끌고 있는 다른 현상과 같은 개념들과 더불어 잘 다뤄지지 않는다. 결과적으로, 연구의 타당성을 개선하기 위해 우리가 취할 수 있는 가장 중요한 한 가지 조치는 관계의 개념을 신중하게 정의하고 조작하는 것이다. 정치네트워크 분석에 대한 가장 설득력 있는 비판은 "나는 당신이 측정한다고 생각하는 것을 측정하고 있는지 잘 모르겠다."와 같은 간단한 평가이다. 이에 관심의 관계를 명확하게 정의하지 않고, 합리적인 측정 전략을 선택하였다는 설득력 있는 주장을 하지 않는다면, 어떤 사후 관리나 통계 조정도 도움이 되지 않을 것이다.16)

네트워크 측정 오류의 유형

개념들이 명확하게 정의되었고 관찰 가능한 변수들에 배치되었다고 가정하였을 때, 많은 다른 주요 장애물이 남아 있다. Wang 등(2012)은 다음과 같은 6가지 유형의 네트워크 측정 오류를 구분한다.

- 위음僞陰성/위양僞陽성 노드들false negative/positive nodes
- 위음성/위양성 엣지들false negative/positive edges
- 위합僞合성/위산僞散성 노드들falsely aggregated/disaggregated nodes

이러한 오류 유형에는 위음성 노드 또는 위음성 엣지를 가져오는 특수 사례로서 결측 데이터가 포함되어 있는데, 불완전한 노드 조사node census, 무응답 또는 검열된 관찰로부터 기인한 것이 가장 전형적이다. 이들 연구자들은 네트워크 측정 오류에 대한 생각을 (우리가 "내재적"이라고 부르는 것과 Holland and Leinhardt가 "진眞"이라고 부른 것과 유사한) 이상적 네트워크ideal network; 잘못이 없는 네트워크clean network, 즉 측정 오류가 없는 암호화된 네트워크 데이터, 그리고 연구자가 실제로 획득해 파악한 관찰된 네트워크observed network 등 세 가지 수준의 해석으로 보다 더 개선한다. 학자들은 대체로 잘못이 없는 네트워크와 관찰된 네트워크 간의 차이들을 강조한다. "진眞 네트워크"를 언급할 때, 사실 그들은 이상적인 네트워크과 잘못이 없는 네트워크를 합체시키고 있고 앞서 언급하였던 조작화operationalization와 관련된 어려움들을 무시하고 있다.

앞에서 언급된 그리고 표 7.1에 나열된 6개의 오류가 나올 가능성은 채택된 연구 설계에 달려 있다. 조사 기반 네트워크 연구에서 무응답은 항상 그런 것은 아니지만 위음성 노드와 위음성 엣지 모두를 가져올 수 있다. 정치학의 일부 영역에서는 경계 설정boundary specification 문제, 즉 관심 네트워크에 어떤 노드가 포함되어야 하는지에 대한 문제는 사소

표 7.1 네트워크 측정 오류의 유형

유형	사례	문제가 되는 결과의 사례
위음성 노드	공화당 기금 모금 네트워크에 민주당원 포함	밀도가 과소평가됨. 연구 타당성이 위협받음.
위양성 노드	후원 네트워크에서 의원 제외	노드의 중요성에 따라 결정됨(예를 들면 연결성, 중심성 점수를 급격하게 변화시킬 수 있음)
위양성 엣지	실제로 발생하지 않은 정책 확산 경로 유추	과대평가된 밀도
위음성 엣지	입법부가 정책 미팅 참여에 대한 보고를 하지 못함	저평가된 밀도
위합성 노드	Bill Nelson(D-FL)과 Ben Nelson (D-NE)을 동일한 노드로 계산	고평가된 정도 분포
위산성 노드	Al Franken과 Alfred Stuart Frnaken 을 두 개의 다른 노드로 계산	저평가된 정도 분포

한 것이다. 예를 들어 의원, 국가 및 로비스트의 이름은 공적으로 입수할 수 있고 접근할 수도 있어서, 최소한의 노력으로 부정확한 노드 결측의 위험을 피할 수 있다. 엘리트 행위자에 대한 전체 네트워크 조사에서 무응답은 위음성 엣지로 귀결될 수 있는데, 그 이유는 무응답자가 다른 사람들과의 연결 유무를 알려주지 않을 것이고, 이때 그러한 연결에 대한 다른 출처의 정보사용을 배제하지 않을 것이기 때문이다.[17] 에고들egos의 로컬 네트워크가 서로 독립적이라고 가정되는 인적 네트워크(에고 네트 ego-net) 연구에서는 무응답이 전체 네트워크에서와 같은 위험을 일으키지 않는다. 이러한 연구의 타당성과 신뢰성에 대한 우려는 비네트워크 설계에서 나타나는 상응하는 우려와 더 비슷하다.

개별 노드(위양성 **노드**)를 잘못 포함시키는 문제는 표준 조사에서의 적용범위 문제와 유사하다(예를 들면 잠재적 유권자 목록에 16세 포함).

이는 해결하기 쉬운 측정 문제 중 하나이다. 설문조사의 경우, 연구자가 처음부터 제한을 둔 질문을 할 수 있고, 그러한 고려사항에 따라 노드들을 제거할 수 있다. 많은 경우 이러한 "오류들"은 개인적 판단에 따라 나타난다. 그러한 이유로 연구자에게는 포함될 노드를 규정하는 데 주의를 기울이고, 정당성을 제시하며, 제안된 기준을 충족하는 노드들을 포함시키고 그 외의 노드들을 포함시키지 않을 것이라는 점을 확실하게 하는 척도를 제시할 조치를 지시할 의무가 부여된다.

보다 일반적으로, **경계설정** 문제(Laumann et al., 1983; Kossinets, 2006)는 대충하면 추론에 있어 큰 오류가 발생하기 쉽다는 유의점을 갖고 있다는 점에서 대상 모집단target population을 규정하는 것과 유사하다. 경계를 규정하는 것이 사소해 보일 때조차도, 우리는 선택을 하고 그 선택을 방어하는 자신들을 발견하곤 한다. 가령 임기 동안 공동 후원 지지의 네트워크를 조사한다면, 우리는 전체 임기를 다 채운 사람들만을 포함해야 하는가? 아니면 반 이상의 임기를 채운 사람들만 포함해야 하는가? 혹은 어떤 상원의원이 대통령 선거운동을 하면서 임기의 상당 기간 자리를 비웠고, 논란이 되는 법안에 대한 표결을 회피했다면 어떻게 할 것인가? 등이 있다.

한편, 소셜 미디어와 같은 일부 새로운 유형에 대한 연구에서는, 위양성 노드와 엣지가 발견되지 않고 포함될 수 있다. 예를 들어 정치 블로그들 간의 연계 행태를 연구하는 경우, 인간의 부주의가 블로그가 아닌 것nonblogs과 광고주와의 연계를 포함시키는 것을 가져올 수 있다. 이에 선택은 네트워크를 직접 가지치기하거나 진양성 네트워크를 쓰레기junk와 구분하는 자동화된 도구를 구축하는 것, 또는 관찰된 네트워크에서 발생할 수 있는 무의미한 정보noise를 알리는 것 가운데 이뤄져야 한다.

신뢰성 문제는 자체 보고된 관계에서 많이 나타나는데, 그 이유는 관계의 유무 판단이 상당히 주관적이기 때문이다. 예를 들어 (Ringe et al.,

2013에서처럼) 우리가 입법부 직원들 사이의 접촉에 관심이 있다고 가정해보자. 우리는 직원들에게 지난 주 대화를 나눴던 사람들을 알려 달라고 요청할 수 있다. 어떤 직원들은 일주일 정도 전에 실제로 일어났던 상호작용을 잘못 기억하고 얘기할 것이고, 또 어떤 직원들은 지난주 동안에 있었던 대화를 잊어버렸을 것이다. 이는 각각 위양성 엣지와 위음성 엣지의 경우로 보일 것이다. 하지만 우리는 정말로 임의의 1주일에 있었던 접촉 네트워크를 연구하고 있는가? 보다 가능성 있는 것은 그러한 질문이 빈번한 접촉처럼 직접적으로 관찰할 수 없는 것의 프록시로 의도되었다는 것이다. 빈번한 접촉은 **지난주 있었던 접촉**과 상관관계가 있지만, 또한 부정확한 기억이더라도 **기억된 지난주 접촉**과도 상관관계가 있다. 실제로, 우리는 오류와 함께 측정된 최근 접촉 네트워크보다는 **인식된** 최근 접촉 네트워크를 완벽하게 측정하였다고 말할 수 있다. 여기에서는 미묘한 무엇인가가 작동하는데, 측정의 "오류"로 규정되는 것이 특정 상황에서 조작화 과정으로 더 잘 제시될 수 있다는 주장이 그것이다. 여러 가지 다른 명확한manifest 변수를 통해 정기적인 대인 접촉과 같은 내재적 구조를 포착할 기회는 네트워크 요인 또는 내재된 특성 모형을 만드는 매력적인 아이디어, 즉 아직 추구되지 않은 가능성을 제시한다. 우리는 단순히 빈번한 접촉, 정보 공유, 협력 의지, 또는 다른 관계적 개념에 대한 하나의 프록시 변수proxy variable를 선택하기보다는, 모든 것이 그 프록시 변수를 불완전하게 포착하는 몇 가지 상관관계의 척도를 사용할 수 있다.

Wang 등(2012)이 위합성 혹은 위산성 노드라고 언급했던 것은 데이터 입력 및 관리 문제로 차이를 분명하게 보여주는 것을 언급한 것이다. 예를 들어 우리가 2003~2004년 미국 상원의 분석에서 빌 넬슨(플로리다, D-FL)과 벤 넬슨(네브라스카, D-NE)을 하나로 처리하면 노드를 잘못 집계하는 것이다. 한편 우리가 2013~2014년 미국 상원의 분석에서 알 프랑켄Al Franken과 알프레드 스튜어트 프랑켄Alfred Stuart Franken을 두 명의 개별 인물로 계산하였다면 노드를 잘못 구분한 것이다. 이와 같은 사무적인 실수에 대한 점검은 수천 개의 웹사이트들 간의 연계적인 행동을 다룰 때보다 일련의 의원들을 다룰 때가 더 쉽다. 후자의 경우에는, 웹사이트의 이름을 바꾸고 도메인 이름을 약간 변경하면 그러한 오류를 더 자주 발견할 수 있다.

이러한 여섯 가지 오류로부터 야기되는 문제들을 신뢰할 만한 수준으로 정리해 제시하는 것은 불가능하다. 많은 것이 연구 중인 "진眞 네트워크"의 기본 생성 프로세스에 달려 있다. 네트워크 데이터는 상호의존적이기 때문에 잘못 측정된 단일 노드 또는 엣지가 전체 네트워크를 특성화하거나 네트워크 모형의 매개 변수를 추론하는 데 별로 중요하지 않을 수도 있으며, 그렇지 않으면 재앙이 될 수도 있다. 따라서 주된 문제는 불확실성을 자신 있게 수량화할 수 없는 우리의 무능력이다. 우리는 표 7.1에 몇 가지 가능한 예상 문제를 열거하고 있지만, 이것들을 있는 그대로 받아들일 수는 없다. 일부 추정은 네트워크의 특징에 따른 오류에 어느 정도 강할 수 있다. 몇 가지 간단한 가정을 채택한 시뮬레이션에 기반해 각 오류 유형에서 발생할 수 있는 어려움을 비교한 것은 Wang 등 (2012)을 참조하라. 대체로, 그들은 분명하게 치우치지 않는 낮은 평균의 클러스터링과 노드 연결 정도 분포를 가진 네트워크가 다양한 유형의 측정 오류에 가장 강한 경향이 있음을 발견했다.

종합 관련 추가 문제: 지속적 연대 대 일시적 연대

다른 일반적인 문제들도 종합 또는 구분 문제로 이해될 수 있다. 예를 들어 시간이 지나감에 따라 관계의 현상이 어떻게 종합되는지를 고려해 보자; 소셜네트워크 연결은 시간의 경과에 따라 거의 항상 지속되는 것으로 묘사되지만,[18] 일부는 일시적으로 혹은 순간적으로 경험된 것으로 더 정확하게 생각될 수 있다. 여기서 개념 규정과 측정 오류 사이의 라인 line이 흐려진다. 두 독립체entities가 전쟁 중인(지속적persistent) 것으로 간주되거나 단순히 교전의(일시적fleeting) 행위를 경험할 수도 있다. 상원의원은 다른 의원의 입법 안건을 지지하거나(지속적) 단순히 동료의원의 법안을 지지할 수 있다(일시적). 대통령 후보는 소셜 미디어에서 반대자와 좋지 않은 관계를 맺을 수도 있고(지속적), 개별적인 비난을 할 수도 있다(일시적)(Gross and Johnson, 2016). 관계의 사건 데이터를 다룰 때 한 가지 옵션은 장기간의 분석을 통해 이러한 역학을 명시적으로 연구하는 것이다. 유망한 새로운 접근법으로는 사건 이력(생존) 분석에 대한 유연한 확장인 관계의 사건 모델링(Butts, 2008)과 다른 형태의 사회적 상황 분석social sequence analysis(Cornwell, 2015)이 있다. James Kitts(2014)는 우리가 관련된 복잡한 역학 관계를 더 자세히 볼 수 있도록 관계의 상호작용에 대한 개념화와 이론화에 있어서 "네트워크를 넘어서까지" 생각할 필요가 있다고 주장한다. 또한 연구자는 관심의 관계 변수를 상호작용에 대한 내재적 경향으로 간주할 수 있고, 일시적인 순간을 근원적인 경향의 지표로서 취급할 수 있다.

데이터 가용성data availability, 이론적 고려사항, 연구 질문에 기초한 여러 가지 연구 설계 중에서 결정하듯이, 우리는 개인 지향individual-oriented 연구에서 유사한 선택을 하게 된다. 그러나 네트워크 분석에서 그러한 선택이 갖는 의미는 예상대로 더 복잡하다. 우리가 일시적 사건에 기초한 네트워크 연결을 제시하고 그 결과인 "네트워크"를 분석할 때, 우리는 적어도 공공연하게 언급되거나 옹호될 수 있는 개념의 비약을 한다. 예를 들어 우리가 지난 6개월 중 어느 시점에 정치적으로 관련된 내용을 포함하는 이메일을 공유하였던 사람들을 연결하는 경우, 조작화된 "정치 정보 흐름"의 네트워크를 분석하고 있다고 말할 수 있다. 만약 우리가 한 노드에서 다른 노드로 전달하기 위해 취할 수 있는 최단 경로 정보에 대해 그리고 정보에 대한 중요한 연결통로가 누구인지에 대한 기본 추론에 대해 주장하고자 하는 경우, 우리는 우리의 조작화가 그러한 주장을 뒷받침한다는 점을 비판적인 청중들에게 전달하는 데 어려움을 겪을 수 있다. 측정된 것과 정보 흐름에 대한 보다 일반적인 가정 간의 차이는 전체 네트워크 수준에서 더 문제가 된다.

Borgatti 등(2013, 31)은 연구자가 다루고 있는 관계를 식별하는 데 도움이 되는 다음의 네 가지 공통 현상의 쌍 유형을 제시한다. **동시 발생**(공동 회원, 공동 참여, 물리적 거리, 속성 유사성), **사회적 관계**(친교, 영향, 친숙함), **상호작용**(거래 및 기타 활동), **흐름**(사상, 정보, 제품, 전염병). 어떤 유형의 동시 발생은 시간 내내 지속되는(예를 들면 유사성, 공유된 회원 자격) 데 반해, 어떤 유형의 동시 발생은 일시적 사건(예를 들면 회의에 공동 참석)일 수 있다. 사회적 관계는 본질적으로 지속되는 경향이 있는데, 일부의 경우 본질적으로 지속적이고(예를 들면 가족 관계), 다른 경우 변화에 종속되어 있다(예를 들면 애정). 상호작용과 흐름은 노드들을 연결하는 개별적인 사건(예를 들면 캠페인 기부, 캠페인 연설)을 포함할 수 있지만, 그러한 현상 패턴들(예를 들면 반복적 기부, 캠페인 순회)은 지속적인 연결을 형성할 수 있다. 보가티 등(Borgatti et al. 2013)은 특정한 관계의 행태가 개인의 인식을 넘어서는 현실을 반영하면서 "제도화"되고 있다고 지적한다. 그러한 관계들 중 많은 것들이 아카이브 데이터를 통해 이용할 수 있게 되어가면서, 정치학자들의 관심을 끌고 있다. 예를 들어 로비스트가 이전에 세 명의 선출직 공무원들과 일했었다면, 이것은 확실한 사항일 수 있고; 그래서 그들의 관계는 신뢰성이 더 낮은 자기 보고에 대한 의존을 줄이면서 독립적으로 확증될 수 있다.

결측 데이터

네트워크 연구의 측정을 신뢰하는 데 있어 가장 심각한 우려는 역시 결측 데이터인데, 이것이 가장 많이 언급되는 것이기도 하다. 통계 추론에서 결측된 관찰을 다루는 현대의 접근법은 개별의 관찰이 독립적이라는 가정에 크게 의존하고 있다. 완전 랜덤 결측MCAR, missing completely at random, 랜덤 결측MAR, missing at random, 비非랜덤 결측MNAR, missing not at random 오늘날의 표준 유형에서는 발견된 결측을 처리하는 광범위한 메커니즘 부류에 따라 시나리오를 분류한다. 세 가지 상황을 모두 해결하기 위해 수용된 방법에서는 결측 데이터를 처리하는 메커니즘이 관찰되지 않은 변수에 의존하는 가장 문제가 되는 상황MNAR에서조차도 각 데이터 지점의 결측 경향이 다른 데이터 지점의 결측 경향과 무관하다고 가정한다. 그러한 가정은 전체 네트워크 연구에는 유효하지 않다. 설상가상으로, 네트워크 통계는 하나의 결측된 쌍의dyadic 관찰에도 크게 영향을 받을 가능성이 있어서, 일반적으로 나타나는 수준의 결측 데이터가 분명히 큰 피해를 입힐 가능성이 있다.

사회과학 내 대부분의 전체 네트워크 연구 목표는 모집단의 표본을 수집하는 것이 아니라 공적인 조사를 수집하는 것이다. 노드나 쌍의 표본화는 합리적인 전략이 아닌데, 그 이유는 서브네트워크의 통계를 표본화된 전체 네트워크의 상응하는 매개 변수와 연결하는 일반적인 통계 이론이 없기 때문이다. 사실, 전체 네트워크 연구에서는 단 하나의 관찰만 존재($n=1$)하기에, 표본화가 우리의 유일한 관찰을 없앤다고 주장하는 시각이 존재한다. 만약 우리가 하위 수준의 네트워크 구조(예를 들면 특정 삼자관계, 별자리, 클러스터)를 설명하고자 한다면, 운이 없는 것인데, 표본화 과정이 상호작용에 대한 패턴을 실제적인 것 이상으로 복잡하게 기술해야 하기 때문이다. 따라서 가장 자주 제시되는 제안에는 무응답을 줄이는 전략들과 결측 데이터를 피할 수 없는 경우 결과를 해석하는 데 극도로 주의하여 진행하라는 조언이 포함된다. 결론은 독립적 관찰에 대한 노드 속성 추정과 달리, 네트워크에 광범위하게 적용되는 표본화 이론은 존재하지 않는다는 것이다. 그러한 이론에는 노드와 엣지가 표본화되는 기저의 "진眞" 그래프 구조의 특성에 대한 강력한 가정이 필요하다. 그것은 네트워크 위상topology의 특정 측면 - 예를 들어 밀도 또는 평균 정도 - 이 다른 측면보다 표본화를 통해 추정하기가 더 쉬울 수 있음을 제시한다. Kolaczyk(2012)은 네트워크 표본화의 과제를 전통적인 표본화 이론에 관한 문헌과 연결시키면서 기술적으로 자세하게 기술한다. 네트워크 표본화의 일반 이론에 대해 비관적으로 전망하였다고 해서 표본화 문제를 무시하라거나 완전히 관찰된 그래프만 분석하라는 것으로 해석해서는 안 된다. 오히려 응용 네트워크 분석가들은 실현가능한 다양한 가정 하에서의 시뮬레이션을 통해 표본화 오차에 대한 민감성을 입증하면서 사례별로 논쟁을 벌일 필요가 있을 것이다.

네트워크에서 결측 데이터 문제에 대한 방법론 연구는 상당히 부족한데, 그 이유는 수반되는 심각한 어려움뿐만 아니라 해결책이 거의 적용되지 않는 경향 때문이다. 이 문제를 깊이 있게 다룬 연구자들은 다음과 같은 세 가지 유형을 제시하였다. (1) 결측 데이터가 있는 특정 네트워크 통계의 견고성robustness을 확립하는 결측 및 민감도 분석의 체계적 패턴을 이해하기 위한 연구, (2) 네트워크 귀속imputation 전략, 그리고 (3) 광범위한 통계 모형 내 결측을 직접적으로 보여주는 모델링. 첫 번째 유형의 초기 예로, Burt(1987, 67)는 대체로 결측으로 인한 파괴에 가장 덜 취약한 에고 네트워크들에 집중하였고, 1985년 일반 사회 조사를 사용하여, 알터들 간의 링크에 대한 정보 없음이 관계의 강도와 상관관계가 있음을 발견하였는데, 이는 무시할 수 없는 함의를 갖는다. 정치적 의사소통 사례의 맥락에서, 이는 설문 응답자에게 그들이 다가오는 선거에 대해 함께 논의하였던 사람들의 이름을 묻는 경우, 응답자가 약한 연결 관계에 있는 실제 대화 상대를 언급할 가능성이 더 낮을 것이라고 예상함을 의미한다. 또한 선거에 대해 서로 논의한 파트너들 쌍을 제시하도록 요구받는 경우, 우리는 굳이 약한 연결 관계의 사람들로 구성된 쌍들을 제시하지는 않을 것이다.

단위가 결측되는 세 가지 일반적 원인은 단위 무응답; 네트워크 경계 설정 오류misspecification, 그리고 **고정선택** 설계fixed-choice designs로 인한 "정점 정도 검열"vertex degree censoring이며, 거기서 응답자는 소수의 파트너까지 지명해야 한다(Kossinets, 2006, 248). Kossinets는 동류성assortativity, 계수 평균 정도(노드당 평균 연결), 클러스터링 계수, 최대 구성요소의 크기 및 최대 성분의 평균 경로 등을 포함 몇 가지 네트워크 수준 통계가 정점 정도 검열과 네트워크 경계 설정 오류 둘 다 또는 둘 중 하나에 상당히 민감한 데, 이러한 통계가 단위 무응답에 더 강한 경향이 있음을 발견하였다. 이 논문은 연구자들이 자신의 프로젝트에 대한 민감도를 분석하는 방법을 제시하는 사례로서 특히 중요하다.

대체 전략imputation strategies은 데이터 분석의 많은 영역에서 모범사례가 되었지만, 네트워크에 대한 그 전략들의 적합성은 명확하지 않다. 다른 연구자들(Robins et al., 2004)은 그러한 접근법을 무시하고 있지만, Huisman(2009)은 네트워크 대체imputation에 대해 신중한 낙관론을 주장하고 있는데, 특히 결측이 20~30% 미만일 경우에 그렇다. 간단한 노드 삭제에 대한 대체(즉, 응답자 네트워크를 분석하면서 무응답자를 무시하는 것)에 가중치를 부여했을 때, 제거take-away 메시지에는 어떠한 일반적 선호 솔루션도 없다는 것이다. 결측된 비율이 낮은 한, 편향bias이 제한적인 것으로 밝혀져서 대체imputation는 특별히 도움이 되지 않았다. 다른 대체 전략들은 결측된 비율이 증가함에 따라 비교우위를 제공하였다. 이들 전략에는 발생한 결측의 특정 속성에 따라 재구성reconstruction, 랜덤 대체

random imputation 및 **핫 덱 대체**hot deck imputation가 포함된다.[19]

결측도 직접 모형으로 제작될 수 있다. Robins 등(2004)은 무응답자들을 특정한 노드로 처리하도록 기본 소셜네트워크통계모형(ERGM[p *])을 채택하였고, 그래서 응답자에서 무응답자까지의 링크가 두 응답자들 간의 링크와 구별되도록 하였다.[20] Handcock and Gile(2007, 2010) 또한 부분 관찰을 포함하여 모든 정보를 활용하는 우도likelihood 접근방식을 제안하였다. 우도 비율 통계에 기반한 적합도 검사는 응답자만(RO)respondent-only 접근법보다는 모든 관찰의(AO)all-observation 접근법에 훨씬 더 적합하다는 것을 보여준다. 물론 Handcock and Gile은 응답자만(RO)의 접근이 선호될 수 있는 상황도 논의하기도 하는데, 그 상황이란 연결arcs이 독립적이라고 합리적으로 가정되고 무응답이 관찰된 변수만으로 설명되는 경우를 말한다. 모든 관찰의(AO) 접근법은 응답자로부터 무응답자까지의 연결뿐만 아니라 전체 네트워크의 크기에 대한 정보를 이용하며, 추가 데이터는 귀중한 정보를 포함하는 것처럼 보인다. 더 나아가 핸콕과 자일은 특정 매개변수 추정이 두 가지 접근법에서 비교될 수 있다는 것을 알아냈다.

Huisman and Steglich(2008)는 무응답자를 별도로 모델링(Robins et al., 2004)하거나 마르코프 연쇄 몬테카를로 시뮬레이션Markov-chain Monte Carlo simulation을 사용하여 조건부 분포conditional distribution를 반복적으로 표본화하고 데이터를 귀속시키는(Handcock and Gile, 2006) 등 결측성을 다루는 방법을 검토한다. 그러나 이러한 방법들은 (1) 당신이 결측된 노드를 알고 있다고 가정하고, (2) 장기적인 네트워크 데이터에 대한 어떤 해결책도 제공하지 않는다. 첫 번째 요점을 다루기 위해, 스노우볼 표본에서 연구자들은 어떤 응답자들이 "지명nomination" 또는 "외향 연결정도" 정보에서 결측되어 있는지를 어느 정도 알고 있어야 한다. 그러나 결측은 연결에 배치된 경계 설정 또는 기준점으로부터도 나올 수 있다. 두 번째 요점을 해결하는 데 있어, 장기적인 네트워크에서는 일반적인 항목 usual item 또는 단위 무응답unit nonresponse으로 인한 어려움이나 패널 무응답으로 인한 어려움이 있을 수도 있다. 이 문제를 해결하기 위해 Huisman and Steglich(2008)는 결합joining 및 이탈leaving 시간을 외인성 속성으로 모델링할 것을 제시한다.

정치 관계 측정의 미래

정치네트워크 분석에서 연구자들이 직면하는 많은 복잡한 상황들이란 정치학에서 쉽게 측정되는 관계를 갖고 연구하는 호사를 좀처럼 누릴 수 없다는 사실로부터 온다. 영향력과 협력과 같은 정치적 개념은 다양한 방법으로 네트워크 연결로 정의되고 조작화될 수 있고, 주어진 연구 적용에 대한 연결 가운데 적절한 선택을 하는 것은 가볍게 다루어서는 안 될 과제이다. 그러나 우리는 너무도 자주 쉽게 접근할 수 있는 하나의 관계 변수로 버텨나가고 있고 그것을 우리의 관심 개념과 동의어로 취급한다. 조작화를 하는 동안, 개별의 내재적 속성과 상응하는 명시manifest 변수 사이에 차이가 있는 것처럼, 내재 관계와 명시된(관찰된) 관계 사이에는 반드시 차이가 있다. 전통적인 무관계 통계에서 모범 사례들은 관심에 관한 기본 변수를 이용하는 여러 불완전한 측정 사이의 연관성을 활용하지만, 우리는 아직 네트워크 분석에 적합한 비교 가능한 기술을 개발하지 못하였다. SNA는 통계 추론, 모델링 및 네트워크 수준 기술 측정의 수많은 발전으로부터 도움을 받았지만, 우리는 상대적으로 신중한 관계 개념화, 조작화 및 쌍의 측정 등 더 기본적인 문제에 관심을 거의 기울이지 않았다. 쌍 수준의 측정에 대한 신뢰도가 낮으면 낮을수록, 다른 모든 네트워크 분석의 기초가 되는 토대는 그만큼 더 약해진다. Gary

Robins의 말(2015, 118)을 바꾸어 말하면, 네트워크 측정은 지난 수십 년 동안의 놀랄 만한 심리 측정학의 진보와 보조를 맞추지 못하였거나 그 진보를 이용하지 못하였다. 우리는 "많은 네트워크 분석가들이 그들의 분석에 너무 중독되어 있고 그들의 측정에 충분히 집중하지 않는다"고 한 로빈스에 동의한다. 따라서 우리는 아직 "네트워크 요인 분석과 유사한 방법들" 혹은 광범위하게 적용될 "유효성과 신뢰성의 진지한 지표들"을 개발하지 못하였다. 우리는 이러한 것들이 향후의 방법론적 연구에 있어 우선시 되는 미개척의 영역이라고 생각한다.

복합 네트워크를 통해 측정된 내재적 관계

내재적 변수 측정 모형들은 복잡한 개념의 척도를 구성하는 원칙적인 수단으로서 주로 사회 및 행태 과학 내에서 개발되었다. Bartholomeu 등(2011)은 요인 분석, 내재적 계층 분석 및 (교육 시험에서 항목 응답 이론으로 알려진) 내재적 특성 모형을 포함하는 이러한 측정 모형의 통합된 처리를 제안한다. 내재적 변수의 모형을 제작하는 논리와 그 논리를 조작화된 변수와 그들이 파악하려는 이론적 개념 간의 차이의 문제에 적용하는 것은 정치네트워크에서의 관계 측정으로 더욱 일반화될 수 있다. 이상적으로는 연구자가 내재적 개념과 지표가 갖고 있는 고유의 가변성으로 구성된 잠재적 지표를 선택하는 것이 좋다. 일부 모형들은 다차원의 내재적 개념 및 공유하는 고유의 가변성을 가진 지표 클러스터와 같은 추가적인 가변성의 출처를 허용한다. 모두가 다음과 같은 하나의 기본 전략을 공유한다. 즉 개별적으로는 척도들이 내재된 개념을 불완전하게 반영하고 있지만, 전체적으로는 모두에게 공유된 공동의 차이가 내재된 개념에 대한 보다 정확한 프록시로서 역할을 할 것이다. 기술적으로, 이는 그러한 모형들, 로컬(조건적) 독립의 중심에 있는 다음의 주요한 가정으로 이어진다. 즉 내재적 변수에 대한 단위 값을 조건으로, 모든 지표에 대한 단위 값(또는 응답)은 서로 독립적일 것이다. 다시 말해, 응답들 간의 상관관계를 유도하는 유일한 것은 우리가 측정하고자 하는 개념일 것이다. 예를 들어 내재 변수가 개별 응답자의 **정치적 자기 효능감**political self-efficacy이라면, (1) 정책에 대한 자신의 의견이 중요하다고 느끼는지를 묻는 질문과 (2) 응답자들이 정치적 자기 효능감으로 추동되는 한도에서만 연결되는 투표의 중요성에 대한 질문에 대한 답을 당연하다고 생각할 수 있다. 질문에 대한 개인의 대답을 아는 것은 우리가 다른 질문에 대한 답을 추측하는 데 도움을 줄 수는 있지만, 우리가 그 사람의 자기 효능감 수준을 어느 정도 직접 관찰할 수 있는 경우에는 질문에 대한 답을 아는 것이 다른 질문에 대한 답을 추측하는 데 별 도움을 주지 않을 것이다.

이것은 관계의 개념에 있어서 어떻게 보이는가? 노드가 많은 전체 네트워크 조사에서 연구자가 응답자에게 많은 관계의 질문을 하는 경우, 응답자의 부담이 상당히 커질 것이라는 것을 상상할 수 있다. 예를 들어 지난 한 달 동안 회의를 했던 다른 직원들을 나열하도록 입법부 직원들을 설득하는 것은 상당히 어렵다. 더욱이 그들이 사회적으로 교류하는 사람들, 이메일을 주고받았던 사람들, 법안 통과를 위해 협력하였던 사람들 등의 목록을 작성하는 것은 훨씬 더 어렵지 않겠는가. 우리는 **다중 네트워크**multiplex networks 분석으로 이어지는 복수의 관계 변수를 활용하는 연구를 시작하고 있다. 다중 네트워크 또는 다중 데이터는 "동일 행위자 집합 간 복수의 관계를 설명하는 데이터"이다(Hanneman and Riddle, 2005). 정치학에서 다중 네트워크가 도처에서 응용되어 사용되는 것은 아니지만, 설득력을 얻어가고 있는 것으로 보인다. Heaney(2014)는 이익집단들 사이에 영향력 – 평판influence-reputation 네트워크를 구축하고 분석하기 위해 세 가지 관계를 사용하고; Shrestha and Feiock(2009)은 많은 다른 서비스들에 대한 지방 정부들 간의 계약 협정들을 검토하며; Cranmer,

Menninga, and Mucha(2015)은 국제 체제에서 별개의 커뮤니티를 감지하기 위해 국가들 간의 여러 관계를 이용한다. 지금까지, 정치네트워크 연구는 멀티플렉스에서 서로에 대해 다른 관계를 어떻게 맺고 있는지를 검토하는 데(Heaney, 2014; Shrestha and Feiock 2009) 그리고 하위 네트워크 수준에서 질문에 답하기 위해 다중 네트워크를 사용하는 데(Cranmer, Menninga, and Mucha, 2015) 국한되었다. 반대로 우리는 다중 네트워크를 내재된 변수 모형에 사용되는 다중 지표와 유사한 것으로 상정하고, 그래서 각 층layer이 관찰되지 않은 내재적 네트워크를 드러내는 네트워크 역할을 상정한다. 예를 들어 국제 교전belligerence의 내재된 네트워크를 연구하기 위해, 우리는 서로 다른 긴장tension의 지표에 전용된 층들을 가진 다중 네트워크를 구축할 수 있고 관심의 추상적 구조에 도달하기 위해 층들 간의 관계를 이용할 수 있다.[21]

간단하게 관계의 변수들을 위한 기존의 내재 변수 모형들을 사용하지 않는 이유는 무엇인가? 물론 중요한 문제는 모든 네트워크 모델링에서 공통적으로 나타나는 복잡한 상호 의존성이다. 확실히 첫 번째 단계로, 우리는 두 노드 사이의 잠재 관계를 고려해, 두 노드를 연결하는 모든 지표 관계에서 조건부 독립성을 단순하게 가정할 수 있다. 내재적 변수 기법에는 가정이 얼마나 잘 유지되는지 확인하기 위한 적합도 지수도 포함된다. 그러나 개별 수준 측정 모형에서 로컬 독립성에 대한 우려가 많이 있을 경우, 그 우려는 가정된 내재적 네트워크 모형에서 훨씬 커질 것이다. 멀티플렉스의 층들 내에서와 층들 간의 상호의존은 요인 분석, 내재적 특성 분석 등의 단순한 확장에 큰 혼란을 가져올 수 있다. 그러한 모형에 대한 진전을 위해, 우리는 기대하는 다중의 상호의존에 대한 이론적 제약들을 개발하고, 그런 다음 그러한 실제 세계에서의 제약과 그러한 제약들로부터 시작된 견고함의 지표들 모두 또는 그 중 하나로부터 벗어날 수 있는 징후를 수집하고자 한다.

결론적 코멘트

이 장에서 우리는 정치 현상을 연구하기 위해 SNA를 사용하는 기존의 연구를 검토하고 일반적으로 연구되는 관계의 종류를 식별하였다. 이익집단의 협력partnerships, 의회의 공동후원, 국제 무역 및 분쟁과 같은 몇 가지 관계들이 완전한 네트워크에 초점을 맞춘 네트워크 분석의 발달 flourishing을 누리는 동안, 에고 네트 내의 다양한 관계에 대한 연구는 정치 행태에 있어 오래도록 두드러졌다. 우리는 또한 학자들이 정치 현상의 네트워크 분석을 설계할 때 고려해야 할 몇 가지 사항들을 개략적으로 설명하였다. 기존 문헌은 네트워크 설계에 대한 가정에서 명확성의 혼합된 기록을 제시하고 있으며, (결측 데이터와 같은) 일부 과제에 대한 잠재적 해결책은 여전히 진화하고 있다. 한때 가장 주목할 만한, 실험 (Bond et al, 2012)인 정치네트워크 분석을 포기한 것처럼 보였던 연구 설계에 대한 접근이 윤리적으로 민감하고 도전적이라고 하더라도 오늘날에는 가능하다. 인과적 추론의 맥락에서 측정은 나름의 고려사항들을 제시한다(Fowler et al., 2011). 분석 수준, 결측 데이터, 종합, 네트워크 묘사의 적절성에 대한 의사결정에서 명확히 하는 것은 개별 연구 및 연구 분야 전반을 강화할 것이다. 정치 및 정책 연구자에 대한 수많은 관심의 관계는 연구가 미진한데, 이는 부분적으로 SNA 기법의 불균등한 확산과 기존의 네트워크 분석 방법에 대한 신뢰가 부족하거나 친숙하지 않기 때문이다. 네트워크 방법론자들은 우리가 관심을 갖는 잠재적 관계를 더 잘 측정하기 위한 잠재적 기법을 개발함으로써 최상의 관계 측정 관행을 개별 수준 설계의 모범 사례들과 일치시키는 데 크게 기여할 것이다. 이 장에서 우리의 목표는 연구되어 온 것, 연구에 사용되어 온 방법, 모든 네트워크 설계에 존재하는 과제, 그리고 이러한 과제들에 대처할 수 있는 방법에 대한 청사진을 대담한 정치학자들에게 제공하는 것이다.

1) 관계(relational)라는 용어는 분석 단위가 연결될 때마다 광범위하게 사용된다. 실제로 그것의 적용은 데이터 영역들이 이따금 복잡한 패턴으로 연결되는 관계의 데이터베이스(relational database)의 경우에서처럼 추상적인 관계를 포함하기에 상당히 광범위하지만, 사회과학에서 우리는 전형적으로 연구의 개별 관찰/사례/대상이 서로 연결될 때마다, 특히 연결이 관심일 때, 관계 데이터를 이야기한다. McClurg and Young(2011)은 정치학자들 사이의 통일된 개념인 권력(power)이 "핵심으로 하는 것이 관계"라고 주장하면서, 결과적으로 정치학 분야에서 매우 두드러진 개인주의 이론 전통에 대항하는 점으로서 "관계의 정치학(relational political science)"을 요구한다고 주장한다(예를 들면 합리적 선택, 행태주의, 신제도주의).

2) Prell(2012, 219)이 제시한 정의에 따르면, 동종선호(homophily)은 개인들이 "자신과 비슷한 다른 사람들과 사회적 관계를 갖는 것을 선호한다"는 경향이다. 동종선호는 인간 상호작용의 산물이자 그러한 상호작용의 원인이다. 개인은 자신과 비슷한 사람들과 상호작용하도록 이끌리며, 그들이 정기적으로 상호작용하는 사람들과 더 비슷해지는 경향이 있다.

3) 우리는 정치네트워크 분석을 소셜네트워크 분석의 특별한 경우로 자주 생각하기 때문에 전체 장에 걸쳐 공통 약자 SNA를 사용한다.

4) 우리는 실험 연구와는 반대로 관찰 데이터를 사용하는 연구에 초점을 맞춘다. 네트워크 실험은 주로 실험실에서 수행되었다(McCubbins et al., 2009). Bond 등(2012)은 페이스북을 통해 드문 네트워크 기반 현장 연구를 수행하지만, 이는 예외인데, 왜냐하면 현장 연구에서 윤리적으로 연결을 조작할 수 없기 때문이고, 이에 이는 그저 노드 속성에 대한 신호일 뿐이다.

5) 국제 관계에서, 테러리스트 네트워크를 연구하기 위해 SNA를 사용하는 작지만 점점 더 많은 연구기관이 있다(Krebs, 2002; Pedahzur and Perliger 2006).

6) 이 점에 대한 보다 자세한 설명은 본 장의 하위 절인 "네트워크 표현이 적절한가?"와 "결측 데이터"에 제시되어 있다.

7) 관심의 내재적 관계를 나타내기 위해 다중 측정을 사용하는 가능한 전략은 이 장의 하위 절인 "다중 네트워크를 통해 측정된 내재적 관계"에서 보다 철저하게 논의된다.

8) 소셜네트워크 분석을 위한 연구 설계 과정의 확장된 처리(treatment)는 최근 몇 권의 책(Prell, 2012, ch.3; Borgatti et al., 2013, chs.3-5; Robins, 2015, ch.3)에서 볼 수 있다. 바서만과 파우스트(Wasserman and Faust, 1994)과 같은 고전적 방법과

함께, 이것들은 정치네트워크 연구의 필수적 요소들에 대한 우리의 생각에 영향을 미쳤다.

9) 편리한 장치로서 네트워크에 대한 자세한 내용은 Handcock and Gile(2010, 5)을 참조하기 바란다. 심리학에서의 사회 관계 모형(Kenny et al., 2016)과 기계적 학습에서의 확률적/통계적 관계 모형(Getoor, 2007; Neville and Jensen, 2007)과 같은 다른 관련 프레임워크도 등장하였다.

10) 여기서 사용하는 다음의 세 개의 개별적이지만 유사하게 명명된 용어 사이의 차이점을 주목하라: 즉 분석 단위, 분석 수준 및 측정 수준. 다음의 더욱 혼란스러운 문제는 일반적으로 초등학교 4학년 관련 학기에 직면하게 된다. 즉 측정 단위(unit of measurement)는 간격 수준의 측정에 사용되는 기준 단위(예를 들면 킬로미터, 파운드, 시, 1인당 GDP 수천 달러, 주당 i가 j에게 보낸 메일 수)를 말한다.

11) 우리는 Little and Rubin(1987)과 같은 의미로 랜덤 결측을 의미한다.

12) 이는 우리가 체제 전반의 역학 관계가 어떻게 해석되는지를 알고 싶어 하지 않는 한 사실이다. 전체 네트워크 수준에서의 투표율에 대해서는 Bond 등(2012)을 참조하라.

13) '분리되지 않은(unipartite)', '이분의(bipartite), '다중화(multipartite)'라는 용어는 네트워크 자체보다는 네트워크를 나타내기 위해 사용되는 그래프에 엄격하게 적용한다. 이분 그래프에서 연결은 별개의 유형의 대상 사이에서만 발생한다.(Porter et al., 2005) L이 입법자의 집합이고 C가 입법자들이 복무하는 일련의 입법 위원회라면, 입법 위원회 네트워크는 우리가 이분 그래프로 대표할 수 있는 제휴 네트워크의 한 종류로, 엣지들은 각 집합에서 한 쌍만 뽑아낸 노드 쌍을 연결한다. 우리는 관련 없는 통계 용어 '모드'와의 혼동을 피하기 위해 이러한 용어들을 1-모드, 2-모드 등보다 선호한다.

14) 양당 정치네트워크의 모형화에서 정치학 이외의 분야에서 더 많은 작업이 이루어졌다. 예를 들어 컴퓨터 과학에서 Akoglu(2014)는 합의된 이분 네트워크를 분석하기 위한 알고리즘을 개발하였다.

15) 이것은 이 용어들이 보편적 정의를 분명 갖고 있지 않기에, 갖고 있다는 것이 아니라 단지 그러한 개념에 대한 저자의 조작화가 이론적으로 관련된 비판을 끌어들이지 않을 것이라는 것을 의미한다.

16) 이는 모든 통계의 측정 오류와 비슷하다. 예를 들어 폐활량을 측정하기 위해 심장 박동을 재는 것과 같이 단순히 개념을 완전히 잘못 측정하는 것이라면, 추정치는 틀리고 잘못된 추론이 이루어질 것이다. 우리는 사후 평가 조정을 하더라도 관심 개념의 부정확한 측정이 수정되지 않을 것이라고 거듭 강조한다.

17) 연구자들이 공무원들을 연구할 때 보다 확고한 입장에 있을 수 있지만, 무응답자에

대한 데이터를 통합하는 윤리는 논란의 여지가 있다. 윤리적 고려에 대한 자세한 내용은 Borgatti and Molina(2005)를 참조하라.

18) 지속적 연결(persistent ties)은 다른 곳에서는 "연속적인"(continuous) 연결이라고 불린다. 특정 숫자 데이터 영역에서의 연속성(continuous vs. discrete)과 혼동을 방지하기 위해 이 사용을 피한다.

19) Huisman(2009)은 재구성에 의한 귀속은 결측이 낮은 정도에서 중간 정도에 이르는 비방향 네트워크에서 잘 작동한다는 것을 발견한다. 재구성에 의한 귀속은 방향 네트워크에서 잘 작동하지 않지만, 일반적으로 다른 귀속 기법(결측, 선호적 연결, 핫덱, 영점화)을 능가한다.

20) 두 무응답자 사이의 연결은 반드시 관찰되는 것은 아니다.

21) 다중 네트워크 데이터 연구에 대한 기본 사항은 Hanneman and Riddle(2005)을 참조하라. 단일 멀티플렉스 및 양자 멀티플렉스 네트워크 모형화에 대한 자세한 내용은 Snijders, Lomi and Torlo(2013)을 참조하라.

제8장 네트워크 동학을 위한 추계적 행위자 지향 모형

Tom A.B. Snijders and Mark Pickup

확률적 행위자 지향 모형: 네트워크 패널 데이터 및 공진화

이 장에서는 확률적 행위자 지향 모형SAOMs, Stochastic Actor Oriented Models에 대해 네트워크 패널 데이터 분석을 위한 통계적 모형을 강조하고 설명한다. 데이터는 어떤 종류의 정치적 행위자를 나타내는 주어진 노드 집합 사이의 네트워크를 반복적으로 관찰하는 것으로 구조화된다. 새로운 행위자들이 들어오고 기존의 행위자들이 빠지거나 혹은 행위자들이 연합하거나 분열될 수 있기 때문에 노드의 집합은 이따금 변경될 수 있다. 최소한 두 개의 데이터 파형이 있지만 더 많은 데이터 파형이 있을 수 있다.

SAOM의 기본 아이디어(Snijders, 2001)는 시간이 지나면서 패널 데이터가 진화하는 과정의 특정 시점의 반복으로 간주되고, 이 과정은 마르코프Markov 프로세스이다. 즉 연결의 변화 개연성은 현재 상태에 따라 결정되고; 나아가 그 변화는 하나의 시퀀스 변화의 연결로 표현된다. 각 연결의 변화는 네트워크의 상태를 수정하고, 이후 변화들은 이 수정된 상태에 기초하기 때문에, 즉 경로 의존성 때문에 그 변화는 그 미래 전체를 변화시키게 될 것이다. 패널 관찰 간에 많은 연결의 변화가 순차적으로 발생할 수 있다는 가정은, 각각 초기 연결 변화의 결과인 상태에 작용하며, 관찰된 네트워크 내 연결에 대한 중요한 의존 구조를 유도한다. "행위자 지향"이라는 문구는 연결 변화가 행위자에 의해 결정되는 것으로 모형화된다는 것을 반영한다. 방향 네트워크의 다른 행위자들에 의한 연결 변화의 조정의 가정이 없고, 그래서 집단별 변화는 제시될 수 없다. 마르코프 연쇄 가정은 두 가지 방식으로 완화될 수 있다. 즉 이전 시기로부터의 공변량을 포함하거나 단일 네트워크로부터 여러 네트워크로 결과 공간을 확장하거나 Snijders 등(2013)과 같이 행위자 수준(즉, 노드의) 변수들을 사용하여 다변량 네트워크를 분석으로 유도한다(Steglich et al., 2010). 이렇게 확장된 결과 공간은 여러 종속 변수의 상호의존적 역학을 나타내는 **공진화 모형**으로 이어진다. 공진화 네트워크는 2-모드 네트워크, 즉 일부 다른 노드 집합과 첫 번째 모드를 구성하는 행위자들 사이의 제휴일 수 있다. 이것은 비정부기구NGOs에서 공통 회원권을 통한 국가 간의 관계나 시민기구에서 공통 회원권을 통한 개인 간의 관계처럼 행위자들과 기구들의 회원들 사이의 상호의존을 모형화 하는 가능성을 제공한다.

이 장에는 4개의 주요 부분으로 구성되어 있다. 첫 번째는 현재까지 공개된 이러한 모형의 정치학 적용에 대한 간략한 개요이다. 둘째, R 통계 시스템(R Core Team, 2016)의 소프트웨어 패키지 RSiena(경험적 네트워크 분석을 위한 시뮬레이션 조사 Simulation Investigation for Empirical Network Analysis; Ripley et al., 2016)에서 구현된 관련 추정 방법의 간략한 스케치와 더불어 방향 네트워크의 역학 분석 모형을 제시한다. 방향 네트워크의 연결 변화는 한 국가의 다른 국가에 대한 적대감을 지시하는 결정과 같이 쌍에서 한 행위자의 결정만 필요로 한다. 셋째로, 이 모형은 비방향 네트워크, 즉 관계가 무역협정처럼 본질적으로 비방향 네트워크로 확장되며, 이는 정치학에서 자주 접하게 되는 네트워크 유형이다. 비방향 네트워크의 경우 주어진 연결에 관련된 두 행위자의 공동 의사결정을 고려할 필요가 있다. 이러한 행위자들의 조정 방법에 대해서는 몇 가지 모형이 고려된다. 일부 공개된 모형의 적용이 있기는 하지만 모형의 정의는 이전에 공개된 적이 없다. 네 번째 주요 절은 공진화에 대한 접근 방식을 약술한다. 이 장은 이 모형의 몇 가지 측면을 논의하는 것으로 마무리된다. 통계 네트워크 모형의 추가 배열에서 이 모형을 배치하려면 Snijders(2011), Desmarais and Cranmer(2016)를 참조하라.

적용

네트워크 역학에 대한 SAOM은 정치학의 다양한 연구를 포함하여 다양한 사회과학 분야에 적용되어 왔다. 장기적인 네트워크 데이터 분석을 위한 정치학에서 공통적인 다른 접근법에는 잠정적 지수 랜덤 그래프 모형ERGM(Almquist and Butts, 2013)과 동적 잠재 공간 모형이 포함된다(Cao and Ward, 2014; Dorff and War, 2016).

정치학에서 SAOM은 현재 주로 정책(Berardo and Scholz, 2010; Ingold and Fischer, 2014; Giuliani, 2013), 국제 관계(Kinne, 2013; Rhue and Sunararajan, 2014), 국제 정치 경제(Manager and Pickup, 2016; Manger et al., 2012)의 하위 분야에서 사용되고 있다. 적어도 하나의 연구는 SAOM을 정치 행태에 적용하였다(Liang, 2014). 점점 더 많은 네트워크 데이터가 개별 유권자 수준에서 수집됨에 따라, 우리는 SAOM의 정치적 행동 연구에 대한 적용이 증가할 것으로 예상할 수 있다. 결국, 소셜네트워크는 하위 분야의 시작 이후 정치 행태 연구에 중요한 역할을 해왔다(Berelson et al., 1954;

Campbell et al., 1960). 또한 SAOM의 온라인 네트워크(정치학 외의 분야에서 잘 확립된)의 적용은 연구자들이 온라인 소셜네트워크가 정치 행태에 미치는 영향에 점점 더 관심을 갖게 됨에 따라 정치학 내에서 증가할 것으로 예상된다.

적용의 공식적인 특징과 관련하여, 정치학에서의 SAOM은 방향 네트워크(Rhue and Sundararajan, 2014; Ingold and Fischer, 2014; Liang, 2014; Giuliani, 2013; fischer et al., 2013; Berardo and Scholz, 2010)뿐만 아니라 비방향 네트워크(Manager and Pickup, 2016; Manager et al., 2012; Kinne, 2013)에도 적용되어 왔다. 적용에는 2~11개의 파장 사이와 23~1178개의 노드 사이의 네트워크가 포함되어 있다. 일부는 행동 의존 변수를 가진 공진화 모형을 포함하였으며(Manager and Pickup, 2016; Rhue and Sundararajan, 2014; Berardo and Scholz, 2010), 훨씬 더 적은 수의 사람들이 다중 네트워크, 2-모드 네트워크(Liang, 2014) 또는 다중 행동 의존 변수를 사용하여 공진화(Rhue and Sundararajan, 2014)를 연구하였다.

정치학 내의 모든 하위 분야에 걸쳐, 연구자들이 분석에 통합되기를 기대할 수 있는 방법론적 혁신이 있다. 우리는 하나의 네트워크의 변화가 다른 네트워크와 어떻게 관련되는지를 조사하면서, 다중 네트워크를 상호의존적인 구조로 분석하기 위한 구조 해석 객체 모형SAOM 사용의 증가를 기대할 수 있다. 이는 더 많은 데이터가 수집되면 될수록, 그만큼 더 실행가능하게 될 것이다. 우리는 정치학자들이 개인과 국가가 조직을 통해 갖는 연결에 네트워크 분석을 적용함에 따라 SAOM이 2-모드 네트워크에 더 많이 적용될 것으로 기대할 수 있다. 예를 들어 국가가 조약을 통해 맺는 연결, 개인이 미디어 소비를 공유(전통 또는 온라인)하여 맺는 연결, 공유 개념 네트워크를 들 수 있다(Liang, 2014). 그것들이 RSiena에서 평가될 때, SAOM은 관찰치들 사이에 임의의 시간 지연을 허용하여 시간 간격이 일정하지 않은 데이터의 장기적 분석을 용이하게 한다. 또한

RSiena는 네트워크 노드 간에 서로 다른 속도 기능을 허용한다. 이는 연구자가 개인이나 조직에 대해 네트워크의 다른 관련성을 설명할 수 있게 한다. 예를 들어 네트워크가 사회적 활동이나 집단을 나타내는 경우, 이러한 집단은 서로 다른 개인에게 다소 두드러질 수 있으며, 집단이 더 두드러진 집단은 그들의 연결관계를 더 자주 바꿀 수도 있다.

네트워크 역학을 위한 추계적 행위자 지향 모형

추계적 행위자 기반 모형 Stochastic Actor Based Model으로 불리는 SAOM은 네트워크 패널 설계에서 수집된 장기적 데이터에 대한 확률적 모형으로, 주어진 노드 집합에서 2개 이상의 연속 파형에 대해 네트워크 관찰을 사용할 수 있다. 노드의 일부 변경이 허용되므로 조직 또는 국가의 생성 및 소멸을 나타내는 데 도움이 된다. 노드의 변경은 시간이 경과함에 따라 연결을 추가할 수 있을 뿐만 아니라 삭제할 수도 있는 네트워크 과정을 나타낸다. 이 모형은 연결의 생성과 종료를 결정하는 영향에 대한 통계적 표현을 얻는 것을 목표로 한다. 노드의 변경은, 있다면, 외생적 영향력으로 간주된다. 이 절에서는 확률 모형에 대한 기본 설명과 그 세부 설명에 대한 가능한 요소들이 제시된다. 마지막으로, 추정 과정을 간략하게 설명한다.

표기법

이 절의 종속 변수는 지정된 노드 집합 {1, ···, n}의 방향 네트워크 시퀀스이다. 노드는 정치적 또는 다른 사회적 행위자(국가, NGO, 정치 지도자, 유권자 등)를 나타낸다. 노드 i에서 노드 j까지의 연결 존재는 연결 $i \rightarrow j$의 존재 여부에 따라 1 또는 0의 값을 갖는 **연결 지표 변수**tie indicator variable X_{ij}로 표시된다. $i \rightarrow j$의 경우, 행위자 i는 발신자sender이고 j는 수신자receiver이다. 혼자만의 연결Self-tie은 고려되지 않으므로 모든 i에 대해 항상 $X_{ii}=0$이다. 요소 X_{ij}의 매트릭스는 방향 그래프(directed graph 또는 digraph)의 인접 매트릭스이다. 인접 매트릭스와 방향 그래프는 X로 표시된다. 방향 그래프의 결과(예를 들면 특정 실현)는 소문자 x로 표시될 것이다. 지수를 +기호로 바꾸면 해당 지수에 대한 요약이 표시된다. 따라서 행위자 i의 다른 행위자로의 연결 수(i의 외향 연결정도)는 $X_{i+}=\Sigma_j X_{ij}$로 표시되는 반면, 다른 행위자의 행위자 i로의 연결수, 즉 내향 연결정도는 $X_{i+}=\Sigma_j X_{ij}$로 표시된다. 데이터 구조의 경우, 네트워크에 대해 두 개 이상의 반복 관찰치가 있는 것으로 가정한다. 관찰 모멘트는 $t_1, t_2, \cdots, t_M, M \geq 2$로 표시된다. 종속 네트워크 외에도, 행위자 수준(단일 공변량 또는 행위자 공변량monadic or actor covariates) 또는 행위자 쌍(쌍의 공변량dyadic covariates)에서 측정된 설명 변수가 있을 수 있다.

행위자 지향 모형들

사회과학에서 네트워크 분석을 위한 문제 중 하나는 네트워크가 본질적으로 행위자 쌍을 지칭하는, 쌍이라는 사실인데 원래의 이론적 단위는 행위자이다. 이 문제는 Emirbayer and Goodwin(1994)에서 보다 일반적으로 논의된다. 네트워크 역학을 모형화하기 위해, 네트워크 구조와 개별 기관의 자연스러운 결합은 행위자에 의해 연결의 생성과 종료를 시작한다는 가정에 기초함으로써 가능하다. 이 절에서 모형은 이진 방향 네트워크에 대해 제시되며, 우리는 연결하려는 행위자들에 의해 형성된 선택으로부터 기인하는 것으로 연결을 간주하는 것이 의미가 있다고 가정한다. 네 번째 절에서 우리는 비방향 네트워크를 고려하고, 관련 행위자 양쪽의 선택에 기초한다고 가정한다. 이 모형은 Snijders(2001)와

Snijders, van de Bunt and Steglich(2010)에서 더 자세히 설명된다.

네트워크 역학에 대한 확률 모형은 다른 통계 모형과 마찬가지로 다음과 같은 많은 단순화된 가정을 기반으로 한다.

1. 관찰 순간 t_1, t_2 등 사이에는 시간이 흐르고 네트워크의 변화는 직접 관찰되지 않은 채 발생할 수 있고 발생할 것이다. 그러므로 관찰일정이 별개의 시간 내에 있는데 반해, 관찰되지 않은 네트워크 진화의 기본 프로세스는 연속적인 시간의 매개변수인 $t \in [t_1, t_M]$로 발생하는 것으로 가정한다.

2. 네트워크가 변경되는 지정된 시점 $t \in [t_1, t_M]$에서 하나 이상의 연결변수 X_{ij}는 변경될 수 없다. 즉 하나의 연결이 생성되거나 아니면 해체된다. 관찰된 변화는 관찰되지 않은 하나의 연결의 모든 변화들의 순 결과net result이다.

3. 시간 t에 특정 변수 X_{ij}가 변경되는 확률은 이전 상태가 아닌 네트워크의 현재 상태 $X(t)$에 따라 달라진다.

가정 1과 3은 네트워크 모형이 연속 시간 마르코프 과정이라고 말함으로써 수학적으로 표현된다. 가정 2는 가능한 최소 구성요소로까지 변경요소를 하나의 연결의 생성 또는 종료로 단순화 한다. 이러한 가정들은 행위자 간의 즉각적인 조정이나 협상을 배제한다. 그 가정들은 Holland and Leinhardt(1977)에 의해 기본적인 단순화 가정으로 제안되었다. 미래 모형 개발에서 행위자 간의 조정을 허용하는 것은 흥미로울 수 있지만 여기서 사용되는 가정은 네트워크 역학을 모형화하는 원래대로의 첫 단계로 간주될 수 있다.

이 세 가지 가정은 행위자들이 관찰 사이의 변화에 서로 반응하여 변화를 일으킨다는 것을 의미한다. 이는 네트워크의 많은 패널 관찰에 대해 강력한 직관적 타당성을 가진다. 예외들은 예를 들어 다자 동맹에서 연결의 집합이 그룹별로 생성되는 상황들이다. 이 모형은 네트워크 상태에 따라 하나의 연결 변화 확률로 완전히 설명된다. 확률 모형은 관찰의 타이밍에 대해 아무 말도 하지 않으므로 매개변수의 값은 관찰의 빈도나 관찰 간의 시간 지연에 영향을 받지 않는다. 그러나 네트워크 및 공변량의 현재 상태를 조건으로 하는 연결 변화의 확률 함수는 시간에 일정하다고 가정한다. 그러나 주어진 시간에 연결이 존재하는 확률 함수는 변경될 수 있다.

이 모형은 행위자가 연결을 제시함으로써 형성된 선택의 결과로서 연결 변화가 모형화 된다는 점에서 행위자 기반이다. 연결 변화 모형은 두 가지 요소, 즉 타이밍과 선택으로 나뉜다. 타이밍의 구성요소는 실제 변경이 아닌 **변경 기회**opportunities for change의 관점에서 정의된다. 예를 들어 이것은 행위자가 현재 상황에 만족하기 때문에, 현재의 상황을 그대로 둘 가능성을 허용하기 위한 것이다.

4. 주어진 현재 시점 t, $t_m \leq t \leq t_{m+1}$를 고려하여 네트워크의 현재 상태를 $x=X(t)$로 나타낸다. 각 행위자 i는 ρ가 m에 따라 달라질 수 있는 통계적 매개변수로, $\lambda_i(x;\rho)$로 표기되는 **변화율**rate of change을 갖고 있다. 변화율은 행위자 공변량과 공변 정도에 따라 달라질 수 있다.

5. 어떤 행위자에 의한 다음 변화 기회까지의 대기 시간에는 매개변수 $\lambda=\lambda_+(x;\rho)$를 갖는 다음의 지수 분포가 있다.

$$P\{ \text{변화를 위한 다음 기회 } t+\Delta t \mid \text{현재 } t \} \qquad (1)$$
$$= 1 - \exp(-\lambda \Delta t)$$

6. 다음 변화 기회가 행위자 i에 있을 확률은 다음 식에 의해 주어진다.

$$P\left\{\text{행위자 } i\text{에 의한 다음 변화 기회}\right\} = \frac{\lambda_i(x;\rho)}{\lambda_+(x;\rho)} \quad\quad (2)$$

이 공식은 "먼저 들어온 사람이 결정하는" 모형으로 일관되는데, 이 경우에 모든 행위자들은 항목 5에서처럼 확률적 대기 시간을 가지며, 첫 번째 행위자는 변경할 기회를 얻고, 이후 모든 것이 새로운 상태에서 다시 시작한다.

7. 선택 구성요소의 경우, 각 행위자 i는 $x^{(0)}$와 x의 모든 네트워크 쌍 집합에 정의된 **목적 함수** $f_i(x^{(0)}, x; \beta)$를 갖고 있고, $x^{(0)}$와 x는 연결 변수에 있어 차이가 없다. 현재 네트워크는 $x^{(0)}$이고 목적 함수는 이 행위자에 의해 다음 연결이 변경되는 확률을 결정하며, 상태 $x^{(0)}$를 x로 변환한다. β는 통계적 매개변수이다. 효용 해석에서, 목적 함수는 행위자가 $x^{(0)}$에서 x로 이동함으로써 얻는 순 효용으로 간주될 수 있다. 이것은 하나의 연결 변경에서 얻는 단기 효용이기 때문에, 그것은 궁극적인 효용이 아닌 근사치proximate로 보아야 한다. 근사치란 예를 들어 행위자가 추가적인 목표를 얻기 위한 수단으로 애쓰는 유리한 네트워크 위치를 표현한다.

8. 이 확률을 정의하기 위해 다음 표기법이 사용된다. 방향 그래프 x와 $i \neq j$의 경우, 우리는 $x^{(\pm ij)}$로 그래프를 규정하는데, 그 그래프는 순서 쌍 (i, j)을 제외한 모든 연결 변수에서 x와 동일하고, 연결 변수 $i \rightarrow j$가 고정되어, $x_{ij}^{(\pm ij)} = 1 - x_{ij}$이다. 또한 우리는 (마치 편리한 공식규정처럼) $x^{(\pm ii)} = $x로 정의한다. 현재의 네트워크 $X(t) = x$를 가진 $t + \Delta t$(5번 항목을 보라)의 순간에 행위자 i가 변화할 기회를 가졌다고 가정한다. 그런 다음 변화된 연결 변수는 X_{ij}이고 그래서 네트워크 x가 $x^{(\pm ii)}$로 변경되는 확률은 다음의 식으로 지정된다.

$$\frac{\exp\left(f_i\left(x, x^{(\pm ij)}; \beta\right)\right)}{\sum_{h=1}^{n} \exp\left(f_i\left(x, x^{(\pm ih)}; \beta\right)\right)} = \frac{\exp\left(f_i\left(x, x^{(\pm ij)}; \beta\right) - f_i\left(x, x; \beta\right)\right)}{\sum_{h=1}^{n} \exp\left(f_i\left(x, x^{(\pm ih)}; \beta\right) - f_i\left(x, x; \beta\right)\right)} \quad (3)$$

식 (3)은 다중 공칭 로짓 형식이다. 이는 행위자 i가 집합 {1, ⋯, n}(여기서 $j=i$인 경우 공식적으로 "변경 없음"을 의미한다. 위 참조)에서 최상의 j를 선택한다고 가정할 때 얻어질 수 있는데, 여기에서 목적은 결과 상태의 목적 함수와 랜덤 잉여residual, fi(x, $x^{(\pm ij)}$;β)+R_j를 최대화하는 변수 X_{ij}를 전환하는 것이다. 여기에서 변수 R_j 은 독립적이고 표준 검벨 분포(증명의 경우, Maddala, 1983 참조)를 갖는다. 따라서 이 모형은 **근시 안적 확률적 최적화**myopic stochastic optimization의 결과로 얻을 수 있는 것으로 간주될 수 있다. 네트워크 형성의 게임 이론적 모형은 종종 근시안적 최적화를 사용한다(Balga and Goyal, 2000). 그러나 우리가 가정하는 것은 근시안적 최적화가 아니라 선택 확률의 벡터(3)라는 점에 유의해야 한다. 전자(근시안적 최적화)는 단지 이 표현을 얻을 수 있는 방법 중 하나일 뿐이다. 최적화 해석에 대해서는 위에서 제시하였듯이 목적 함수는 궁극적인 목표보다는 근삿값을 나타낸다는 점을 명심해야 한다.

새로운 연결을 만들고 기존의 연결을 유지하기 위해 서로 다른 메커니즘 또는 다른 매개변수 값이 적용될 수 있는 이 모형의 확장에 대해서는 기부 또는 유지보수 기능에 대한 Snijders, van de Bunt, and Steglich(2010) 및 Ripley 등(2016)의 방법을 참조하라.

이행률

모형의 두 가지 구성요소인 비율 함수rate function와 목표 함수objective function는 소위 이행률transition rates을 고려하여 조합될 수 있다. 이것들은 위에서 공식화된 가정들에서 비롯되는 연속 시간 마르코프 과정의 기본 정의를 제공하고(Norris, 1997 혹은 한 다른 교재들을 참조), 어떤 사람들에게는 더 많은 이해를 위한 도움이 될 수 있다. 네트워크 간에 유일하게 허용된 이행이 단일한 연결 변수로 고정될 경우, 이행율은 $i \neq j$의 경우

$$q_{ij}(x) = \lim_{\Delta t \downarrow 0} \frac{P\left\{ X(t + \Delta t) = x^{(\pm ij)} \mid X(t) = x \right\}}{\Delta t} \tag{4}$$

로 정의될 수 있다. 이 정의는 특정 연결 변수 X_{ij}를 짧은 시간 간격으로 이행할 확률이 식 $P\{X(t+\Delta t) = x^{(\pm ij)} \mid X(t) = x\} \approx q_{ij}(x)\Delta t$으로 가까워진다는 점에 주목하라.

$$P\left\{ X(t + \Delta t) = x^{(\pm ij)} \mid X(t) = x \right\} \approx q_{ij}(x)\Delta t$$

이행률은 확률의 기본 규칙을 사용하여 가정으로부터 계산할 수 있으며, $P_{ij}(x, \beta)$로 (3)을 표기하면 $q_{ij}(x) = \lambda_i(x;\rho)p_{ij}(x, \beta)$로 제시된다.

$$q_{ij}(x) = \lambda_i(x;\rho) p_{ij}(x, \beta) \tag{5}$$

행위자 지향 모형의 설정

SAOM의 설정은 비율 함수 $\lambda_i(x;\rho)$와 목표 함수 $f_i(x;\beta)$의 선택에 해당한다. 이러한 선택은 이론적 고려사항, 주제에 대한 지식, 그리고 조사해야 할 가설에 기초할 것이다. 일반적으로 모형화의 초점은 모형의 선택 부분을 반영하는 목적 함수에 있다.

많은 경우 비율 함수의 단순한 설정은 다음으로 충분하다.

$$\lambda_i(x; \rho) = \rho_m \tag{6}$$

여기에서 m은 관찰치 t_m의 지수로서 현재 시점 t가 t_m와 t_{m+1} 사이이다. 매개변수 ρ_m을 포함하면 t_m와 t_{m+1} 사이의 관찰된 변화의 수를 정확하게 표시할 수 있다. 다른 경우, 변화율은 행위자 공변량 또는 정도와 같은 위치 특성에 따라 달라질 수 있다.

모형 설정에서 더 중요한 부분은 목적 함수이다. 일반화된 선형 모형화와 마찬가지로 다음과 같은 선형 조합이 사용된다.

$$f_i\left(x^{(0)}, x; \beta\right) = \sum_{k=1}^{K} \beta_k s_{ki}\left(x^{(0)}, x\right) \tag{7}$$

여기에서 $s_{ki}(x^{(0)}, x)$는 행위자 i의 관점에서 본 네트워크의 함수이다. 이러한 함수들을 **효과**effects라고 한다. 변수 β_k가 포지티브 값이면, 연결 변화는 $s_{ki}(x^{(0)}, x)$가 더 높은 x로 이어질 때 더 높은 확률을 가지며, 네거티브 β_k에 대해서는 반대이다.

R 패키지 R Siena(Ripley et al., 2016)는 다양한 효과를 제시하며, 그 중 일부는 다음과 같다. 첫째, 네트워크에만 의존하는 일부 효과를 제시하며, 이는 네트워크 연결 간의 의존성을 모형화하는 데 중요하다. 대부분의 경우 $s_{ki}(x^{(0)}, x)$ 효과는 이전 상태 $x^{(0)}$가 아닌 새 상태 x에만 의존한다. 이는 옵션 세트(즉, 어떤 새로운 상태가 가능한가)를 결정하는 데 이전 상태가 역할을 하지만, 다양한 가능한 새로운 상태에 대한 상대적인 평가는 하지 않는다는 것을 의미한다. 표기법을 단순하게 유지하기 위해 우리는 $s_{ki}(x)$에서 $s_{ki}(x^{(0)}, x)$까지 사용한다.

1. 기본적인 구성요소는 외향 연결정도outdegree $s_{1i}(x)=\sum_j x_{ij}$이다. 이 효과는 회귀 모형의 상수항constant term과 유사하며 거의 항상 포함될 것이다. 그것은 연결의 생성과 종결 사이에 균형을 이루는데, 그것은 다음과 같이 이해될 수 있다. 등식 (3)은 확률을 결정하는 것이 목적 함수의 **변화**임을 보여준다. 이전의 상태 $x^{(0)}$가 주어지면, 다음의 상태 x는 $x^{(0)}$보다 하나 더 많거나 한 개 더 적거나 혹은 두 개가 같다. $s_{1i}(x)$에 계수 β_1를 갖는 경우, 연결을 만들 때 (7)에 대한 기여는 β_1이고, 연결을 해체할 때 기여는 $-\beta_1$이다. 따라서 모형에서 외향성 연결정도의 효과의 역할은 연결 생성 대 연결 종결에 유리한 $2\beta_1$의 기여이다. 일반적으로 네트워크들은 느슨하기에 연결을 종결하는 것보다 생성하는 기회를 더 많이 만들 수 있다. 따라서 다소 안정된 상황에서는 (이미 다른 모형 구성요소에 의해 결정되어 있지 않는 한) 매개변수 β_1가 네트워크를 느슨하게 유지하는데 부정적일 것이다.

2. 거의 항상 어떤 종류의 교환이나 다른 상호적 의존이 있기 때문에 선택의 상호성은 거의 모든 방향의 소셜네트워크의 근본적인 측면이다. 이것은 상호성의 정도로, 행위자 i가 관여하는 상호 연결의 수인 $s_{2i}(x)=\sum_j x_{ij}x_{ji}$에 의해 반영된다.

3. 네트워크의 로컬 구조는 삼자관계, 즉 3개 노드의 하위그래프에 의해 결정된다(Holland and Leinhardt, 1976). 삼자관계의 종속성의 첫 번째 유형은 이행성transitivity인데, 여기에서 패턴 $i \rightarrow j \rightarrow h$의 간접적 연결이 $i \rightarrow h$의 직접적 연결을 암시하는 경향이 있다. 이 경향은 행위자 i에서 유래한 삼자관계의 이행 수인 $s_{3i}(x)=\sum_{j,h}x_{ij}x_{jh}x_{ih}$에 의해 파악된다.

이러한 효과에 대한 이론적 주장들은 사회적 행위자들의 협상력과 충돌 가능성에 대한 삼자관계의 내재성의 결과를 논의한 Simmel([1917], 1950)이 공식화하였다. Coleman(1988)은 사회적 통제를 위해 삼자관계 폐쇄의 중요성을 강조하였는데, 여기서 j뿐만 아니라 h에 대한 접근권을 갖고 있는 행위자 i는 j가 h에 대해 기회주의적으로 행동할 경우에 그들을 제재할 수 있는 잠재력을 가지고 있다. 예를 들어 Gulati and Gargiulo(1999)에 의한 기업들 간의 동맹 네트워크에 대한 이러한 효과에 대한 경험적 확인도 있다.

삼자관계의 요소counts를 이용하는 대신에, 지수 랜덤 그래프 모형 ERGMs, 예를 들어 기하학적으로 가중된 엣지 공유 파트너GWESP 통계와 같은 것과 같이 구조의 가중 요소counts에 의한 이행적 폐쇄 경향을 나타낼 수 있다(Snijders et al., 2006; Handcock and Hunter, 2006).

내향 연결정도 및 외향 연결정도는 개별 네트워크 중심성의 기본적 측면이다(Freeman, 1979). 그것들은 다른 행위자들에 대한 접근을 반영하며 종종 행위자들의 네트워크 위치 비용뿐만 아니라 기회들과 직접적으로 연결되어 있다. 정도는 상황에 따라 영향의 가능성, 성공(de Solla Price, 1976), 명성(Hafner-Burton and Montgomery, 2006), 검색 가능성(Scholz et al., 2008) 등에 대한 지표일 수 있다. 따라서 연결 생성과 해체의 확률은 관련 행위자들의 연결정도에 따라 달라질 수 있다. 이는 다음과 같은 연결정도 관련 효과에 의해 분명하게 나타난다.

4. 현재 높은 내향 연결정도를 가진 수신자들이 새로운 연결의 수신자들로서 보다 인기가 있는 정도를 보여주는 내향 연결정도 인기 Indegree popularity. 이것은 $s_{5i}(x)=\sum_j x_{ij}x_j$로 표현될 수 있는데, i와 연결을 갖고 있는 내향 연결정도의 합계이다. 내향 연결정도가 성공 지표로 간주될 때, 이것은 Merton(1968)의 매튜 효과Matthew effect를 모형화할 수 있고, 그 효과를 de Solla Price(1976)가 누적적 우위의

네트워크 모형에서 사용하였으며, Barabasi and Albert(1999)가 "척도 없는 모형"scalefree model에서 재발견하였다. 이것은 다음과 같이 부상하는 (마이크로 - 매크로) 결과를 갖고 있는 효과의 사례이다. 개별 행위자들이 인기 있는 (높은 내향 연결정도의) 행위자들과 연결되는 것을 선호한다면, 그 결과는 높은 내향 연결정도의 분산을 가진 네트워크이다. Hicklin 등(2008)에 의해 주장된 바와 같이, 연결정도는 종종 반응returns이 감소할 수 있기 때문에, 예를 들어 $s_{5i}(x)=\sum_j x_i\ x_{+j}$와 같은 이 효과의 대체 설정을 고려할 수 있다.

5. 외향 연결정도의 유사성과 내향 연결정도와 외향 연결정도의 조합 (예를 들면 "동류성": 높은 연결정도를 가진 행위자들의 외향적 연결이 높은 연결정도를 가진 다른 행위자들에 대해 불균형하게 지향되는가?)과 유사하게 효과들은 선형적이고 비선형적이라고 규정될 수 있다. Snijders, van de Bunt, and Steglich(2010)을 참조하라. 연구 질문 및 연구 대상 네트워크 유형에 따라 많은 다른 효과들이 고려될 수 있고, 많은 다른 효과들이 소프트웨어에서 사용될 수 있다. Ripley 등(2016)을 참조하라.

네트워크 구조 자체에 토대를 둔 이러한 효과들 외에도, 연구 질문들은 당연히 목표, 제약조건, 자원 등의 지표들 등 네트워크에 대해 외부적으로 정의된 행위자들의 속성에 따른 효과들로 연결할 것이다. 네트워크 연결은 두 개의 행위자들을 포함하므로, 단항의 행위자 변수 v_i는 잠재적으로 다음과 같은 네트워크 역학에 대한 여러 가지 효과를 이끌 것이다. 여기서 에고ego라는 단어는 중점 행위자 또는 연결의 발신자를 위해 사용되는 반면, 알터alter는 연결을 수신 받는 잠재적인 후보자를 위해 사용된다.

6. 에고 효과ego effects $s_{10i}(x) = \sum_j x_{ij} v_i = x_{i+} v_i$는 연결을 하려는 성향에 대한 변수 v_i의 효과를 보여주고 vi과 외향 연결정도 간의 상관관계를 이끈다.

7. 알터 효과alter effects $s_{11i}(x) = \sum_j x_{ij} v_j$는 연결되려는 행위자의 인기에 대한 이러한 변수의 효과를 반영하고 변수 vi와 내향 연결정도 간의 상관관계를 이끈다.

8. 유사성(동종선호) 효과는 McPherson, Smith-Lovin, and Cook(2001)이 일반적인 용어로 검토한 바와 같이 두드러진 특징에서 유사한 행위자들이 연결되고 유지될 확률이 더 크다는 것을 의미한다. 일례로 사람들은 전문지식과 유사한 견해를 가진 것으로 인식되는 정치적 토론 파트너를 선택하는 경향이 있다는 Huckfelt의 연구 결과가 있다. 이것은 (인식된) 전문지식에 관해 알터와 유사성 효과에 의해 반영될 것이다. 또 다른 예는 민주주의 국가들이 다른 민주주의 국가들과 무역 협정을 맺을 가능성이 높다는 연구(Manger and Pickup, 2016)이다. 유사성은 효과로 나타낼 수 있고, 여기에서 $Range(v) = \max_i(v_i)\text{-}\min_i(v_i)$이다.

$$s_{12i}(x) = \sum_j x_{ij}\left(1 - \frac{|v_i - v_j|}{Range(v)}\right)$$

9. 생산 상호작용, $s_{13i}(x) = \sum_j x_{ij} v_i v_j$와 같이 표현되는 에고 – 알터 상호작용 효과ego-alter interaction effect는 잠재적 연결의 전달자와 수신자의 공변량에 대한 값의 조합이 연결 생성과 유지에 어떤 영향을 미칠 수 있는지를 나타내는 다른 방식이다.

더 나아가, 행위자 쌍들의 속성을 포함할 수 있는데, 그 중 한 예는 그들이 다른 네트워크에서 어떻게 관련되고 있는가이다. 예를 들어 그러한 쌍 공변량dyadic covariates은 모임 기회meeting opportunities, 공간적 근접성 spatial propinquity, 군사 동맹, 제도적 관련성, 동일한 자원 또는 희소한 결과에 대한 경쟁 등의 것을 나타낼 수 있다.

10. 공변량 w_{ij}의 쌍 공변량 효과dyadic covariate effect는 $s_{14i}(x)=\sum_j x_{ij} w_{ij}$ 로 정의된다. 모형 설정에 사용될 수 있는 많은 다른 효과들이 RSiena 매뉴얼에 언급되어 있다. 목적 함수에서 행위자들 간의 추가적인 차이는 상호작용 효과로 나타낼 수 있다. 형성 확률의 시간 이질성은 시간 변화 공변량을 사용하여 통합될 수 있다.

매개변수 평가

연속 시간 기록이 위에서 설명한 대로 네트워크 진화 과정에서 사용될 수 있어서, 각 연결에 대해 관찰 기간 내의 정확한 시작 시간과 종료 시간이 알려져 있고, 이러한 시작 시간과 종료 시간이 모두 구분된다면, 모형을 일반화된 선형 모형으로 구성할 수 있고, 원칙적으로는 최대 우도 추정manximum likelihood estimation도 단순한 방식으로 할 수 있다. 그러나 패널 데이터("특정 시점")만 사용될 수 있는 것이 더 일반적이다. 때때로 이것은 지정된 간격(예를 들면 연간)에 있고, 데이터 수집에 편리한 시간에 따라 비정규적인 시간에 있는 경우도 있다. 모형의 정의는 불규칙한 관찰 시간이 전혀 문제되지 않음을 의미하고; 이러한 시간은 다른 파라미터에 영향을 주지 않으면서 패널 파형 특정 매개변수panel wave-specific parameter ρm에 흡수된다. 패널 데이터의 경우 이것은 결측 데이터가 많은 일반화된 선형 모형이다(즉, 연결 변화들의 관찰되지 않은 타이밍들). 이 경우 추정은 다양한 시뮬레이션 기반 방법으로 가능하다.

모멘트 추정 방법은 Snijders(2001)가 제안하였다. 모멘트 추정 방법의 원칙은 통계의 벡터, 즉 추정되는 각 매개변수 좌표에 하나를 선택하고, 이 통계의 벡터의 기댓값이 각 관찰(파동)에서의 관찰 값과 일치하는 매개변수 값으로 매개변수 추정을 결정함으로써 작동한다. SAOM의 경우, 필요한 기댓값을 분석적으로 계산될 수 없지만 몬테카를로 시뮬레이션으로 근사치를 계산할 수 있다. 이 값들은 Snijders(2001)에 의해 개발되고 RSiena 패키지에 구현된 추계적 근사치에 사용된다. 이 방법은 추정된 매개변수를 반영하는 적절한 네트워크 설명 집합의 평균이 관찰된 값에 충분히 근접할 때까지 시험 매개변수 값으로 네트워크 역학을 여러 번 시뮬레이션하여 업데이트한다. 이 방법은 마르코프 연쇄 몬테카를로 MCMC 방법이라고 할 수 있지만, 본질적으로 베이지안 추론Bayesian 방법이 아닌 빈도확률론frequentist이며, 따라서 이전 분포의 설정을 필요로 하지 않는다. RSiena 매뉴얼에서 논의한 바와 같이 알고리즘의 수렴을 확인하는 것이 중요하다. 때로는 새로운 초기값으로 이전에 얻은 매개 변수를 사용하여 추정을 반복할 필요가 있다.

모멘트 추정 방법은 상당히 신뢰할 수 있고 효율적인 것으로 입증되었다. 보다 최근에는 다음과 같은 다른 잠재적으로 보다 효율적인 추정 방법들이 개발되었다. Koskinen and Snijders(2007)의 베이지안 추론, Snijders, Koskinen, and Schweinberger(2010)의 최대 가능성 추정, Amati 등(2015)의 일반화된 모멘트 추정(2015) 등.

변화하는 행위자 집합

조직, 유권자, 국가 또는 기타 정치적 행위자의 네트워크에서 노드 집합의 구성 변화는 특이한 것이 아니다. 행위자는 생성되거나 사라질 수 있고, 데이터 집합의 설명에 들어가거나 삭제될 수 있으며, 조직이나 국가도 병합되거나 분할될 수 있다. 종종 이러한 변화들을 외생적인 것으로 간주하는 것은 타당하다. 변화들이 수용될 수 있는 몇 가지 방법이 있다. 하나는 모든 시점에 한 데이터 집합에서의 노드로서 행위자를 포함시키는 것인데, 노드의 내향성 연결과 외향성 연결이 없는 것을 구조적 0으로 설명하는 패널 파형을 예외로 한다. 왜냐하면 이러한 연결이 불가능하고 없다는 것은 정보 내용이 없음을 의미하기 때문이다. 두 번째 방식은 시뮬레이션 모형으로 실행하고 일부 행위자에 대해서 1회 이상의 간격을 지정하는 것이고, 그 간격은 패널 파동에 의해 결정된 순간들이나 순간들 사이의 어느 지점에서 시작되거나 종결될 수 있으며, 패널 파동에서는 이러한 행위자들에 대한 연결이든 행위자들로부터의 연결이든 어떠한 연결도 형성될 수 없다. Huisman and Snijders(2003)을 참조하라. 예를 들어 이러한 정보를 사용할 수 있는 경우, 새로운 행위자에 대한 시뮬레이션은 패널 파형 사이의 특정 시점부터 시작할 수 있다. 셋째, 연속되는 패널 파형들의 쌍(t_m, t_{m+1})을 각각 별도의 전환transition으로 구성할 수 있다. 데이터 집합이 충분히 크면 연속되는 패널 파형들의 쌍을 별도로 분석할 수 있지만, 데이터 집합이 그리 크지 않은 경우라면, 일정 정도의 데이터를 얻기 위해서 매개변수 값이 일정하다는 가정 하에 여러 쌍 또는 모든 쌍을 동시에 분석할 수 있다. 이것은 패키지의 "다중 그룹"multi group 옵션이다(Ripley et al., 2016). 일정한 매개변수의 가정이 의심스러운 경우, 시간 추세와의 상호작용(예를 들면 선형, 다항식 또는 가변수dummy variable)을 추가할 수 있다. 행위자 집합을 재구성하는 경우, 세 번째 옵션이 특히 유용할 수 있다.

비방향 네트워크의 역학

위에서 설명한 대로 SAOM은 연결하려는 행위자가 그 존재를 결정한다고 가정하여 방향 네트워크로 정의된다. 이 절에서는 모형을 비방향 네트워크로 확장한다. 그러한 네트워크는 정치 및 조직 연구에서 자주 발생한다. 그 점에서 연결의 양쪽에 있는 두 행위자는 그 존재에 대해 선입견을 갖고 있고, 가정은 연결의 생성과 종결에 관련된 두 행위자 사이의 협상이나 조정에 대해서여야 한다.

네트워크의 게임 이론 모형에서 존재하는 연결에 대해 통상 두 행위자가 만족하고 있다고 가정한다. 이것은 Jackson and Wolinsky(1996)가 제안한 쌍방향 안정성 정의의 토대이다. 네트워크는 쌍방향적으로 안정적이다. 어떤 쌍의 행위자들도 그들 간의 새로운 연결을 창조함으로서 얻을 수 없다면, 그리고 어떤 단일 행위자도 관련되어 있는 연결들의 하나를 종결함으로써 얻을 수 없다면, 네트워크는 쌍으로 안정적이다. 우리의 통계적 접근법에서 그러한 안정성 개념은 설 자리가 없지만, 행위자들이 연결로부터 이익을 얻어야 한다는 기본적인 생각은 우리의 확률론적 틀로 해석된다. 여기에서 몇 가지 모형들이 제시되는데, 모두 기회와 선택의 2단계 과정에 토대를 두고 있고 두 행위자들 간의 선택의 조합에 관한 다른 가정을 만드는 것은 연결과 관련되어 있다.

쌍방의 선택

현재 네트워크가 비방향적이라고 가정한다. 즉 연결은 어떤 방향성도 없다. $X_{ij}=X_{ji}$는 당연히 유효하고, 연결 변수 X_{ij}와 X_{ji}는 하나의 동일한 변수로 취급된다. 이제 연결은 $i \leftrightarrow j$로 표시된다.

기회 또는 타이밍, 과정의 경우 다음 두 가지 옵션이 고려된다.

1. 일방의 이니셔티브: 하나의 행위자 i가 무작위로 (하지만 동일한 확률일 필요는 없음) 선택되고, 변경할 기회를 얻는다. 이것은 행위자 i로부터 다른 행위자로의 연결들 중 하나를 바꾸는 다항 선택이다.
2. 쌍방의 기회: 행위자들 i, $j(i \neq j)$의 순서쌍(i, j)은 무작위로 (동일한 확률일 필요는 없음) 선택되고 그들 간 연결의 존재에 대해 새로운 결정을 내릴 기회를 얻는다. 이것은 연결 $i \rightarrow j$의 존재에 대한 이항 선택이다.

선택 과정은 다음의 세 가지 대안들 중의 하나로 모형화 된다.

D. 독단적Dictatorial: 한 행위자가 다른 행위자에 대한 연결에 대한 결정을 내릴 수 있다.

M. 상호적Mutual: Jackson and Wolinsky(1996)에 따라, 두 행위자 모두가 그들 사이에 존재하는 연결에 동의해야 한다.

C. 보상적Compensatory: 두 행위자가 그들의 결합된 목적 함수에 근거하여 결정하는데, 이것은 공동 합의에 도달하는 것을 나타낼 수 있다. 여기에서 일방의 이니셔티브와의 결합은 다소 인위적으로 보이며, 우리는 쌍방향 이니셔티브에 대한 옵션을 상술할 뿐이다.

상호 인정된 일방의 기획initiative인 모형 M.1은 대부분의 경우 비방향 연결을 형성하고 유지하는 데 필요한 조정을 가장 잘 전달하는 간단한 표현이다. 특혜무역협정에 대한 예는 Manger and Pickup(2016)이 제시하였고; 문화 상품의 무역 시장에 대한 예는 Shore(2015)가 제시하였다. 모형 D.1과 D.2는 군사적 충돌 모형화에 대한 잠재력을 갖고 있고, 모형 C.2는 공동 협상 상황에서 가치가 있을 수 있다.

수학적 정교화

우리는 이들 다섯 가지 옵션과 관련된 공식을 간략하게 정교화 하는데, 그것은 먼저 기회 요소를 다루고 선택 과정을 다룬다.

1. 일방의 기획: 변경할 기회의 경우, 방향 사례에 대해 위에서 언급하였던 가정 1-6은 여전히 그대로이다.
2. 쌍방향의 기회: 행위자 i, $j(i{\neq}j)$의 순서쌍(i, j)의 선택을 위해서는 위의 가정 1-3은 유지되지만 4-6은 다음과 같이 교체된다.
   4.2. 행위자들의 각 순서쌍(i, j)는 $\lambda_{ij}(x;\rho)$로 표시된 변화율을 갖고 있다.
   5.2. 행위자들의 특정 쌍에 의한 다음 변화의 기회까지의 대기 시간은 매개변수 $\lambda_{tot}(x;\rho)=\sum_{i{\neq}j}\lambda_{ij}(x;\rho)$의 지수 분포를 보인다.
   6.2. 다음 변경 기회가 쌍(i, j)에 있을 확률은 다음의 식에 의해 주어진다.

$$P\{쌍\ (i,j)에\ 대한\ 다음\ 변화의\ 기회\} = \frac{\lambda_{ij}(x;\rho)}{\lambda_{tot}(x;\rho)} \tag{8}$$

선택 과정에는 D(독단적Dictatorial), M(상호적Mutual), C(보상적Compensatory) 옵션 등 세 가지가 있다. 모든 경우에 방향의 사례에 대해 규정되었던 가정 7은 유지되고, 가정 8은 다음과 같이 대체된다.

독단적

방향이 있는 사례에서처럼, 행위자 i는 (3)을 사용해 목표 함수 $f_i(x^{(0)}, x;\beta)$에 의해 주어진 단일 연결 변수 X_{ij}의 변화를 선택하며, 행위자 j는 그저 이를 받아들여야 한다. 이는 두 가지 기회 옵션과 결합하면 다음과 같은 사례들을 제시한다.

8.D.1. 일방의 기획의 경우, 연결 변수가 변경될 확률이 X_{ij}이고, 그래서 네트워크 x가 $x^{(\pm ij)}$로 변경될 확률은 방향이 있는 관계 모형에서처럼 다음과 같다.

$$p_{ij}(x, \beta) = \frac{\exp\left(f_i\left(x, x^{(\pm ij)}; \beta\right)\right)}{\sum_{h=1}^{n} \exp\left(f_i\left(x, x^{(\pm ih)}; \beta\right)\right)} \tag{9}$$

8.D.2. 쌍방향 기획의 경우, 행위자 i는 연결 $i \rightarrow j$의 존재 여부에 대해 이진 선택binary choice을 한다. 네트워크 x가 $x^{(\pm ij)}$로 변할 확률은 다음과 같다.

$$p_{ij}(x, \beta) = \frac{\exp\left(f_i\left(x, x^{(\pm ij)}; \beta\right)\right)}{\exp\left(f_i\left(x, x; \beta\right)\right) + \exp\left(f_i\left(x, x^{(\pm ij)}; \beta\right)\right)} \tag{10}$$

상호적

8.M.1. 일방의 기획의 경우 행위자 i는 i의 목적 함수에 따라 확률 (9)로 변경될 연결 변수를 선택한다. 만약 현재 $x_{ij}=0$이고, 그래서 변화가 새로운 연결 $i \rightarrow j$의 생성을 의미하는 것이라면, 이것은 행위자 j에게 제안되고, 이때 j는 다음 식과 같은 수용 확률을 갖는 j의 목적 함수에 기반한 이진 선택에 따라 이를 받아들일 것이다.

$$P\left\{ j \text{ accepts tie proposal} \right\} = \frac{\exp\left(f_j\left(x, x^{(\pm ij)}; \beta\right)\right)}{\exp\left(f_j\left(x, x; \beta\right)\right) + \exp\left(f_j\left(x, x^{(\pm ij)}; \beta\right)\right)}$$

만약 i에 의한 선택이 기존의 연결의 종결을 의미한다면, 그 제안은 항상 시행된다. 공히 이러한 규칙들은 현재의 네트워크 x가 $x^{(\pm ij)}$로 변경될 다음의 확률을 유도한다.

$$p_{ij}\left(x, \beta\right) =$$

$$\frac{\exp\left(f_i\left(x, x^{(\pm ij)}; \beta\right)\right)}{\sum_{h=1}^{n} \exp\left(f_i\left(x, x^{(\pm ij)}; \beta\right)\right)} \left(\frac{\exp\left(f_j\left(x, x^{(\pm ij)}; \beta\right)\right)}{\exp\left(f_j\left(x, x; \beta\right)\right) + \exp\left(f_j\left(x, x^{(\pm ij)}; \beta\right)\right)} \right)^{1-x_{ij}}$$

$$(11)$$

8.M.2. 양방향의 기회의 경우, 행위자들 i와 j는 모두 연결 변수 X_{ij}의 값을 재고한다. 행위자 i는 확률 (10)을 갖는 변화(전환 toggle)를 제공하고 행위자 j 역시 유사하다. 현재 어떤 연결도 없다면, 즉, $x_{ij}=0$이라면, 두 행위자가 제안한 경우, 연결이 형성되는데, 이때는 다음 식 (12a)와 같은 확률을 갖는다.

$$p_{ij}\left(x, \beta\right) = \left(\frac{\exp\left(f_i\left(x, x^{(\pm ij)}; \beta\right)\right)}{\exp\left(f_i\left(x, x; \beta\right)\right) + \exp\left(f_i\left(x, x^{(\pm ij)}; \beta\right)\right)} \right)$$
$$\times \left(\frac{\exp\left(f_j\left(x, x^{(\pm ij)}; \beta\right)\right)}{\exp\left(f_j\left(x, x; \beta\right)\right) + \exp\left(f_j\left(x, x^{(\pm ij)}; \beta\right)\right)} \right)$$

$$(12a)$$

현재 연결이 있는 경우, 즉 $x_{ij}=1$이면, 어느 하나의 행위자 혹은 두 행위자 모두가 연결을 종결시키고자 할 경우, 다음 식 (12b)와 같은 확률로 연결이 종료된다.

$$p_{ij}(x,\beta) = 1 - \left\{ \begin{array}{l} \dfrac{\exp\left(f_i\left(x,x;\beta\right)\right)}{\exp\left(f_i\left(x,x;\beta\right)\right) + \exp\left(f_i\left(x,x^{(\pm ij)};\beta\right)\right)} \\ \times \dfrac{\exp\left(f_j\left(x,x;\beta\right)\right)}{\exp\left(f_j\left(x,x;\beta\right)\right) + \exp\left(f_j\left(x,x^{(\pm ij)};\beta\right)\right)} \end{array} \right\} \tag{12b}$$

보상적

두 행위자는 그들의 결합된 목적 함수에 근거해 결정하는데, 이것은 공동 합의에 도달하는 것을 나타낼 수 있다. 일방의 기획과의 결합은 여기에서 다소 인위적이고, 우리는 이 옵션을 쌍방향의 기획에 맞춰 정교화할 뿐이다.

8.C.2. 연결 $i \leftrightarrow j$의 존재에 대한 이진 결정은 행위자 i와 j의 목적 함수의 합에 기초하고 있다. 네트워크 x가 $x^{(\pm ij)}$로 변경될 확률은 이제 다음 식 (13)에 의해 제시된다.

$$p_{ij}(x,\beta) =$$

$$\frac{\exp\left(f_i\left(x,x^{(\pm ij)};\beta\right) + f_j\left(x,x^{(\pm ij)};\beta\right)\right)}{\exp\left(f_i\left(x,x;\beta\right) + f_j\left(x,x;\beta\right)\right) + \exp\left(f_i\left(x,x^{(\pm ij)};\beta\right) + f_j\left(x,x^{(\pm ij)};\beta\right)\right)} \tag{13}$$

이것을 위에서 정의한 이행률transition rates에 결합시키면, 다음과 같은 결과가 나타난다. 주의해야 하는 것은 판단을 할 때, 전환된toggling 변수 X_{ij}가 전환된 변수 X_{ji}와 동일하고 위에서 설명한 규칙이 쌍 (i, j)에서 첫 번째 행위자와 두 번째 행위자에게 다른 역할을 부여한다는 사실이다. 일방향 기획을 갖는 모형의 경우, 이행률은 다음의 식 (14)이고,

$$q_{ij}(x) = \lambda_i(x;\rho)\, p_{ij}(x,\beta) + \lambda_j(x;\rho)\, p_{ji}(x,\beta) \tag{14}$$

이고, 쌍방향 기회를 갖는 모형의 경우 이행률은 다음 식 (15)이다.

$$q_{ij}(x) = \lambda_{ij}(x;\rho)\, p_{ij}(x,\beta) + \lambda_{ji}(x;\rho)\, p_{ji}(x,\beta) \tag{15}$$

여기에서 함수 λ_i, λ_{ij}, p_{ij}는 위에서 정의한 바대로다.

비방향 네트워크에 대한 모형 설정

다시, 목적함수의 편리하고 유연한 등급은 선형 조합 (7)로 나타낼 수 있다. 동일한 효과가 방향 네트워크에 대해서도 사용될 수 있지만 몇 가지 중복된다. 왜냐하면 연결 $i \rightarrow j$와 $j \rightarrow i$가 이제는 동일하기 때문이다. 예를 들어 에고 효과 s_{10i}는 알터 효과 s_{11i}와 동일한 단일 공변량 등의 경우 상호성 효과reciprocity effects s_{2i}는 정도 효과degree effects s_{1i}와 동일하다. 위에서 언급한 5가지 옵션 중의 선택은 주로 잠재적 연결의 양쪽에 있는 두 행위자가 연결을 결정하는 데 있어 어떻게 함께 행동하는 지에 대한 이론적 지식에 근거해 이뤄져야 한다. Jackson and Wolinsky(1996)에 의하면, 상호 확인이 이뤄진 일방의 기획(M.1)이 종종 가장 그럴듯한 선택일 수 있다. 다섯 가지 옵션 간의 대응 관계를 연구하면 동일한 데이터 집합이 서로 다른 모형 옵션에 종속되었을 때의 차이를 예상하는 데 있

어 몇 가지 약간의 통찰력을 갖게 된다. 가장 명확한 예는 다음과 같다. 모형 (7)에 포함된 모든 효과 s_{ki}가 관련된 두 행위자(예를 들면 정도 효과 s_{1i}와 유사성 효과 s_{12i}의 경우)에 대한 연결의 기여도가 같을 경우, (13)의 두 가지 목적 함수 추가 때문에 보상적 쌍dyadic 모형 C.2는 매개변수 β_k가 D.2에 대한 것보다 C.2에 대한 만큼 두 배로 작다는 점을 제외하고 독단적 쌍dyadic 모형 D.2와 동일하다. 이 동일성은 유지되지 않지만 1차 근사치에서는 모형 C.2의 매개변수 β_k가 D.2의 약 2배정도 작고, 매개변수 ρ_m는 상당히 유사하다고 예상될 수도 있다.

평가와 사례들

모멘트 평가의 방법은 방향 네트워크 모형에 대해 앞 절에서 설명하였던 것과 정확하게 동일한 방식으로 확보할 수 있다. 이는 이러한 평가 알고리즘이 네트워크 진화의 시뮬레이션에 직접적으로 기초를 이루고 있고, 이 절의 가정이 비방향 네트워크의 진화를 시뮬레이션하는 데 직접적으로 사용될 수 있기 때문이다.

네트워크 및 노드(중심점, 접합점) 특성의 공진화 모형

네트워크 지향 연구 관점이 유익한 주된 이유는 네트워크와 정치적 행위자의 개별 행동, 성과, 태도 등을 결합하는 것이다. 개별 정치적 행동에 미치는 동료들의 영향은 Lazarsfeld 등(1948)을 시작으로 잘 연구된 문제이다. 예를 들어 Klofstad(2007)를 참조하라. Huckfeldt(2009)는 사회적 상호작용이 정치적 행동에 대해 영향을 미치기 때문에 개인의 사회적 맥락의 구성은 그들만의 태도와 행동에 영향을 미친다고 주장하고, 상호작용 파트너들의 네트워크의 내생성에 관심을 이끌었다. 조직 간 연구는 조직 수준의 결과를 위한 네트워크의 중요성에 대해서도 관심을 끌었다. Scholz 등(2008)은 일반 계약 네트워크에서 조직의 지위가 이해관계자들 간의 합의에 협력하고 인식하는 성향에 영향을 미친다는 것을 보여준다. Berardo(2009)는 정부와 비정부 조직 간의 협력이 조직의 성과를 향상시킨다는 것을 보여준다.

네트워크와 행위자 수준의 결과의 결합을 연구하는 것은 다음과 같은 두 가지의 내생성 때문에 어렵다. 즉 네크워크는 결과에 영향을 미치고, 동시에 결과는 네트워크에 영향을 미친다. 이것을 다루는 한 가지 방법은 네트워크의 공진화와 노드의 속성에 대한 연구에서 이러한 동적 의존성을 두 가지 방식 모두로 모형화 하는 것이다. 그러면 네트워크와 속성들의 결합이 진화하는 시스템으로서 보이는데, 그 시스템에서 네트워크의 변화들은 네트워크 그 자체와 속성들에 의해 확률적으로 결정되고, 동시에 속성들의 변화들도 동일하게 적용된다. 네트워크와 속성의 패널데이터panel data를 사용하여 이를 모형화 하는 방법은 Steglich 등(2010)이 SAOM의 설명을 활용해 제시하였다. 이 방법론은 통계 분석을 통해 인과적 결론을 도출한다고 주장하지는 않는다. Shalizi and Thomas(2011)는 이것이 패널 연구에서 불가능함을 설득력 있게 주장하였다. 잘 규정된 모형을 적용하는 경우 이 방법을 통해 제시되는 것은 시간 순차time sequentiality에 대한 통찰이다. 즉 속성 변화가 네트워크의 상태('처음에는 네트워크를, 그 다음에는 속성의 변화를')에 따라 달라진다는 증거가 어느 정도 있는가? 그리고 네트워크의 변화가 속성의 상태('처음에는 속성을, 그 다음에는 네트워크의 변화를')에 따라 달라진다는 증거가 어느 정도까지 있는가? 그 아이디어는 그레인저 인과관계Granger causality와 유사하지만, 이러한 유사성에 대한 수학적인 설명은 아직 만들어지지 않았다. 소셜 네트워크 연구에서 인과 관계를 확립하기 위한 시도의 심각한 어려움에 대한 더 정교한 논의에 대해서는 Robins(2015, ch.10)가 제시하고 있다.

이 모형의 개요는 여기에서 제시된다. 노드의 특성이 종속 변수의 역할을 할 때, 우리는 행태behavior라는 용어를 성과performance와 속성과 같은 다른 결과를 나타낼 수 있는 표제어catchword로 사용한다.

네트워크와 행태의 역학

현재 진화하고 있는 네트워크 $X(t)$에 대해 위에서 사용된 모형화 프레임워크는 동시에 상호의존적으로 진화하는 행태변수 H의 벡터 $Z(t)=(Z_1(t), \cdots, Z_H(t))$를 고려함으로써 확장된다. i번째 행위자에 대한 h번째 변수의 값은 $Z_{ih}(t)$로 표시된다. 우리는 행태 벡터 $Z(t)$의 모든 요소들이 정수 구간으로 코드화된 값을 갖는 순서 이산형 변수ordinal discrete variables라고 가정한다. 이진 변수binary variables는 가장 간단한 경우이다.

네트워크와 행태의 결합 역학($X(t)$, $Z(t)$)을 모형화하기 위해, 우리는 $X(t)$만의 개발을 모형화 하는 데 사용된 것과 동일한 원칙을 따른다. 즉 시간 t는 연속적인 매개 변수이다. 네트워크와 행태의 변화는 관찰 사이의 임의의 순간에 일어날 수 있다. 어느 단일 시점에서, 변수 X_{ij}든 행태 변수 Z_{ih}든 하나만 변화할 수 있다. 과정 ($X(t)$, $Z(t)$)는 마르코프 프로세스로 진화한다. 즉, 변경 확률은 과정에 있어 이전 상태가 아닌 현재 상태에 따라 달라진다. 가능한 가장 작은 단계에서 역학을 분산하는 원칙은 한 순간에 행태 변수의 변화가 정렬된 값의 단계도ladder에서 한 단계씩만 오르내릴 수 있다는 것, 즉 +1 또는 -1이 될 수 있다는 것을 요구함으로써 더욱 진전된다. 그 이유는 변수들이 정수 값이기 때문이다.

이러한 원칙들에 대해서는 Snijder, Stegilich, and Schweinberger(2007)과 Steglich, Snijders, and Pearson(2010)이 다음과 같은 기본 구성 요소를 갖춘 모형에서 상세히 설명하고 있다.

- 네트워크 변경의 경우 **네트워크 비율 함수** $\lambda_i^X(x,z;\rho^X)$는 행위자 i가 외향outgoing 네트워크 변수를 변경할 수 있는 기회를 갖는 평균 빈도를 나타낸다.
- 각 행태 변수 Zh에 대해 **행태 비율 함수** $\lambda_i^{Zh}(x,z;\rho^{Zh})$는 행위자 I가 이 행태 변수에서 변화시킬 기회를 갖는 평균 빈도를 나타낸다.
- **네트워크 목표 함수** $f_i^X(x^{(0)},x;z,\beta^X)$는 행위자 i가 네트워크를 변화시키는 기회를 갖는다는 조건으로 네트워크 연결의 변화 확률을 결정한다.
- 행태 변수 Z_h에 대한 **행태 목표 변수** $f_i^{Zh}(z^{(0)},x;z,\beta^{Zh})$는 행위자 i가 행태를 변경할 기회를 갖는다는 조건으로, 행위자 i에 의한 다음 행태 변화의 확률을 결정한다.

네트워크 역학은 네트워크에 국한된 사례에 대해서만 위에서 정의한 대로 진행된다. 행태 역학은 유사하다. 하지만 여기에서 변경 결정에 대한 옵션 집합은 다음과 같은 방식으로 다르다. 표기의 단순성을 위해, 우리는 지수 h를 배제하는 의존적 행태 변수인 $H=1$의 경우에 대해서만 공식을 제시한다. 비율 함수 $\lambda_i^Z(x,z;\rho^Z)$에 의해 구동되는 과정에서, 행위자 i는 추계적 순간에 자신의 행태 Z_i의 값을 변경할 기회를 얻는다. 이러한 경우에 그리고 현재 값이 $z^{(0)}$로 표시되어 있는 경우, 행위자는 1씩 증가, 그대로 유지, 또는 1씩 감소 등 세 가지 옵션을 갖는다. 현재 값이 범위의 최소값 또는 최대값인 경우 이들 옵션 중 하나는 제외된다. 선택 확률은 다시 다항 로짓 형태를 갖는데, 이 경우 ($z^{(0)}$-1, $z(0)$, $z^{(0)}$+1의 값을 갖는) z를 선택하는 확률은 z의 사례에서 명백한 수정을 포함한 식 (16)으로, 그 범위의 경계 내에 있다.

$$\frac{\exp\left(f_i^Z\left(z^{(0)},z;x,\beta^Z\right)\right)}{\sum_{d=-1}^{1}\exp\left(f_i^Z\left(z^{(0)},z^{(0)}+d;x,\beta^Z\right)\right)} \tag{16}$$

또한 근시안적 최적화의 해석은 가능하지만 꼭 필요한 것은 아니다. 네트워크와 행태의 공진화를 위한 이 모형은 Z_{ih}와 Z_{jh}의 값은 i로부터 j까지의 연결을 생성하거나 유지하는 확률에 영향을 주는 두 가지 표현, 선택selection 표현을 허용하고(예를 들면 동종선호homophilous 선택), 행위자 i의 경우 Z_{ih}에서의 변화 확률은 i와 연결을 맺고 있는 행위자 j들의 행태 Z_{jh}에 따라 달라지는 영향influence 표현 즉 전파contagion를 허용한다. 보다 일반적으로, 행위자 i의 행태 변화는 i의 네트워크 주변의 구성뿐만 아니라 i의 네트워크 위치에 따라 달라질 수 있다.

행태 역학의 설정

모형 설정에서 추가적으로 고려될 주요 구성 요소는 행태에 대한 목표 함수이다. 여기에서도 우리는 하나의 단일 행태 변수인 Z에 대해 표기법을 사용한다. 다시 선형 조합은 다음의 식 (17)과 같이 고려된다.

$$f_i^Z\left(z^{(0)},z;x,\beta^Z\right)=\sum_k\beta_k^Z s_{ki}^Z\left(z^{(0)},z;x\right) \tag{17}$$

여기에서 효과 $s_{ki}^Z(z^{(0)},z;x)$는 네트워크와 행태에 따라 달라진다. 우리는 새로운 상태 z에 따라서만 효과를 제시하고, 그에 따라 $s_{ki}^Z(z;x)$를 $s_{ki}^Z(z^{(0)},z;x)$로 쓴다. 기준 모형은 단기 목표와 제한을 표현한 행위자 자신의 행태에 대한 2차 함수이다. 이는 2차 항에 대한 네거티브 계수를 사용해, 선호 함수로 간주될 수 있는 (한편으로는 근시안적인 해석인) 단일 모형 함수를 나타낸다. 이것은 다음을 포함한다.

1. 1차항(선형항) $s_{1i}^{Z}(z;x) = z_i$과
2. 2차항 $s_{2i}^{Z}(z;x) = (z_i)^2$

사회적 영향(전파)을 나타내기 위해 다음과 같은 몇 가지 통계를 설정할 수 있다.

3. 행위자 i의 행태와 i와 연대한 행위자들 간의 유사성은 아래의 네트워크 역학에 대한 유사한 효과 s_{12i}처럼 측정된다.

$$s_{3i}^{Z}(z;x) = \sum_j x_{ij}\left(1 - \frac{|z_i - z_j|}{\text{Range}(z)}\right)$$

4. 행위자 i와 연결한 다른 행위자들의 평균적 행태를 갖는 고유의 행태 z_i의 산물 $s_{4i}^{Z}(z;x) = z_i\left(\sum_j x_{ij} z_j\right) / \left(\sum_j x_{ij}\right)$(이것이 0/0인 경우 0로 정의). 두 용어 s_{1i}^{Z}과 s_{2i}^{Z}와 함께, 이것은 (s_{2i}^{Z}의 계수가 음수인 경우) 최대치의 위치가 i의 "개인 네트워크"에서 평균 행태의 선형 함수인 이차함수를 제시한다.

효과 s_{3i}^{Z}와 s_{4i}^{Z}는 다른 수학적인 방식으로 사회적 영향의 개념을 표현한다. 이들 사이의 선택은 특정한 이론적 선호가 존재하는 경우 이론적 근거에 토대를 두거나 혹은 그밖의 경험적 근거에 토대를 둘 수 있다.

행태 역학은 네트워크 지위position, 예를 들어 행위자의 등급the degrees of the actor의 직접적 영향을 받을 수 있다. 이는 예를 들어 다음과 같은

영향을 받을 수 있다.

5. 행위자 i의 "인기"는 내향 연결정도indegree, 즉 외부로부터 요구가
   있는 연결의 수 $s_{5i}^{z}(z;x)=z_i x_{+i}$에 의해 측정된다. 그리고/혹은
6. 행위자 i의 "활동"은 외향 연결정도outdegree, 즉 외부로 요구하는 연
   결의 수 $s_{6i}^{z}(z;x)=z_i x_{i+}$로 측정한다.

아울러 이 종속 변수를 설명하는 정치 이론에 따라 다른 행위자 수준
의 효과와 z_i에 대한 및 상황 변수를 포함하는 것이 종종 중요할 것이다.
이 모형에 대한 매개변수 평가는 Snijders 등(2007)의 연구에서 처리된다.
정책네트워크의 파트너 선택과 그에 따른 일반화된 신뢰와의 공진화
coevolution에 대한 응용 프로그램은 Berardo and Scholz(2010)의 연구에서
제시된다. Manger and Pickup(2016), 그리고 Rue and Sundararajan(2014)은
이 모형을 민주주의의 확산에 적용한다.

복합 네트워크의 공진

공진화의 원칙은 동일한 행위자들 집합에서 몇 가지 네트워크의 상호
의존적 역학에도 적용될 수 있다. 이를 다변량 네트워크라고 부를 수 있
다. 그 정교함은 네트워크와 행태의 공진화와 상당히 유사하다. 각 네트
워크는 고유의 비율 함수와 목적 함수를 갖고 있고, 각 네트워크의 목적
함수(아마도 비율 함수)는 네트워크 자체와 다른 네트워크에 따라 달라
질 것이다. 유의해야 할 점은 지난 관찰된 상태가 아니라 현재의 시스템
의 상태에 좌우된다는 것이다. 다중 네트워크의 공진화 모형은 Snijders
등(2013)에 의해 처음 제시되었다. 이러한 확장은 (비록 값의 수가 작아야

겠지만) 순서 있는 연결 값으로 네트워크를 표현할 수도 있게 한다.

Liang(2014)은 2012년 미국 대선에 관한 인터넷 토론 포럼에서 발표한 토론 네트워크와 의미해석 네트워크의 공진화 연구에 이 방법을 적용하였다.

관련 논의

네트워크 관련 연구 질문은 다른 사회과학뿐만 아니라 정치학에 있어 이론과 방법론 사이의 공통사항에 다양한 문제들로 이어진다. 한 가지 문제는 한편으로는 개별 행위자들이 탁월성을 갖고 있고, 사회적 맥락에서 내재해 있다고 인식하는 이론들의 조합(cf DiPrete and Forristal, 1994; Uden, 2002; Huckfeldt, 2009)과 다른 한편으로는 단일의 변수들 뿐만 아니라 쌍의 변수들을 포함하는 데이터 집합들을 갖는 경험적 연구들의 조합을 어떻게 이뤄내는가이다. 또 다른 문제는 사회적 행위자들 간의 쌍의 관계에 대한 가설이 거의 필연적으로 쌍의 연결 변수들 간의 또한 쌍의 변수들과 단일의 변수들 간의 의존을 의미할 것과 그로 인해 새로운 통계적 방법을 필요로 할 것이라는 사실이다. 이러한 의존은 종종 내생성 endogeneity의 결과, 즉 복수의 행위자에 의한 상호의존적 선택에 의한 결과로 간주될 수 있다. 예를 들어 행위자들이 연결하고 있는 행위자들에 의해 어떤 영향을 받는가에 대한 연구에서 네트워크가 내생적일 수 있다는 것을 인식하는 것이 중요하고, 상호 작용 파트너의 동종 선택 연구에서 동종선호의 차원의 행태는 내생적일 수 있다. 독립의 가정을 배제하는 것은 통계 분석이 신뢰받을 수 있도록 변수들 간의 의존이 그럴듯한 방식으로 설정되어야 함을 의미한다. 그러나 우리의 이론은 대부분 이 설정에 대해 상당히 잘 다루지 못하는 것들만을 제시한다. 쌍의 변수들 간의 의존을 나타내는 통계 모형은 최근이고 여전히 여러 발전 단계에 있으며, 아직도 우리는 그러한 통계 모형의 잘못된 설정에 대한 결론의 민감도에 대해 거의 알지 못한다.

현재 통계적으로 분석하는 데 사용될 수 있는 세 가지 주요 접근인 – 구조 해석 객체 모형SAOM, 잠정적 지수 그래프 모형TERGM, 그리고 잠재적 유클리드 공간 모형(개관을 위해서는 Desmarais and Cranmer, 2016 참조) 등은 네트워크와 시간 의존을 표현하는 상당히 다른 수단, 즉 동시에 그리고 상이한 시간에 관찰되는 연결 변수들 간의 상관관계 구조를 채택한다. SAOM에서는 시간의 흐름이 명시적으로 존재하며, 이는 관찰 사이의 다양한 시간 시차가 쉽게 통합된다는 것을 의미한다. 모형이 일부 데이터 집합에 대해 유효한 경우, 관찰을 삭제하거나 추가 관찰을 삽입하거나 관찰의 타이밍을 변경하면 나머지의 확률 분포를 그대로 유지할 수 있다. 이것은 다른 접근 방식에는 적용되지 않는다. 분석이 시뮬레이션 기반이라는 사실은 노드 집합에서의 외생적 변화와 같은 관찰 설계의 불규칙성을 유연하게 다룰 수 있게 한다. 그러나 시뮬레이션 설정은 관찰된 변화가 일련의 단일 연결들의 변화의 결과로 간주된다는 점에서 제한적인데, 각각의 연결들의 변화는 모든 행위자들에 대한 네트워크 맥락의 통상 작은 변화를 의미한다. 때때로 이것은 타당하기도 하지만, 이러한 네트워크 의존의 표출은 이러한 행위자들 집단이 연결을 형성하거나 분열시키는데 협력하는 경우, 특히 이들 집단의 구성이 외생적으로 변화하는 경우 부적절할 수 있다. 구조 해석 객체 모형SAOM과 지수 랜덤 그래프 모형ERGM의 다양한 변형인 잠정적 지수 랜덤 그래프 모형 TERGM(Hanneke et al., 2010), 장기 지수 랜덤 그래프 모형LERGM(Koskinen and Snijders, 2013), 분할 시간 지수 랜덤 그래프 모형StERGM(Krivitsky and Handcock, 2014) 등은 명시적으로 설정된 네트워크 종속성에 토대를 두고 있다. 반면에 내재된 공간 모형들(Sewell and Chen, 2015; Dorff and Ward,

2016)은 저차원의 유클리드 공간에 노드들을 배치함으로써 네트워크 종속성을 나타낼 수 있다고 가정한다. 일부 연구 질문의 경우 내재된 공간 위치를 가진 표현이 더 자연스러울 것이고; 다른 질문의 경우 네트워크 의존성의 차별화된 유형에 의한 표현이 더 자연스러울 것이다. 예를 들어 방향 네트워크의 경우 구조 해석 객체 모형SAOM과 지수 랜덤 그래프 모형ERGM의 표현에는 교환reciprocation과 전이의 폐쇄를 위한 개별적인 매개변수가 포함되어 그러한 과정에 대한 가설을 테스트할 수 있는 데 반해, 내재된 공간 모형들에서는 이러한 과정들이 공간 구성으로 통합해 표현된다. 내재된 공간 모형에서 공간 표현의 해석 값을 잠정적 지수 랜덤 그래프 모형에 유사하게 사용되는 구조 해석 객체 모형SAOM에 대해 위에서 설명한 "효과"로 표현된 의존성 측면의 값과 비교하는 것은 흥미로울 것이다. 의존의 이러한 표현에 의해 제시되는 해석적 통찰은 아직 많이 탐구되지는 않았다. 유의해야 할 점은 공변량이 의존의 일부를 "도출해 낼" 것이기 때문에 의존의 "나머지" 표현이 사용된 공변량에 따라 크게 달라질 수 있다는 점이다.

구조 해석 객체 모형과 장점적 랜덤 지수 그래프 모형의 접근 방식은 "완전한 네트워크"에 대한 패널 데이터의 의존성 문제를 다룬다. 이것은 네트워크가 잘 기술된 집단의 모든 행위자들 간의 연결의 패턴으로 구성되고, 이들 행위자들과 집단 외부의 다른 행위자들 간의 연결이 무시될 수도 있다는 것을 의미한다. 네트워크 경계 문제(Marsden, 2005)는 연구의 초기 단계에서 해결되었다고 가정된다. 이러한 모형들 내에서 모든 집단 구성원이 노출되기는 하지만 이 집단 외부의 포괄적인 맥락은 일정하게 유지되고 그 영향은 고려되지 않는다. 이는 Huckfeldt(2009)의 연구에서 "정치적 소통 네트워크들이 인간의 선택들과 환경적으로 부과된 옵션들 간 교차의 복잡한 산물로서 생성된다"(p.928)고 한 진술의 관점에서 여기에서 다뤄지는 방법들은 "인간의 선택" 구성 요소에 초점을 맞추고, 노드 집합의 결정은 "환경에 영향을 받는" 것으로 간주된다. 다른 한편, 내재된 공간 모형들은 관찰되어 오고 있는 완전한 네트워크의 가정에 덜 엄격하다. 데이터가 잠재된 공간 모형을 따를 경우, 데이터 집합에서 일부 노드를 무작위로 배제한 후, 남아 있는 것은 여전히 내재된 공간 모형을 따를 것이다. 이는 허용된 데이터 집합에 대해서는 강점이지만, 이론적인 네트워크 "메커니즘"이 네트워크 부분들의 임의적 삭제에 민감할 수도 있기 때문에 네트워크 의존성의 표현에 있어서는 잠재적 약점의 전조가 될 수 있다.

앞에서 우리는 네트워크들이 종속 변수들 가운데 나타나는 통계 분석으로부터 인과적 해석을 하는 어려움에 대해 언급하였다. 간단히 말해, 네트워크의 내생성이 너무 강해서 통계 방법은 시간 순차성을 설정할 수는 있어도 엄격한 인과 관계를 설정할 수는 없다는 것이다.

개별 행위자에 의한 선택 측면에서 구조 해석 객체 모형의 정의는 변화하는 쌍의 변수들과 단일의 변수들이 분석적 탁월함이 구조적 개인주의에 따라 구조적으로 내재된 개별 행위자들에 있는 이론들에 따라 일관된 분석틀로 분석될 수 있다는 것을 의미한다(Uden, 2002). 다항 로지스틱 모형을 근시안적 선택 측면에서 해석한다는 것은 전략적 고려사항을 배제하는 것이 아니고, 행위자들이 장기적 목표에 도달하기 위해 시도하는 단기 목표로 표현되어야 한다는 것을 의미한다. 상호성reciprocity 과 전이성transitivity과 같은 구조적 효과의 발생에 대해 다룬 문헌들이 제시하고 있는 이론적 주장은 사실 감추어진 목표의 목적을 위한 중간 목표로서의 중요성에 토대를 두고 있는 게 대부분이다. 예를 들어 전이성(삼자 완결구조triadic closure)이 사회적 통제와 제재의 기회를 제공한다고 Coleman(1988)이 제안하였던 주장과 구조적 결함이 입지적 이점을 획득하는 수단이라는 이론(Burt, 1992) 등이 이에 해당한다.

여기에 제시된 모형들은 R 패키지 RSiena로 사용할 수 있는 경험적 네트워크 분석을 위한 시뮬레이션 조사SIENA 프로그램Simulation Investigation for Experiment Network Analysis에 구현되어 있다(Ripley et al., 2016). 관련 웹 사이트 http://www.stats.ox.ac.uk/~snijders/siena/는 기본 튜토리얼과 모범 데이터를 포함하고 있다.

제9장 정치네트워크의 시각화

Jürgen Pfeffer

서론

사회 구조를 시각화하는 기능은 소셜 네트워크 분석의 가장 분명한 장점 중의 하나이다. 정치네트워크의 맥락에서, 연구자들은 네트워크 도면을 사용하여 지방, 국가 및 국제 수준의 정치적 담론뿐만 아니라 정치인, 정당 및 이익집단의 관계를 소통의 방식으로 시각화할 수 있다. "소셜 네트워크 분석의 발전"The Development of Social Network Analysis에서 Freeman(2004)은 네트워크 분석의 진화와 성장을 측정기준metrics의 발전과 시각화visualization의 힘이라는 두 가지 요인에 기인한 것으로 제시한다. 이 장에서는 시각화의 힘에 대해 논한다. 시각화는 아이디어나 연구 결과를 전달하는 데 매우 강력할 수 있다. 언어와 성문 텍스트written text는 순차적 코딩을 필요로 하고, 주어진 시간의 시기 동안 우리가 받아들일 수 있는 정보의 양은 제한되기 때문에, 그림은 탁월한 소통 수단이며, 인간의 두뇌에 의해 높은 대역폭에서 병렬로 처리된다. 인간은 매일 수천 개의 장면을 시각적으로 받아들인다. 그러나 우리는 이러한 시각적 인상을 바로 잊어버린다. 따라서 성공적인 네트워크 시각화를 위한 과제는 두 가지이다. 첫째, 쉽게 효율적으로 받아들여질 수 있고 그림을 빠르게 처리할 수 있는 인간의 능력에 기반한 네트워크 그림을 만들어야 한다. "정보가 빨리 이해되면 될수록 시각화는 그만큼 더 효과적이 된다."(Krempel, 2005). 둘째, 보는 사람의 주의를 사로잡는 매력적인 시각화를 만들어야 한다. 일부 네트워크 그림들이 진열되고 있지만, 네트워크 그림을 이용한 "효율적인 정보 소통"(Tufte, 2001)은 애초부터 예술적 행위가 아니다. 대신에 시각화 알고리즘, 시각적 설계 요소 및 인간의 인식에 대한 더 나은 지식은 더 성공적인 네트워크 그림을 만드는 데 도움이 될 수 있다. 이것이 이 장의 동기이다.

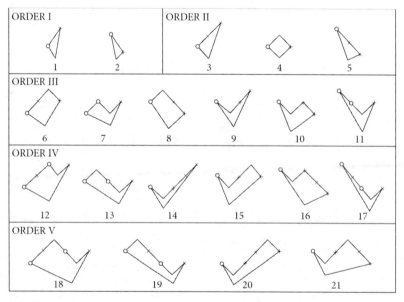

그림 9.1 영국의 결혼 금지
설명: 남성 (+), 여성 (○). 최저점을 받으면 자손이 금지된다.
출처: Macfarlane(1883)을 토대로 재작성.

초기의 네트워크 시각화는 중세 시대에 발견될 수 있는데, 그것은 성서 속 인물이나 귀족 가문의 가계도를 보여주고 있다. 초기에 친척 구조의 시각화는 정책 문제들과 관련이 있는데, 그 이유는 그것들이 가능한 결혼 상대를 식별하는 데 사용되었기 때문이다.

그림 9.1은 유사한 동기의 네트워크 그림을 19세기부터 보여준다. Macfarlane은 영국 법(1883)에 의해 금지된 결혼 배치를 시각화하였다. 동시에, Hobson은 네트워크 그림을 이용하여 남아프리카의 금융 시스템이 소수의 사람들에 의해 긴밀하게 연결되고 통제되고 있다는 것을 보여주었다(그림 9.2). 흥미롭게도, 이것은 2-모드 네트워크 데이터의 초기 표현, 즉 사람들과 소속의 연결로 구성된 네트워크이다(Borgatti and Everett, 1997).

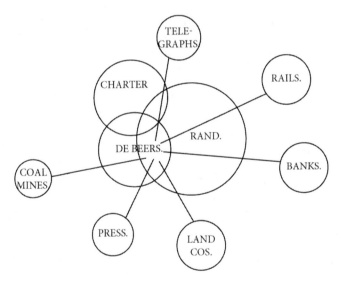

그림 9.2 남아프리카 금융 시스템의 내부 고리를 보여주는 기업의 겸임 이사회.
출처: Hobson(1884)을 토대로 재작성.

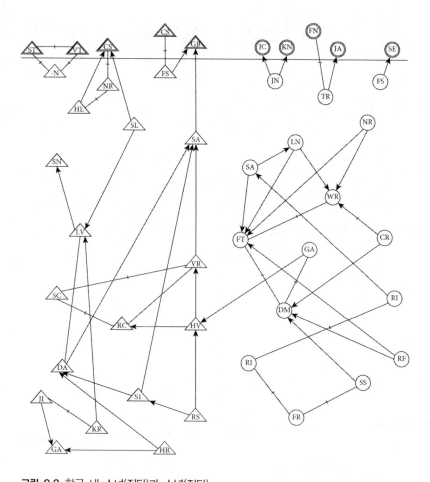

그림 9.3 학급 내 소녀(집단)과 소년(집단)

설명: 링크는 절친을 보여주며, 가장 윗줄은 집단 경계를 보여준다.

출처: Moreno(1934)를 토대로 재작성.

    네트워크 그림은 수세기 동안 사용되어 왔지만, 현대의 네트워크 시
각화는 본질적으로 Jacob Levy Moreno와 연계되어 있다. Moreno는
1934년에 자신의 소시오그램(그림 9.3)을 소개하였고, 이를 통해 네트워
크 그림의 도면을 표준화하고 공식화하였다. 이 장의 초점은 모레노에

의해 정의된 소시오그램, 즉 노드와 링크 다이어그램에 맞춰져 있다. 매트릭스들(Doreian, Batagelj, and Ferligoj, 2005)처럼 네트워크 정보를 표시하는 다른 방식은 여기에서 논의되지 않는다. 관심 있는 독자는 다른 방법에 대한 개요를 위해 Freeman(2000)뿐만 아니라 Hennig 등(2012)을 참조바란다.

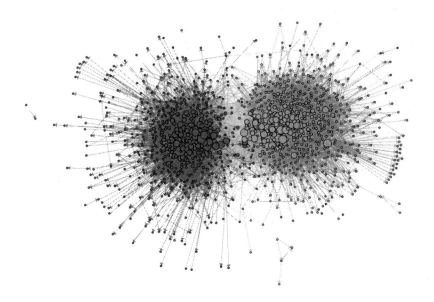

그림 9.4 2004년 미국 선거에서 정치 블로그
설명: 보수는 회색으로, 진보는 검은색으로. 회색/검은색 링크들은 정치 캠프 내 블로그들 간 하이퍼링크이다.
출처: Adamic and Glance(2005)의 동의를 받아 인용.

그림 9.4는 실제로 네트워크 그림이 천 개의 단어보다 얼마나 가치를 갖고 있는지를 보여주는 좋은 예이다. Adamic and Glance(2005)는 2004년 미국 대통령 선거 전에 정치 블로거들의 링크와 토론을 분석하였다. 오른쪽의 회색 노드들은 보수적 블로거들을 나타내고 왼쪽의 검은색 노

드들은 그들의 진보적인 동료들이다. 네트워크 시각화는 이 두 집단의 블로거들이 실제로 두 개의 촘촘히 짜여진 커뮤니티를 형성하고 있고, 다른 두 집단 구성원들 간의 연결 수는 더 적다는 점을 매우 명확하게 보여준다. 사실, 이 네트워크에 있는 모든 링크의 91%가 보수나 진보의 커뮤니티에 있다. 하지만 이러한 숫자를 보고하는 것만으로는 네트워크 시각화가 관심을 더 끌지는 못하겠지만, 이 시각화는 분단된 블로그 영역, 혹은 더 정확히 말하면 분단된 국가를 완벽하게 보여준다.

정치적 양극화를 보여주는 유사한 사례는 미국 하원의 표결을 조사하는 연구에서도 찾아볼 수 있다. 오랜 시간 동안, 지난 수십 년 동안의 투표 행태 변화 분석은 당파주의의 증가를 보여준다(Andris et al., 2015). 정치 행위자들 네트워크의 다른 형태는 소셜 미디어 네트워크일 수 있다. 예를 들어 시각화는 정치인들 간의 트위터 상호 작용 구조를 소통하는 데 사용되거나(Cherepnalkoski and Mozetic, 2015), 온라인 정치 커뮤니티의 역학 관계를 더 잘 이해하도록 하는 데 사용된다(Chu, Wipfli, and Valent, 2011). 국제 정치의 경우, 네트워크 그림은 다른 국가들에 대한 국가들의 제재를 보여줄 수 있고(Cranmer, Heinrich, and Desmarais, 2014), Flandreau and Jobst(2005)는 19세기 후반의 국제 통화 시스템의 집단화 구조를 보여주기 위해 지도에 그려진 네트워크를 사용한다.

이러한 모든 예에서 네트워크 그림은 연구 결과를 제시하는 데(즉, 무언가를 보여주는 데) 사용된다. 그러나 네트워크 시각화는 연구 프로젝트의 끝에만 사용되는 것은 아니다. 또한 그림을 사용하여 데이터를 탐색하는 것(즉, 무언가를 찾는 것)도 가능하다. 일부 연구자들은 첫인상을 얻기 위해 연구 과정의 초기 단계에서 네트워크 데이터를 시각화한다. 네트워크의 좋은 그림은 연구자들이 네트워크 데이터에 관한 정보를 수집하거나 코딩 오류를 보여주는 것을 도울 수 있다. Moreno는 또한 탐구적인 방법으로 그의 소시오그램을 사용했다. "소시오그램은 무엇보다도 탐구의 방법이다"(1953, 96).

네트워크 시각화는 종종 네트워크 분석 프로젝트의 무시된 부분이다. 그러나 네트워크를 그리는 것은 프로젝트의 끝에 소셜 네트워크 분석 도구의 "그리기" 버튼을 클릭하는 것보다 더 복잡한 행위이다. 소셜 네트워크 시각화의 그림을 그릴 때, 다음의 세 가지 주요 요소로 나눌 수 있는 측면들이 고려되어야 한다. 구성요소substance, 디자인, 알고리즘 (Brandes et al., 1999).

구성요소Susbtance는 데이터의 내용에 관한 모든 질문들을 결합한다. 네트워크 데이터의 가장 흥미로운 구성요소는 네트워크 노드들 간의 연결에 대한 정보이다. 그러나 일반적으로 네트워크의 행위자들에 대한 추가 정보가 있다. 네트워크가 정치 행위자들로 구성된 경우 성별, 연령 또는 정당 소속처럼 가장 있을 법한 정보도 이용될 수 있을 것이다. 네트워크가 회사들로 구성된 경우 데이터는 매출, 이익 또는 직원 수에 대한 것일 수 있다. 법정 조언자들 네트워크의 진화에 관한 Box-Steffenmeier and Christenson(2014)의 분석에서의 이익집단은 12개의 산업 코드들로 코딩되어 있다. 이러한 "실제" 데이터 외에도, 산출된 데이터computed-data가 중심성 지표centrality measures처럼 네트워크의 모든 노드에 대해 생성될 수 있다. 네트워크를 시각화하는 데 있어 네트워크 데이터는 거의 항상 다변량임을 기억하는 것이 중요하다. "명료성, 정밀성 및 효율성을 갖춘" 고차원 정보를 시각화하는 것은 "그래프의 우월성"을 위한 토대이다(Tufte, 2001).

설계Design는 네트워크의 구성요소를 그래프의 요소로 매핑하는 것이다. 네트워크의 구조를 파악하기 위해 노드들을 정렬하는 것(레이아웃)은 네트워크 시각화에서 가장 중요한 작업이다. 그럼에도 불구하고, 추가의 정보(실체)로 그림을 풍부하게 하는 것도 흥미로운 과제이다. 이 장의 주요 과제로 대체적인 네트워크의 시각화는 "정보의 시각적 요소 시스템으로의 효과적 전환"을 다루는 것이다(Bertin, 1983). 다음 절에서는 네트워크 그림들의 다양한 설계 요소들에 대해 논의하고 네트워크 데이터의 다른 측면을 나타내는 데 있어 그 요소들의 적합성을 검토한다.

알고리즘Algorithm은 궁극적으로 네트워크 그림 그리기의 컴퓨터 지원 구현을 다룬다. 알고리즘은 네트워크 분석 도구로 구현되어야 하고, 데이터와 아이디어의 크기나 복잡성을 처리할 수 있을 만큼 효율적이어야 한다. 또 다른 측면은 연구자의 데이터와 연구 질문의 구성요소에 대한 알고리즘의 효과이다. 알고리즘이 도움이 되는가, 아니면 산만한 시각적 부작용을 낳는가? 시각화 알고리즘의 내부 작동에 대해 알면 이 질문에 답하는 데 도움이 될 수 있다. 결과적으로, 이 장에서는 레이아웃 알고리즘에 대해서도 논한다. 그것들의 개발과 최적화는 수십 년 동안 연구의 초점이 되어 왔다(Eades, 1984).

노드의 위치: 네트워크 레이아웃

네트워크의 레이아웃은 노드들을 평면에 배치하는 과정의 결과이다. 이는 일반적으로 네트워크 분석 소프트웨어에 구현되는 레이아웃 알고리즘에 의해 수행된다. 레이아웃 알고리즘의 개념을 논하기 전에, 우리는 좋은 레이아웃이 만들어 낼 수 있는 차이를 제시해야 한다. 그림 9.5는 "패짓의 피렌체 가문의 네트워크Padgett's Florentine Families Network"의 세 가지 레이아웃을 보여준다(Wasserman and Faust, 1994; Kent, 1978). 노드들은 15세기 피렌체 가문을 나타내며; 엣지는 두 가문 사이에 결혼 관계가 있는 경우에 그려진다. 첫 번째(왼쪽) 그림에서 노드들은 원형으로 배치된다. 두 번째 그림에서 노드들의 위치는 랜덤이다. 세 번째 그림은 거리 척도의 레이아웃 알고리즘을 적용하여 그려진다(이 절의 뒷부분 참조).

오른쪽 그림과 왼쪽의 두 그림을 비교하였을 때, 관찰자는 그림들 간의 차이점에 대해서 물어볼 수 있고 그 중 하나가 "더 좋아" 보이거나 "더 예뻐" 보이는 이유에 대해 물어볼 수 있다.

그림 9.5 네트워크의 레이아웃 유형(원형, 랜덤형, 용수철형).

그래프 레이아웃이 "좋은"지 아닌지를 판단하기 위한 많은 기준이 존재한다(Flyischer and Hirsch, 2001; Battista et al., 1998). 이러한 기준은 "기술적"이지만 "미학적"이기도 한데, 그 이유는 많은 그래프 그림을 볼 때, 이러한 측면들이 종종 함께 적용되기 때문이다. 네트워크 그림 이미지의 가독성과 선명도를 높이는 것 또한 종종 그림을 더 매력적으로 만든다. 네트워크 레이아웃의 질을 평가하기 위한 기준 목록은 다음의 몇 가지들로 요약될 수 있다.

- **구조를 보여준다.** 네트워크가 전체적으로 조직화된 구조를 가지고 있다면, 레이아웃은 그것을 보여줘야 한다. 예를 들어 그림 9.4와 같이 두 개의 거의 분리된 집단이 있다면, 그림은 이러한 구조적 특성을 보여줘야 한다. 네트워크의 구조적 특성을 드러내는 것은 레이아웃 알고리즘을 적용하는 가장 중요한 이유이다.
- **평면 위에 분포를 최적화한다.** 노드들은 전체 영역에 고르게 분포되어야 하고 서로의 위에 배치되어서는 안 된다. 이것은 간단한 기준처럼

들리지만, 대부분의 레이아웃 알고리즘에서는 거의 무시되고 있는데, 거의 노드가 없는 많은 빈 공간으로 둘러싸여, (대부분의 시간 동안 중앙에) 서로 가까이 붙어 있는 수많은 노드들로 이뤄진 그림의 영역으로 귀결되어 있다.

- 교차하는 선을 최소화하고 각도를 최대화하며 선의 길이를 최적화한다. 교차하는 선은 연결을 추적하는 것을 더 어렵게 만들기 때문에 혼란스럽다. 매우 예리한 각도는 겹치는 선을 생성하는 데 반해, 둔각은 레이아웃의 미학과 추적가능성을 증대시킨다. 선의 가중치가 없는 경우 모든 선의 길이는 그림에서 거의 같아야 한다. 이는 짧은 선이 긴 선으로 연결하였을 때 노드가 보이는 것보다 서로 더 가까이 있다는 인상을 주기 때문이다.
- 경로 거리를 최적화한다. 경로 거리(한 노드에서 다른 노드까지 얼마나 많은 단계들이 필요한가)는 그림에서 노드들의 거리로 표시되어야 한다. 따라서 두 개의 인접 노드들은 서로 가깝게 그려져야 하는데 반해, 두 개 경로 거리의 노드들은 서로 더 긴 거리로 그려져야 한다.

수백 또는 수천 개의 노드로 구성된 복잡한 네트워크를 다루는 경우, 이러한 기준을 완벽하게 충족시키는 것은 거의 불가능하다. 또한 어떤 면에서는 그 기준이 서로 모순된다. 그럼에도 불구하고, 그것들은 컴퓨터 지원 레이아웃 알고리즘에 필수적이다. 다음 논의에서 드러나듯이 자동화된 알고리즘은 사용자의 기대에 부응하는 그림을 생성할 하나 이상의 기준을 최적화하려고 한다. 레이아웃 알고리즘은 거리 척도distance scaling와 고전적 척도classical scaling의 두 가지 집단으로 나눌 수 있다.

거리 척도 알고리즘은 매우 직관적인 접근법이다. 이러한 알고리즘의 중요한 아이디어는 연결된 노드들이 서로 끌어당긴다는 개념이다. 이것이 이러한 알고리즘을 "내재된 스프링"spring-embedded이라고 불리는 이

유이다(Eades, 1984). 그림 9.5의 왼쪽 네트워크(원형)는 이러한 아이디어를 설명할 수 있다. 원의 왼쪽 상단 위치에 노드가 있고, 두 개의 연결이 모두 네트워크 하반부에 있다. 이러한 긴 연결은 위쪽의 노드를 연결된 노드 쪽으로 끌어당기는 스프링이 확장된 것으로 볼 수 있다. 스프링 아이디어를 기반으로 한 가장 잘 알려진 접근 방식은 Fruchterman and Reingold(1991)와 Kamada and Kawai(1989)가 개발하였다. 이 두 가지 알고리즘 또는 그 변형들은 거의 모든 네트워크 분석 도구에서 구현되었다.

비슷한 알고리즘이 Andris 등(2015)에 의해 사용되어 오랜 동안의 의회 공동 표결에 토대를 둔 당파주의의 증가가 두 당의 구성원들을 분리시킨다는 것을 보여주었다. 거리 척도 알고리즘의 주요 단점은 최적화된 레이아웃을 찾기 위한 반복 과정이다. 이는 동일한 네트워크의 두 레이아웃이 다르게 보이고 레이아웃 계산의 결과가 노드들의 시작 위치에 따라 달라질 것임을 의미한다.

고전적 척도 알고리즘은 Torgerson(1952)의 고전적인 다차원 척도를 기반으로 하는 다차원 척도multidimensional scaling, MDS 알고리즘이다. 이러한 알고리즘은 고차원 데이터(예를 들면 노드들의 경로 거리에서 계산되는 차이)의 2차원 표현을 생성한다. 고전적 척도 알고리즘은 모든 네트워크에 대해 전체적 최대값을 찾는다. 노드들의 시작 위치와 관계없이, 동일한 네트워크를 갖는 다른 계산들은 정확하게 동일한 결과에 도달한다. Porter 등(2006)은 다차원 척도와 밀접하게 관련된 방법인 단일값 분해SVD를 사용하여 미 상원 구성원을 2차원 시각화에 배치한다. 구조 전체의 최적화는 이러한 알고리즘의 단점을 내포하고 있고, 이는 상원의원의 단일값 분해SVD 그림에서도 볼 수 있다. 즉 구조적 등가의 노드들(동일한 다른 노드들에 연결된 노드들)은 서로 정확하게 겹치게 배치되어 그림의 가독성을 감소시킨다. 이것은 알고리즘 상으로는 올바르지만 가독성 관점에서는 "잘못된 것이다".

모든 전통적 레이아웃 알고리즘의 근본적 문제는 네트워크가 커질 경우 계산 시간이 길어지는 계산의 복잡성computational complexity이다. 네트워크가 수천 개 이상의 노드들로 구성된 경우, 이러한 알고리즘은 너무 많은 시간을 필요로 해서 실행되기 어렵다. 그러나 최근 몇 년 동안 이러한 한계를 극복하는 새로운 알고리즘들이 개발되었다. 예를 들어 Brandes and Pich(2007)는 다차원 척도(MDS) 근사치를 기반으로 레이아웃을 만드는 피봇 다차원 척도(Pivot MDS)를 개발하였다. 이 접근 방식을 사용하면 수백만 개의 노드들로 이뤄진 네트워크의 레이아웃을 계산할 수 있다. 이러한 효율적인 방법과 최적화된 거리 스케일링 접근 방식을 결합하면(Brandes and Pich, 2009), 네트워크가 상당히 커지더라도 위에서 소개한 기준에 따라 **좋은** 그림을 그릴 수 있다.

　　네트워크의 레이아웃은 신중하게 평가되어야 하는데, 그 이유는 그림을 해석하는 데 있어서 그림을 보는 사람들이 가장 중요한 시각적 요소가 노드들의 위치이기 때문이다(이 장의 뒷부분 참조). 특정 위치들은 더 중요한 것으로 자동 인식된다. 예를 들어 노드가 둥근 모양 네트워크의 중앙에 있거나 노드가 계층적 모양의 네트워크와 겹치는 경우, 이러한 노드들은 불가피하게 더 큰 중요성을 갖게 된다. 다른 해석의 산물들은 형태 이론Gestalt theroy(Koffka, 1935)에 뿌리를 두고 있다. Mcgrath, Blythe and Krackhardt(1997)는 사람들이 정확히 동일한 네트워크의 노드들을 노드들의 인지된 시각적 집단화에 따라 다른 집단으로 분류하는 것을 실험적으로 보여주었다. 즉, 노드들이 결합되고 네트워크의 나머지 부분과 약간 분리되면, 사람들은 연계들의 세부사항이 아니라 집단을 보게 된다는 것이다.

구성요소 기반 레이아웃

레이아웃이 네트워크 시각화에서 가장 중요한 과제이고, 종종 이러한 과제가 네트워크의 구조를 드러내는 레이아웃 알고리즘으로 넘겨지는 경우가 있더라도, 네트워크 데이터의 본질적인 내용을 소통하기 위해 위치를 사용하는 몇 가지 다른 방식이 있다. 다음은 네트워크 데이터의 실체를 바탕으로 네트워크의 노드들을 배치하는 네 가지 방식에 대한 논의이다. 모든 경우에서, 네트워크 노드들의 상황별 정보가 위치에 사용된다. 실체 기반 레이아웃은 네트워크 구조를 표현하는 데 노드의 위치를 사용할 가능성을 제한한다.

미리 정의된 레이아웃Predefined layout. 때때로 네트워크의 노드는 실제 위치에 연결된다. 가장 분명한 장소는 지리적 공간이다. Flandreau and Jobst(2005)는 네트워크를 세계 지도에 매핑함으로써 18세기 후반과 19세기 초의 국제 통화 교환 시스템의 대륙적 차이에 대한 그들의 발견을 제시한다. 유럽 내에는 많은 연계가 있고 남미에는 연계가 거의 없지만, 남미에서 유럽까지 많은 연결들이 노드들의 추가 코딩이나 표시 없이 파악할 수 있는 다루기 쉬운 개념이다(저자들은 노드들을 사용하지도 않으며; 링크는 단순히 국가 경계 내에서 단순히 원천이 되거나 대상이 된다). 노드 배치에 실제 세계의 위치를 사용하는 것은 현대 네트워크 시각화 초기부터 일반적 관행이었다. Roethlisberger, Dickson and Wright(1939)는 공장 내 친교 연결관계와 집단을 관찰하였고, 그들의 사회 구조를 시각화하기 위해 노드들(노동자들)의 위치는 그들의 작업장 위치를 반영하였다. 위치의 시각화는 네트워크 데이터와 네트워크 관계를 형성하는 데 책임이 있는 기저의 사회 세력과 관련된 질문에 답하는 데 도움이 될 수 있다. 예를 들어 서로 가까운 곳에 위치한 사람들이 관계를 형성할 가능성이 더 높다는 것이다(Festinger, Schachter, and Back, 1950).

지위status. 행정기관, 회사, 기타 위계적 기구에서 조직도에 있는 사람의 위치는 종종 지위를 시각화하는 데 사용된다. 이는 조직의 공식적 위계를 시각화하는 매우 직관적인 방식인데, 그 이유는 특히 네트워크 그림의 소비자가 자신의 경험과 해석에 영향을 미치는 "그래픽 어휘"를 가져오기 때문이다(McGrath and Blythe, 2004). 서양 문화에서 가장 중요한 사람은 그림의 맨 위에 놓인다. 개인의 지위에 대한 결정 요인으로서 개인의 **중요성**은 중심성 점수 또는 상황적 정보에서도 계산될 수 있다. 변화기의 신생기업에 대한 유명한 Sampson(1968)의 네트워크 연구 그림에서, y축의 신생기업의 위치는 그 기업이 받은 긍정적 선택과 부정적 선택의 합을 보여주는데, 가장 인기 있는 신생기업은 그림의 맨 위에 위치한다. Whyte(1943)는 이탈리아의 빈민가에서 사회 구조의 위계질서를 보여주기 위해 위치를 사용하였다. Krackhardt(1996)는 공식 조직도와 조언 네트워크를 비교함으로써 기업 내 사람들의 중요성 차이를 인상적으로 보여 주었다. 두 네트워크는 더 중요한 사람들을 그림의 맨 위에 올려놓음으로써 시각화되었다.

중심성Centrality. 중심성 시각화의 아이디어는 이전 단락에서 소개된 지위 시각화와 유사하지만, 중심성 그림의 초점은 그림의 중앙에 가장 중요한 노드를 배치하는 데 있다. 즉, 중앙에 중심적 노드들을 배치하는 것이다(Brandes, Kenis and Wagner, 2003). 이 접근 방식은 중심성 매트릭스를 다룰 때 유용할 수 있는데(Freeman, 1977), 왜냐하면 네트워크의 다른 노드들 간 최상위 사이 중심성[1](Freeman, 1977)을 갖는 노드를 배치하는 것이 매우 타당하기 때문이다. 나머지 노드의 경우, 중심성 점수는 원형 극좌표 시스템의 중심(극)으로부터의 거리로 배치된다. 중심성 수준을 나타내는 동심원이 더 있으면 비교와 해석에 도움이 될 수 있다. 주목해야 할 중요한 점은 이것이 이따금 가장 중요한 노드들이 중심에 있기도 하는 자동화된 레이아웃과는 다르다는 것이다. 이들 경우에서, 중심적 위치는 구조에서 비롯된 것이다. 여기에서 중심성은 특정 네트워크나 비네트워크 매트릭스를 나타낼 수 있다. 중심성 레이아웃이 정교하게 사용된, 알려져 있는 최초의 시각화는 Northway(1940)가 만든 것이다. 그녀는 중요도를 결정하기 위해 수용가능성 척도를 사용하였다 중심성 레이아웃의 또 다른 일반적 사용은 종종 정서적 친밀성에 기초해, 중요한 노드$_{ego}$가 중앙에 있고 그 주위에 연결된 알터 에고들$_{alter\ egos}$이 배치된 에고$_{ego}$ 네트워크의 시각화 그림에서 찾을 수 있다. 정성적 네트워크 분석가들 (Hollstein, 2011)은 네트워크 데이터를 수집할 때, 종종 인터뷰 대상자에게 그러한 알터들의 원형 레이아웃을 직접 만들도록 요청하기도 한다(Kahn 과 Antonucci, 1980). 중심성 레이아웃의 아이디어와 관련된 것은 Moody and Mucha(2013)의 네트워크 표현이다. 그들은 증가하는 미국 정치의 양극화를 시간에 따른 네트워크 시각화의 y축에 미국 상원 표결 유사성 네트워크의 양극화 모듈화로 제시하였다.

특성 집단화 Attribute grouping. 우리는 네트워크의 레이아웃을 구조화하기 위해 노드들의 속성을 사용할 수도 있다. 이것은 네트워크 구조가 속성에 의해 지배될 때 특히 실현가능하다. 즉, 행위자들이 집단 내에서 더 잘 연결될 가능성이 있고, 집단 들 간에 덜 연결될 가능성이 있다. 집단 시각화의 예는 그림 9.3의 Moreno에 의한 소시오그램이다. 모레노는 그림의 한쪽에는 소년들, 다른 한쪽에는 소녀들을 시각화하였다. 그렇게 함으로써, 그는 네트워크의 행위자들 간의 연결을 위한 성별의 중요성을 제시하였다. 이것은 하나의 선이 두 개의 노드 집단들을 서로 연결한다는 사실에 의해 도움을 받는다. Hargittai, Gallo, and Kane(2007)은 정치 블로거들을 원형으로 배열하고 자유주의적 블로거들을 원형의 좌측 절반에, 보수적인 블로거들을 우측 절반에 두어서 서로 다른 시각을 가진 블로거들 간의 연계를 분석하였다. 대조적으로, 그림 9.4에서 블로거들 시각적 집단화는 레이아웃 알고리즘의 결과이고 정치적 지향 속성에 따라

미리 결정된 것은 아니다.

정보 매핑을 위한 그래픽 요소

이전 절에서 설명한 것처럼 레이아웃 알고리즘은 네트워크를 그리기
위한 기본 사항이다. 그러나 네트워크 매핑은 단순히 노드들을 배치하는
것이 아니다. 노드들과 노드들의 관계에 관한 구조적 정보는 네트워크
데이터의 한 차원일 뿐이다. 노드들에 대한 정보에 초점을 맞춘다면 네
트워크 변수들은 각 노드에 대해 하나의 숫자를 갖는 수들의 벡터들이다.
상황별 네트워크 변수들은 일반적으로 두 가지 유형으로 구분된다. 정치
네트워크에서 **정량적 변수**는 선거 결과의 백분율 포인트, 기업의 기부 달
러 등이 될 수 있다. 정량적 변수들은 중심성 계산의 결과, 예를 들어 그
림 9.4의 정도 중심성 계산일 수도 있다(Freeman, 1979). **명목 변수**Nominal
variables는 성별이나 정당 소속과 같은 범주형 정보를 나타낸다. 집단화
알고리즘의 결과(Newman and Girvan, 2004)는 모든 노드가 범주에 포함되
기 때문에 명목 변수로 볼 수도 있다. 네트워크는 종종 다변량이다. 즉,
각 노드에 대해 서로 다른 두 개의 변수가 있다. 이러한 변수들을 성공적
으로, 직관적으로 네트워크 도면으로 매핑하는 것이 설득력 있는 네트워
크 시각화의 핵심이다. 매핑하기 위해서는 네트워크 그림에 사용할 수
있는 그래픽 요소 목록을 식별해야 한다.

정보 시각화의 특성은 프랑스 지도제작자 Jacques Bertin(1983)에 의해
망막변수retinal variables로 규정되었는데, 위치, 크기, 색채 값, 색채 포화도,
방향, 모양, 질감 등을 말한다. 이 변수들은 인간의 뇌로 단 1초 안에 무
의식적으로 처리될 수 있다. 예를 들어 우리는 가장 크거나 가장 어두운
노드를 **자동적으로** 식별할 수 있다. 맥킨레이(Mackinlay, 1986)는 다양한 유

형의 통계 데이터에 베르탱의 시각 변수를 배치하였다. 그 후, 시각적 변수가 네트워크 시각화에 맞게 조정되었다(Pfeffer, 2013). 서로 다른 시각적 요소는 양적 변수와 명목 변수를 시각화하는 데 적합하다. 표 9.1은 정량적 및 정성적 변수에 대한 시각적 네트워크 변수의 순서를 보여준다.

이것들은 이 장에서 논의되는 요소들이다. 앞서 언급하였듯이 가장 중요한 요소는 위치이다. 위치가 가장 강력한 시각적 변수이기 때문에, 자동 레이아웃의 결과가 실제로 이 시각화 요소를 사용하여 정당화하기에 충분한 정보(예를 들면 네트워크의 글로벌 구조)를 보이는지, 아니면 물질 기반 레이아웃을 적용해야 하는지 질문할 가치가 있다.

시각적 요소 **모양**은 간단하며, 특히 네트워크 시각화 도구에서 다양한 모양의 수가 종종 원, 사각형, 삼각형 및 기타 간단한 기하학적 도형으로 제한되기 때문에 더욱 그러하다. 모양은 2-모드 네트워크에서 관계에 있는 사람을 원과 사각형으로 표현하는 식으로 종종 다른 유형의 노드를 시각화하는 데 사용되지만 시각적 요소 **모양**은 정보를 소통하는 데 놀라울 정도로 약하다. 많은 노드가 시각화되었을 때, 사람들은 다른 모양을 구별하는 데 능숙하지 않다. 표 9.1의 다른 요소, 즉 색조, 포화 및 크기는 아래에 설명되어 있다.

표 9.1 정량적 변수와 공칭 변수 매핑에 대한 그래픽 요소 및 적합성

유형	최상				최악
정량	지위	크기	침투	색경향	유형
명목	지위	색경향	침투	크기	크기

크기

그래픽 요소 **크기**는 일반적으로 **중요한** 노드를 표시하는 데 사용된다. 그림 9.4와 대부분의 다른 네트워크 시각화에서 노드 크기는 중심성 측

정기준 계산 결과를 시각화하는 데 사용된다. 시각적으로, 더 큰 노드와 더 작은 노드가 있고 더 큰 노드는 더 중요하고 더 작은 노드는 덜 중요하다는 것은 매우 명백하다. 그러나 노드 크기에 대한 중심성 측정기준 같은 정량적 변수 매핑과 관련된 몇 가지 문제가 있다.

불행히도, 노드 크기로 매핑하기 위해 정량적 변수를 사용하는 명백한 방법은 보이는 것만큼 간단하지 않다. 원을 사용한다고 가정하는데, 원의 영역에 중심성 점수를 매길 수 있다. 이것은 그것을 하는 올바른 방법이 될 것이다. 하지만 인간의 인식은 우리의 계획을 방해한다. 우리는 그 정보가 일차원적인 한, 즉 선으로 표현되는 한 시각적 정보를 비교하는 데 매우 익숙하다는 것이 밝혀졌다. Stevens(1975)는 두 가지 시각적(또는 다른) 자극의 실제적 차이와 인식된 차이 사이의 불일치를 설명하는 정신 – 물리적 힘의 법칙을 규정하였다. Lodge(1981)는 실험 연구를 통해 이러한 지각적 오류를 정량화하였다.

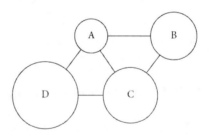

그림 9.6 조정계수들의 노드 크기 비교

표 9.2 크기 및 반경 실제 및 인지 차이를 갖는 노드 크기

노드	실제 크기	인지된 크기	반경
A	100%	100%	100%
B	200%	163%	141%
C	269%	200%	164%
D	400%	263%	200%

그림 9.6과 표 9.2는 이러한 결과를 설명한다. 노드 B는 실제로 노드 A의 두 배 크기이다. 그러나 대부분의 사람들은 노드 B가 그리 크지 않다고 말할 것이다. Lodge(1981)는 평균적으로 사람들이 이 두 노드의 크기 계수를 약 1.6으로 추정하는 반면, 실제로는 노드 A보다 약 2.7배 큰 노드 C는 노드 A의 두 배에 불과한 것으로 인식한다는 것을 발견하였다. 크기 차이를 영역이 아니라 노드의 직경 또는 반지름에 두면 차이가 너무 강조된다. 반지름과 직경은 모두 1차원 정보이다. 결과적으로, 인간은 노드 D가 노드 A의 반지름의 두 배를 갖는다고 정확하게 결정할 수 있지만, (암산 없이) 크기 차이가 4:1보다 작다고 인식할 것이다.

크기 혼동의 근본적인 문제는 네트워크 노드가 2차원 개체로 그려지는 데 반해, 정도 중심성과 같은 변수(Freeman, 1979)는 단지 1차원 변수라는 사실이다. 그 결과, 일부 저자들(Brandes, Kenis, and Wagner, 2003)은 노드 크기를 매핑하는 데 두 가지 변수를 사용할 것을 제안하는 데, 예를 들어 수평 차원에 대한 내향 연결정도in-degree와 타원형 노드의 수직 차원에 대한 외향 연결정도out-degree로 수평적 노드와 수직적 노도의 크기 변수를 사용한다. 두 변수를 사용하면 단일 네트워크 도면으로 소통할 수 있는 정보의 양도 증가한다. 부정적인 면은, 다른 모양의 타원이 단순한 원이나 상자보다 해독하는 데 더 오래 걸린다는 것이다.

색

색 인식 연구는 작은 연구 분야이지만 오랜 전통을 가진 분야이다 (Wyszecki and Stiles, 2000) 인간의 눈은 다른 파장의 빛에 반응하는 적, 녹, 청RGB 세 가지 색에 민감한 광수용체(추상체)를 가지고 있다. 뇌는 이 세 가지 유형의 수용체로부터 나오는 강도를 분석하고, 두 번째 광수용체rods로부터 나오는 밝기 정보와 함께 색이 구성된다. 독일의 유명 작가요한 볼프강 폰 괴테(Johann Wolfgang von Goethe)는 색채 인식에 관심을 가진 최초의 작가 중 한 명이다. 괴테는 그의 "색채론"(Theory of Colors, 1810)에서 모든 색이 프리즘에서 갈라진 무색의 백색 빛에서 나온다는 뉴턴의 발견(1704)을 논하고 비판하였다. 더 중요한 것은 괴테가 색채에 대한 인식에 관심을 가지고 보완적인 색채의 색상환color wheel을 소개하였다는 점이다.

괴테의 이론들은 초기에 자연 과학자들로부터 비판을 받았고, 그의 색상환에 있는 색들은 지각적 차이의 측면에서 잘 분포되어 있지는 않지만, 그의 색상환은 널리 알려져 사용되었다. 그러나 20세기 초 앨버트 헨리 먼셀Albert Henry Munsell은 색에 대한 현대적 이해를 위한 표준을 정립하는 색 체계를 출판하였다.

먼셀Munsell의 색 체계(1912)는 3가지 차원, 즉 색조(농담), 색도(채도), 명도(광도)의 3차원을 사용한다. 이 시스템의 큰 장점은 색상 집합에서 지각적으로 균일한 분산 차이를 만들어 색상으로 계산하기 쉽다는 것이고, 예를 들어 모니터와 프린터에서 사용되는 표준 RGB(적, 녹, 청)와 CMYK(녹, 홍, 황, 흑) 체계에서는 다소 까다로운 정량적 정보를 나타내는 색 그레이디언트에 대해 다른 포화 수준을 가진 색상을 얻기 쉽다는 것이다. HSL(색조, 채도, 광도)과 HSV(색조, 채도, 명도)는 먼셀의 색을 기반으로 한 그래픽 도구(예를 들면 어도비 포토샵)에 사용되는 현대적인 색채 설계color scheme이다.

네트워크 시각화를 위해서는 색을 사용하는 두 가지 방법이 있다는 것을 아는 것이 중요하다. 먼셀Munsell에 이어 색조는 다양한 농담(예를 들면 적, 녹, 청)을 나타낸다. 색 채도color saturation는 색의 강도(예를 들면 연한 빨간색 또는 진한 빨간색)이다. 이 두 가지 색의 측면은 두 가지 유형의 네트워크 변수에 사용된다. 색조는 주로 순서 데이터에 사용된다. 그림 9.4에서 민주당 블로거와 공화당 블로거들은 Box-Steffensmeier and Christenson (2014)의 산업 코드를 기반으로 한 이익집단과 마찬가지로 서로 다른 색상으로 그려졌다. 우리는 또한 색조를 사용하여 2-모드 네트워크의 2개 노드 집단(Borgatti and Everett, 1997) 예를 들어 정치인은 빨간색 원, 위원회는 파란색 원으로 표시할 수 있다. 이제 더 큰 노드를 사용하여 그림 9.4에서 더 중요한 블로거를 그리고 싶지 않다고 가정하면 색 채도를 사용하여 이 정량적 변수를 나타낼 수 있는데; 즉, 내향 연결정도가 높은 노드를 짙은 빨간색/파란색으로, 그리고 내향 연결정도가 낮은 노드를 매우 옅은 빨간색/파란색으로 그릴 수 있다. 양 당사자를 위해, 우리는 다른 정도 수준을 다루기 위한 색상표를 작성할 수 있다.

색의 사용은 두 가지 장애에 직면한다. 이 장의 인쇄 책 버전을 읽는 독자들에게 있어, 그림 9.4의 블로거 네트워크는 색 사용의 가장 분명한 한계를 보여준다. 많은 저널과 책은 흑백으로만 인쇄되기 때문에 색은 흑백용인(흰색에서 검은색까지 일정정도의 농도차로 늘어놓은 것gray scale)으로 변환되어 소통 능력의 대부분을 잃게 된다. 색으로 네트워크 도면을 만드는 것이 설득력이 있다 하더라도 색 없이 정보적이고 설득력 있는 네트워크 도면을 시각화 할 수 있는 능력이 중요하다. 또한 색은 종종 문화적으로 부가된 의미를 가진다. 그림 9.4가 기억에 남는 한 가지 이유는 정당을 대표하는 노드와 링크의 전통적인 색의 표시이다. 즉 보수주의자에 빨간색을, 진보주의자에 파란색을 사용한 것이다. 직관적이지 않거나 익숙하지 않은 색상을 사용하면 읽고 이해하는 것이 비교할 수 없을 정도로 어려워지고, 그림과 범례 사이를 시각적으로 앞뒤로 오가며 쉽게 좌절하게 할 수 있다. 그러나 색은 세계적으로 명백하지 않고, 색의 해석은 문화 의존적이다. 대부분의 유럽 국가에서 빨간색은 사회민주적 정당들에 사용되고, 미국처럼 보수주의 정당에 사용되지 않는다. Adamic and Glance(2005)의 블로거 네트워크 시각화를 Ausserhofer and Maireder(2013)의 트위터에 있는 유럽 정치네트워크 그림과 비교하는 것은 잘못된 연관성을 초래할 수 있다. 또는 "긍정적", "부정적", "사랑", "자연", "죽음", 또는 "돈"이라는 용어를 상상해보자. 특정 색은 이러한 용어와 자동으로 연관되는 경향이 있다. 하지만 이 모든 용어들은 세계의 다른 지역에서 다른 색으로 그려진다.

마지막으로, 거의 10%의 사람들이 색맹이라는 것을 아는 것이 중요하다. 대부분 남성들이며, 그들 대부분은 빨간색과 녹색을 구별하는 데 문제가 있다. 색각 이상color vision deficiencies은 일반적으로 유전되어 치료가 불가능하다. 색맹인 사람들은 영향을 받은 색의 색조 차이를 알 수 없다.

링크

위에서 언급한 그래픽 요소는 네트워크 링크에 대한 정보를 네트워크 형상에 매핑하는 데도 사용될 수 있다. 소시오그램에서 노드 쌍 간의 연결을 나타내는 링크는 해당 노드 간의 선으로 그려진다. 두 노드를 연결하는 간단한 선은 이진 일변량 정보를 전달하고, 이 두 노드 사이에 링크가 있다. 네트워크의 가중치가 없고 방향이 없는 한 이 정도로 충분하다. 네트워크가 방향이 지정되면, 연결부는 쌍의 어느 한쪽이나 양쪽 방향 모두로 갈 수 있기 때문에 2개 끝의 정보가 링크로 코드화되어야 한다. Moreno(1934; 그림 9.3), Adamic and Glance(2005; 그림 9.4), 그리고 대부분의 다른 연구자들은 방향성 엣지(호)의 대상을 나타내기 위해 선의 끝에 화살촉 모양의 것을 사용한다. 양방향으로 가는 노드 쌍(예를 들면 블로그 A 링크로부터 블로그 B로의 링크와 블로그 A로부터 블로그 B로의 링크) 사이의 지향된 링크는 서로 다른 시각적 요소에 의해 묘사될 수 있다. 그림 9.4에서 화살촉 모양의 것은 연결 링크의 양쪽 끝에서 찾아볼 수 있으며, Moreno(1934)는 양방향 링크의 화살촉 모양의 것을 생략하고 링크 중앙에 직각으로 작은 선을 추가하였다. 양방향 지향된 링크를 다루는 가장 간단한 접근 방법은 화살촉 모양의 것을 생략하고 간단한 선을 남기는 것이다.

레이아웃Layout. 앞서 언급한 네트워크 시각화 성질에 대한 기준에서는 **교차하는 라인을 최소화하는 것**이 언급되었다. 그러나 이 기준은 (이 라인에 연결된) 노드 재배치의 관점에서만 논의되었다. 라인을 직접 조작하여 네트워크 레이아웃을 최적화할 수도 있다. 이러한 상황에서 가장 일반적인 시각적 특징은 직선 대신 곡선을 사용하는 것이다. 많은 현대 네트워크 시각화에서 볼 수 있듯이 곡선의 독점적 사용은 미적 관점에서 매력적일 수 있지만, 그것은 가독성을 낮추고 대부분의 경우 시각적 복잡성을 높인다. 보다 정교한 접근 방식은 예를 들어 노드와 겹치는 방식으로 링크를 그리는 것을 피함으로써 시각적 복잡성을 줄이기 위해 링크를 개별적으로 설계함으로써 네트워크 레이아웃을 최적화하려는 것이다.

조밀한 네트워크의 경우 링크를 묶는 것link bundling은 네트워크 그림의 가독성을 높이기 위한 또 다른 접근방법이다. 이 작업은 네트워크의 한 영역에서 다른 영역으로 연결되는 링크를 병합하여 수행된다. 이미 시각화로부터 읽기 어려운 세부 정보 수준, 즉 어떤 노드들이 어떤 다른 노드들에 연결되는 것을 제거함으로써 연결된 영역을 보여주는 추가 매크로 정보를 네트워크에 제공한다.

크기Size. 가중치 네트워크에서 링크는 단지 그것의 부재나 존재로만 정의되는 것이 아니라 링크 가중치에 의해서 규정된다. 링크 가중치는 두 가지 출처로부터 얻을 수 있다. 첫 번째는 직접 관찰이다. 예를 들어 Subramanian and Wei(2007)의 연구에서 링크 가중치는 국가 쌍 간의 교역량을 나타낸다. 두 번째는 공유 활동 또는 제휴의 경우로 2-모드 네트워크 데이터(Borgatti 및 Everett, 1997)에서 가져온 것이다.

정치인들 간 인맥은 위원회와 패널 참여의 중복을 근거로 도출할 수 있고, 공유 제휴의 수는 연계 가중치로 볼 수 있다. 어떤 경우에도, 이러한 다른 가중치를 다루는 것은 간단하며 그림 9.7에서 볼 수 있는데; 가중치가 클수록 선이 더 굵어진다. 그러나 다른 크기의 링크를 그리는 것은 작고 느슨한 네트워크로 제한된다. 그림 9.7a에서 링크 가중치에서는 어떤 차이도 식별할 수 없다.

색조Color hue. 다른 유형의 링크를 표시하기 위해 색을 사용하는 것은 초기에 사용되었다. Moreno(1934)는 긍정적 관계("매력")에 대해서는 빨간색 링크를 부정적 관계("혐오")에 대해서는 검은색 링크를 그렸다. Adamic and Glance(2005)는 링크의 색상을 사용하여 정치 캠프 내의 블로그를 연결하는 하이퍼링크를 보여준다(그림 9.4 참조). 이 두 가지 사례의 차이점은 모레노가 쌍의 정보를 링크에 매핑한 데 반해, Adamic and Glance는 링크의 출처와 대상 노드로부터 링크 색을 도출하였다는 것이다. 두 경우 모두 링크 색은 해석을 돕거나 네트워크의 흥미로운 행위자 또는 영역을 강조하는데 매우 유용할 수 있다. 모레노의 축구팀 시각화 (1934년 이 장에서는 보여주지 않음)에서 색을 넣은 링크는 비인기 선수 한 명을 분명히 보여준다. 그림 9.4처럼 조밀한 네트워크에서는 단일 링크를 따르거나 해석하는 것이 불가능한데; 대신에 링크는 분석 해석에 중요한 시각적 영역을 만들 수 있다. Adamic and Glance(2005)의 그림에서 수백 개의 링크로 구성된 색 영역은 정치 캠프의 분리를 두드러지게 한다. 노드 정보를 색의 링크에 사용하는 또 다른 접근 방법은 매우 유사하다. 노드의 집단화는 상황 정보에서 도출된 것이 아니라 클러스터링의 결과이다(Newman, 2006). 이 모든 경우에, 링크에 대한 색은 다양한 계층의 관계를 구별하기 위해 사용된다. 다른 색의 색조를 사용하여 다른 노드 집단을 색칠한 선을 따라, 우리는 링크에 동일한 논리를 적용하였다.

색 채도Color saturation. 링크의 정량적 정보를 시각화하기 위해, 색 채도를 이용할 수 있다. 그림 9.7b와 9.7d의 더 굵은 링크는 검은색으로 그릴 수 있는 반면, 더 가는 링크는 다른 크기의 회색으로 그려진다. 이것은 매우 조밀한 네트워크에서 특히 유용하다. 더 가는 선 위에 더 굵은 선이 그려지도록 선들을 정렬해 실제로 볼 수 있도록 하는 것도 중요하다. Porter 등(2006)에 있는 하원 위원회 및 소위원회용 네트워크는 조밀하고 가중치가 부여된 네트워크에서 중요한 링크를 강조하기 위해 정렬된 회색의 링크를 사용하는 좋은 예로서 역할을 한다.

시각적 복잡성 감소

그림 9.4를 보면 의회 투표 네트워크(Andris et al., 2015) 또는 Subramanian and Wei(2007)의 세계 무역 네트워크와 같은 많은 다른 정책 네트워크들을 보면 네트워크를 시각화하는데 있어 주요 과제 중 하나를 볼 수 있는데, 즉 조밀한 네트워크, 다시 말해 많은 수의 링크를 다루는 것을 볼 수 있다. 긍정적인 면에서, 이러한 링크는 시각화 요소로 사용될 수 있다. 이 것은 그림 9.4의 블로거 네트워크에 해당되는 데, 수백 개의 회색 링크와 검은색 링크는 노드의 배경에 색 영역을 생성한다. 이 **매크로** 접근 방식은 블로거 네트워크에서처럼 네트워크 시각화 메시지도 매크로 수준에 있을 때 합리적이다. 관심 수준이 노드 수준에서 더 자세히 설명되면 네트워크 시각화의 시각적 복잡성을 줄이는 접근 방식이 필요하다.

조잡한 방법으로 노드보다 링크 수가 많아야 2~3배 많은 네트워크는 가독성과 미적 측면에서 선호된다. 이것은 경험적으로 수집된 많은 네트워크에서 발견하는 것보다 훨씬 적다. 결과적으로, 시각적 복잡성을 줄이는 것은 본질적으로 링크(또한 노드) 제거와 관련이 있다. 네트워크의 일부를 제거하면 네트워크 그림을 훨씬 쉽게 읽을 수 있지만, 그렇게 하면 네트워크의 구조가 바뀌고 시각적 왜곡이 발생될 수 있다는 것을 깨닫는 것이 중요하다. 서로 다른 감소 전략 또는 다른 제거 임계값을 비교하면

(a)

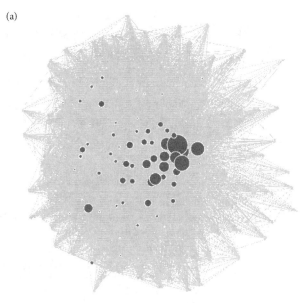

(b)

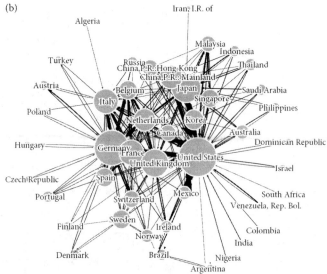

그림 9.7 국제무역 네트워크의 상이한 시각화

설명: 노드는 국가나 대륙이다. 링크의 상이한 폭은 무역 규모를 제시한다. (a) 모든 링크를
가진 원래의 네트워크. (b) 전지구적 임계값 가시화.

출처 : Subramanian and Wei(2007)의 데이터로 만든 그림들.

이러한 위험을 줄이는 데 도움이 될 수 있다.

다음 접근법에 대해, 우리는 Subramanian and Wei(2007)의 세계 무역 네트워크 데이터를 사용한다. 네트워크(그림 9.7a.)는 무역 관계(엣지)가 있는 157개 국가(노드)를 나타낸다. 쉽게 알 수 있듯이, 이 수치에는 많은 선이 있다. 왜냐하면 거의 모든 나라가 많은 수의 다른 나라들과 무역 관계를 맺고 있기 때문이다.

전지구적 임계값 Global threshold. 네트워크의 가중치가 지정되면 (각 선이 값으로 설명되고), 정의된 값(임계값)보다 낮은 모든 선을 제거할 수 있다. 이 임계값은 데이터(예를 들면 10억 달러 이상의 거래량) 또는 (명확한 구조가 보일 때까지 임계값을 증가시키는) 그림의 가독성에서 도출될 수 있다. 후자는 그림 9.7b에서 수행되었다. 보이는 바와 같이 노드 수도 줄어들었다. 이는 값이 작은 선을 삭제하면 고립(남은 링크가 없는 노드)이 생성될 수도 있다는 사실로부터 나온다. 일반적으로 이러한 고립은 네트워크 시각화에서 제거된다. 가장 중요한 노드와 링크만 그림에 남아 있기 때문에 그러한 접근법의 초점은 분명히 네트워크의 중심에 있다. 그들의 블로거 네트워크에 대한 상세한 분석에서, Adamic and Glance(2005)는 약한 링크를 제거하였고, 그것은 정치적 분리를 더욱 명확히 하였다.

지역 임계값 Local threshold. 다른 접근 방식은 각 노드에 대해 가장 중요한 라인을 제외한 모든 라인을 제거하는 것이다. 이 접근 방식을 사용하면 모든 노드가 보존된다. 이 접근 방식의 단점은 세계적으로 중요한 연결이 끊긴다는 것이다. 예를 들어 그림 9.7c에서는 각 국가에 대한 상위 두 링크를 보여준다. 그러나 미국의 세 번째로 중요한 링크는 대부분의 다른 나라들의 링크에 비해 훨씬 더 높은 비중을 차지한다.

(c)

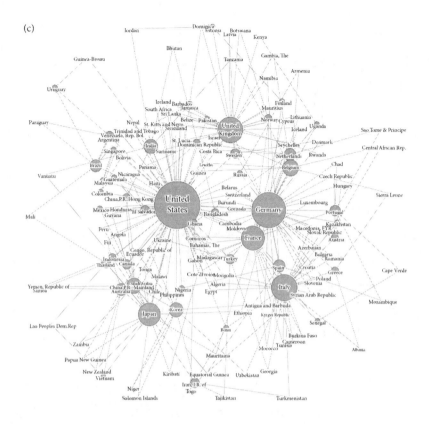

(d)

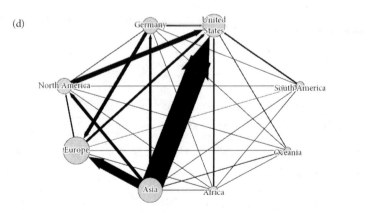

그림 9.7 (계속) (c) 지역 임계값 가시화. (d) 부분적으로 종합된 네트워크.

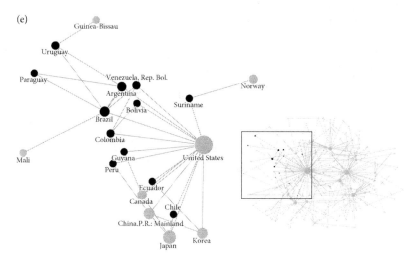

그림 9.7 (계속) (e) 네트워크의 초점 / 맥락 가시화.

노드 종합 Node aggregation. 노드의 집단화 속성을 사용할 수 있을 때 네트워크의 복잡성을 줄이기 위한 또 다른 접근 방식을 사용할 수 있다. 우리의 경우, 국가들은 대륙으로 분류될 수 있다. 결과적으로, 우리는 여러 국가 노드(그리고 해당 링크)를 단일 대륙 노드에 병합할 수 있다. 그림 9.7d에서는 독일과 미국을 제외한 모든 국가에 대해 이 작업을 수행하였다. 노드 종합은 네트워크의 커뮤니티를 계산한 후에 적용될 수도 있다(Newman, 2006). Porter 등(2006)은 공통 위원회 참여를 바탕으로 미국 하원의 커뮤니티를 식별하였다. 그런 다음 위원회를 각각 하나의 노드로 집계하고 위원회들 간의 연결을 보여 주었다. 더욱이 단일 집단 노드가 이제 여러 정치인을 대표하므로, 저자들은 이러한 행위자들의 속성 집합을 원 그래프pie charts로 매핑하여 네트워크 시각화에서의 노드를 대체한다.

초점 / 맥락 Focus/context. 네트워크를 보는 사람들의 관심이 네트워크의 특정 부분에 향해져야 하고, 그동안 네트워크의 나머지 부분이 가시적인 방향을 보여야 한다면, 초점/맥락의 시각화를 사용할 수 있다. 그림 9.7e 는 전체 네트워크를 보여주면서 그림 9.7c의 특정 부분을 부각시켜 보여 주는데, 이에 우리는 네트워크의 어떤 부분을 보여주는지를 알 수 있다. 여기에서 우리는 남미 국가들의 하위 네트워크와 그들의 연결에 초점을 맞추고 있으며, 그들 대부분이 그들 자신의 대륙 내에서 가장 강력한 연결을 가지고 있다는 것을 보여준다.

요약

이 장에서는 정치네트워크를 시각화하는 다양한 측면에 대해 논의하였다. 레이아웃 알고리즘에 대해 논의하였지만, 정보 네트워크를 시각화하는 것은 네트워크 노드의 레이아웃을 최적화하는 것보다 더 많은 단계로 구성된다고 주장하였다. 크기, 모양, 색과 같은 그래픽 요소를 인식하고 시각화의 다양한 형태의 변수를 나타내기 위해 그것들을 사용하는 방법을 알면 많은 양의 정보를 전달하는 유익한 네트워크 도면을 만들 수 있다. 기술적, 지각적 과제 외에도 시각화의 가치는 서술의 질에 의해 평가될 수 있다. 다른 모든 정보 시각화처럼 설득력 있는 네트워크 시각화는 과학적 발견을 뒷받침하는 이야기를 한다. 더욱이, 네트워크 시각화는 데이터뿐만 아니라 정보를 시각화하는 것이라는 점을 항상 기억하는 것이 중요하다. 뛰어난 네트워크 그래픽은 "네트워크를 보는 사람이 방법론보다는 본질에 대해 생각하도록 유도한다"(Tufte, 2001).

주석

1) 매개 중심성(Betweenness centrality, [Freeman, 1977])은 노드가 다른 노드 쌍 사이의 최단 경로 연결에서 중간인 범위를 측정한다.

제10장 여론 조사에서 의미네트워크 적용

Sijia Yang and Sandra González-Bailón

서론

2015년 6월 26일 미국 대법원은 동성 커플이 여러 개의 주에서 결혼할 수 있는 헌법적 권리를 부여하는 획기적인 판결을 발표했다. 이러한 법원의 결정은 이미 변화 중인 미국 국민의 여론을 배경으로 하여 내려진 것이다. 판결은 미국의 11개 주와 컬럼비아 특별구에서만 동성결혼의 권리를 인정했지만, 미국인의 절반 이상은 동성연애자의 합법적인 결혼 권리를 지지했다(Liptak, 2015). 2001년에는 동성결혼 지지자 대 반대자의 비율은 35% 대 57%였으며(Pew, 2015) 그 이전 1988년에는 71.9%와 12.6%로 차이가 매우 컸다(Baunach, 2012). 그러면 지난 25년 동안 미국에서는 동성결혼에 대한 여론이 역전되는 과정에서 무슨 일이 일어났을까? 미국 국민들은 논쟁에 대한 그들의 입장이 무엇이며, 결혼평등의 문제를 어떻게 이해하고 있는가? 여론조사와 설문조사에서 여론을 측정하는 데 일반적으로 사용되는 도구인 지지/반대 질문에 대한 사람들의 종합적인 응답의 뒷받침하는 근거와 신념 및 가치는 무엇인가? 그리고 그러한 인식들은 공개 토론과 정치적 논쟁에서 서로 어떻게 연결되어 있는가? 이러한 연관성은 인구통계학적 그룹에 따라 다르게 나타나는가? 의미네트워크의 분석이 이러한 질문과 관련 질문에 대한 답을 얻는데 도움이 될 수 있다.

의미네트워크 분석은 관계 구조로 나타나는 언어와 의견을 분석하기 위한 표현 프레임워크representational framework와 모델링 전략 세트set of modeling strategies를 제공해 왔다(van Atteveldt, 2008; Baden, 2010; Borge-Holthoefer and Arenas, 2010; Carley and Kaufer, 1993; Carley and Palmquist, 1992; Corman et al., 2002; Danowski, 2009; Diesner and Carley, 2010; Doerfel and Connaughton, 2009; Fisher, Leifeld, and Iwaki, 2012; Popping, 2006; Steyvers and Tenenbaum, 2005). 의미네트워크는 데이터 수집, 분석 및 해석을 위해 그동안 정성적 도구qualitative tools를 활용해 왔던 담화 및 언어에 대하여 정량적 접근방식quantitative approach을 제공한다. 의미네트워크에서의 노드node는 사회적 행위자(예를 들면 시민, 비정부기구, 정당)가 아니라 의미 개념(예를 들면 이름, 장소, 조직, 정책, 가치)이라는 점에서 소셜네트워크 분석과는 다르다. 또한 연결ties은 사회적 관계(예를 들면 우정)가 아니라 개념 간의 연관성(예를 들면 동시 출현)이다. 그러나 소셜네트워크를 분석하는 데 사용되는 동일한 매트릭스와 분석 절차를 의미네트워크 연구에 적용하나 해석은 데이터 영역에 따라 달라질 수 있다는 점을 주의할 필요가 있다.

오늘날과 같은 디지털 시대에는 정치 뉴스 보도, 정치인의 발언 및 토론 녹취록, 소셜미디어 게시물 및 댓글과 같은 대규모 텍스트 데이터를 쉽게 이용할 수 있다. 따라서 이 장에서는 일반적으로 사용되는 자연어 처리NLP, Natural Language Processing와 텍스트 마이닝 기술text mining techniques을 소개함으로써 연구자들이 이러한 데이터 소스를 활용하는데 도움이 될 수 있도록 할 것이다. 이러한 자동화된 방법을 활용하여 의미네트워크를 구축하는 데 필요한 원 텍스트 데이터raw text data의 의미 정보에서 추출할 수 있기 때문에 수동 코딩과 같은 보다 전통적 접근방식을 보완한다. 최근 크라우드소싱 플랫폼crowdsourcing platform의 발전으로 이 접근방식의 확장가능성이 더욱 커졌다(Benoit et al., 2016 참조). 또한 이 장에서는 연구 질문과 데이터를 연결하는 데 필요한 선택가능한 방법론에 대해 논의할 것이다. 여기에는 데이터 수집 수준(개인, 인간관계 또는 집단 수준), 의미 개념의 추상화 수준(예를 들면 단어, 토픽 또는 주제), 연관성 유형(예를 들면 동시출현 또는 인과관계와 같은 다른 유형의 의미관계를 기반으로 하는 것), 네트워크의 구조적 특성을 요약하기 위한 매트릭스(예를 들면 중심성 스코어, 커뮤니티 판별) 등이 포함된다.

이 접근방법이 이론구축에 실질적인 기여할 수 있는가에 대해 특별히 주의를 기울이면서 의미네트워크의 구성 및 분석을 위한 최첨단 기술에 대해 논의하는 것으로 시작하여, 의미네트워크 분석이 담론적 민주주의 이론, 숙의적 민주주의 이론에 의해 개념화된 '여론'을 표현하고 설명하는 데 어떻게 적합한지를 강조하면서 여론 연구에서의 잠재적인 응용가능성에 대한 논의로 이 장을 끝내고자 한다(Cappella, Price, and Nir, 2002; Carpini, Cook, and Jacobs, 2004; Crespi, 1997; Gutmann과 Thompson, 2004; Mendelberg, 2002; Price and Neijens, 1997). 의미네트워크 분석에 대한 연구는 아직 초기 단계이고 이 방법론을 여론 연구에 적용하는 연구는 막 시작되고 있기 때문에 인접 학문영역에서 활용하고 있는 프로그램에서도 통찰력을 얻고자 한다. 궁극적인 목표는 이 방법론을 정치학자(더 일반적으로 사회과학자)에게 소개하여 새롭고 흥미로운 방향으로 여론연구을 발전시킬 수 있는 그 가능성을 보여주는 것이다.

의미네트워크란?

네트워크는 실체 간의 상호의존을 포착하거나 포착하는 데 도움을 주는 일반적이고 유연한 표현체계를 제공한다(Borgatti, Martin, and Johnson, 2013; Newman, Barabási, and Watts, 2006; Scott, 2012; Wasserman and Faust, 1994). 의미론적 분석에서 첫 번째이자 가장 중요한 질문 "어떤 의미 단위semantic units를 표현해야 하는가?"이고 다음 질문은 "어떤 관계를 매핑[寫象]해야 하는가?"이다. 다시 말해 연구자들은 분석할 노드node를 식별하고 연결ties을 정의하는 것부터 시작한다. 앞에서 제기한 두 가지 질문에 대한 답은 연구 목표와 데이터 가용성에 달려 있다. 그러나 일반적으로 매핑에는 두 가지 주요 가능성이 있는데, 의미 단위 간의 관계를 나타내는 네트워크(예를 들면 정치적 담론에서 단어의 동시 출현)와 개념과 행위자의 연관성(예를 들면 정책 결정자 및 그들의 담론)을 나타내는 네트워크이다. 그림 10.1은 이러한 두 가지 유형의 네트워크를 보여준다.

그림 10.1의 표 1a와 그래프 1b는 정사각형 행렬 $S_{n \times n}$ 및 그래프로서 의미관계의 네트워크 도식을 나타내고 있다. 행렬이 대칭이기 때문에(즉, 위쪽과 아래쪽 삼각형은 동일), 네트워크의 방향은 없다. 셀 값은 이진 의미관계(예를 들면 두 개념이 동시에 출현하는지 여부) 또는 연속적인 순서를 나타낼 수 있으며, 이 경우 네트워크가 가중치를 부여하고 셀 값은 두 개의 개념이 의미적으로 어떤 정도 관련되어 있는지를(예를 들면 두 개념이 동시에 출현하는 횟수) 나타낸다. 표 2a와 그래프 2b는 역시 매트릭스 형태인 $A_{m \times n}$와 이분 그래프bipartite graph로 행위자-개념 관계 네트워크를 나타내고 있다. 여기서 연결ties은 의미 단위 또는 개념에 대한 행위자의 지지를 측정하는 것이다. 즉 셀 값은 이진(연결 또는 연결되지 않음) 관계로 행위자의 개념에 대한 지지를 나타내거나 강도의 척도를 제공한다. 모든 이분 네트워크와 마찬가지로 네트워크 투사network projections에는 두 가지 유형이 있는데 두 행위가 담론에서 공유하는 개념의 수를 나타내는 행위자 간 네트워크(그래프 2c)이거나, 개념 간 네트워크(그래프 2d)로 일반적으로 어떤 개념 쌍을 사용하는 행위자의 수를 나

타내는 방식이다. 다음 절에서는 이러한 각각의 네트워크 표현을 확장하고 정치학에 적용하여 설명하고자 한다.

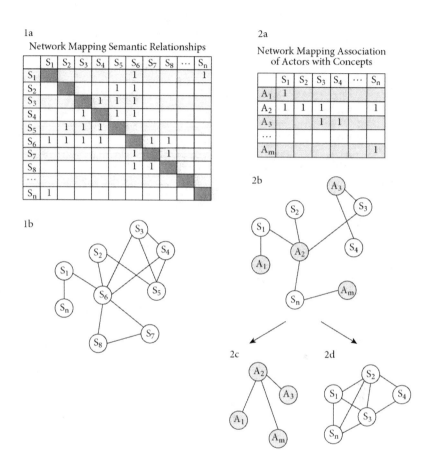

그림 10.1 의미네트워크의 유형

　의미네트워크에 대한 연구 문헌은 여러 연구 영역에 걸쳐 산재해 있을 뿐만 아니라, 일관된 이론틀이 부재하기 때문에 여기에서는 두 가지 차원에서 논의를 구성하기로 한다. 첫째, 분석 수준(개인, 대인관계 및 집단) 둘째, 의미네트워크 유형(그림 10.1에서 설명한 바와 같이 의미관계 네트워크 매핑 또는 행위자와 개념 간의 연관 네트워크 매핑)이다. 의미 네트워크 분석이 여론연구에 얼마나 기여할 수 있는지를 설명하기 위해 정리한 표 10.1을 보면 2차원에서 생성 가능한 6개의 셀 중 4개의 셀에 적용이 가능하다. 여기에서는 기존 문헌에서 제출된 사례를 소개하고 논의하면서 하며 의견형성의 인지 매핑Cognitive mapping, 개념 대 개념 간 그리고 행위자 대 행위자 간 네트워크를 통한 담화 분석, 프레임 및 이슈 현저성에 대한 연구 등의 영역에서 이 방법론의 과학적 진전에 대한 의미를 평가하고자 한다.

표 10.1 의미네트워크 분석 사례

분석수준	적용방식	
	개념 대 개념	행위자 대 행위자
개인	인지 매핑 그림 10.1 1a, 1b	
대인관계	의미네트워크 분석: 개념 일치/갈등의 네트워크 그림 10.1 그래프 2d	의미네트워크 분석: 행위자 일치/갈등 네트워크 및 담론장 그림 10.1 2c
집단	현저성(salience)과 프레이밍(framing) 그림 10.1 1a, 1b	향후 연구

의미론적 관계의 네트워크 매핑

인지 매핑, 현저성 및 프레임 연구는 의미 단위 또는 개념 간의 관계만 고려하는 네트워크이다. 즉 이러한 적용방식은 행위자 - 개념 관계를 고려하지 않는다. 인지 매핑은 개인을 분석의 기본 단위로 삼고 외부 실체에 대한 정서적 표현(예를 들면 동성결혼과 같은 정치적 문제)에 초점을 맞추고 있지만, 현저성 및 프레임 연구와 같은 다른 두 적용방식 개인 또는 사회 행위자 집단에 의해 만들고 수집된 의미론적 데이터를 다룬다. 예를 들어 동성결혼 권리문제에 대한 시계열적 미디어 보도를 분석함으로써 뉴스 보도의 집계된 의미 데이터를 통하여 언론 프레임을 식별해 낼 수 있다. 마찬가지로 일반 대중이 채택한 프레임은 공개적으로 표현된 의견을 집계하여 소셜 미디어에서 추출할 수도 있습니다. 그리고 집단적 차원에서의 **현저성**(네트워크 의제 설정, Guo, 2012; Vargo et al., 2014 참조)과 **프레이밍**(Baden, 2010; Miller, 1997)을 한편으로 하고 대인관계 차원에서의 담화 네트워크 분석(Leifeld, 2013; Leifeld and Hauns, 2012)을 다른 한 편으로 하여 구분하게 되면 대인관계interpersonal 차원에서 누가 어떤 표현을 제시하고 공감했는지에 대한 정보를 알 수 있다. 그 과정에서 어떤 신념이 분석의 핵심 부분으로 지속적으로 유지될 수 있으나, 이것이 곧 집단수준의 연구에서는 명시적으로 고려되지는 않는다.

인지 매핑과 밀접하게 관련된 응용 **정신모델 매핑**mantal model mapping은 컴퓨터 언어학자 및 인지심리학자들에 의해 일반적으로 사용된다. 하위 수준의 개념들 사이의 상호의존에 초점을 맞춘 인지 매핑과 비교하여, **정신모델**은 일반적으로 인과적 신념 구조와 같은 복합 인식을 더 많이 다루고 있다(Carley and Palmquist, 1992; Diesner and Carley, 2011; Morgan et al., 2001). 그러나 두 방법은 개인의 인지적 표현에 있어 복잡성에 주목할 뿐만아니라 공통의 방법론적 프레임워크를 공유하고 있다. 전형적으로 매트릭스 S[semactic]는 텍스트 데이터의 일부 코퍼스corpus에서 직접 추출한 단어에 의해 형성되며, 매트릭스 내의 셀 값은 일반적으로 어떤 종류의 결합 관계를 나타낸다. 예를 들어 같은 단락, 동일한 담화에서 순차적 출현이나, 일정한 범위 내 이동 창에서의 동시출현 등의 관계이다. 그러나 인지된 인과 관계와 같은 다른 의미관계도 매트릭스에 인코딩될 수 있다(Morgan et al., 2001; Young, 1996). 컴퓨터 언어학자 및 인지심리학자들에게 텍스트 내에서의 연어법collocation은 통사적, 문법적 한계를 넘어서 있는 것으로써, 의미에 있어 상대적 친화성을 부호화하는 것으로 가정한다(Borge-Holthoefer and Arenas, 2010; Steyvers and Tenenenbaum, 2005). 조각

낸 발언sliced utterances 또는 "자유 연상 작업"1) 등에서 추출하는 연어법은 의미론적 관련성을 나타내기 위해 방법들이다(Collins and Loptus, 1975; McRae and Jones, 2013). 여기에는 동일한 범주(예를 들면 울새와 갈가마귀는 모두 새), 유사한 특징(예를 들면 중국의 지리적 윤곽과 수탉의 물리적 모양), 주제 관계(예를 들면 빵과 버터) 등을 모두 포괄하여 추출한다.

의미 표현에 있어서의 연관 모형Associative models은 단어와 개념의 의미가 단어들의 연관 패턴에 있음에 주목한다. 연구자들은 연결되는 단어의 패턴 네트워크 수준 특성을 인간언어의 진화 및 기능뿐만 아니라 개인 수준의 인지과정과 기능과 연결하려고 시도하기까지 한다. 예를 들어 WordNet 및 University of South Florida English Free Association Norms와 같은 대규모 인간 어휘 의미네트워크는 높은 클러스터링 계수 및 낮은 평균 경로 길이라는 작은 세계small-world 특성(Newman, 2000; Watts and Strogatz, 1998 참조) 그리고 긴 꼬리 정도 분포long-tailed degree distributions (Barabási, 2009; Steyvers, 2005) 등을 표시하고 있는 것으로 나타났다. 한 연구는 또한 자유연상 네트워크의 작은 세계성을 기반으로 더 창의적인 사람들이 "진부한 생각을 가진" 동료들과 구별될 수 있다는 것을 보여주었다(Kenett, Anaki, Faust, 2014). 분명 이러한 작은 세계성small-worldness는 단순히 단어 빈도를 계산하거나 자체 보고 조사와 같은 기존 방법을 사용하여 분별해 낼 수 있는 네트워크 수준의 속성이며, 전체 의미네트워크entire semantic network를 분석해야만 포착해 낼 수 있는 것이다.

개별 의미네트워크를 기반으로 계산된 매트릭스는 태도 및 행동 변화를 예측하는 데 사용할 수 있는 또 다른 종류의 개인 수준 속성을 제공하며, 이는 설득 연구persuasion research와 연결된다. 예를 들어 정신모델에 의하면, 보다 중심적 위치를 차지하고 있는 인식이나 신념은 접근성 수준이 비슷하나 중심성 수치가 낮은 신념보다 개인의 행동에 더 중요할 수 있다고 본다. 최근 연구에 따르면 농부들의 인식에 있어 강 중심적인

위치를 차지하고 있는 것(목표와 가치)은 지속가능한 관례를 따르는 것
과 더 많이 상관연관을 가지고 있다(Hoffman, Lubell, Hillis, 2014). 정신모델
을 적용한 정치적 영역에서 인지 매핑에 대한 연구는 정치 지도자들이
그들이 행한 공개된 언술 속에서 신념 구조를 특징짓기 위해 사용되어
왔으며, 더불어 이러한 정신모델의 구조적 특징을 정책이니셔티브를 설
명하기 위해 개발되기도 하였다(Kim, 2004).

　일반적으로 정치 엘리트들의 신념과 의견에 대한 데이터를 수집하기
가 어렵기 때문에, 그들의 공개된 언술은 그들의 심리 상태와 과정을 반
영하고 있는 중요한 데이터의 소스가 된다. Kim(2004) 연구를 살펴보면,
연구의 대상이 되었던 두 정치 지도자의 정신모델은 비슷한 인식에 의해
형성되었으나, 그들이 정치적 발의 차이를 만들었던 것은 인식의 구조화
방식이었다. 여기에서는 두 개의 정신모델 연구사례만 분석했지만, 정치
적 행위자들의 더 큰 표본이 있다면 심리적으로 의미 있는 관련 네트워
크 통계리스트(예를 들면 밀도, 중심성, 커뮤니티 구조)를 식별해 내고,
그들의 행동결과와의 연관성을 분석하는 연구로의 확장이 가능하다.

　개인 수준의 의미네트워크는 또한 정치적 담론의 또 다른 차원인 설득
력persuasiveness을 밝히는 데도 사용되어 왔다. 예를 들어 Doerfel and
Connaughton(2009)은 1960년부터 2004년까지 TV로 중계된 미국 대통령
선거 토론회 연설문을 분석하였다. 그 기간의 모든 후보자에 대한 동시
출현 의미네트워크를 추출했다. 그들은 촘촘하게 클러스터링된 개념그룹
으로 특징지어지는 의미네트워크가 선거승리 여부를 예측한다는 것을 발
견했다. 그들은 의미네트워크 분석을 통하여 중심 주제를 따라 일관성
있게 구성된 담론이 여러 주제를 가진 담론보다 더 설득력이 있는지 여
부를 시험하는 경험적 도구를 제공하였다. 이러한 방법론적 특징은 특
정 단어의 빈도수를 활용하여 해결하기는 상대적으로 어렵지만, 전체
담론을 의미네트워크로 파악한다면 자연스럽게 전체적인 그림을 파악하

게 된다.

현저성salience과 프레이밍framing에 대한 연구자들은 개인들로 구성된 집단에 대한 정신모델을 종합할 뿐이지, 그 과정에 대한 분석에서 "누가 무엇을 말했는가"에 대해 매핑은 배제한다. 수집된 의미네트워크는 정치 커뮤니케이션 연구를 통하여 잘 정립된 콘텐츠 분석contents analysis 접근법(Althaus et al., 2011; Grippendoff, 2013; 2012)을 제공하며, 분석 대상인 코퍼스의 구조적 특성을 강조함으로써 빈도기반 분석방법을 보완한다(van Atteveldt, 2008; Carley and Palmquist, 1992; Diesner and Carley, 2011). 의미네트워크 접근법을 채택한 연구자들은 신념구조의 연관성과 관계성이 중요함을 강조함으로써 여론 형성이론을 확장시켰다. 예를 들어 의제 설정 (agenda setting)에 대한 연구는 언론에 나타나 발언하는 정치 엘리트는 대중의 태도나 자신의 의견 및 정책에 대한 대중의 지원에서 설득력을 가지며 영향을 미친다는 것을 보여준다. 최근 연구에서는 2012년 미국 대통령 선거 기간 동안 대중매체의 의미네트워크를 오바마Obama와 롬니 Romney 지지자들의 의미네트워크를 비교했다. 두 가지 네트워크 모두 3,800만 개의 트위터 메시지의 대규모 코퍼스로 구성되었다(Vargo et al., 2014). 이 연구 결과는 대중매체가 공론화 과정에서 이슈의 중요성, 이슈 특성 뿐만 아니라 이슈 간 서로 어떻게 상호 참조되고 서로 연결되는 방식(즉, 네트워크 이슈 의제설정) 형성한다는 것을 밝혀냈다.

커뮤니티 구조와 같은 의미네트워크의 중간 수준 속성은 프레임이 작동하는 다른 방법을 보여준다. '프레임'frame을 밀접하게 상호 연결된 개념의 패턴으로 정의한다면, 의미네트워크는 핵심 프레임이 정치적 담론의 다른 요소와 어떻게 연관되는지와 같은 프레임 간 관계를 분석할 수 있게 한다(Baden, 2010). 예를 들어 주어진 정책 이슈에 대해 자세한 설명 없이 대중에게 여러 개의 프레임이 공개되며, 그 과정에서 커뮤니티 간 연결이 거의 없는 느슨하게 연결된 다수의 커뮤니티를 생성한다. 그렇기 때문에 정당들에서는 대안으로 핵심 프레임core frame을 중심으로 공개 성명을 구성하고 다른 주변 프레임을 활용하여 그 핵심 프레임을 추가로 설명한다. 이러한 방법은 의미네트워크의 핵심 - 주변 구조로 이어지는데, 프레임을 그 자체 실체로 취급하고 프레임의 빈도분포만 분석하면 프레임이 서로 연결되면서 구성하는 중요한 구조적 패턴을 놓치게 된다. 유럽연합 헌법에 대한 네덜란드 국민투표 캠페인의 경우를 보면, 정당들은 종종 반대되는 주장들로 구성된 몇 개의 핵심 프레임을 중심으로 전체 담론을 구성했다. 더 중요한 것은 이러한 핵심 프레임은 단독으로 존재하지 않고 주변적이기는 하지만 일련의 핵심 프레임을 지지하는 프레임과 연결되어 있었다(Baden, 2010). 의미네트워크 분석은 이렇듯 상황에 맞는 방식으로 프레임을 식별하고 비교할 수 있도록 하는 유연하고 체계적인 도구를 제공한다. 또한 미묘한 차이가 있는 프레임 간 연결 패턴을 밝혀낼 수 있게 한다.

이러한 아이디어를 여론 조사에 적용하면, 여론형성의 복잡한 과정을 밝히는 데 유용할 뿐만 아니라 여론변화를 경로의존적 과정으로 설명할 수 있는 정보를 새롭게 제공할 수도 있다. 개인적 수준에서 의미네트워크는 자신이 가지고 있는 의견에 영향을 미친 주요한 인식(예를 들면 신념이나 가치)을 드러내 주고, 그것의 규범적 의미와 함께 오해에 기반한 의견일 경우 이를 수정하는 데 개입할 가능성을 결정하기 위한 지침을 제공하기도 한다. 그룹 수준 또는 인구 수준에서의 의미네트워크는 비교 대조할 수 있으며, 정치적 문제를 논의할 때 유사하거나 유사하지 않은 프레임을 사용하는 그룹 및 인구통계학적 세분화에 도움이 될 수 있다. 인구 수준에서의 의미네트워크(예를 들면 소셜 미디어에서 재구성되는 네트워크)는 정치 엘리트 네트워크와 비교할 수 있는데, 이를 시간변수를 적용한다면 의견형성의 시간모형을 실험하는 데 활용할 수 있다. 이러한 방법론적 적용에 대해 앞으로 더 논의하고자 한다.

행위자와 개념의 연관성 관련 네트워크 매핑

대인관계 수준interpersonal level에서의 담론네트워크 분석(Fisher, Leifeld, and Iwaki, 2012; Leifeld and Haunss, 2012)과 담론장 연구(Bail, 2012)는 사회적 행위자들이 공공담론에 의미 단위 또는 개념을 어떻게 지지하는지에 대한 정보를 분명히 제시하고 있다. 여기에서의 "지지"라는 행위는 (행위자가 단어를 사용하는 횟수와 같은)연속척도로 포착하거나 그림 10.1 표 2a에 표시된 것처럼 '지지' 또는 '반대'를 나타내는 이진수로 나타낼 수 있다. 행위자를 개념과 연결하는 2-모드 네트워크를 분석하는 연구사례는 많지 않은데, 무엇보다도 그러한 네트워크를 분석하는 데 활용할 수 있는 도구가 제한적이기 때문이다. 위의 그림 10.1에서 그래프로 표현된 m×m 매트릭스와 그림 10.1 패널 2d의 그래프로 표현된 n×n 개념 매트릭스과 같이 정사각형의 매트릭스로만 연구 대상을 나타내게 된다. 위의 그래프 2c와 2d의 연결은 각각 두 행위자가 공동 개념의 수(그래프 2c)와 개념 쌍이 공유하는 행위자 수(그래프 2d)를 나타내는 그래프인데, 이는 가중치를 부여한 수치이다. 2-모드 네트워크를 통해 표현할 수 있는 내용은 기본적으로 정보의 손실을 수반할 수밖에 없음을 인정해야 한다. 즉 매트릭스A(actor)를 m×m 형식의 1-모드 행위자 네트워크에 나타낼 때 행위자를 연결하는 개념집합이 갖는 정보가 모두 손실된다는 점을 인식해야 한다. 1-모드 네트워크에서의 행위자 – 행위자 관계는 암묵적으로 매개가 되는 모든 개념이 동일하게 중요하고 동일한 방식으로 가중치가 부여되었다는 것을 가정하게 되는데, 이 점은 개념노드가 갖는 속성(예를 들면 개념이 잘못된 정보와 관련이 있는지 여부)을 분석하는데 이를 포함할 수 있더록 하는 장애요인이 된다. 비슷하게 개념 대 개념으로 이루어진 1-모드 네트워크 역시 정치 행위자에 관한 중요한 잠재적 정보를 배제한다. 이러한 취약점은 2-모드 네트워크를 위해 특별히 개발된 매트릭스와 통계적 방법을 활용함으로써 극복할 수 있다(Agneessens and Everrett, 2013). 그러나 이 장에서는 1-모드 네트워크에 대한 분석이 주요 대상이기 때문에 1-모드 네트워크에만 초점을 맞춘다(Kleinijenhuis and de Noy, 2013 참조).

행위자-개념 관계에 대한 정보를 가지고 의미네트워크를 재구성하는 데 있어 가장 흥미로운 매력적인 부분이라고 한다면 특정 행위자의 담론을 특성화하고 모델링하는 기능이라고 할 수 있다. 예를 들어 정책토론회에서의 공개된 발언을 통해 행위자 간 정치적 연합coalition과 분극화 polarization가 어떻게 발전하는 지에 대한 연구가 가능하다. 아울러 이러한 담론의 모델링 방법은 행위자 간 상호작용과 반응이 공적 담론을 어떻게 더 복잡하게 만드는지, 어떻게 제한하는지를 파악할 수 있게 하는 데 도움이 된다. 이와 관련하여 한 가지 대표적인 연구사례는 Leifeld와 동료들이 개발한 담론 네트워크 분석이다(Leifeld and Haunss, 2012). 이들은 이 연구에서 정치 엘리트와 대중들의 정치적 표현의 전반적 유형을 시간의 경과에 따라 어떻게 나타나는지를 보여주고 있다. 이러한 행위자 -개념 관계 네트워크 분석 기법은 텍스트 자료(예를 들면 뉴스 보도, 의회 증언)에서의 정책 관련 언술에서 정치 엘리트의 관련 정책에 대한 동의 또는 반대를 이진적으로 코딩하여 행위자-개념 관계를 이분적 bipartite 의미네트워크로 구성하였다. 그리고 개념-개념의 투영projection, 이른바 '개념 일치 네트워크'라고도 하는 여러 명의 정치 엘리트들에 의해 일반적으로 지지되는 정도를 나타내는 개념을 분석함으로써, 정책토론에서 승리한 측의 수사 패턴을 파악할 수 있었다. 예를 들어 유럽에서의 소프트웨어 특허 논쟁 사례에서 보면, 논쟁에서 이긴 정치 행위자 연합(정부, 기업, NGO 등을 포함)에서는 여러 개념을 일관되게 짜 맞췄는데, 이는 반대 측의 담론에서는 이와 같은 점을 발견할 수 없었다(Leifeld and Haunss, 2012). 같은 연구에서, 신념과 입장의 공유된 수준을 인코딩한 행위자-행위자 투영, 즉 '행위자 일치 네트워크'를 경험적으로 분석한 결과 그룹 내에 합의와 그룹 간 갈등의 수준이 높은 두 개의 경쟁하고 있는 연합을 발견할 수 있었다. 이러한 발견은 주관적 판단에 기초한 그룹화 기준을 따른 것이 아니라, 의미네트워크의 구성을 분석함으로써 파악할 수 있었던 것이다. 이 담론 네트워크 분석 접근방법은 제109차 미 의회의 두 개의 거대그룹 구조와는 대조를 이루었던 제110차 미 의회에서의 기후변화문제에 대한 합의 과정을 시간 순으로 추적하는 데에도 활용되었다(Fisher, Leifeld, and Iwaki, 2012).(원본의 12장에서는 이러한 분석적 접근의 이면에 있는 방법론적 및 실질적인 원칙에 대해 자세히 설명하고 있다.)

행위자-개념 의미네트워크는 다른 유형의 정보를 통합함으로써 방법론적으로 더 많이 보완될 수 있다. 2001년 9월 11일 테러 공격 이후 시민사회단체들의 담론이 이슬람에 대한 언론 보도에 어떤 영향을 미쳤는지에 대한 연구에서, 연구자들은 먼저 이들 시민사회단체를 이슬람교도와 911 관련 담론장에 배치하여, 주변 단체 즉 무슬림 관련 프레임을 공동 지지하는 패턴을 보이는 주변부 단체들을 파악할 수 있었다(Bail, 2012). 그리고 이들 단체들의 담론장에서 위치는 그들이 원래 채택했던 프레임으로 하여금 미디어에 상당한 많은 영향을 미치게 하는 것을 밝혀냈다. 여기에서 더 흥미로운 것은 이러한 단체들의 담론이 더 많은 감정을 나타내면 대중매체 보도에 더 많은 영향을 미칠 가능성이 있는 것으로 나타났다는 점이다. 이와 같은 사례는 다른 유형의 정보 즉 텍스트의 콘텐츠 속성 및 행위자의 다른 특성과 결합될 때 의미네트워크 분석은 그 설명항목을 훨씬 풍부하게 할 수 있으며, 다루기 어려웠던 담론장 관련 이론에 대한 경험적 연구를 가능하게끔 할 수 있음을 보여준다. 담론 네트워크 분석에 있어 행위자 일치/갈등 네트워크 연구나 Bail(2012)의 담론장 연구 모두 개별 정치행위자들 간의 의미 단위 지지패턴만을 분석하지만,

이러한 연구는 인구 통계적 분포상태, 당파성 또는 다른 이론적으로 중요한 기준으로 정의되는 행위자 그룹의 연구까지 확장가능하다.

여론 연구에 의미네트워크 분석을 적용할 때, 여론형성 이론이 제기한 담론적 성격, 숙의적 성격에 대한 질문들을 해결하는 데도 적합하다. 이는 네트워크에서 의미론적 단위로 취급되는 아이디어, 주장, 근거, 그리고 정서sentiment의 생성, 생산, 교환을 분석의 목표로 삼기 때문에 많은 여론 연구의 핵심인 정치이슈에 대한 개인의 인지와 표현이 집단담론을 어떻게 풍부하게 하고, 역으로 풍부해지는지를 밝히는데 의미네트워크 분석은 유용하다고 할 수 있다(Baek, 2011; Carpini, Cook, and Jacobs, 2004; Dijk, 1995; Gutmann and Thompson, 2004). 대인관계 차원에서의 시매틱 네트워크 분석은 지금까지 대체로 정치 엘리트들에게 적용되어 왔지만, 향후 오프라인이나 온라인에서 정치토론이나 정치적 숙의과정에 참여하는 시민들을 분석하는데에도 이 분석법이 활용될 것으로 예상된다.

의미네트워크 분석은 빈도에 기반하는 콘텐츠 분석(Krippendorff, 2012)과 같은 전통적인 텍스트 접근 방식과는 다르다. 첫째, 빈도에 기반한 접근방식의 콘텐츠 분석은 코퍼스로부터 개념의 개수와 분포에만 초점을 맞추는 데 반해 네트워크 접근방식은 여기에 개념이 서로 어떻게 관련되어 있는지에 대한 층위를 추가한다. 즉 빈도 기반 접근방식은 텍스트의 "기본 구성 요소"fundamental building blocks만 추출하지 "요소들의 배열된 구조"the structure in which these blocks are arranged는 추출하지 않는다 (Carley and Palmquist, 1992, 605). 둘째, 빈도 기반 접근방식은 메시지 생성 및 교환의 사회적 측면, 즉 2-모드 의미네트워크에 의해 포착된 행위자 – 개념 관계를 직접적으로 통합할 수 없다. 의미네트워크는 다양한 의미 단위와 이러한 단위가 상호 연결되는 방식을 나타낼 수 있다는 장점이 있다. 의미 단위에 대한 정보는 다음 절에서 설명할 NLP 및 텍스트 마이닝 기술을 사용하여 텍스트 데이터에서 추출할 수 있다.

의미네트워크 구축하기

텍스트 데이터에서 의미 단위(노드)를 추출하는 방법

가공하지 않은 원 텍스트 데이터raw textual data 수집. 의미네트워크를 구축하기 위한 가공하지 않은 원 텍스트 데이터의 추출은 다음과 같은 대상을 이루어진다. 예를 들어 뉴스 보도, 미국 의회에서의 정치적 발언, 트위터와 토론포럼에 게재된 소셜 미디어 게시물, 오프라인이나 온라인 상에서 이루어진 숙의 관련 연구 및 자유 연상 작업 등을 통해 실험적으로 생성된 데이터, 일상 대화나 개방형 설문조사에서 녹음되거나 녹취된 말 등을 포함하여 다양한 데이터 소스를 대상으로 수집한다. 반면 여론조사 데이터의 경우의 데이터는 정치행위자가 생성해 낸 의미를 갖는 내용을 주요 초점을 맞춰 추출한다.

일반적으로 인터넷에서 사용자들이 생성한 메시지(예를 들면 뉴스 웹사이트의 댓글 게시판, Facebook 및 Twitter 게시물, 토론 포럼)에 관심이 있는 연구자는 웹사이트에서의 스크랩, API(응용 프로그래밍 인터페이스) 접속, 공급업체로부터의 데이터 구매를 통해 데이터에 대한 접근권한을 얻을 수 있다. 아쉽게도 현재 소셜 미디어 사이트 및 플랫폼에서 사용자가 지속적으로 생성해내고 있는 텍스트 전체에 대해 쉽게 접근할 수 있게 인터페이스를 제공하는 단일 데이터수집기는 없다. 게다가, 데이터에 대한 독점적 소유권을 주장하는 기업의 문제, 개인 정보에 대한 우려 등은 접근가능한 온라인 상의 의미 데이터의 범위와 특성에 영향을 미칠 가능성이 높다. 따라서 사용할 데이터 소스와 액세스 수단을 사례별로 평가하고 선택해야 한다. 예를 들어 일반 시민들이 게시한 트윗은 현재 여론 동향에 대한 통찰력을 제공할 수 있으나(Vargo et al., 2014), 한 개의 트윗 당 글자 수가 제한되어 있으며, 일반적으로 트위터 사용자 간 긴 시간 토론이 결여되어 있어 담론 상의 상호작용을 통해 여론이 형성되는 방식을 연구하는 데 있어서는 이상적인 데이터라고 할 수 없다.

데이터에 접근한 후에는 연구 중인 주제와 관련된 코퍼스를 검색하기 위해 적합한 키워드 목록을 개발해야 하는 경우가 많다. 뉴스 보도에 비해 사용자가 직접 생성한 글의 경우에는 비표준어, 은어, 맞춤법 오류 등이 포함되어 있을 가능성이 높다. 따라서 데이터 검색을 위한 키워드 목록은 주제별로 다르게 해야 하며, 수많은 시행착오를 통해 개발되어야 한다. 키워드 목록의 우수성은 정확도 즉, 낮은 위양성false positive(문제가 없는데 문제가 있다고 나타나는 것)과 재현율recall, 즉 낮은 위음성false negative(문제가 있는데 문제가 없다고 나타나는 것)에 따라 결정된다 (Manning, Raghavan and Schütze, 2008 참조). 예를 들어 한 연구자가 2015년에 동성결혼과 관련하여 게시한 트윗을 검색하려고 한다고 가정하자. 이때 연구자는 키워드 목록의 테스트 버전을 사용하여 총 m개의 트윗을 검색하고, 이 중 j개의 트윗이 관련성이 있는 것으로 밝혀냈다고 한다면 정확도에 대한 추정치는 j/m이다. 한편 연구자는 재현율을 평가하기 위해, 같은 시간대에 게시된 모든 종류의 트윗을 무작위로 추출한다(트위터의 Firehose 검색 방법에서 모든 트윗의 1%). 그런 다음 연구자는 테스트 샘플에서 (1) 키워드 일치를 통해 검색된 코퍼스에 이미 있고, (2) 실제 조회수로 분류된 트윗($n_1=k$)을 제거한다. 그런 다음 사람이 코딩한 것과 기계적으로 분류된 것($n_2=p$)의 조합을 사용하여 동성결혼과 관련된 트윗을 식별한다. 특정 키워드 목록을 사용한 이 검색 전략의 재현 추정치는 $k/(k+p)$가 될 것이다. 검색어 목록에 필요한 키워드를 추가하거나 삭제하면 정확도와 재현율을 모두 향상시킬 수 있다.

의미론적 온톨로지semantic ontology의 정의. 의미네트워크를 분석하기 전에 첫 번째 중요한 결정은 텍스트 데이터에서 어떤 단위를 추출할 것인가 하는 점이다. 이 단계의 주요 목표는 2절에서 소개된 두 개의 필수 매트릭스(즉, 그림 10.1의 Sn, 1a 및 2a)의 열column 차원을 정의하는 것이다. 이 결정은 연구의 성격과 범위에 따라 결정되어야 하나 일반적으로 두 가지 문제를 반드시 고려해야 합니다. 첫째, 의미 단위semantic units를 식별하는 데 있어 연역적 방식을 사용할지 아니면 귀납적 접근 방식을 사용할 지 결정해야 하며(Carley and Kaufer, 1993; Carley and Palmquist, 1992); 둘째로는 분석할 의미 단위를 추상화하는 수준을 결정해야 한다.

무엇을 결정하느냐에 따라 자연어 처리과정NLP, Natural Language Processing이나 자동 텍스트 처리 알고리즘automatic text processing algorithms 등의 필요성 여부와 같이 활용가능한 방법을 결정하게 된다. 이 절에서는 주제별 텍스트(예를 들면 신문 보도, 텍스트로 변환된 공개 토론, 정치인의 발언)를 코퍼스로 정의하고, 단순화를 위해 (같은 날 수집된 모든 트윗을 단일 text로 수집한) 원본 문서에 일정한 규칙에 따라 코퍼스를 쪼개기slicing, 버리기binning 또는 포괄하기bracketing 등으로 처리한 후 만들어진 text를 분석의 기본단위로 하여, 개인 수준 그리고 집단 수준의 개념 - 개념concept-concept의 의미네트워크(예를 들면 표 10.1의 인지 매핑, 현저성 및 프레임 연구)를 처리하는 응용 프로그램에 대한 논의를 초점을 맞추고자 한다.(원본의 12장에서는 대인관계 수준에서의 정치적 담화네트워크를 구성하는 절차에 대한 자세히 설명하고 있다.) 일반적으로 텍스트 데이터에서 행위자 - 개념 네트워크 구축하기 위해서는 두 개 이상의 복합적 층위가 필요하다. 정치행위자와 의미 단위이다. 그리고 이 두 범주의 요소들 간 대쌍pairwise 네트워크 매핑하기 위해 구조화되지 않은 비정형 텍스트 데이터로부터 자동으로 데이터를 추출하기 어렵고 자동화된 텍스트 마이닝 기술을 활용하는데 한계가 있다. 따라서 그림 10.1의 그림 2a의 Am×n 매트릭스와 같은 매핑을 위한 매트릭스를 채우기 위해 사람이 하나하나 코딩해야 한다.

일반적으로 정치행위자와 텍스트 속 의미 단위 사이의 네트워크으로 표현되는 '의미의 전체집합'은 공공 이슈의 **의미론적 온톨로지**semantic ontology를 생성한다고 할 수 있다. 연구자는 이미 자신이 분석하고자 하는 믿음, 가치, 주제 또는 입장에 대한 잘 정의된 집합을 가지고 있는데, 예를 들어 Vargo 등(2014)의 연구자들은 2012년 미국의 대통령 선거와 관련된 8개의 특정 정책 영역(예를 들면 경제, 외교 정책)을 선정하였다. 이렇게 사전에 정리된 의미론적 범주들은 일반적으로 가공되지 않은 원시 텍스트text의 단어들 보다 추상적인 고차원의 개념 또는 주제들이 제시된다. 그렇기 때문에 연역적 접근법을 통해 (1) 의미 단위에 대한 일차적 가공을 거친 텍스트의 집합인 $text_i$가 각 주제와 개념의 범주와 일치하는지 불일치하는지 여부, (2) 어떤 방식으로 지지를 표명하는지 문제(예를 들면 단순 언급인가, 긍정적 지지, 부정적 지지인가) 등과 같은 잠재되어 있는 이러한 이중 분류 문제를 밝혀야 한다. 이런 두 가지 문제 모두 내용분석의 표준 절차에 따라 사람에 의해 직접 코딩해야만 해결될 수 있는 문제이다(Krippendorff, 2012). 그러나 보다 효율적 데이터 수집을 위해 사람에 의한 직접 입력은 줄이고, 기계학습 알고리즘을 사용하고자 할 경우, 지지 표명의 방식을 둘러싼 두 번째 문제를 해결하는 것은 첫 번째 문제보다 훨씬 더 어려울 수 있다. 특히 시맨틱semantic의 층위와 일차 가공된 텍스트들의 집합인 $text_i$을 의미 단위로 연결하는 매트릭스가 더 커질 경우에 더욱 더 어려워진다. 그러나 이러한 기술적 어려움은 기계학습과 텍스트 마이닝 연구의 빠른 발전을 감안할 때 앞으로 충분히 개선될 가능성이 있다.

시맨틱을 정의하기 위한 귀납적 접근법은 본질적으로 실험적이고 탐색적이다. 연구자가 가공되지 않은 원 데이터와 상호작용한 이후에라야 관련 개념 및 의미 단위를 판별해 낼 수 있기 때문이다. 예를 들어 Hoffman, Lubell and Hillis(2014)는 '지속가능한 농업'이라는 관념과 '지속가능한 농사'와의 관계에 대한 농민들의 '인지 네트워크'cognitive network 연구를 위한 개방형 설문조사로 수집된 데이터를 조사한 이후에야 이 문제와 관련된 고유한 개념들을 도출해 낼 수 있었다. 이렇듯 귀납적 접근법은 대중이 자신의 의견을 표현할 때 새로운 의미 단위를 판별해 내고, 그들이 사용하는 개념의 전체에 대한 포괄적인 그림을 그려낼 가능성이 더 높다는 장점이 있다. 이러한 이유로 이 접근법은 연구 프로젝트의 초기 단계 그리고 보다 서술적이고 탐색적인 연구에 적합한 접근법이라고 할 수 있다.

낮은 수준의 의미 단위라고 한다면, 전처리(예를 들면 형태소 분석 및 표제어 추출, 자세한 내용은 아래 참조) 후 텍스트에 사용된 정확한 단어 또는 어구를 나타낸다. 반면 높은 수준의 의미 단위는 텍스트에서 사용된 정확한 단어나 어구에 대한 정확한 일대일 매핑이 안 되어 있으므로 추론 절차가 필요하다. 즉 텍스트에서 사용된 어휘에 의미를 할당하는 절차인 단어-개념 매핑word-concept mapping 단계가 필요하다(Corman et al., 2002). 컴퓨터 언어학에서의 대부분 어휘 의미 네트워크, 인지 심리학의 연관 규범 네트워크, "움직이는 창"moving window 접근방식을 사용하여 구성된 네트워크(Danowski, 2009; Yuan, Feng, and Danowski, 2013)는 낮은 차원의 의미 단위를 선택하고, 정치적 담론 네트워크(Leifeld, 2013; Vargo et al., 2014)는 높은 차원의 의미 단위를 사용하는 경향이 있다. 방법론적으로 연구자가 낮은 수준의 의미 단위에 만족하는 경우라면, 전처리 단계 후 가공하지 않은 원 텍스트를 직접 검사하면 매트릭스의 두 가지 필수 차원을 정의하는 데 필요한 고유한 의미 단위가 드러날 것이다. 그러나 연구자가 자동텍스트 분석 도구를 사용하고 높은 차원의 의미 단위를 분석하기로 선택한 경우라면, 텍스트는 토픽 모델링 또는 크라우드소싱 플랫폼을 사용하여 사람에 의한 코딩과 함께 확장하여 처리할 보다 정교한 알고리즘이 필요하다(Benoit et al., 2016). 다시 말해서 시맨틱을 정의하는 목적은 매트릭스S(그림 10.1, 그림 1a)의 열 및 행 차원과 매트릭스A(그림 10.1, 그림 2a)의 열을 결정하는 것이다.

원 텍스트 데이터의 전처리. 원시 텍스트 데이터가 수집되면 일반적으로 토큰화tokenization가 필요한 긴 문자열로 저장된다. 여기에서 토큰화는 긴 문자열을 일반적으로 단어 수준에서 의미론적 내용semantic content을 갖는 가장 작은 단위로 세분화하는 것을 의미한다(Jurafsky and Martin, 2008). 토큰화는 단어가 텍스트에 나타나는 순서를 무시하지만 n-gram (n > 1)을 사용하면 단어 순서에 대한 정보가 부분적으로 보존된다. n-gram은 길이가 n인 단어의 연속 시퀀스을 말한다. 예를 들어 "I love you"라는 짧은 문구의 두 개 그램bigram은 각각 고유한 토큰으로 취급되는 "I love"와 "love you"가 된다. 말뭉치bag-of-word 접근법으로 알려진 단어순서를 버리는 것은 일반적으로 분류, 감정 분석 및 토픽 모델링과 같은 일반적인 자연어처리과정NLP 작업의 효능성에 거의 영향을 끼치지 않는 것으로 밝혀졌다(Grimmer and Stewart, 2013). 그러나 멘탈모델mental model 전통의 인과관계 매핑(Carley and Palmquist, 1992; Morgan et al., 2001) 과 같은 의미론적 관계의 특정 1-모드 네트워크의 경우, 단어 배열 순서는 인과 관계의 방향에 대한 정보를 전달한다. 이러한 유형의 응용 프로그램의 경우 부분 음성 태그 지정, 의미 역할 레이블 지정과 같은 보다 정교한 NLP 기법이 부가 속성에 대한 토큰화 과정에 유용할 것이다(예를 들면 agent-predate-patient 역할 구조; Jurafsky and Martin, 2008).

최근 연구에 따르면 다양한 크기의 n-gram을 사용하면, 미국 하원의원의 성명서 간 유사성을 찾아내는 다양한 인과 메커니즘이 드러난다. 유사한 주제(즉, 주제 유사성)의 경우, 원시 코퍼스가 짧은 n-gram(n < 3)으로 전처리된 경우에만 유사한 단어 및 어구를 사용하는 저자의 패턴과 양의 상관관계가 있는 반면, 긴 n-gram이 토큰으로 통합되었을 때(n > 16) 같은 하원이나 상원에서 재직한 것이 언어 사용에 있어서 저자 – 저자 유사성과 양의 상관관계가 있는 것으로 나타났다(Lin, Margolin, and Lazer, 2015). 이를 통해 알 수 있는 것은 어떤 의원이 독자적으로 메시지를 구성할 때는 사용하는 문구의 길이에 제한을 가할 가능성이 높은데, 다른 사람의 진술을 직접 인용하는 것은 그러한 제한을 가하지 않는다는 사실이다. 따라서 독자적인 의견형성(짧은 n-gram)과 사회적 학습 및 설득(긴 n-gram)을 가지고 연구자들은 어떻게 서로 다른 매체를 통해 여론형성이 이루어지는지 다양한 크기의 n-gram를 사용하여 실험에 유용하게 활용하고 있다.

데이터 처리 관점에서 보면, 인간의 언어는 "시끄러운"noisy 것이다. 동일한 단어는 컴퓨터에서는 즉시 인식되지 않는 다른 형태를 가질 수 있기 때문이다(예를 들면 "U.S."/"United States"/"U.S.A"/"America"). 이 문제는 단어 굴절형태를 축소하기 위한 형태소 분석 및 표제어 추출, 텍스트 조작 등으로 해결이 가능하다(Jurafsky and Martin, 2008). 일반적으로 전처리 과정에서는 의미전달보다는 문법적 무결성을 유지하는 데 사용되는 구두점, 대문자 및 일반적인 기능 단어를 제거해야 한다.

데이터 전처리가 끝난 코퍼스는 연구질문과 관련한 의미의 최소단위인 고유한 '토큰' 집합으로 구성된 정치적 이슈와 관련된 시맨틱이다. 반면 부분적인 특정 연구 질문을 연구하기 위해서는 토큰집합에서 부분집합을 추출해야 한다. 예를 들어 Corman 등(2002)의 '중심화 공명분석'CRA, Centering Resonance Analysis에서 명사와 명사구에만 주목한다. 분석대상인 공공 이슈에 대한 중요한 의미 정보라고 할 수 있는 동사, 주어 및 부사 등은 폐기한다. 이와 같은 선택과 폐기의 결정의 기준은 의미네트워크 접근법에 의한 엄격한 규칙에 따라 이루어져야 하며, 특정한 적용의 사례와 실질적인 이론적 문제들에 기반하여야 한다.

기계학습을 활용한 높은 차원의 의미 단위 판별. 높은 차원에서의 시맨틱 온톨로지는 선별된 데이터의 집합에서 정의되거나 데이터를 통해 추론 되어진다. 그리고 의미의 최소단위인 토큰과 그것을 포괄하는 범주 사이 네트워크를 매핑하기도 한다. 또는 높은 차원의 의미 단위에 대한 귀납적인 접근을 위해 '잠재 의미론적 차원'을 지정하여 정의하기도 한다. 그러나 기계학습 접근법에서는 전처리한 후 생성된 단어빈도가 포함된 용어－문서term-document의 매트릭스와 사람에 의해 코딩된 범주 레이블 등을 입력데이터로 활용한다. 귀납적 접근법과 달리 연역적 접근법에서의 매핑은 Naïve Bayesian, Support Vector Machine, Random Forests, Neutral Networks 및 the ensemble approach와 같은 기계학습 알고리즘에 활용하는데, 이러한 알고리즘에서는 단어와 범주를 어떻게 분류할 것인가 하는 문제를 늘 제기된다Aggarwal and Zhai, 2012. 알고리즘에 의한 접근에도 불구하고 인간언어와 담론의 독특한 복잡성을 가지고 있기에 자동텍스트분류 알고리즘의 성능을 확신해서는 안되고 사례별로 평가하고 검증해야 한다. 현재 애플리케이션(Vargo dt al., 2014 참조)은 복잡한 정책성명이나 입장("기후변화는 현실적이고 인류학적인 것이다") 등과 같은 주제에 활용하기보다는 추상 수준이 더 높은 주제(기후변화, 테러공격) 등의 주제로 제한하여 활용되고 있다. 위 유형의 애플리케이션의 경우 사람에 의한 코딩이 데이터 수집의 주된 방법으로 남아 있지만(Fisher, Leifeld and Iwaki, 2012 참조), 코딩의 자동화 방법이 빠르게 개발되고 있다.

반면 귀납적 접근법에서는 잠재적 차원에서 추출문제가 제기된다. 여기서 잠재적 의미차원이나 주제는 원래의 용어－문서 매트릭스를 통해 추론된다. 이것을 매트릭스의 분해문제로 보는 것도 하나의 방법이 될 수 있다. 즉 용어－문서 매트릭스를 더 잘게 쪼개어(매트릭스의 분해) 하위 n-그램 보다 더 낮은 층위의 잠재적 의미공간을 살펴보는 것이다 (Dumeis, 2004). 이것은 '잠재 의미 분석'LSA, Latent Semantic Analysis으로도 알려져 있다. 여기에서 원래의 용어－문서 매트릭스는 더 작게 분해되고 변용되어 인수분해될 수도 있다(Dumeis, 2004). 기본 논리는 분해되어 작아진 잠재 공간latent space에서 텍스트－단어 간 동시출현 패턴이 간결하게 요약되어 표현되고 있음을 관찰할 수 있을 뿐만 아니라, 연구자가 밝혀내려고 한는 더 높은 수준의 의미론적 주제를 이 공간차원에서 발견할 수 있다는 것이다. 또 다른 접근법으로는 확률기반 생성 모형 probability-based generative model이 있다. 이 모형에서의 텍스트들은 토픽의 분포로 구성되어 있고, 그리고 토픽의 생성은 확률분포에 따른 단어의 분포로 이루어져 있다. 이를 바탕으로하여 이른바 '잠재 디리클레 할당'(LDA, Latent Dirichlet Allocation, Blei, Ng and Jordan, 2003 참조) 이론이 출현하게 되고, 인기있는 확률모형이 된다. 이를 활용하게 되면 텍스트 내 잠재되어 있는 높은 차원의 의미론적 주제를 발견하는 데 도움을 받을 수 있다. 토픽생성모형topic generative model은 최적의 솔루션을 반복적으로 판별해 내어 텍스트 내의 잠재적 의미를 밝히는 토픽 - 토픽 관계, 즉 원데이터의 가장 작은 의미 단위인 토큰 보다 상위 추상화 수준에서의 의미관계를 도출하는 토픽생성모형이 사용되었다. 그러나 토픽모형은 문제점이라고 한다면 잠재되어 있어 아직 발견되지 않은 텍스트나 토픽의 실질적인 의미를 해석함에 있어 다소간 모호하다는 점이다. 결과적으로 의미네트워크가 구성되면 네트워크 상의 노드는 실질적 의미가 불분명하다는 점을 연구자들은 감안하여 네트워크 상의 노드 구조적 속성보다는 각노드 속성에 초점을 맞춰 분석하는 것이 더 유익할 수 있다.

텍스트 데이터에서 의미 단위 간 연결관계Tie 추출법

연구의 목표가 달라지면 연결tie의 강도, 표지 및 방향은 그 중요성이 달라진다(Carley and Palmquist, 1992). 예를 들어 연구의 목적이 의미연관을 포착하는 것이라면 단어 동시출현을 활용하여 그 강도를 평가할 수 있다. 여기에서는 연결의 방향은 중요하지 않다. 그러나 인과관계를 나타낼 때 인과관계 유지에 필요한 연결의 출발지와 목적지를 결정하는 것이 중요해진다(Morgan et al., 2001). 실제 연구자들이 긍정적인 신호를 선호하고 부정적 의미 관계를 음수로 놔두는 것이 아니라 양수로 변환하는 경향이 있으나 연결이 이루어지고 난 후 연결이 긍정적인가 부정적인가 하는 것으로 매핑이 가능하다. 예를 들어 정치인이 어떤 정책에 동의하지 않을 경우, 이를 동의 외에 별도의 의미 단위로 취급할 수 있습니다(Fisher, Leifeld and Iwaki, 2012 참조).

의미 단위semantic unit**의 동시출현을 기반으로 하는 연결.** 개인이나 집단 수준에서 개념 – 개념의 의미네트워크(예를 들면 인지 매핑/정신모델, 현저성 및 프레이밍 연구)에서 연결tie은 일반적으로 구체적인 의미 없이 일반적 의미의 친화성만을 나타낸다. 두 개념이 더 높은 수준의 범주에 속하기 때문에 관련될 수 있거나, 자유연합인과관계를 나타내거나, 또는 자유연합 실험free association experiments에서와 같이 메시지를 만든 사람과 "타당한"make sense 방식으로 연결되기도 한다(Borge-Holthoefer and Arenas, 2010; Marupaka, Iyer, and Minai, 2012; McRae and Jones, 2013; Steyvers and Tenenbaum, 2005). 이러한 일반적인 형태의 의미 친화성semantic affinity를 통한 연결관계 연구는 개념유형에 제한을 두지 않는다. 연역적 또는 귀납적으로 정의된 높은 차원 또는 낮은 차원의 의미 단위가 모두 연구 대상일 수 있다. 가공되지 않은 원 텍스트 데이터 내에서 의미 친화성을 기반으로 하는 이러한 유형의 연결을 구성할 때 연구자들은 특정한 경계 내에서 동시출현의 빈도를 계산한다. 예를 들어 크기가 n인 '움직이는 창'moving window 내의 단어들(Danowski, 2009, Yuan, Feng, and Danowski, 2013), 최고 정책결정자의 연설에서 한 문장 내 단어들(Shim, Park, and Wilding, 2015), 뉴스 보도의 동일한 단락 내 사전에 정의된 이슈 및 기관명(Kleinnijenhuis and de Nooy, 2013), 날짜별 트윗 수집데이터에서 사전에 정의된 이슈(Vargo et al., 2014) 또는 개방형 설문조사 질문에 대한 동일인의 응답 내에서 귀납적으로 파생된 개념(Hoffman, Lubell, and Hillis, 2014;

Smith와 Parrott, 2012) 등의 연구의 대상이 된다. 오리지날한 형태로 수집된 텍스트는 자연스러운 경계(예를 들면 Twitter에서의 140자 제한)를 가지고 있는 반면, 다른 텍스트는 이러한 경계가 없어 연구자들은 텍스트가 만들어지는 맥락에 민감할 필요가 있다. 예를 들어 정치적 논쟁과 같이 구두로 생성된 메시지를 녹취한 경우 짧은 구절 사이에 짧은 휴식break이 있을 수 있는데, 이는 이러한 맥락에서 자연스러운 단절의 역할을 한다. 반면 뉴스 보도와 같은 긴 서면 텍스트의 경우 반대라고 할 수 있다.

원자료의 빈도에 기반해 얻어진 동시출현 매트릭스는 정규화nomalization가 필요하다. 특히 귀납적으로 도출된 낮은 차원의 의미 단위의 경우에 더 그렇다. 여러 텍스트에 걸쳐 있지만 실질적인 의미를 거의 전달하지 않는 몇 개의 동시출현 단어(예를 들면 대명사 "you")에 의해 지배될 가능성이 높기 때문이다. 여기에서 '정규화'라고 하는 것은 한 쌍의 의미 단위 사이에 체계적인 관계가 존재하지 않을 때, 원래의 빈도를 예상되는 동시출현 의미 단위의 영모형null model과 비교하게 되면 실질적 의미 없이 동시출현 빈도만 큰 단어에 의해 지배되는 현상을 완화할 수 있다(Baden, 2010; Griffiths and Steyvers, 2002). 연구자들은 그런 이후 영모형를 통해 도출된 분포에 대응하여 원래 빈도를 필터링하거나 임계값으로 지정할 수 있다.

인지심리학cognitive psychology에서는 의미네트워크 분석을 적용하게 되면 개념연관성 매핑mapping이 사람들이 마음에서 의미기억이 어떻게 구성되는지를 밝히는데 도움이 된다고 가정한다(Collins and Loftus, 1975; Kenett, Anaki, and Faust, 2014). 이 연구 영역에서는 실험에 참가하는 사람들은 연구자들이 미리 정의한 대상 단어에 대한 응답을 제공하도록 요청받는다. 그리고 이러한 실험은 참가자들 사이에 일정한 연결관계tie를 만든다. 그런 다음 참가자 응답을 모두 집계하여 한 쌍의 대상 단어가 유사한 응답 패턴을 촉발하는 정도를 파악하기 위해 참가자 전체 응답을 취합하고 이렇게 취합한 단어들에 대해 빈도를 파악하는 것이 아니라 대상 단어 간의 상관관계를 사용하여 하나의 특정 대상 단어가 평균적으로 더 많은 연관이 일어나는 일반적인 경향을 조사한다. 이러한 방식으로 취합된 모든 대상 단어는 확장된 다차원 의미공간multidimensional semantic space에 배열되고, 의미공간에서 이렇게 형성된 한 쌍의 응답유사성은 곧 연결관계tie 강도를 정의하는 데 활용된다(Kenett, Anaki and Faust, 2014; McRae et al., 2005).

이러한 실험 중에서 어떤 방법은 자유로운 연관관계 대신 참가자에게 사전 정의된 개념의 전체 세트를 제공하고 모든 단어의 쌍 사이의 인지된 연관성 수준을 직접 표시하도록 한다(Guo, 2012). 이 방법을 활용할 때 n개의 개념에 대해 각 참가자들은 $n(n-1)/2$개의 선택을 요구받게 되는데, n의 크기가 커질 때에 참가자가 선택하는 데 매우 어렵다. 따라서 이 방법은 작은 개념세트 실험에 적합하다. 용어-문서 매트릭스에 의해 정의된 다차원 공간 상에서 의미 단위를 관찰하려는 이러한 방법론적 아이디어는 토픽 모델링 방법을 통해 밝혀지지 않은 보다 높은 차원의 의미 단위 간의 관계를 정의하는 데 특히 유용하다고 할 수 있다. 유클리드 거리 Euclidean distance 또는 코사인 유사도cosine similarity와 같은 매트릭스를 활용하여 관계의 강도를 측정하는데 활용될 수 있기 때문이다.

동시 출현을 넘어서는 관계. 의미네트워크 연구의 초기 단계에서는 동시 출현에 기반해 연결하는 것이 인기가 있지만, 최근 학자들은 정신모델 mental model에 대한 연구에서 인과관계와 같은 보다 구체적이고 실질적인 의미를 포착하는 데 점점 더 관심을 보이거나(Morgan et al., 2001), 또는 담론 네트워크 분석discourse network analysis에서 정책담화에 대한 행위자의 동의/반대를 포착하는데 관심을 갖는다(Leifeld and Haunss, 2012). Young(1996)은 인과 관계, 조건관계if-then, 개체-속성entity-attribute 관계,

보증－보증대상warrant-for 관계 등을 포함하여 일반적으로 볼 수 있는 의미관계 범주에 대한 정보를 제공하고 있으나, 어떤 관계를 추출해야 할 것인가 하는 문제는 특정 연구 목표에 따라 달라진다. 예를 들어 일련의 개념 간 정의된 인과관계의 패턴을 검사하기 위해 연구자들은 개방형 인터뷰와 설문지를 반복적으로 활용하기도 한다(Morgan et al., 2001).

특이성 수준이 높아지면 자동 기계학습 알고리즘에 의존하기가 어려워진다. 아울러 관계를 긍정적 또는 부정적 관계로 분류하기 위한 동시출현을 범위를 확장하는 것조차 어려운 일이 된다. 따라서 연구자는 단어 사이의 관계를 분류하는 작업을 좀 더 용이하게 하기 위해 의미 단위(예를 들면 주어－객체 쌍)의 문법적 역할을 표시하는 개체명 인식named entity recognition, 중의성 해소disambiguation, 품사 태깅part-of-speech tagging, 구문 분석syntactic analysis 등과 같은 보다 정교한 자연어처리NLP, Natural Language Processing 기술이 필요하다(Atteveldt et al., 2008; Atteveldt, Kleinnijenhuis, and Ruigrok, 2008). 특히 행위자－개념 간의 의미 네트워크의 경우에는 (1) 행위자와 의미 단위의 (2) 행위자－개념 연관성 등이 하나의 원 텍스트 데이터에서 직접 추출할 때에야 적용 가능하다.

연결tie이 행위자와 개념의 연관성을 사상寫象할 때, 연관관계의 의미는 분석된 대상에 따라 달라진다. 행위자－행위자 네트워크(그림 10.1의 2c)에서 연결은 두 명의 사회적 행위자가 동일한 의미 단위 세트를 지지한다는 것을 의미하는 반면 개념－개념 네트워크(그림 10.1의 2d)에서 연결은 두 개의 의미 단위가 동일한 집합의 사회적 행위자에 의해 승인되고 있음을 의미한다. 여기에서 중요한 것은 이런 방식으로 구성된 연결은 의미관계 네트워크에서의 연결과 대비되는 매우 독특한 정보를 제공한다(그림 10.1, 1). 전자(행위자－행위자 네트워크)는 정치행위자 집단 전반에 걸친 지지패턴을 강조하는 반면, 후자(개념－개념 네트워크)는 행위자－개념의 연관 패턴과 무관한 일반적인 의미 유사성 또는 보다 구체적인 의미론적semantic 의미에 중점을 두고 있음을 보여준다.

정치학자들은 이러한 방법을 활용하여 정치적 의사결정자와 이해당사자 간의 정치적 연합 및 갈등의 패턴을 분석했다(Fisher, Leifeld, and Iwaki, 2012; Leifeld, 2013). 만일 분석 과정에서 어떤 정치행위자가 데이터에서 지나치게 과다 표현된다면 네트워크 연결tie 가중치를 표준화해야 한다. 예를 들어 행위자-정책적 입장 네트워크에서 일부 행위자의 공개 성명의 양이 불균형적으로 많아 이미 정의된 시맨틱 온톨로지에서 훨씬 더 넓은 스펙트럼의 정책 입장을 포함할 수 있다(이를 Leifeld[2013]에서는 "제도적 편향"institutional bias이라고 하고 있다). 따라서 표준화가 되지 않는 경우, 네트워크 및 결과 매트릭스 분석이 이러한 편향을 반영하게 되는 반면 의미 있는 행위자 간 관계를 숨길 가능성이 있다. 원래 항목이 이진이면 쌍별 상관계수를 사용하는 것과 같은 표준화 방법은 실효성이 없다. 대신 자카드계수Jaccard coefficients 계열을 사용한다. Jaccard 계수는 가장 간단한 형태로 두 이진 벡터 사이의 교집합 부분을 취한다. 이 계수는 또 0과 1 사이의 값을 반환한다. 이 접근 방식에 대한 자세한 내용과 적용 범위에 대한 자세한 내용은 12장에서 확인할 수 있다.

여론 조사에서의 활용

고전모형은 여론을 절차상 자유롭고 검열되지 않은 사람들 간의 토론과 사회적 관계에서 "창출된 산물"로 다루어 왔으며, 이는 합리적이고 충분한 정보에 입각한 논거에 의해 뒷받침되었다(Blumer, 1946; Lazarsfeld, 1957; Price, 1992). 이후 경험적 연구에 의해 이 고전모형은 더 이상 활용하기 어렵다는 것을 발견하였고 시간이 지남에 따라 설문 조사와 여론 조사가 대중의 의견을 반영하는 데 선호되는 수단이 되었다(Converse, 1987).

그리고 여론을 반영하기 위한 설문조사를 사용하는 것이 갖는 결점, 특히 대중들의 토론 단절과 같은 것을 보완하기 위해 학자들은 숙의 여론 조사deliberative opinion polls를 포함한 여론 측정 방법을 개선하려는 시도를 했다(Fishkin, 1991, 1997). 최근 숙의 민주주의의 이론가들은 정치적 의사결정과정에서 시민의 담론 상호작용과 담론 활동에 큰 비중을 둔다(Carpini, Cook, and Jacobs, 2004; Dryzek and Niemeyer, 2008; Fishkin, 1997; Gutmann and Thompson, 2004; Mendelberg, 2002). 이러한 방법에는 논증에 대한 반응성, 의견의 기반이 되는 정보의 범위, 가치관의 일관성, 의견 전반 안정성 등 여론의 질을 평가하는데 필요한 모든 중요한 기준에 주의를 기울이는 것이 포함된다. 이러한 기준을 경험적 조작하기 위해서는 담론 상호작용 중에 사용되는 논증, 근거, 신념 및 개념 등에 대한 전체 스펙트럼을 표현할 수 있는 방법 그리고 분석 수준(즉, 개인에서 집단 및 전체인구 수준으로) 간 전환 유연성, 시간 경과에 따라 관련 의견에 대한 시맨틱 온톨로지 구조의 변화를 모델링하는 도구 등이 요구된다. 그런데 의미네트워크의 분석은 이러한 요구 사항을 경험적으로 해결할 수 있는 프레임워크를 제공할 뿐만 아니라 여론의 복잡성에 대한 연구의 유용한 도구가 될 수 있다.

기존 연구문헌에서 의미네트워크 분석은 엘리트의 정치담론에 초점을 맞춰 활용되어 왔다(Baden, 2010; Doerfel and Connaughton, 2009; Fisher, Leifeld, and Iwaki, 2012; Kleinnijenhuis and de Nooy, 2013; Leifeld, 2013; Lin, Margolin 및 Lazer, 2015); 일반대중의 정치적 담론을 연구하기 위해 이 방법론을 활용한 연구는 거의 없었다(예외가 있다면 Vargo et al.[2014] 참조). 일반대중의 정치담론에 대한 연구가 많지 않은 이유 중 일부는, 일상 생활에서 일반 시민들 사이에서 정치적 논의에 대한 데이터를 수집하는데 어려웠기 때문이다. 그런데 최근 정치적 담론의 교환이 자연스럽게 발생하는 소셜 미디어와 온라인 상호작용의 폭발적 증가로 대표성의 문제는 여전히 남아 있지만 데이터 접근 문제는 이젠 상당히 완화되었다. 아울러 의미네트워크 분석은 온라인 숙의 실험이나(Cappella, Price, and Nir, 2002; Price, Nir, and Cappella, 2006), 구조화된 온라인 타운홀 미팅(Minozzi et al., 2015)과 같이 보다 통제된 설정에서 생성되고 수집된 토론 데이터를 처리할 수도 있다. 이러한 발전에 따라 표 10.1에 요약된 분류 체계에 따라 여론연구에서의 기존 및 잠재적 의미네트워크의 활용사례를 요약하고자 한다.

공적 이슈에 대한 시민의식의 표현은 "인지"와 "이러한 인지가 어떻게 연결되어 있는지"를 모두 포함하는 의미네트워크로 매핑될 수 있다 (Carley and Palmquist, 1992; Johnson-Laird, 2010; Morgan et al., 2001; Popping, 2006). 그리고 연결의 성격은 일반적 연관성에서부터 인지된 인과관계와 같은 특정 유형에 이르기까지 다양하다. 대부분의 여론조사는 평가판단 (예를 들면 지지 또는 반대)과 관련이 있다. 이러한 판단의 기초가 되는 개념의 전체적인 범위를 매핑하면 개별 이슈에 관한 입장을 알 수 있는 더 많은 정보가 드러난다. Carley 등(1992, 1993)은 개인이 생성한 텍스트에서 정신적 의미네트워크mental semantic networks를 자동으로 재구성하는 방법론을 개발하여 대규모 텍스트 데이터를 처리할 수 있는 길을 열었다. 그런데 이 응용 프로그램이 갖는 잠재적 문제 중 하나는 문자화된 텍스트와 실제 생각 사이의 불일치 가능성이다. 개인은 사회적 압력으로 인해 이미지 관리를 위해, 다른 형태의 전략적 목표를 달성하기 위해 편향된 방식으로 메시지를 생성할 수 있다.

이 수준에서 여론조사와 설문조사를 사용한 신념 체계와 태도 사이의 연관성을 재구성하는 연구도 가능하다. 이것은 정치적 의견의 기초와 관련된 복잡한 관계를 설명해 내고 전체 신념체계 내에서 유사점과 차이점을 기반으로 하여 유권자의 유형을 식별하는 데 도움을 줄 수 있다 (Baldassarri and Goldberg, 2014). 그러나 심적 표현을 행위자 네트워크와 적절하게 연결하기 위해서는 앞으로 더 많은 연구가 필요하다.

일단 어떤 네트워크가 구성되면 이 네트워크는 분석대상이 될 수 있다. 연구자는 제기된 연구질문에 따라 다양한 구조적 특성에 초점을 맞춰 네트워크를 연구할 수 있다. 노드node 수준에서 의미 단위의 구조적 중요성 관련 인기 있는 척도는 중심성 점수centrality score이다. Sim, Park, and Wilding(2015)은 매개 중심성betweenness centrality과 정도 중심성degree centrality을 기반으로 (1) 전체 네트워크 허브(매개와 정도 중심성 측정 모두 높음), (2) 네트워크 내 지역 의미 커뮤니티 허브(정도 중심성 높지만 매개 중심성 낮음), (3) 네트워크 교량(매개 중간성 높음, 정도 중심성 낮음), (4) 네트워크 주변부(매개 및 정도 중심성 측정 모두 낮음) 등으로 노드를 분류했다. 정신적 의미네트워크에서 노드를 해석하고 분류하여 네트워크의 구조적 속성에 대한 정보를 연구자가 이미 소유하고 있는 다른 노드 속성과 함께 분석할 수 있다. 예를 들어 어떤 인식이 오해에 비롯된 것인지 연구자가 알고 있다면 이런 오해가 네트워크의 중심적 위치를 차지하는 경우와 주변적인 경우를 식별할 수 있다. 그런 다음 구조적 변형을 통해 모든 사람이 동일한 유형의 오해를 가질 수 있다는 사실 하에 설득을 시도하고 그것에 대한 다양한 반응을 설명한다.

중간 수준meso level에서 의미네트워크의 커뮤니티 구조는 정치 심리학에서 널리 사용되는 스키마schema 또는 프레임frame 개념을 운용하는 데 도움이 될 수 있다(Lau, Smith and Fiske, 1991; Scheufele and Tewksbury, 2007). 네트워크에서 커뮤니티는 무작위 기준점(예를 들면 동일한 정도의 빈도로 무작위로 생성된 네트워크, Girvan and Newman, 2002 참조)에서 연결이 외부보다 내부적으로 더 조밀한 네트워크 일부를 말한다. 이러한 커뮤니티가 무엇으로 구성되어 있고, 무엇에 해당하는지를 해석함으로써 공적 이슈를 생각할 때 개인이 고려하는 차원의 수에 대한 통찰력을 얻을 수 있다. 방법론적으로 이러한 커뮤니티 구조는 커뮤니티 탐색 알고리즘을 사용하여 식별할 수 있다(Fortunato, 2010; Kolaczyk and Csárdi, 2014).

전체적 수준에서는 의미네트워크의 규모, 전체 밀도와 같은 간단한 매트릭스조차 개인의 이슈에 대한 생각이 얼마나 복잡한지를 알게 해 준다. 전체 의미네트워크의 크기와 구별되는 커뮤니티의 수는 인지의 차이 정도를 측정하는 역할을 한다. 커뮤니티의 규모와 비교해 커뮤니티의 수는 개인의 문자해독력과 같은 요인에 의해 편향될 가능성이 작다. 반면 커뮤니티 규모가 크고 독보적이라면 고유한 이슈를 더 잘 고려할 수 있도록 해준다(즉, 이들 커뮤니티들은 더 높은 수준의 인지 차이를 나타내는 프록시이다. 인지 차별화에 대한 논의는 Conway et al., 2014; Tetlock et al., 2014 참조). 반면 네트워크 밀도는 어떤 고유 차원 간의 연결력이라고 할 수 있는 인지적 통합을 측정한다. 종종 정치적 복잡성을 나타내는 전형적 특성이라 할 수 있다(Conway et al., 2014; Tetlock et al., 2014).

조직이나 그룹과 같은 집단 행위자에 의해 형성된 의미네트워크를 분석할 때 연구자들은 레토릭 끌개rhetorical attractors 요소를 식별하거나 행위자 간 연합형성의 역학을 푸는 데 집중하게 되는데 개념 – 개념 네트워크에서 중심성이 높은 노드 개념은 텍스트에서도 대부분의 다른 개념과 의미적으로 관련되어 있음을 의미한다. 이러한 개념은 담론이 한 곳으로 수렴시키는 레토릭 끌개 역할을 한다. 반면 행위자 – 행위자 간 네트워크에서 중심성이 높은 노드는 합의 구축자consensus builder 역할을 하고 공통분모를 만드는 데 기여한다. 이와 같은 중심성 분석에 외에도 네트워크에서의 지역local, 중간meso 및 거시macro 구조를 가늠하고, 다른 모든 매트릭스를 활용하여 담론과 그룹 다이나믹스를 특성화할 수 있다. 조직이나 그룹의 수준에서 만들어진 매트릭스의 차이점은 개인의 심적 상태가 아닌 집합된 "그룹 마인드"를 반영하고 있다는 점이다. 예를 들어 6개국의 에너지정책 이슈와 관련한 6개국 고위 정책결정자들의 연설 의미네트워크를 분석한 연구에 따르면, 노드의 매개 중심성을 측정하여 독일은 청정에너지를 강조하는 반면 미국과 일본은 원자력 안전과 에너지 안보 강조했다(Shim, Park, and Wilding, 2015). 이러한 네트워크들과 그들 사이의 차이점은 국가정책프레임을 특성화하는데 도움이 된다.

마지막으로, 의미네트워크의 분석은 전체인구 수준으로 범위를 넓혀 전체사회 의견의 동학을 모델링할 수 있다. 예를 들어 Yuan, Feng, Danowski(2013)는 모듈 최대화 알고리즘modularity-maximization algorithm을 활용하여 프라이버시 개념과 관련된 중국의 Twitter와 같은 소셜 미디어 플랫폼 Sina Weibo에서 단어 커뮤니티를 식별했다. 이 연구분석은 문화의 특정한 역할과 밀접하게 관련이 되어 있는 개인정보보호 개념의 기초가 되는 다양한 차원을 식별해 냈다. 한편 연구자들은 커뮤니티 탐색 알고리즘 외에도 계층적 클러스터링 분석을 적용하여 단어 그룹을 식별하여 프레임을 다루는 또 다른 방법을 제공하기도 한다. Baden(2010)은 단어 클러스터를 추출한 후 EU 헌법 해석에서의 프레이밍을 분석하고 전체 담론의 일관성은 핵심개념이 얼마나 잘 상호 연결되는가에 의해 결정된다는 결론을 내렸다.

이와 관련된 방법론 적용 아이디어의 한 가지는 언론 보도의 구조로부터 여론형성을 설명하려고 시도이다. 네트워크 의제설정NAS, Network Agenda Setting이라고 하는 이 이론적인 접근법은 언론사가 설정한 의제가 특정 이슈를 다루는 빈도 뿐만 아니라 다른 뉴스와의 관계와도 관련이 있다고 주장한다(Guo, 2012; Vargo et al., 2014). 따라서 의미네트워크에서 뉴스보도의 전체적인 연결패턴은 일반대중 인식집합의 연결패턴을 예측할 수 있게 한다. 저자들은 2012년 미국의 대통령 선거에서 2차 할당 절차quadratic assignment procedure분석을 활용하여 '수직적 미디어 네트워크 의제'(예를 들면 신문 및 방송 뉴스 네트워크)에 의해 오바마 지지자의 의미네트워크가 예측된다는 것을 발견한 반면 롬니 지지자들의 네트워크는 '수평적 미디어 네트워크 의제'(예를 들면 케이블 뉴스 네트워크 및 토크쇼)에 의해 더 잘 설명된다고 주장했다.

이러한 네트워크에 대한 종적 분석은 여론형성에 대한 이해를 더욱 풍부하게 할 수 있습니다. 개인의 인지적 표현이 집단적 담론과 상호작용할 때 스스로 진화하는 과정에 대한 중요한 정보를 제공하고 시간이 지남에 따라 양극화 또는 수렴을 추적하는 매트릭스를 제공한다. 그러나 지금까지 의미네트워크를 활용한 여론형성을 연구한 연구는 드물다. 기존 문헌들은 정책 관련 엘리트 담론과 행위자 간의 반응을 바탕으로 정치적 연합이 어떻게 형성되는지에 초점을 맞추는 경향이 있었다(Fisher, Leifeld, and Iwaki, 2012; Kleinnijenhuis and de Nooy, 2013; Leifeld, 2013). 이와 관련한 분석 수준 전반에 걸쳐 분석기법을 개발하기 위해 네트워크 동학의 강력한 모델링 기술을 활용할 수 있다. 지수 랜덤 그래프 모형ERGM, Exponential Random Graph Modeling 방법군과 같이 네트워크를 위해 특별히 설계된 우도기반 추리(likelihood-based inferential) 기법을 적용하는 연구는 아직 많지 않다(자세한 내용은 Cranmer 및 Desmarais(2011) 참조, Desmarais and Cranmer(2012), Ingold and Leifeld(2014)). 그러나 연구가 아직 부족하다고 하여 이 방법을 활용하는 것을 방해를 받아서는 안 된다. 단 그 응용 프로그램이 해당 기법에 의해 만들어진 주요 가정은 준수해야 한다. 관련하여 의미네트워크가 소셜 네트워크와 구별되는 점이 있다면, 네트워크의 노드가 ERGM과 같은 모형에서 가정하고 있듯 관계 형성 방법을 결정하는 기관이 있는 행위자가 아니라는 점이다. 그렇기 때문에 만일 ERGM을 적용하고자 하는 연구자는 분석하고자 하는 특정 유형의 의미 네트워크가 ERGM의 분석적 가정을 만족하는지 여부를 신중하게 검토할 필요가 있다.

결론

의미네트워크 분석을 정치학 전반, 특히 여론연구에 활용은 아직 초기 단계에 불과하다. 이 장에서는 개인, 대인관계 및 집단 수준에서 의미네트워크를 분석하고 있는 기존 문헌을 검토했다. 의미네트워크는 민주주의의 담론적, 숙의적 이론에 새로운 경험적 통찰력을 제공함으로써 여론연구에 적합하고 유연한 표현 및 분석 프레임워크를 제공한다. 컴퓨터 언어학, 인지 심리학, 정치 사회학 및 정책 연구와 같은 다른 영역에서 상당한 방법론적 발전이 이미 이루어졌지만 여론 조사에서 이 수단을 활용하는 연구는 여전히 적다. 이러한 학문분과에서의 방법론적인 발전은 여론연구자들에게 일반대중 여론조사에 과도한 의존한 결과 오랫동안 무시되었던 문제를 연구하는 데 있어 의미론적 네트워크를 적용할 수 있는 길을 열어 주었다.

향후 연구에서는 데이터 소스를 결합하고 삼각계측 방법을 생각해 봐야 한다. 예를 들어 구조적 정보는 행위자의 다른 속성(예를 들면 개인의 이념적 입장, 정치적 정보 소비, 일반적인 정치적 지식) 및 의미 단위(예를 들면 가치 대 실제적 믿음, 과학적 타당성 대 오해)와 결합되어야 한다. 둘째, 비록 이 장에서는 주로 정적static 의미 네트워크(즉, 진화하는 구조의 스냅샷)에 초점을 맞추고 있지만, 시간 차원이 고려될 수 있는 중요한 정보를 함께 인코딩해야 한다. 의미관계를 매핑하는 네트워크의 경우 종적인 관점은 여론형성에 대한 관점을 제공할 수 있다. 한편 행위자와 개념의 연관성을 매핑하는 네트워크의 경우는 차별화, 양극화 및 합의을 이끌어 내는 과정의 분석은 여론의 담론적이고 숙고적인 모형에 대한 경험적 실험가설을 제공할 수 있다. 이러한 목표를 달성하려면 아직 해결되지 않은 많은 도전 과제를 해결해야 한다. 그러나 앞으로 이러한 과제에 대한 흥미로운 연구결과가 많이 나올 것으로 예상한다.

주석

1) "자유 연상 작업"에서 실험대상자는 특정 방법(예를 들면 의미, 운율, 단어 만들기)을 통해 가장 먼저 떠오르는 단어를 보고하도록 요청받는다. University of South Florida Word Association Norms은 미국에서 수집된 가장 큰 자유 연상 자료로, 6,000명 이상의 참가자를 대상으로 하여 5,000개 이상의 자극 단어에 대해 거의 3~400만 응답을 포함하고 있다(Nelson, McEvoy 및 Schreiber, 2004 참조).

제1장

Agranoff, R., and McGuire, M. (2001). "Big Questions in Public Network Management Research." *Journal of Public Administration Research and Theory* 11(3): 295-326.

Agranoff, R., and McGuire, M. (2003). *Collaborative Public Management: New Strategies for Local Governments*. Washington, DC: Georgetown University Press.

Apicella, C. L., Marlowe, F. W., Fowler, J. H., and Christakis, N. A. (2012). "Social Networks and Cooperation in Hunter-Gatherers." *Nature* 481(7382): 497-501. doi:10.1038/nature10736.

Arnold, L. W., Deen, R. E., and Patterson, S. C. (2000). "Friendship and Votes: The Impact of Interpersonal Ties on Legislative Decision Making." *State & Local Government Review* 32(2): 142-147.

Asal, V. H., Ackerman, G. A., and Rethemeyer, R. K. (2012). "Connections Can Be Toxic: Terrorist Organizational Factors and the Pursuit of CBRN Weapons." *Studies in Conflict & Terrorism* 35(3): 229-254. doi:10.1080/1057610X.2012.648156.

Beck, N., Katz, J. N., and Tucker, R. (1998). "Taking Time Seriously: Time-Series-Cross-Section Analysis with a Binary Dependent Variable." *American Journal of Political Science* 42(4): 1260-1288. doi:10.2307/2991857.

Berardo, R., Heikkila, T., and Gerlak, A. K. (2014). "Interorganizational Engagement in Collaborative Environmental Management: Evidence from the South Florida Ecosystem Restoration Task Force." *Journal of Public Administration Research and Theory* 24: 697-719. doi:10.1093/jopart/muu003.

Berardo, R., and Scholz, J. T. (2010). "Self-Organizing Policy Networks: Risk, Partner Selection, and Cooperation in Estuaries." *American Journal of Political Science* 54(3): 632-649. doi:10.1111/j.1540-5907.2010.00451.x.

Berelson, B. R. (1954). *Voting: A Study of Opinion Formation in a Presidential Campaign*. Chicago: University of Chicago Press.

Berelson, B. R., Lazarsfeld, P. F., and McPhee, W. N. (1986). *Voting: A Study of Opinion Formation in a Presidential Campaign.* Chicago: University of Chicago Press.

Bogue, A. G., and Marlaire, M. P. (1975). "Of Mess and Men: The Boardinghouse and Congressional Voting, 1821-1842." *American Journal of Political Science* 19(2): 207-230. doi:10.2307/2110433.

Böhmelt, T., Koubi, V., and Bernauer, T. (2014). "Civil Society Participation in Global Governance: Insights from Climate Politics." *European Journal of Political Research* 53(1): 18-36. doi:10.1111/1475-6765.12016.

Box-Steffensmeier, J. M., and Christenson, D. P. (2014). "The Evolution and Formation of Amicus Curiae Networks." In "Political Networks," special issue, *Social Networks* 36(January): 82-96. doi:10.1016/j.socnet.2012.07.003.

Box-Steffensmeier, J. M., Christenson, D. P., and Hitt, M. P. (2013). "Quality Over Quantity: Amici Influence and Judicial Decision Making." *American Political Science Review* 107(3): 446-460. doi:10.1017/S000305541300021X.

Brams, S. J. (1966). "Transaction Flows in the International System." *American Political Science Review* 60(4): 880-898. doi:10.2307/1953763.

Brams, S. J. (1969). "The Structure of Influence Relationships in the International System." In *International Politics and Foreign Policy: A Reader in Research and Theory*, 2d ed., edited by J. N. Rosenau, pp.583-599. New York: Free Press. http://www.worldcat.org/oclc/86035619.

Brams, S. J., Mutlu, H., and Ramirez, S. L. (2006). "Influence in Terrorist Networks: From Undirected to Directed Graphs." *Studies in Conflict and Terrorism* 29(7): 703-718. doi:10.1080/10576100600701982.

Bratton, K. A., and Rouse, S. M. (2011). "Networks in the Legislative Arena: How Group Dynamics Affect Cosponsorship." *Legislative Studies Quarterly* 36(3): 423-460. doi:10.1111/j.1939-9162.2011.00021.x.

Breiger, R. L. (1981). "Structures of Economic Interdependence among Nations." In *Continuities in Structural Inquiry*, edited by P. M. Blau and R. K. Merton, pp.353-380. London, UK: SAGE Publications.

Burkett, T., and Skvoretz, J. (2001). "Political Support Networks Among US Senators: Stability and Change from 1973 to 1990." Unpublished manuscript, College of Charleston 3123. http://www.researchgate.net/profile/John_Skvoretz/publication/228382999_Political_Support_networks_among_US_Senators_Stability_and_Change_from_1973_to_1990/links/09e415064aba206dc2000000.pdf.

Burt, R. (1992). *Structural Holes: The Social Structure of Competition.* Cambridge, MA: Harvard University Press.

Burt, R. S. (1995). *Structural Holes: The Social Structure of Competition.* 1st paperback ed. Cambridge, MA: Harvard University Press.

Burt, R. S. (2007). *Brokerage and Closure: An Introduction to Social Capital.* Oxford and New York: Oxford University Press.

Caldeira, G. A., and Patterson, S. C. (1987). "Political Friendship in the Legislature." *Journal of Politics* 49(4): 953-975. doi:10.2307/2130779.

Caldeira, G. A., and Patterson, S. C. (1988). "Contours of Friendship and Respect in the Legislature." *American Politics Research* 16(4): 466-485. doi:10.1177/0044 78088016 004004.

Carpenter, R. C. (2011). "Vetting the Advocacy Agenda: Network Centrality and the Paradox of Weapons Norms." *International Organization* 65(1): 69-102. doi:10.1017/ S0020818310000329.

Carpenter, R. C. (2014). *"Lost" Causes: Agenda Vetting in Global Issue Networks and the Shaping of Human Security.* 1st ed. Ithaca, NY, and London: Cornell University Press.

Carpenter, R. C., Duygulu, S., Montgomery, A. H., and Rapp, A. (2014). "Explaining the Advocacy Agenda: Insights from the Human Security Network." *International Organization* 68(2): 449-470. doi:10.1017/S0020818313000453.

Cho, W. K. T., and Fowler, J. H. (2010). "Legislative Success in a Small World: Social Network Analysis and the Dynamics of Congressional Legislation." *Journal of Politics* 72(1): 124-135. doi:10.1017/S002238160999051X.

Christakis, N. A., and Fowler, J. H. (2011). *Connected: The Surprising Power of Our Social Networks and How They Shape Our Lives—How Your Friends' Friends' Friends Affect Everything You Feel, Think, and Do.* New York: Back Bay Books.

Christopherson, J. A. (1976). "Structural Analysis of Transaction Systems: Vertical Fusion or Network Complexity?" *Journal of Conflict Resolution* 20(4): 637-662.

Corbetta, R. (2010). "Determinants of Third Parties' Intervention and Alignment Choices in Ongoing Conflicts, 1946-2001." *Foreign Policy Analysis* 6(1): 61-85. doi:10.1111/ j.1743-8594.2009.00102.x.

Corbetta, R., and Dixon, W. J. (2005). "Danger beyond Dyads: Third-Party Participants in Militarized Interstate Disputes." *Conflict Management and Peace Science* 22(1): 39-61. doi:10.1080/07388940590915318.

Craig, A. W. (2015). "Lone Wolves and Team Players: Policy Collaboration Networks and Legislative Effectiveness in the House of Representatives." http://lsvw.org/wp-content/uploads/2014/05/craig-paper.pdf.

Cranmer, S. J., and Desmarais, B. A. (2011). "Inferential Network Analysis with Exponential Random Graph Models." *Political Analysis* 19(1): 66-86. doi:10.1093/pan/mpq037.

Cranmer, S. J., Desmarais, B. A., and Menninga, E. J. (2012). "Complex Dependencies in the Alliance Network." *Conflict Management and Peace Science* 29(3): 279-313. doi:10.1177/0738894212443446.

Cranmer, S. J., Heinrich, T., and Desmarais, B. A. (2014). "Reciprocity and the Structural Determinants of the International Sanctions Network." *Social Networks* 36(January): 5-22. doi:10.1016/j.socnet.2013.01.001.

Crisp, B. F., Kanthak, K., and Leijonhufvud, J. (2004). "The Reputations Legislators Build: With Whom Should Representatives Collaborate?" *American Political Science Review* 98(4): 703-716. doi:10.1017/S0003055404041437.

Desmarais, B. A., and Cranmer, S. J. (2012). "Statistical Inference for Valued-Edge Networks: The Generalized Exponential Random Graph Model." *PLoS One* 7(1). doi:http://dx.doi.org. mutex.gmu.edu/10.1371/journal.pone.0030136.

Dong, D., and Chen, M.-L. (2015). "Publication Trends and Co-Citation Mapping of Translation Studies between 2000 and 2015." *Scientometrics* 105(2): 1111-1128. doi:10.1007/s11192-015-1769-1.

Dorussen, H., and Ward, H. (2008). "Intergovernmental Organizations and the Kantian Peace: A Network Perspective." *Journal of Conflict Resolution* 52(2): 189-212. doi:10.1177/0022002707313688.

Eilstrup-Sangiovanni, M., and Jones, C. (2008). "Assessing the Dangers of Illicit Networks: Why Al-Qaida May Be Less Threatening Than Many Think." *International Security* 33(2): 7-44. doi:10.1162/isec.2008.33.2.7.

Eulau, H. (1962). "Bases of Authority in Legislative Bodies: A Comparative Analysis." *Administrative Science Quarterly* 7(3): 309. doi:10.2307/2390945.

Eulau, H. (1963). *The Behavioral Persuasion in Politics.* 1st ed. New York: Random House.

Eulau, H., and Rothenberg, L. (1986). "Life Space and Social Networks as Political Contexts." *Political Behavior* 8(2): 130-157.

Faber, J. (1987). "Measuring Cooperation, Conflict, and the Social Network of Nations." *Journal of Conflict Resolution* 31(3): 438-464. doi:10.1177/0022002787031003003.

Fiellin, A. (1962). "The Functions of Informal Groups in Legislative Institutions." *Journal of Politics* 24(1): 72. doi:10.2307/2126738.

Fowler, J. H. (2006a). "Connecting the Congress: A Study of Cosponsorship Networks." *Political Analysis* 14(4): 456-487. doi:10.1093/pan/mpl002.

Fowler, J. H. (2006b). "Legislative Cosponsorship Networks in the US House and Senate." *Social Networks* 28(4): 454-465. doi:10.1016/j.socnet.2005.11.003.

Gleditsch, K. S., and Ward, M. D. (2000). "War and Peace in Space and Time: The Role of Democratization." *International Studies Quarterly* 44(1): 1-29. doi:10.1111/0020-8833.00146.

Gleditsch, K. S., and Ward, M. D. (2001). "Measuring Space: A Minimum-Distance Database and Applications to International Studies." *Journal of Peace Research* 38(6): 739-758. doi:10.1177/0022343301038006006.

Gleditsch, K., and Ward, M. D. (2006). "Diffusion and the International Context of Democratization." *International Organization* 60(4): 911-933. doi:10.1017/S0020818 306060309.

Granovetter, M. S. (1973). "The Strength of Weak Ties." *American Journal of Sociology* 78(6): 1360-1380.

Granovetter, M. (1985). "Economic Action and Social Structure: The Problem of Embeddedness." *American Journal of Sociology* 91(3): 481-510.

Hafner-Burton, E. M., Kahler, M., and Montgomery, A. H. (2009). "Network Analysis for International Relations." *International Organization* 63(3): 559-592. doi:10.1017/ S0020818309090195.

Hafner-Burton, E. M., and Montgomery, A. H. (2006). "Power Positions: International Organizations, Social Networks, and Conflict." *Journal of Conflict Resolution* 50(1): 3-27. doi:10.1177/0022002705281669.

Hafner-Burton, E. M., and Montgomery, A. H. (2008). "Power or Plenty: How Do International Trade Institutions Affect Economic Sanctions?" *Journal of Conflict Resolution* 52(2): 213-242. doi:10.1177/0022002707313689.

Hafner-Burton, E. M., and Montgomery, A. H. (2012). "War, Trade, and Distrust: Why Trade Agreements Don't Always Keep the Peace." *Conflict Management and Peace Science* 29(3): 257-278. doi:10.1177/0738894212443342.

Hanneman, R., and Riddle, M. (2005). *Introduction to Social Network Methods.* Riverside: University of California. http://faculty.ucr.edu/~hanneman/nettext/.

Heaney, M. T. (2006). "Brokering Health Policy: Coalitions, Parties, and Interest Group Influence." *Journal of Health Politics, Policy and Law* 31(5): 887-944. doi:10.1215/ 03616878-2006-012.

Heaney, M. T., and McClurg, S. D. (2009). "Social Networks and American Politics: Introduction to the Special Issue." *American Politics Research* 37(5): 727-741. doi:10.1177/1532673 X09337771.

Heclo, H. (1978.) "Issue Networks and the Executive Establishment." In *The New American Political System*, edited by A. King. pp.46-57. Washington, DC: American Enterprise Institute. http://goodliffe.byu.edu/310/protect/heclo.pdf.

Heinz, J. P., Laumann, E. O., Nelson, R. L., and Salisbury, R. H. (1997). *The Hollow Core: Private Interests in National Policy Making.* Cambridge, MA: Harvard University Press.

Heinz, J. P., Laumann, E. O., Salisbury, R. H., and Nelson, R. L. (1990). "Inner Circles or Hollow Cores? Elite Networks in National Policy Systems." *Journal of Politics* 52(2): 356-390. doi:10.2307/2131898.

Henry, A. D. (2011). "Ideology, Power, and the Structure of Policy Networks." *Policy Studies Journal* 39(3): 361-383. doi:10.1111/j.1541-0072.2011.00413.x.

Hilbert, D. (1902). "Mathematical Problems: Lecture Delivered Before the International Congress of Mathematicians at Paris in 1900." *Bulletin of The American Mathematical Society* 8: 437-479.

Hoff, P. D., Raftery, A. E., and Handcock, M. S. (2002). "Latent Space Approaches to Social Network Analysis." *Journal of the American Statistical Association* 97(460): 1090-1098. doi:10.1198/016214502388618906.

Hoff, P. D., and Ward, M. D. (2004). "Modeling Dependencies in International Relations Networks." *Political Analysis* 12(2): 160-175. doi:10.1093/pan/mph012.

Horowitz, M. C., and Potter, P. B. K. (2013). "Allying to Kill Terrorist Intergroup Cooperation and the Consequences for Lethality." *Journal of Conflict Resolution* (January): 22002712468726. doi:10.1177/0022002712468726.

Huckfeldt, R. R., and Sprague, J. (1995.) *Citizens, Politics and Social Communication: Information and Influence in an Election Campaign.* Edited by J. H. Kuklinski, R. S. Wyer, and S. Feldman. Cambridge, UK, and New York: Cambridge University Press.

Huckfeldt, R., and Sprague, J. (1987). "Networks in Context: The Social Flow of Political Information." *American Political Science Review* 81(4): 1197-1216. doi:10.2307/1962585.

Jones, C., Hesterly, W. S., and Borgatti, S. P. (1997). "A General Theory of Network Governance: Exchange Conditions and Social Mechanisms." *Academy of Management Review* 22(4): 911-945. doi:10.5465/AMR.1997.9711022109.

Keohane, R. O., and Nye, J. S. (1977). *Power and Interdependence: World Politics in Transition.* Boston: Little, Brown.

Kinne, B. J. (2013). "Network Dynamics and the Evolution of International Cooperation." *American Political Science Review* 107(4): 766-785. doi:10.1017/S0003055413000440.

Kinne, B. J. (2014). "Dependent Diplomacy: Signaling, Strategy, and Prestige in the Diplomatic Network." *International Studies Quarterly* 58(2): 247-259. doi:10.1111/isqu.12047.

Kinsella, D. (2006). "The Black Market in Small Arms: Examining a Social Network." *Contemporary Security Policy* 27(1): 100-117.

Kinsella, D. (2014). "Illicit Arms Transfers to Africa and the Prominence of the Former Soviet Bloc: A Social Network Analysis." *Crime, Law and Social Change* 62(5):

523-547 doi:10.1007/s10611-014-9531-9.

Kirkland, J. H. (2011). "The Relational Determinants of Legislative Outcomes: Strong and Weak Ties Between Legislators." *Journal of Politics* 73(3): 887-898. doi:10.1017/S0022381611000533.

Klofstad, C. (2010). *Civic Talk: Peers, Politics, and the Future of Democracy.* Philadelphia: Temple University Press.

Klofstad, C. A., Sokhey, A. E., and McClurg, S. D. (2013). "Disagreeing about Disagreement: How Conflict in Social Networks Affects Political Behavior." *American Journal of Political Science* 57(1): 120-134. doi:10.1111/j.1540-5907. 2012.00620.x.

Koger, G., and Victor, J. N. (2009). "Polarized Agents: Campaign Contributions by Lobbyists." *PS: Political Science & Politics* 42(3): 485-488. doi:10.1017/S104909650 9090805.

Krebs, V. E. (2002). "Mapping Networks of Terrorist Cells." *Mapping Networks of Terrorist Cells* 24(3): 43-52.

Laumann, E. O., and Knoke, D. (1987). *The Organizational State: Social Choice in National Policy Domains.* Madison: University of Wisconsin Press.

Laumann, E. O., and Pappi, F. U. (1976). *Networks of Collective Action: Perspective on Community Influence Systems.* New York: Academic Press.

Lazarsfeld, P. F., Berelson, B. S., and McPhee, W. N. (1968). *Voting A Study of Opinion Formation in a Presidential Campaign.* Chicago: University of Chicago Press.

Lazarsfeld, P. F., Berelson, B., and Gaudet, H. (1948). *The People's Choice: How the Voter Makes Up His Mind in a Presidential Campaign.* New York: Columbia University Press.

Lazer, D. (2011). "Networks in Political Science: Back to the Future." *PS: Political Science & Politics* 44(1): 61-68. doi:10.1017/S1049096510001873.

Leifeld, P., Cranmer, S. J., and Desmarais, B. A. (2015). "Estimating Temporal Exponential Random Graph Models by Bootstrapped Pseudolikelihood." Citeseer. http://citeseerx.ist.psu.edu/viewdoc/download?doi=10.1.1.432.4592&rep=rep1 &type=pdf.

Leifeld, P., Cranmer, S. J., Desmarais, B. A., and Leifeld, M. P. (2014). "Package 'xergm.'" http://cran.revolutionanalytics.com/web/packages/xergm/xergm.pdf.

Leifeld, P., and Schneider, V. (2012). "Information Exchange in Policy Networks." *American Journal of Political Science* 56(3): 731-744. doi:10.1111/j.1540-5907. 2011.00580.x.

Lubell, M., Henry, A. D., and McCoy, M. (2010). "Collaborative Institutions in an Ecology of Games." *American Journal of Political Science* 54(2): 287-300. doi:10.

1111/j.1540-5907.2010.00431.x.

Lubell, M., Mewhirter, J. M., Berardo, R., and Scholz, J. T. (2016). "Transaction Costs and the Perceived Effectiveness of Complex Institutional Systems." *Public Administration Review* (September 22). doi:10.1111/puar.12622.

Lubell, M., Robins, G., and Wang, P. (2014). "Network Structure and Institutional Complexity in an Ecology of Water Management Games." *Ecology and Society* 19(4). doi:10.5751/ES-06880-190423.

Manger, M. S., Pickup, M. A., and Snijders, T. A. B. (2012). "A Hierarchy of Preferences: A Longitudinal Network Analysis Approach to PTA Formation." *Journal of Conflict Resolution* 56(5). doi:10.1177/0022002712438351.

Maoz, Z. (2006). "Network Polarization, Network Interdependence and International Conflict, 1816-2002." *Journal of Peace Research* 43(4): 391-411. doi:10.1177/0022343306065720.

Maoz, Z. (2009). "The Effects of Strategic and Economic Interdependence on International Conflict across Levels of Analysis." *American Journal of Political Science* 53(1): 223-240. doi:10.1111/j.1540-5907.2008.00367.x.

Maoz, Z. (2011). *Networks of Nations: The Evolution, Structure, and Impact of International Networks, 1816-2001*. Structural Analysis in the Social Sciences no. 32. Cambridge, UK, and New York: Cambridge University Press.

Maoz, Z., Kuperman, R. D., Terris, L. G., and Talmud, I. (2006). "Structural Equivalence and International Conflict: A Social Networks Analysis." *Journal of Conflict Resolution* 50 (5): 664-689. doi:10.1177/0022002706291053.

Maoz, Z., Terris, L. G., Kuperman, R. D., and Talmud, I. (2007). "What Is the Enemy of My Enemy? Causes and Consequences of Imbalanced International Relations, 1816-2001." *Journal of Politics* 69(1): 100-115. doi:10.1111/j.1468-2508.2007.00497.x.

Masket, S. E. (2008). "Where You Sit Is Where You Stand: The Impact of Seating Proximity on Legislative Cue-Taking." *Quarterly Journal of Political Science* 3: 301-311.

Matthews, D. R. (1959). "The Folkways of the United States Senate: Conformity to Group Norms and Legislative Effectiveness." *American Political Science Review* 53(4): 1064-1089. doi:10.2307/1952075.

Matthews, D. R., and Stimson, J. A. (1975). *Yeas and Nays: Normal Decision-Making in the U.S. House of Representatives*. New York: Wiley-Interscience.

Mayhew, D. R. (2004). *Congress: The Electoral Connection*. 2d ed. New Haven, CT: Yale University Press.

McClurg, S. D. (2006). "The Electoral Relevance of Political Talk: Examining

Disagreement and Expertise Effects in Social Networks on Political Participation." *American Journal of Political Science* 50(3): 737-754. doi:10.1111/j.1540-5907.2006. 00213.x.

McPherson, M., Smith-Lovin, L., and Cook, J. M. (2001). "Birds of a Feather: Homophily in Social Networks." *Annual Review of Sociology* 27: 415-444.

Minhas, S., Hoff, P. D., and Ward, M. D. (2016). "A New Approach to Analyzing Coevolving Longitudinal Networks in International Relations." *Journal of Peace Research* 53(3): 491-505. doi:10.1177/0022343316630783.

Monsma, S. V. (1966). "Interpersonal Relations in the Legislative System: A Study of the 1964 Michigan House of Representatives." *Midwest Journal of Political Science* 10(3): 350. doi:10.2307/2108890.

Montgomery, A. H. (2005). "Ringing in Proliferation: How to Dismantle an Atomic Bomb Network." *International Security* 30(2): 153-187.

Montgomery, A. H. (2008). "Proliferation Networks in Theory and Practice." In *Globalization and WMD Proliferation: Terrorism, Transnational Networks, and International Security*, edited by Russell, James A., and James J. Wirtz, pp.28-39. Routledge. http://www.nps. edu/Academics/centers/ccc/publications/OnlineJournal/ 2006/Jul/montgomery Jul06.html.

Montgomery, A. H. (2013). "Stop Helping Me: When Nuclear Assistance Impedes Nuclear Programs." In *The Nuclear Renaissance and International Security*, pp.177-202. Stanford, CA: Stanford University Press.

Moore, S., Eng, E., and Daniel, M. (2003). "International NGOs and the Role of Network Centrality in Humanitarian Aid Operations: A Case Study of Coordination During the 2000 Mozambique Floods." *Disasters* 27(4): 305-318. doi:10.1111/j.0361-3666. 2003.00305.x.

Moreno, J. L. (1934). *"Who shall survive?*. Vol. 58. Washington, DC: Nervous and mental disease publishing company.

Moreno, J. L. (1951). *Sociometry, Experimental Method and the Science of Society*. Vol. xiv, 220 pp. Oxford, England: Beacon House, Inc.

Morris, M., Handcock, M. S., and Hunter, D. R. (2008). "Specification of Exponential-Family Random Graph Models: Terms and Computational Aspects." *Journal of Statistical Software* 24(4): 1-24.

Murdie, A. M. (2014). "The Ties That Bind: A Network Analysis of Human Rights International Nongovernmental Organizations." *British Journal of Political Science* 44(1): 1-27. doi:10.1017/S0007123412000683.

Murdie, A. M., and Davis, D. R. (2012). "Looking in the Mirror: Comparing INGO Networks across Issue Areas." *Review of International Organizations* 7(2): 177-202.

Murdie, A. M., Wilson, M., and Davis, D. R. (2016). "The View from the Bottom: Networks of Conflict Resolution Organizations and International Peace." *Journal of Peace Research* 53(3): 442-458.

Mutz, D. C. (2002a). "Cross-Cutting Social Networks: Testing Democratic Theory in Practice." *The American Political Science Review* 96(1): 111-126.

Mutz, D. C. (2002b). "The Consequences of Cross-Cutting Networks for Political Participation." *American Journal of Political Science* 46(4): 838-855. doi:10.2307/3088437.

Nemeth, R. J., and Smith, D. A. (1985). "International Trade and World System Structure: A Multiple-Network Analysis." *Review (Fernand Braudel Center)* 8(4): 517-560.

Ostrom, E. (1995). "Self-Organization and Social Capital." *Industrial and Corporate Change* 4(1): 131-159. doi:10.1093/icc/4.1.131.

O'Toole, L. J. (1997). "Treating Networks Seriously: Practical and Research-Based Agendas in Public Administration." *Public Administration Review* 57(1): 45. doi:10. 2307/976691.

Padgett, J. F., and Ansell, C. K. (1993). "Robust Action and the Rise of the Medici, 1400-1434." *American Journal of Sociology* 98(6): 1259-1319.

Padgett, J. F., and Powell, W. W. (2012). *The Emergence of Organizations and Markets.* Princeton, NJ: Princeton University Press.

Patterson, S. C. (1959). "Patterns of Interpersonal Relations in a State Legislative Group: The Wisconsin Assembly." *Public Opinion Quarterly* 23(1): 101-109. doi:10.1086/ 266850.

Peacock, W. G., Hoover, G. A., and Killian, C. D. (1988). "Divergence and Convergence in International Development: A Decomposition Analysis of Inequality in the World System." *American Sociological Review* 53(6): 838-852. doi:10.2307/2095894.

Pedahzur, A., and Perliger, A. (2006). "The Changing Nature of Suicide Attacks: A Social Network Perspective." *Social Forces* 84(4): 1987-2008. doi:10.1353/sof.2006.0104.

Peoples, C. D. (2008). "Interlegislator Relations and Policy Making: A Sociological Study of Roll-Call Voting in a State Legislature." *Sociological Forum* 23(3): 455-480. doi:10.1111/j.1573-7861.2008.00086.x.

Perliger, A., and Pedahzur, A. (2011). "Social Network Analysis in the Study of Terrorism and Political Violence." *PS: Political Science & Politics* 44(1): 45-50. doi:10.1017/ S1049096510001848.

Plümper, T., and Neumayer, E. (2010). "Model Specification in the Analysis of Spatial Dependence." *European Journal of Political Research* 49(3): 418-442. doi:10.1111/ j.1475-6765.2009.01900.x.

Porter, M. A., Mucha, P. J., Newman, M. E. J., and Friend, A. J. (2007). "Community Structure in the United States House of Representatives." *Physica A: Statistical*

Mechanics and Its Applications 386(1): 414-438. doi:10.1016/j.physa.2007.07.039.

Porter, M. A., Mucha, P. J., Newman, M. E. J., and Warmbrand, C. M. (2005). "A Network Analysis of Committees in the US House of Representatives." *Proceedings of the National Academy of Sciences of the United States of America* 102(20): 7057-7062.

Provan, K. G., and Kenis, P. (2008). "Modes of Network Governance: Structure, Management, and Effectiveness." *Journal of Public Administration Research and Theory* 18(2): 229-252. doi:10.1093/jopart/mum015.

Provan, K. G., and Milward, H. B. (1995). "A Preliminary Theory of Interorganizational Network Effectiveness: A Comparative Study of Four Community Mental Health Systems." *Administrative Science Quarterly* 40(1): 1. doi:10.2307/2393698.

Putnam, R. D. (2000). *Bowling Alone: The Collapse and Revival of American Community.* New York: Simon & Schuster.

Putnam, R. L., and Nanetti, R. Y. (1993). "Making Democracy Work: Civic Traditions in Modern Italy." https://www.amazon.com/Making-Democracy-Work-Traditions-Modern/dp/0691037388/ref=sr_1_1?ie=UTF8&qid=1474338523&sr=8-1&key-words=putnam+makin g+democracy+work.

Ringe, N., and Victor, J. N. (2013). *Bridging the Information Gap: Legislative Member Organizations as Social Networks in the United States and the European Union.* Ann Arbor: University of Michigan Press.

Ringe, N., Victor, J. N., and Gross, J. H. (2013). "Keeping Your Friends Close and Your Enemies Closer? Information Networks in Legislative Politics." *British Journal of Political Science* 43(3): 601-628. doi:10.1017/S0007123412000518.

Roch, C. H., Scholz, J. T., and McGraw, K. M. (2000). "Social Networks and Citizen Response to Legal Change." *American Journal of Political Science* 44(4): 777. doi:10.2307/2669281.

Rogowski, J. C., and Sinclair, B. (2012). "Estimating the Causal Effects of Social Interaction with Endogenous Networks." *Political Analysis* 20(3): 316-328. doi:10.1093/pan/mps016.

Rolfe, M. (2012). *Voter Turnout: A Social Theory of Political Participation.* Cambridge, UK: Cambridge University Press.

Routt, G. C. (1938). "Interpersonal Relationships and the Legislative Process." *Annals of the American Academy of Political and Social Science* 195(1): 129-136.

Russett, B. M., and Oneal, J. R. (2001). *Triangulating Peace: Democracy, Interdependence, and International Organizations.* New York: Norton.

Sabatier, P. A. (1993). *Policy Change and Learning: An Advocacy Coalition Approach.* Edited by H. C. Jenkins-Smith. Boulder, CO: Westview Press.

Sageman, M. (2004). *Understanding Terror Networks*. Philadelphia: University of Pennsylvania Press. http://www.worldcat.org/oclc/53972026.

Savage, I. R., and Deutsch, K. W. (1960). "A Statistical Model of the Gross Analysis of Transaction Flows." *Econometrica* 28(3): 551-572. doi:10.2307/1910131.

Schelling, T. C. (1960). *The Strategy of Conflict*. Cambridge, MA: Harvard University Press.

Schelling, T. C. (1966). *Arms and Influence*. New Haven, CT: Yale University Press. http://www. jstor.org/stable/j.ctt5vm52s.

Schneider, M., Scholz, J., Lubell, M., Mindruta, D., and Edwardsen, M. (2003). "Building Consensual Institutions: Networks and the National Estuary Program." *American Journal of Political Science* 47(1): 143-158. doi:10.1111/1540-5907.00010.

Schneider, M., Teske, P., and Marschall, M. (2002). *Choosing Schools: Consumer Choice and the Quality of American Schools*. Princeton, NJ: Princeton University Press.

Scholz, J. T., Berardo, R., and Kile, B. (2008). "Do Networks Solve Collective Action Problems? Credibility, Search, and Collaboration." *Journal of Politics* 70(2). doi:10.1017/S0022381608080389.

Scott, J. (2012). *Social Network Analysis*. 3d ed. Los Angeles: Sage Publications.

Shepsle, K. A., and Weingast, B. R. (1987). "The Institutional Foundations of Committee Power." *American Political Science Review* 81(1): 85-104.

Siegel, D. A. (2009). "Social Networks and Collective Action." *American Journal of Political Science* 53(1): 122-138.

Siegel, D. A. (2011). "Social Networks in Comparative Perspective." *PS: Political Science & Politics* 44(1): 51-54. doi:10.1017/S104909651000185X.

Sinclair, B. (2012). *The Social Citizen: Peer Networks and Political Behavior*. Chicago: University of Chicago Press.

Skjelsbaek, K. (1972). "Peace and the Structure of the International Organization Network." *Journal of Peace Research* 9(4): 315-330. doi:10.1177/002234337200 900403.

Small, H. (1973). "Co-Citation in the Scientific Literature: A New Measure of the Relationship between Two Documents." *Journal of the American Society for Information Science* 24(4): 265-269. doi:10.1002/asi.4630240406.

Smith, D. A., and White, D. R. (1992). "Structure and Dynamics of the Global Economy: Network Analysis of International Trade 1965-1980." *Social Forces* 70(4): 857-893. doi:10.2307/2580193.

Snijders, T. A. B. (2001). "The Statistical Evaluation of Social Network Dynamics." *Sociological Methodology* 31: 361-395. doi:10.1111/0081-1750.00099.

Snyder, D., and Kick, E. L. (1979). "Structural Position in the World System and

Economic Growth, 1955-1970: A Multiple-Network Analysis of Transnational Interactions." *American Journal of Sociology* 84(5): 1096-1126. doi:10.1086/226902.

Sokhey, A. E., and McClurg, S. D. (2012). "Social Networks and Correct Voting." *Journal of Politics* 74(3): 751-764. doi:10.1017/S0022381612000461.

van Eck, N. J., and Waltman, L. (2014). "Visualizing Bibliometric Networks." In *Measuring Scholarly Impact*, edited by Y. Ding, R. Rousseau, and D. Wolfram, pp.285-320. Cham: Springer International Publishing. http://link.springer.com/10.1007/978-3-319-10377-8_13.

Van Rossem, R. (1996). "The World System Paradigm as General Theory of Development: A Cross-National Test." *American Sociological Review* 61(3): 508-527. doi:10.2307/2096362.

Victor, J. N., and Koger, G. (2016). "Financing Friends: How Lobbyists Create a Web of Relationships among Members of Congress." *Interest Groups & Advocacy* 5(3): 224-262. doi:10.1057/iga.2016.5.

Wahlke, J. C., Eulau, H., Buchanan, W., and Ferguson, L. (1962). *The Legislative System: Explorations in Legislative Behavior.* New York: John Wiley & Sons.

Ward, H. (2006). "International Linkages and Environmental Sustainability: The Effectiveness of the Regime Network." *Journal of Peace Research* 43(2): 149-166. doi:10.1177/0022343306061545.

Ward, M. D., Ahlquist, J. S., and Rozenas, A. (2013). "Gravity's Rainbow: A Dynamic Latent Space Model for the World Trade Network." *Network Science* 1(1): 95-118. doi:10.1017/nws.2013.1.

Ward, M. D., and Hoff, P. D. (2007). "Persistent Patterns of International Commerce." *Journal of Peace Research* 44(2): 157-175. doi:10.1177/0022343307075119.

Ward, M. D., and Hoff, P. D. (2008). "Analyzing Dependencies in Geo-Economics and Geo-Politics." In *Contributions to Conflict Management, Peace Economics, and Development*, vol. 6, *War, Peace, and Security*, edited by Jacques Fontanel and Manas Chatterji, pp.133-160. Amsterdam: Elsevier.

Ward, M. D., Hoff, P. D., and Lofdahl, C. L. (2003). "Identifying International Networks: Latent Spaces and Imputation." In *Dynamic Social Network Modeling and Analysis: Workshop, Summary and Papers*, edited by Ronald L. Breiger, Kathleen Carley, and Philippa Pattison, pp.345-360. Washington, DC: Committee on Human Factors, Board on Behavioral, Cognitive, and Sensory Sciences, Division of Behavioral and Social Sciences Education. National Academy of Science/National Research Council, The National Academies Press. https://www.researchgate.net/profile/Michael_Ward12/publication/237440562_Identifying_International_Networks_Latent_Spaces_and_Imputation/links/0046352d055410a1 70000000.pdf.

Ward, M. D., Siverson, R. M., and Cao, X. (2007). "Disputes, Democracies, and Dependencies: A Reexamination of the Kantian Peace." *American Journal of Political Science* 51(3): 583-601. doi:10.1111/j.1540-5907.2007.00269.x.

Ward, M. D., Stovel, K., and Sacks, A. (2011). "Network Analysis and Political Science." *Annual Review of Political Science* 14(1): 245-264. doi:10.1146/annurev. polisci. 12.040907.115949.

Warren, T. C. (2010). "The Geometry of Security: Modeling Interstate Alliances as Evolving Networks." *Journal of Peace Research* 47(6): 697-709. doi:10.1177/ 0022343310386270.

Wasserman, S., and Faust, K. (1994). *Social Network Analysis: Methods and Applications.* 1st ed. Cambridge, UK, and New York: Cambridge University Press.

Weible, C. M. (2005). "Beliefs and Perceived Influence in a Natural Resource Conflict: An Advocacy Coalition Approach to Policy Networks." *Political Research Quarterly* 58(3): 461-475. doi:10.1177/106591290505800308.

Wendt, A. (1999). *Social Theory of International Politics.* Cambridge Studies in International Relations. Cambridge, UK: Cambridge University Press. http://www.worldcat. org/oclc/40193694.

Young, J. S. (1966). *The Washington Community, 1800-1828.* New York: Columbia University Press.

제2장

Daniels, R. V. (1966). "Stalin's Rise to Dictatorship, 1922-29." In *Politics in the Soviet Union,* edited by A. Dallin and A. Westin, pp.1-38. New York: Harcourt, Brace & World.

Daniels, R. V. (1971). "Soviet Politics since Khrushchev." In *The Soviet Union under Brezhnev and Kosygin,* edited by J. Strong, pp.16-25. New York: Van Nostrand-Reinhold.

Donnithorne, A. (1967). *China's Economic System.* New York: Praeger.

Eigen, M., and Schuster, P. (1979). *The Hypercycle: A Principle of Natural Self-Organization.* Berlin: Springre-Verlag.

Emirbayer, M., and Goodwin, J. (1994). "Network Analysis, Culture, and the Problem of Agency." *American Journal of Sociology* 99: 1411-1454.

Fitzpatrick, S. (2008). *The Russian Revolution.* Oxford: Oxford University Press.

Fontana, W. (2006). "The Topology of the Possible." In *Understanding Change: Models, Methodologies, and Metaphors,* edited by A. Wimmer and R. Kössler, pp.67-84.

New York: Palgrave Macmillan.

Fontana, W., and Buss, L. W. (1994). "The Arrival of the Fittest: Toward a Theory of Biological Organization." *Bulletin of Mathematical Biology* 56: 1-64.

Gerschenkron, A. (1962). *Economic Backwardness in Historical Perspective.* Cambridge, MA: Harvard University Press.

Gorbachev, M. (1995). *Memoirs.* New York: Doubleday.

Harrison, M. (1985). *Soviet Planning in Peace and War, 1938-1945.* Cambridge: Cambridge University Press.

Jain, S., and Krishna, S. (1998). "Autocatalytic Sets and the Growth of Complexity in an Evolutionary Model." *Physical Review Letters* 81: 5684-5687.

Kornai, J. (1980). *Economics of Shortage.* Amsterdam: North-Holland.

Kuromiya, H. (1988). *Stalin's Industrial Revolution.* Cambridge, UK: Cambridge University Press.

MacFarquhar, R. (1997). "The Succession to Mao and the End of Maoism, 1969-82." In *The Politics of China: The Eras of Mao and Deng,* edited by R. MacFarquhar, pp.248-339. Cambridge, UK: Cambridge University Press.

Morowitz, H. J. (1992). *Beginnings of Cellular Life: Metabolism Recapitulates Biogenesis.* New Haven, CT: Yale University Press.

Oi, J. C. (1999). *Rural China Takes Off.* Berkeley: University of California Press.

Padgett, J. (1997). "The Emergence of Simple Ecologies of Skill: A Hypercycle Approach to Economic Organization." In *The Economy as an Evolving Complex System II,* edited by Brian Arthur, Steven Durlauf and David Lane, pp.199-222. Santa Fe Institute Studies in the Sciences of Complexity, Reading, Mass.: Addison-Wesley.

Padgett, J. F. (2010). "Open Elite? Social Mobility, Marriage, and Family in Florence, 1282-1494," *Renaissance Quarterly* 63: 357-411.

Padgett, J. F. (2015). "The Emergence (or Autocatalysis) of Language." Powerpoint presentation at Computational Social-Science workshop, December 3, 2015.

Padgett, J. F., and Ansell, C. K. (1993). "Robust Action and the Rise of the Medici, 1400-1434." *American Journal of Sociology* 98(6): 1259-1319.

Padgett, J. F., Lee, D., and Collier, N. (2003). "Economic Production as Chemistry." *Industrial and Corporate Change* 12: 843-877.

Padgett, J. F., and Powell, W. W. (2012). *The Emergence of Organizations and Markets.* Princeton, NJ: Princeton University Press.

Schurmann, F. (1968). *Ideology and Organization in Communist China.* Berkeley: University of California Press.

Shirk, S. L. (1993). *The Political Logic of Economic Reform in China.* Berkeley: University of California Press.

Stadler, B., Stadler, P., Wagner, G., and Fontana, W. (2001). "The Topology of the Possible: Formal Spaces Underlying Patterns of Evolutionary Change." *Journal of Theoretical Biology* 213: 241-274.

Walder, A. G. (1986). *Communist Neo-Traditionalism: Work and Authority in Chinese Industry.* Berkeley: University of California Press.

Walder, A. G. (1995). "Local Governments as Industrial Firms." *American Journal of Sociology* 101(2): 263-301.

제3장

Allen, M. P. (1974). "The Structure of Interorganizational Elite Cooptation: Interlocking Corporate Directorates." *American Sociological Review* 39: 393-406.

Arregui, J., Stokman, F. N., and Thomson, R. (2006). "Compromise, Exchange and Challenge in the EU." In *The European Union Decides*, edited by R. Thomson, F. N. Stokman, C. H. Achen, and T. König, pp.124-152. Cambridge, UK: Cambridge University Press.

Barabási, A.-L., Dezső, Z., Ravasz, E., Yook, S.-H., and Oltvai, Z. (2002). "Scale-Free and Hierarchical Structures in Complex Networks." *AIP Conference Proceedings* 661: 1-16.

Baum, C. F., Caglayan, M., Schäfer, D., and Talavera, O. (2008). "Political Patronage in Ukrainian Banking." *Economics of Transition* 16: 537-557.

Berardo, R. (2013). "The Coevolution of Procedural Fairness and Link Formation in Self-Organizing Policy Networks." *Journal of Politics* 75: 686-700.

Berardo, R. (2014). "The Evolution of Self-Organizing Communication Networks in High-Risk Social-Ecological Systems." *International Journal of the Commons* 8: 236-258.

Berardo, R., and Scholz, J. T. (2010). "Self-Organizing Policy Networks: Risk, Partner Selection, and Cooperation in Estuaries." *American Journal of Political Science* 54: 632-649.

Bevir, M., and Richards, D. (2009). "Decentring Policy Networks: A Theoretical Agenda." *Public Administration* 87: 3-14.

Blanco, I., Lowndes, V., and Pratchett, L. (2011). "Policy Networks and Governance Networks: Towards Greater Conceptual Clarity." *Political Studies Review* 9: 297-308.

Börzel, T. A. (1998). "Organizing Babylon: On the Different Conceptions of Policy

Networks." *Public Administration* 76: 253-273.

Börzel, T. A. (2011). "Networks: Reified Metaphor or Governance Panacea?" *Public Administration* 89: 49-63.

Carroll, W. K. (2010). *The Making of a Transnational Capitalist Class: Corporate Power in the Twenty-First Century.* New York: Zed Books.

Carroll, W. K., and Sapinski, J. P. (2010). "The Global Corporate Elite and the Transnational Policy-Planning Network, 1996-2006: A Structural Analysis." *International Sociology* 25: 501-538.

Coleman, J. S. (1973). *The Mathematics of Collective Action.* Chicago: Aldine.

Domhoff, W. G. (1970). *The Higher Circles: The Governing Class in America.* New York: Random House.

Dowding, K. (1995). "Model or Metaphor? A Critical Review of the Network Approach." *Political Studies* 43: 136-158.

Freeman, L. C. (2004). *The Development of Social Network Analysis: A Study in the Sociology of Science.* Vancouver, BC: Empirical Press.

Freeman, L. C. (2008). "Going the Wrong Way on a One-Way Street: Centrality in Physics and Biology." *Journal of Social Structure* 9(2). http://moreno.ss.uci.edu/89.pdf.

Gerber, E. R., Henry, A. D., and Lubell, M. (2013). "Political Homophily and Collaboration in Regional Planning Networks." *American Journal of Political Science* 57: 598-610.

Heaney, M. T. (2014). "Multiplex Networks and Interest Group Influence Reputation: An Exponential Random Graph Model." *Social Networks* 36: 66-81.

Heaney, M. T., and McClurg, S. D. (2009). "Social Networks and American Politics: Introduction to the Special Issue." *American Politics Research* 37: 727-741.

Henry, A. D. (2011). "Ideology, Power, and the Structure of Policy Networks." *Policy Studies Journal* 39: 361-383.

Henry, A. D., Ingold, K., Nohrstedt, D., and Weible, C. M. (2014). "Policy Change in Comparative Contexts: Applying the Advocacy Coalition Framework Outside of Western Europe and North America." *Journal of Comparative Policy Analysis: Research and Practice* 16: 299-312.

Henry, A. D., Lubell, M., and McCoy, M. (2011). "Belief Systems and Social Capital as Drivers of Policy Network Structure: The Case of California Regional Planning." *Journal of Public Administration Research* 21: 419-444.

Jenkins-Smith, H. C., Nohrstedt, D., Weible, C. M., and Sabatier, P. A. (2014). "The Advocacy Coalition Framework: Foundations Evolution, and Ongoing Research." In *Theories of the Policy Process*, 3rd ed., edited by P. A. Sabatier, and C. M.

Weible, pp.183-224. Boulder, CO: Westview Press.

Kenis, P., and Schneider, V. (1991). "Policy Networks and Policy Analysis: Scrutinizing a New Analytical Toolbox." In *Policy Networks: Empirical Evidence and Theoretical Considerations*, edited by B. Marin, and R. Mayntz, pp.25-62. Boulder, CO/Frankfurt: Campus/Westview.

Kickert, W. J. M., Klijn, E.-H., and Koppenjan, J. F. M. (Eds.). (1997). *Managing Complex Networks: Strategies for the Public Sector*. London: Sage.

Klijn, E.-H., Edelenbos, J., and Steijn, B. (2010). "Trust in Governance Networks: Its Impact and Outcomes." *Administration and Society* 42: 193-221.

Knoke, D. (1990). *Political Networks: The Structural Perspective*. New York: Cambridge University Press.

Knoke, D. (1998). "The Organizational State: Origins and Prospects." *Research in Political Sociology* 8: 147-163.

Knoke, D. (2011). "Policy Networks." In *The SAGE Handbook of Social Network Analysis*, edited by J. Scott and P. J. Carrington, pp.210-222. London: Sage.

Knoke, D., and Laumann, E. O. (1982). "The Social Structure of National Policy Domains: An Exploration of Some Structural Hypotheses." In *Social Structure and Network Analysis*, edited by P. V. Marsden and N. Lin, pp.255-270. Beverly Hills, CA: Sage.

Knoke, D., and Pappi, F. U. (1991). "Organizational Action Sets in the U.S. and German Labor Policy Domains." *American Sociological Review* 56: 509-523.

Knoke, D., Pappi, F. U., Broadbent, J., and Tsujinaka, Y. (1996). *Comparing Policy Networks: Labor Politics in the U.S., Germany and Japan*. New York: Cambridge University Press.

König, T. (1993). "The Impact of Policy Networks in a Model of Political Decision Making and Public-Private Influence." *Journal für Sozialforschung* 33: 343-367.

Laumann, E. O., and Knoke, D. (1987). *The Organizational State: Social Choice in National Policy Domains*. Madison: University of Wisconsin Press.

Laumann, E. O., Knoke, D., and Kim, Y.-H. (1985). "An Organizational Approach to State Policy Formation: A Comparative Study of Energy and Health Domains." *American Sociological Review* 50: 1-19.

Laumann, E. O., and Pappi, F. U. (1976). *Networks of Collective Action: A Perspective on Community Influence Systems*. New York: Academic Press.

Lehmbruch, G. (1984). "Concertation and the Structure of Corporatist Networks: Order and Conflict in Contemporary Capitalism." In *Order and Conflict in Contemporary Capitalism*, edited by J. Goldthorpe, pp.60-80. Oxford, UK: Clarendon Press.

Lehmbruch, G. (1989). "Institutional Linkages and Policy Networks in the Federal

System of West Germany: A Fortieth Year Appraisal." *Publius* 19: 221-235.

Long, N. E. (1958). "The Local Community as an Ecology of Games." *American Journal of Sociology* 64: 251-261.

Lubell, M. (2013). "Governing Institutional Complexity: The Ecology of Games Framework." *Policy Studies Journal* 41: 537-559.

Lubell, M., Henry, A. D., and McCoy, M. (2010). "Collaborative Institutions in an Ecology of Games." *American Journal of Political Science* 54: 287-300.

Lubell, M., Robins, G., and Wang, P. (2014). "Network Structure and Institutional Complexity in an Ecology of Water Management Games." *Ecology and Society* 19: 23-36.

Lubell, M., Scholz, J., Berardo, R., and Robbins, G. (2012). "Testing Policy Theory with Statistical Models of Networks." *Policy Studies Journal* 40: 351-374.

Marin, B., and Mayntz, R. (Eds.). (1991). *Policy Networks: Empirical Evidence and Theoretical Considerations.* Boulder, CO: Westview Press.

Marsh, D., and Rhodes, R. A. W. (Eds.). (1992). *Policy Networks in British Government.* Oxford, UK: Clarendon Press.

Marsh, D., and Smith, M. (2000). "Understanding Policy Networks: Towards a Dialectical Approach." *Political Studies* 48: 4-21.

Marsh, D., Toke, D., Belfrage, C., Tepe, D. and McGough, S. (2009). "Policy Networks and the Distinction Between Insider and Outsider Groups: The Case of the Countryside Alliance." *Public Administration* 87: 621-638.

McAllister, R., McCrea, R., and Lubell, M. (2014). "Policy Networks, Stakeholder Interactions and Climate Adaptation in the Region of South East Queensland, Australia." *Regional Environmental Change* 14: 527-539.

Melamed, D., Breiger, R. L., and West, A. J. (2013). "Community Structure in Multi-Mode Networks: Applying an Eigenspectrum Approach." *Connections* 33: 18-23.

Mills, C. W. (1956). *The Power Elite.* New York: Oxford University Press.

Oschmann, A., and Raab, J. (2002). "Das institutionelle Erbe des 'Treuhand-Regimes' in Ostdeutschland: Zentralisierung oder Auflösung in der bundesstaatlichen Normalverfassung?" *Politische Vierteljahresschrift* 43: 445-477.

Pappi, F. U. (1993). "Policy-Netze: Erschienungsform moderner Politiksteuerung oder meth-odischer Ansantz?" *Sonderheft 24 der Politischen Vierteljahresschrift* 1993: 84-94.

Pappi, F. U., and Kappelhoff, P. (1984). "Abhängigkeit, Tausch und kollektive Entschei-dung in einer Gemeindeelite." *Zeitschrift für Soziologie* 13: 87-117.

Pappi, F. U., and Knoke, D. (1991). "Political Exchange in the German and American

Labor Policy Domain." In *Policy Networks: Structural Analysis of Public Policy*, edited by R. Mayntz and B. Marin, pp.179-208. Frankfurt am Main: Campus Verlag.

Pappi, F. U., König, T., and Knoke, D. (1995). *Entscheidungsprozesse in der Arbeits-und Sozialpolitik. Der Zugang der Interessengruppen zum Regierungssystem über Politikfeldnetze: Ein deutsch-amerikanischer Vergleich*. Frankfurt/New York: Campus Verlag.

Raab, J. (2002). "Where Do Policy Networks Come From?" *Journal of Public Administration Research and Theory* 12: 581-622.

Raab, J., and Kenis, P. (2007). "Taking Stock of Policy Networks: Do They Matter?" In *Handbook of Public Policy Analysis: Theory, Methods and Politics*, edited by F. Fischer, G. J. Miller, and M. S. Sidney, pp.187-200. London: Taylor & Francis CRC Press.

Rhodes, R. A. W. (1981). *Control and Power in Central-Local Government Relations*. Aldershot, UK: Ashgate.

Rhodes, R. A. W. (1985). "Power Dependence, Policy Communities and Inter-Governmental Networks." *Public Administration Bulletin* 49: 4-29.

Rhodes, R. A. W. (1986). *The National World of Local Government*. London: Allen & Unwin.

Rhodes, R. A. W. (1988). *Beyond Westminster and Whitehall: The Sub-central Governments of Britain*. London: Unwin-Hyman.

Rhodes, R. A. W. (1990). "Policy Networks: A British Perspective." *Journal of Theoretical Politics* 2: 293-317.

Rhodes, R. A. W. (1997). *Understanding Governance: Policy Networks, Governance, Reflexivity and Accountability*. Buckingham, UK: Open University Press.

Rhodes, R. A. W. (2007). "Understanding Governance: Ten Years On." *Organization Studies* 28: 1243-1264.

Rhodes, R. A. W. (2008). "Policy Network Analysis." In *The Oxford Handbook of Public Policy*, edited by R. E. Goodin, M. Moran, and M. Rein, 423-445. Oxford, UK: University of Oxford Press.

Rhodes, R. A. W., and Marsh, D. (1992). "New Directions in the Study of Policy Networks." *European Journal of Political Research* 21: 181-205.

Robins, G., Lewis, J. M., and Wang, P. (2012). "Statistical Network Analysis for Analyzing Policy Networks." *Policy Studies Journal* 40: 375-401.

Robinson, W. I. (2004). *A Theory of Global Capitalism: Production, Class, and State in a Transnational World*. Baltimore, MD: Johns Hopkins University Press.

Sabatier, P. A. (1987). "Knowledge, Policy-Oriented Learning, and Policy Change: An

Advocacy Coalition Framework." *Knowledge* 8: 649-692.

Sabatier, P. A. (1988). "An Advocacy Coalition Framework of Policy Change and the Role of Policy-Oriented Learning Therein." *Policy Sciences* 21: 129-168.

Sabatier, P. A., Hunter, S., and McLaughlin, S. (1987). "The Devil Shift: Perceptions and Misperceptions of Opponents." *Western Political Quarterly* 40: 449-476.

Sabatier, P. A., and Weible, C. M. (2014). *Theories of the Policy Process*, 3rd ed. Boulder, CO: Westview Press.

Scharpf, F. W. (Ed.). (1993). *Games in Hierarchies and Networks: Analytical and Empirical Approaches to the Study of Governance Institutions*. Boulder, CO: Westview Press.

Scharpf, F. W. (1997). *Games Real Actors Play: Actor-Centered Institutionalism in Policy Research*. Boulder, CO: Westview Press.

Pappi, F. U., and Kappelhoff, P. (1984). "Abhängigkeit, Tausch und kollektive Entscheidung in einer Gemeindeelite." *Zeitschrift für Soziologie* 13: 87-117.

Pappi, F. U., and Knoke, D. (1991). "Political Exchange in the German and American Labor Policy Domain." In *Policy Networks: Structural Analysis of Public Policy*, edited by R. Mayntz and B. Marin, pp.179-208. Frankfurt am Main: Campus Verlag.

Pappi, F. U., König, T., and Knoke, D. (1995). *Entscheidungsprozesse in der Arbeits-und Sozialpolitik. Der Zugang der Interessengruppen zum Regierungssystem über Politikfeldnetze: Ein deutsch-amerikanischer Vergleich*. Frankfurt/New York: Campus Verlag.

Raab, J. (2002). "Where Do Policy Networks Come From?" *Journal of Public Administration Research and Theory* 12: 581-622.

Raab, J., and Kenis, P. (2007). "Taking Stock of Policy Networks: Do They Matter?" In *Handbook of Public Policy Analysis: Theory, Methods and Politics*, edited by F. Fischer, G. J. Miller, and M. S. Sidney, pp.187-200. London: Taylor & Francis CRC Press.

Rhodes, R. A. W. (1981). *Control and Power in Central-Local Government Relations*. Aldershot, UK: Ashgate.

Rhodes, R. A. W. (1985). "Power Dependence, Policy Communities and Inter-Governmental Networks." *Public Administration Bulletin* 49: 4-29.

Rhodes, R. A. W. (1986). *The National World of Local Government*. London: Allen & Unwin.

Rhodes, R. A. W. (1988). *Beyond Westminster and Whitehall: The Sub-central Governments of Britain*. London: Unwin-Hyman.

Rhodes, R. A. W. (1990). "Policy Networks: A British Perspective." *Journal of Theoretical*

Politics 2: 293-317.

Rhodes, R. A. W. (1997). *Understanding Governance: Policy Networks, Governance, Reflexivity and Accountability.* Buckingham, UK: Open University Press.

Rhodes, R. A. W. (2007). "Understanding Governance: Ten Years On." *Organization Studies* 28: 1243-1264.

Rhodes, R. A. W. (2008). "Policy Network Analysis." In *The Oxford Handbook of Public Policy*, edited by R. E. Goodin, M. Moran, and M. Rein, 423-445. Oxford, UK: University of Oxford Press.

Rhodes, R. A. W., and Marsh, D. (1992). "New Directions in the Study of Policy Networks." *European Journal of Political Research* 21: 181-205.

Robins, G., Lewis, J. M., and Wang, P. (2012). "Statistical Network Analysis for Analyzing Policy Networks." *Policy Studies Journal* 40: 375-401.

Robinson, W. I. (2004). *A Theory of Global Capitalism: Production, Class, and State in a Transnational World.* Baltimore, MD: Johns Hopkins University Press.

Sabatier, P. A. (1987). "Knowledge, Policy-Oriented Learning, and Policy Change: An Advocacy Coalition Framework." *Knowledge* 8: 649-692.

Sabatier, P. A. (1988). "An Advocacy Coalition Framework of Policy Change and the Role of Policy-Oriented Learning Therein." *Policy Sciences* 21: 129-168.

Sabatier, P. A., Hunter, S., and McLaughlin, S. (1987). "The Devil Shift: Perceptions and Misperceptions of Opponents." *Western Political Quarterly* 40: 449-476.

Sabatier, P. A., and Weible, C. M. (2014). *Theories of the Policy Process*, 3rd ed. Boulder, CO: Westview Press.

Scharpf, F. W. (Ed.). (1993). *Games in Hierarchies and Networks: Analytical and Empirical Approaches to the Study of Governance Institutions.* Boulder, CO: Westview Press.

Scharpf, F. W. (1997). *Games Real Actors Play: Actor-Centered Institutionalism in Policy Research.* Boulder, CO: Westview Press.

Weible, C. M., and Sabatier, P. A., Jenkins-Smith, H. C., Nohrstedt, D., Henry, A. D., and deLeon, P. (2011). "A Quarter Century of the Advocacy Coalition Framework: An Introduction to the Special Issue." *Policy Studies Journal* 39: 349-360.

Wilks, S., and Wright, M. (Eds.). (1987). *Government-Industry Relations: West Europe, U.S. and Japan.* Oxford: Clarendon Press.\

제4장

Adamic, L. A., and Glance, N. (2005). "The Political Blogosphere and the 2004 US

Election: Divided They Blog." In *Proceedings of the 3rd International Workshop on Link Discovery*, pp.36-43. New York: ACM.

Ansolabehere, S., Hersh, E., and Shepsle, K. (2012). "Movers, Stayers, and Registration: Why Age Is Correlated with Registration in the US." *Quarterly Journal of Political Science* 7(4): 333-363.

Ardoin, P., and Gronke, P. (Ed). 2015. Symposium: Big Data, Causal Inference, and Formal Theory: Contradictory Trends in Political Science? *PS: Political Science and Politics* 48(1). Cambridge University Press.

Arva, B., Beieler, J., Fisher, B., Lara, G., Schrodt, P. A., Song, W., ⋯ Stehle, S. (2013). "Improving Forecasts of International Events of Interest." *EPSA 2013 Annual General Conference Papers* 78 (July).

Bakshy, E., Messing, S., and Adamic, L. (2015). "Exposure to Ideologically Diverse News and Opinion on Facebook." *Science* 338(6239): 1130-1132.

Barberá, P. (2015). "Birds of the Same Feather Tweet Together: Bayesian Ideal Point Estimation Using Twitter Data." *Political Analysis* 23(1): 76-91.

Bengtsson, L., Lu, X., Thorson, A., Garfield, R., and Von Schreeb, J. (2011). "Improved Response to Disasters and Outbreaks by Tracking Population Movements with Mobile Phone Network Data: A Post-Earthquake Geospatial Study in Haiti." *PLoS Med* 8(8): e1001083.

Blei, D. M., Ng, A. Y., and Jordan, M. I. (2003). "Latent Dirichlet Allocation." *Journal of Machine Learning Research* 3: 993-1022.

Boase, J., and Ling, R. (2013). "Measuring Mobile Phone Use: Self-Report versus Log Data." *Journal of Computer-Mediated Communication* 18(4): 508-519.

Bollen, J., Mao, H., and Zeng, X. (2011). "Twitter Mood Predicts the Stock Market." *Journal of Computational Science* 2(1): 1-8.

Bond, R. M., Fariss, C. J., Jones, J. J., Kramer, A. D., Marlow, C., Settle, J. E., and Fowler, J. H. (2012). "A 61-Million-Person Experiment in Social Influence and Political Mobilization." *Nature* 489(7415): 295-298.

Bonica, A. (2013). *Database on Ideology, Money in Politics, and Elections: Public Version 1.0*. Stanford, CA: Stanford University Libraries. http://data.stanford.edu/dime.

boyd, danah, and Crawford, K. (2012). "Critical Questions for Big Data." *Information, Communication & Society* 15(5): 662-679. http://doi.org/10.1080/1369118X.2012.678878.

Carlson, T., and Strandberg, K. (2008). "Riding the Web 2.0 Wave: Candidates on YouTube in the 2007 Finnish National Elections." *Journal of Information Technology & Politics* 5(2): 159-174.

Chetty, R., Friedman, J. N., Hilger, N., Saez, E., Schanzenbach, D. W., and Yagan,

D. (2011). How Does Your Kindergarten Classroom Affect Your Earnings? Evidence from Project STAR. *The Quarterly Journal of Economics* 126(4): 1593-1660. https://doi.org/10.1093/qje/qjr041.

Coviello, L., Sohn, Y., Kramer, A. D., Marlow, C., Franceschetti, M., Christakis, N. A., and Fowler, J. H. (2014). "Detecting Emotional Contagion in Massive Social Networks." *PloS One* 9(3): e90315.

de Montjoye, Y.-A., Radaelli, L., Singh, V. K., and Pentland, A. S. (2015). "Unique in the Shopping Mall: On the Reidentifiability of Credit Card Metadata." *Science* 347(6221): 536-539. doi.org/10.1126/science.1256297.

Deville, P., Linard, C., Martin, S., Gilbert, M., Stevens, F. R., Gaughan, A. E., ⋯ Tatem, A. J. (2014). "Dynamic Population Mapping Using Mobile Phone Data." *Proceedings of the National Academy of Sciences* 111(45): 15888-15893.

Dianati, N., Lifshitz, G., Ruths, D., and Lazer, D. (2015). The FEC Campaigns Database Disambiguated. http://www.naviddianati.com/fec.

Eagle, N., Pentland, A. S., and Lazer, D. (2009). "Inferring Friendship Network Structure by Using Mobile Phone Data." *Proceedings of the National Academy of Sciences* 106(36): 15274-15278.

English, K., Sweetser, K. D., and Ancu, M. (2011). "YouTube-ification of Political Talk: An Examination of Persuasion Appeals in Viral video." *American Behavioral Scientist* 55(6).

Gibson, R. K., and McAllister, I. (2011). "Do Online Election Campaigns Win Votes? The 2007 Australian 'YouTube' Election." *Political Communication* 28(2): 227-244.

González-Bailón, S., Borge-Holthoefer, J., Rivero, A., and Moreno, Y. (2011). "The Dynamics of Protest Recruitment Through an Online Network." *Scientific Reports* 1: 197-204.

Griffiths, T. L., and Steyvers, M. (2004). "Finding Scientific Topics." *Proceedings of the National Academy of Sciences* 101(supp. 1): 5228-5235.

Grimmer, J., and Stewart, B. M. (2013). "Text as Data: The Promise and Pitfalls of Automatic Content Analysis Methods for Political Texts." *Political Analysis* 21(3): 267-297.

Hale, S. A., Yasseri, T., Cowls, J., Meyer, E. T., Schroeder, R., and Margetts, H. (2014). "Mapping the UK Webspace: Fifteen Years of British Universities on the Web." In *Proceedings of the 2014 ACM Conference on Web Science*, pp.62-70. ACM. New York.

Hannak, A., Sapiezynski, P., Molavi Kakhki, A., Krishnamurthy, B., Lazer, D., Mislove, A., and Wilson, C. (2013). "Measuring Personalization of Web Search." In *Proceedings of the 22nd International Conference on World Wide Web*, pp.527-538.

International World Wide Web Conferences Steering Committee. ACM. New York.

Hannak, A., Soeller, G., Lazer, D., Mislove, A., and Wilson, C. (2014). "Measuring Price Discrimination and Steering on E-commerce Web Sites." In *Proceedings of the 2014 Conference on Internet Measurement*, pp.305-318. ACM. New York.

Hu, J., Zeng, H.-J., Li, H., Niu, C., and Chen, Z. (2007). "Demographic Prediction Based on User's Browsing Behavior." In *Proceedings of the 16th International Conference on World Wide Web*, pp.151-160. ACM. New York. doi.org/10.1145/1242572.1242594.

Jurgens, D., Finethy, T., McCorriston, J., Xu, Y. T., and Ruths, D. (2015). "Geolocation Prediction in Twitter Using Social Networks: A Critical Analysis and Review of Current Practice." In *Proceedings of the 9th International AAAI Conference on Weblogs and Social Media (ICWSM)*. Cambridge.

Karsai, M., Kivelä, M., Pan, R. K., Kaski, K., Kertész, J., Barabási, A. L., and Saramäki, J. (2011). "Small but Slow World: How Network Topology and Burstiness Slow Down spreading." *Physical Review E* 83(2): 025102.

Lazer, D. (2011). "Networks in Political Science: Back to the Future." *PS: Political Science & Politics* 44(1): 61-68.

Lazer, D. (2015). "The Rise of the Social Algorithm." *Science* 348(6239): 1090–1091.

Lazer, D., Kennedy, R., King, G., and Vespignani, A. (2014). "The Parable of Google Flu: Traps in Big Data Analysis." Science 343(14 March): 1203-1205.

Lazer, D., Pentland, A. S., Adamic, L., Aral, S., Barabasi, A. L., Brewer, D., ⋯ Van Alstyne, M. (2009). "Life in the Network: The Coming Age of Computational Social Science." Science 323(5915): 721.

Leetaru, K., and Schrodt, P. A. (2013). "GDELT: Global Data on Events, Location, and Tone, 1979-2012." ISA Annual Convention 2(4). http://data.gdeltproject.org/documentation/ISA.2013.GDELT.pdf.

Lynch, M., Freelon, D., and Aday, S. (2014). "Syria's Socially Mediated Civil War." United States Institute of Peace 91(1): 1-35.

Manber, U., Patel, A., and Robison, J. (2000). "Experience with Personalization of Yahoo!" Communications of the ACM 43(8): 35-39. doi.org/10.1145/ 345124. 345136.

Manyika, J., Chui, M., Brown, B., Bughin, J., Dobbs, R., Roxburgh, C., and Byers, A. H. (2011). "Big Data: The Next Frontier for Innovation, Competition, and Productivity."

Nagler, J., and Tucker, J. (2015). "Drawing Inferences and Testing Theories with Big Data." PS: Political Science and Politics 48(1): 84-88.

Olejnik, L., Castelluccia, C., and Janc, A. (2012). "Why Johnny Can't Browse in Peace: On the Uniqueness of Web Browsing History Patterns." In 5th Workshop on Hot Topics in Privacy Enhancing Technologies (HotPETs 2012): 48-63. Berlin. https://petsymposium.org/2012/papers/hotpets12_selected_papers.pdf.

Onnela, J.-P., Saramäki, J., Hyvönen, J., Szabó, G., Lazer, D., Kaski, K., ··· Barabási, A.-L. (2007). "Structure and Tie Strengths in Mobile Communication Networks." Proceedings of the National Academy of Sciences 104(18): 7332-7336.

Pariser, E. (2011). The Filter Bubble: How the New Personalized Web Is Changing What We Read and How We Think. Penguin. London.

Patty, J. W., and Penn, E. M. (2015). "Analyzing Big Data: Social Choice and Measurement." PS: Political Science and Politics.

Pierskalla, J. H., and Hollenbach, F. M. (2013). "Technology and Collective Action: The Effect of Cell Phone Coverage on Political Violence in Africa." American Political Science Review 107(2): 207-224.

Poast, P. (2010). "(Mis) using Dyadic Data to Analyze Multilateral Events." Political Analysis 18(4): 403-425.

Raento, M., Oulasvirta, A., and Eagle, N. (2009). "Smartphones: An Emerging Tool for Social Scientists." Sociological Methods & Research 37(3): 426-454.

Shapiro, J. N., and Weidmann, N. B. (2015). "Is the Phone Mightier Than the Sword? Cellphones and Insurgent Violence in Iraq." International Organization 69(2): 247-274.

Siegel, D. A. (2013). "Social Networks and the Mass Media." American Political Science Review 107: 786-805.

Statista (n.d.). "Number of Monthly Active Facebook Users Worldwide as of 3rd Quarter 2016." http://www.statista.com/statistics/264810/number-of-monthly-active-facebook-users-worldwide.

Toole, J. L., Lin, Y.-R., Muehlegger, E., Shoag, D., González, M. C., and Lazer, D. (2015). "Tracking Employment Shocks Using Mobile Phone Data." Journal of the Royal Society Interface 12(107): 20150185.

Tufekci, Z. (2014). "Big Questions for Social Media Big Data: Representativeness, Validity and Other Methodological Pitfalls." In Eighth International AAAI Conference on Weblogs and Social Media. n.p.: AAAI Publications. http://www.aaai.org/ocs/index.php/ICWSM/ICWSM14/paper/view/8062.

Wang, X., Gerber, M. S., and Brown, D. E. (2012). "Automatic Crime Prediction Using Events Extracted from Twitter Posts." In Social Computing, Behavioral-Cultural Modeling and Prediction, pp.231-238. Berlin and Heidelberg: Springer.

Weber, M. S. (2012). "Newspapers and the Long-Term Implications of Hyperlinking." *Journal of Computer-Mediated Communication* 17(2): 187-201.

Weber, M. S., and Monge, P. R. (2014). "Industries in Turmoil: Driving Transformation During Periods of Disruption." *Communication Research* (January 13): 93650213514601. doi.org/10.1177/0093650213514601.

Foucault Welles, B. F. (2014). "On Minorities and Outliers: The Case for Making Big Data Small." *Big Data & Society* 1(1): 2053951714540613.

Wesolowski, A., Eagle, N., Tatem, A. J., Smith, D. L., Noor, A. M., Snow, R. W., and Buckee, C. O. (2012). "Quantifying the Impact of Human Mobility on Malaria." *Science* 338(6104): 267-270.

Wilkerson, J., Smith, D., and Stramp, N. (2015). "Tracing the Flow of Policy Ideas in Legislatures: A Text Reuse Approach." *American Journal of Political Science* 59(4): 943-956.

Wood, M. (2014). "Sweeping Away a Search History." *New York Times*. April 3, pp.B9.

Zhao, W. X., Jiang, J., Weng, J., He, J., Lim, E.-P., Yan, H., and Li, X. (2011). "Comparing Twitter and Traditional Media Using Topic Models." In *Advances in Information Retrieval*, edited by P. Clough, C. Foley, C. Gurrin, G. J. F. Jones, W. Kraaij, H. Lee, and V. Mudoch, pp.338-349. Springer Berlin and Heidelberg: Springer. http://link.springer.com/chapter/10.1007/978-3-642-20161-5_34.

제5장

Aronow, P. M. (2012). "A General Method for Detecting Interference Between Units in Randomized Experiments." *Sociological Methods & Research* 41(3): 3-16.

Aronow, P. M., and Samii, C. (2012). "Estimating Average Causal Effects Under General Interference." Working paper, University of North Carolina.

Bond, R., Fariss, C. J., Jones, J. J., Kramer, A. D. I., Marlow, C., Settle, J. E., and Fowler, J. H. (2012). "A 61-Million-Person Experiment in Social Influence and Political Mobilization." *Nature* 489: 295-298.

Bowers, J., Fredrickson, M., and Panagopoulos, C. (2013). "Reasoning about Interference in Randomized Studies." *Political Analysis* 21(1): 97-124.

Boyd, C. L., Epstein, L., and Martin, A. D. (2010). "Untangling the Causal Effects of Sex on Judging." *American Journal of Political Science* 54: 389-411.

Cacioppo J. T., Fowler, J. H., and Christakis, N. A. (2009). "Alone in the Crowd: The Structure and Spread of Loneliness in a Large Social Network." *Journal of Personality and Social Psychology* 97(6): 977-991.

Christakis, N. A., and Fowler, J. H. (2007). "The Spread of Obesity in a Large Social Network over 32 Years." *New England Journal of Medicine* 357: 370-379.

Christakis, N. A., and Fowler, J. H. (2008). "The Collective Dynamics of Smoking in a Large Social Network." *New England Journal of Medicine* 358: 2249-2258.

Holland, P.W. (1986). "Statistics and Causal Inference." *Journal of the American Statistical Association* 81: 945-960.

Hong, G., and Raudenbush, S. (2006). "Evaluating Kindergarten Retention Policy." *Journal of the American Statistical Association* 202(475): 901-910.

Hudgens, M. G., and Halloran, M. E. (2008). "Toward Causal Inference with Interference." *Journal of the American Statistical Association* 103(482): 832-842.

Keele, L. (2015). "The Statistics of Causal Inference: A View from Political Methodology." *Political Analysis* 23(3): 313-335.

Morgan, S. L., and Winship, C. (2014). *Counterfactuals and Causal Inference*. New York: Cambridge University Press.

Nickerson, D. W. (2008). "Is Voting Contagious? Evidence from Two Field Experiments." *American Political Science Review* 102: 49-57.

Rogowski, J.C., and Sinclair, B. (2012). "Estimating the Causal Effects of Social Interaction with Endogeneous Networks." *Political Analysis* 20: 316-328.

Rubin, D. B. (1974). "Estimating Causal Effects of Treatments in Randomized and Nonrandomized Studies." *Journal of Educational Psychology* 6: 688-701.

Scholz, J. T., and Wang, C.-L. (2006). "Cooptation or Transformation? Local Policy Networks and Regulatory Enforcement." *American Journal of Political Science* 50: 81-97.

Sekhon, J. S. (2009). "Opiates for the Matches: Matching Methods for Causal Inference." *Annual Review of Political Science* 12: 487-508.

Shalizi, C. R., and Thomas, A. C. (2011). "Homophily and Contagion Are Generically Confounded in Observational Social Network Studies." *Sociological Methods and Research* 40: 211-239.

Sinclair, B. 2012. *The Social Citizen*. Chicago: University of Chicago Press.

Sinclair, B., McConnell, M., and Green, D. P. (2012). "Detecting Spillover Effects: Design and Analysis of Multilevel Experiments." *American Journal of Political Science* 56(4): 1055-1069.

Sovey, A. J., and Green, D. P. (2011). "Instrumental Variables Estimation in Political Science: A Reader's Guide." *American Journal of Political Science* 55:188-200.

Urbatsch, R. (2011). "Sibling Ideological Influence: A Natural Experiment." *British Journal of Political Science* 41: 693-712.

VanderWeele, T. J. (2011). "Sensitivity Analysis for Contagion Effects in Social

Networks." *Sociology Methods Research* 40(2): 240-255.

VanderWeele T. J., and Arah, O. (2011). "Bias Formulas for Sensitivity Analysis of Unmeasured Confounding for General Outcomes, Treatments and Confounders." *Epidemiology* 22:42-52.

제6장

Alba, R. D. (1973). "A Graph-Theoretic Definition of a Sociometric Clique." Journal of Mathematical Sociology 3(1): 113-126.

Anderson, C. J., Wasserman, S., and Crouch, B. (1999). "A p＊ Primer: Logit Models for Social Networks." Social Networks 21(1): 37-66.

Bachrach, P., and Baratz, M. S. (1962). "Two Faces of Power." American Political Science Review 56(4): 947-952.

Bavelas, A. (1948). "A Mathematical Model for Group Structures." *Human Organization* 7(3): 16-30.

Bavelas, A. (1950). "Communication Patterns in Task-Oriented Groups." *Journal of the Acoustical Society of America* 22: 725-730.

Baybeck, B., Berry, W. D., and Siegel, D. A. (2011). "A Strategic Theory of Policy Diffusion via Intergovernmental Competition." *Journal of Politics* 73(1): 232-247.

Berardo, R., and Scholz, J. T. (2010). "Self-organizing Policy Networks: Risk, Partner Selection, and Cooperation in Estuaries." *American Journal of Political Science* 54(3): 632-649.

Boldi, P., and Vigna, S. (2014). "Axioms for Centrality." *Internet Mathematics* 10(3-4): 222-262.

Bonacich, P. (1972). "Factoring and Weighting Approaches to Status Scores and Clique Identification." *Journal of Mathematical Sociology* 2(1): 113-120.

Bonacich, P. (1987). "Power and Centrality: A Family of Measures." *American Journal of Sociology* 92(5): 1170-1182.

Bonacich, P. (2007). "Some Unique Properties of Eigenvector Centrality." *Social Networks* 29(4): 555-564.

Borgatti, S. P. (2005). "Centrality and Network Flow." *Social Networks* 27(1): 55-71.

Borgatti, S. P., Carley, K. M., and Krackhardt, D. (2006). "On the Robustness of Centrality Measures under Conditions of Imperfect Data." *Social Networks* 28(2): 124-136.

Borgatti, S. P=., and Everett, M. G. (2006). "A Graph-Theoretic Perspective on Centrality." *Social Networks* 28(4): 466-484.

Borgatti, S. P., and Halgin, D. S. (2011). "On Network Theory." *Organization Science* 22(5): 1168-1181.

Borgatti, S. P., Mehra, A., Brass, D. J., and Labianca, G. (2009). "Network Analysis in the Social Sciences." *Science* 323(5916): 892.

Box-Steffensmeier, J. M., and Christenson, D. P. (2014). "The Evolution and Formation of Amicus Curiae Networks." *Social Networks* 36: 82-96.

Box-Steffensmeier, J. M., and Christenson, D. P. (2015). "Comparing Membership Interest Group Networks Across Space and Time, Size, Issue, and Industry." *Network Science* 3(1): 78-97.

Brandes, U., Kenis, P., Raab, J., Schneider, V., and Wagner, D. (1999). "Explorations into the Visualization of Policy Networks." *Journal of Theoretical Politics* 11(1): 75-106.

Burt, R. S. (1978). "Cohesion versus Structural Equivalence as a Basis for Network Subgroups." *Sociological Methods & Research* 7(2): 189-212.

Burt, R. S. (1987). "Social Contagion and Innovation: Cohesion versus Structural Equivalence." *American Journal of Sociology* 92(6): 1287-1335.

Burt, R. S. (2009). *Structural Holes: The Social Structure of Competition.* Cambridge, MA: Harvard University Press.

Campbell, D. E. (2013). "Social Networks and Political Participation." *Annual Review of Political Science* 16: 33-48.

Cartwright, D., and Harary, F. (1956). "Structural Balance: A Generalization of Heider's Theory." *Psychological Review* 63(5): 277.

Chaharbaghi, K., Adcroft, A., Willis, R., Todeva, E., and Knoke, D. (2005). "Strategic Alliances and Models of Collaboration." *Management Decision* 43(1): 123-148.

Christakis, N. A., and Fowler, J. H. (2010). "Social Network Sensors for Early Detection of Contagious Outbreaks." *PLOS ONE* 5(9): e12948.

Clauset, A. (2005). "Finding Local Community Structure in Networks." *Physical Review E* 72(2): 026132.

Comfort, L. K., and Haase, T. W. (2006). "Communication, Coherence, and Collective Action: The Impact of Hurricane Katrina on Communications Infrastructure." *Public Works Management & Policy* 10(4): 328-343.

Cranmer, S. J., and Desmarais, B. A. (2011). "Inferential Network Analysis with Exponential Random Graph Models." *Political Analysis* 19(1): 66-86.

Davis, J. A. (1963). "Structural Balance, Mechanical Solidarity, and Interpersonal Relations." American Journal of Sociology 68(4): 444-462.

Davis, O., Hinich, M., and Ordeshook, P. (1970). "An Expository Development of a Mathematical Model of the Electoral Process." American Political Science Review 64(2): 426-448.

Enemark, D., McCubbins, M. D., and Weller, N. (2014). "Knowledge and Networks:

An Experimental Test of How Network Knowledge Affects Coordination." Social Networks 36: 122-133.

Erdős, P., and Rényi, A. (1959). "On Random Graphs." Publicationes Mathematicae Debrecen 6: 290-297.

Eveland, W. P., Jr., Hutchens, M. J., and Morey, A. C. (2013). "Political Network Size and Its Antecedents and Consequences." Political Communication 30(3): 371-394.

Fortunato, S. (2010). "Community Detection in Graphs." Physics Reports 486(3-5): 75-174.

Fowler, J. H. (2006). "Connecting the Congress: A Study of Cosponsorship Networks." Political Analysis 14(4): 456-487.

Fowler, J. H., Heaney, M. T., Nickerson, D. W., Padgett, J. F., and Sinclair, B. (2011). "Causality in Political Networks." American Politics Research 39(2): 437-480.

Fowler, J. H., and Jeon, S. (2008). "The Authority of Supreme Court Precedent." Social Networks 30(1): 16-30.

Fowler, J. H., Johnson, T. R., Spriggs, J. F., II, Jeon, S., and Wahlbeck, P. J. (2007). "Network Analysis and the Law: Measuring the Legal Importance of Supreme Court Precedents." Political Analysis 15(3): 324-346.

Frank, O., and Strauss, D. (1986). "Markov Graphs." Journal of the American Statistical Association 81(395): 832-842.

Freeman, L. C. (1977). "A Set of Measures of Centrality Based on Betweenness." Sociometry 40(1): 35-41.

Freeman, L. C. (1979). "Centrality in Social Networks: Conceptual Clarification." Social Networks 1(3): 215-239.

Friedkin, N. E. (1984). "Structural Cohesion and Equivalence Explanations of Social Homogeneity." Sociological Methods & Research 12(3): 235-261.

Friedkin, N. E. (1991). "Theoretical Foundations for Centrality Measures." American Journal of Sociology 96(6): 1478-1504.

Gentzkow, M., and Shapiro, J. M. (2011). "Ideological Segregation Online and Offline." Quarterly Journal of Economics 126(4): 1799-1839.

Granovetter, M. S. (1973). "The Strength of Weak Ties." American Journal of Sociology 78(6): 1360-1380.

Gray, J., and Potter, P. B. K. (2012). "Trade and Volatility at the Core and Periphery of the Global Economy." International Studies Quarterly 56(4): 793-800.

Grossmann, M., and Dominguez, C, B. K. (2009). "Party Coalitions and Interest Group Networks." American Politics Research 37(5): 767-800.

Hafner-Burton, E. M., Kahler, M., and Montgomery, A. H. (2009). "Network Analysis for International Relations." International Organization 63(3): 559-592.

Harary, F., and Norman, R. Z. (1953). Graph Theory as a Mathematical Model in

Social Science. Ann Arbor: University of Michigan Press.

Heaney, M. T. (2014). "Multiplex Networks and Interest Group Influence Reputation: An Exponential Random Graph Model." Social Networks 36: 66-81.

Heider, F. (1946). "Attitudes and Cognitive Organization." Journal of Psychology 21(1): 107-112.

Hoff, P. D., Raftery, A. E., and Handcock, M. S. (2002). "Latent Space Approaches to Social Network Analysis." Journal of the American Statistical Association 97(460): 1090-1098.

Huckfeldt, R. (2009). "Interdependence, Density Dependence, and Networks in Politics." American Politics Research 37(5): 921-950.

Jackson, M. O. (2008). Social and Economic Networks. Princeton, NJ: Princeton University Press.

Katz, L. (1953). "A New Status Index Derived from Sociometric Analysis." Psychometrika 18(1): 39-43.

Kendall, M. G. (1955). "Further Contributions to the Theory of Paired Comparisons." Biometrics 11(1): 43-62.

Kleinberg, J. M. (1999). "Authoritative Sources in a Hyperlinked Environment." Journal of the ACM 46(5): 604-632.

Klofstad, C. A., Sokhey, A. E., and McClurg, S. D. (2013). "Disagreeing about Disagreement: How Conflict in Social Networks Affects Political Behavior." American Journal of Political Science 57(1): 120-134.

Koger, G., Masket, S., and Noel, H. (2009). "Partisan Webs: Information Exchange and Party Networks." British Journal of Political Science 39(3): 633-653.

Krackhardt, D. (1990). "Assessing the Political Landscape: Structure, Cognition, and Power in Organizations." Administrative Science Quarterly 35(2): 342-369.

Krebs, V. E. (2002). "Mapping Networks of Terrorist Cells." Connections 24(3): 43-52.

Lazer, D. (2011). "Networks in Political Science: Back to the Future." PS: Political Science and Politics 44(1): 61.

Leifeld, P., and Schneider, V. (2012). "Information Exchange in Policy Networks." American Journal of Political Science 56(3): 731-744.

Lewis, T. G. (2014). Critical Infrastructure Protection in Homeland Security: Defending a Networked Nation. Hoboken, NJ: John Wiley & Sons.

List, C., and Pettit, P. (2011). Group Agency: The Possibility, Design, and Status of Corporate Agents. Oxford: Oxford University Press.

List, C., and Spiekermann, K. (2013). "Methodological Individualism and Holism in Political Science: A Reconciliation." American Political Science Review 107(4): 629-643.

Liu, Y. Y., Slotine, J. J., Barabási, A. L., and Moreno, Y. (2012). "Control Centrality and Hierarchical Structure in Complex Networks." PLOS ONE 7(9): e44459.

Lubell, M., Scholz, J., Berardo, R., and Robins, G. (2012). "Testing Policy Theory with Statistical Models of Networks." Policy Studies Journal 40(3): 351-374.

Luce, R. D. (1950). "Connectivity and Generalized Cliques in Sociometric Group Structure." Psychometrika 15(2): 169-190.

Luce, R. D., and Perry, A. D. (1949). "A Method of Matrix Analysis of Group Structure." Psychometrika 14(2): 95-116.

Mokken, R. J. (1979). "Cliques, Clubs and Clans." Quality & Quantity 13(2): 161-173.

Monsuur, H., and Storcken, T. (2004). "Centers in Connected Undirected Graphs: An Axiomatic Approach." Operations Research 52(1): 54-64.

Moody, J., and White, D. R. (2003). "Structural Cohesion and Embeddedness: A Hierarchical Concept of Social Groups." American Sociological Review 68(1): 103-127.

Morselli, C., Giguère, C., and Petit, K. (2007). "The Efficiency/Security Trade-off in Criminal Networks." Social Networks 29(1): 143-153.

Newman, M. (2010). Networks: An Introduction. NewYork: Oxford University Press.

Noel, H., and Nyhan, B. (2011). "The 'Unfriending' Problem: The Consequences of Homophily in Friendship Retention for Causal Estimates of Social Influence." Social Networks 33(3): 211-218.

Page, L., Brin, S., Motwani, R., and Winograd, T. (1999). "The PageRank Citation Ranking: Bringing Order to the Web." Technical Report SIDL-WP-1999-0120, Stanford Digital Library Technologies Project, Stanford University.

Patty, J. W., and Penn, E. M. (2014). "Sequential Decision-Making & Information Aggregation in Small Networks." Political Science Research & Methods 2(2): 249-271.

Patty, J. W., and Penn, E. M. (2015). "Analyzing Big Data: Social Choice & Measurement." PS: Political Science & Politics 48(1): 95-101.

Patty, J. W., Penn, E. M., and Schnakenberg, K. E. (2013). "Measuring the Latent Quality of Precedent: Scoring Vertices in a Network." In Advances in Political Economy: Institutions, Modelling and Empirical Analysis, edited by Norman Schofield, Gonzalo Caballero, and Daniel Kselman, pp.249-262. New York: Springer.

Pelc, K. J. (2014). "The Politics of Precedent in International Law: A Social Network Application." American Political Science Review 108(3): 547-564.

Perra, N., and Fortunato, S. (2008). "Spectral Centrality Measures in Complex Networks." Physical Review E 78(3): 036107.

Peters, B. G. (2011). Institutional Theory in Political Science: The New Institutionalism.

New York: Bloomsbury Publishing USA.

Pierskalla, J. H. (2009). "Protest, Deterrence, and Escalation: The Strategic Calculus of Government Repression." *Journal of Conflict Resolution* 54(1): 117-145.

Porter, M. A., Mucha, P. J., Newman, M. E. J., and Friend, A. J. (2007). "Community Structure in the United States House of Representatives." *Physica A: Statistical Mechanics and Its Applications* 386(1): 414-438.

Radicchi, F., Castellano, C., Cecconi, F., Loreto, V., and Parisi, D. (2004). "Defining and Identifying Communities in Networks." *Proceedings of the National Academy of Sciences USA* 101(9): 2658-2663.

Robins, G., Pattison, P., Kalish, Y., and Lusher, D. (2007). "An Introduction to Exponential Random Graph (p*) Models for Social Networks." *Social Networks* 29(2): 173-191.

Rogowski, J. C., and Sinclair, B. (2012). "Estimating the Causal Effects of Social Interaction with Endogenous Networks." *Political Analysis* 20(3): 316-328.

Salancik, G. R. (1995). "WANTED: A Good Network Theory of Organization." *Administrative Science Quarterly* 40: 345-349.

Schnakenberg, K. E., and Penn, E. M. (2014). "Scoring from Contests." *Political Analysis* 22(1): 86-114.

Scholz, J. T., Berardo, R., and Kile, B. (2008). "Do Networks Solve Collective Action Problems? Credibility, Search, and Collaboration." *Journal of Politics* 70(2): 393-406.

Seidman, S. B. (1983). "Network Structure and Minimum Degree." *Social Networks* 5(3): 269-287.

Seidman, S. B., and Foster, B. L. (1978). "A Graph-Theoretic Generalization of the Clique Concept." *Journal of Mathematical Sociology* 6(1): 139-154.

Siegel, D. A. (2009). "Social Networks and Collective Action." *American Journal of Political Science* 53(1): 122-138.

Siegel, D. A. (2011a). "Social Networks in Comparative Perspective." *PS: Political Science & Politics* 44 (1): 51-54.

Siegel, D. A. (2011b). "When Does Repression Work? Collective Action in Social Networks." *Journal of Politics* 73(4): 993-1010.

Siegel, D. A. (2013). "Social Networks and the Mass Media." *American Political Science Review* 107(4): 786-805.

Skinner, R. M., Masket, S. E., and Dulio, D. A. (2012). "527 Committees and the Political Party Network." *American Politics Research* 40(1): 60-84.

Song, H., and Eveland, W. P., Jr. (2015). "The Structure of Communication Networks Matters: How Network Diversity, Centrality, and Context Influence Political Ambivalence, Participation, and Knowledge." *Political Communication* 32(1):

83-108.

Victor, J. N., and Ringe, N. (2009). "The Social Utility of Informal Institutions Caucuses as Networks in the 110th US House of Representatives." *American Politics Research* 37(5): 742-766.

Vigna, S. (2009). "Spectral Ranking." arXiv preprint arXiv:0912.0238.

Volden, C., Ting, M. M., and Carpenter, D. P. (2008). "A Formal Model of Learning and Policy Diffusion." *American Political Science Review* 102(3): 319-332.

Ward, H. (2006). "International Linkages and Environmental Sustainability: The Effectiveness of the Regime Network." *Journal of Peace Research* 43(2): 149-166.

Ward, M. D., Ahlquist, J. S., and Rozenas, A. (2013). "Gravity's Rainbow: A Dynamic Latent Space Model for the World Trade Network." *Network Science* 1(1): 95-118.

Ward, M. D., Stovel, K., and Sacks, A. (2011). "Network Analysis and Political Science." *Annual Review of Political Science* 14: 245-264.

Wei, T.-H. (1952). "*The Algebraic Foundations of Ranking Theory.*" PhD thesis, University of Cambridge.

White, D. R., and Harary, F. (2001). "The Cohesiveness of Blocks in Social Networks: Node Connectivity and Conditional Density." *Sociological Methodology* 31(1): 305-359.

White, H. C. (1970). *Chains of Opportunity: System Models of Mobility in Organizations.* Cambridge, MA: Harvard University Press.

Zahle, J., and Collin, F., eds. (2014). *Rethinking the Individualism-Holism Debate.* New York: Springer.

Zhang, Y., Friend, A. J., Traud, A. L., Porter, M. A., Fowler, J. H., and Mucha, P. J. (2008). "Community Structure in Congressional Cosponsorship Networks." *Physica A: Statistical Mechanics and its Applications* 387(7): 1705-1712.

제7장

Akoglu, Leman. (2014). "Quantifying Political Polarity Based on Bipartite Opinion Networks." Eighth Annual International AAAI Conference on Weblogs and Social Media. http://www.aaai.org/ocs/index.php/ICWSM/ICWSM14/paper/viewFile/8073/8100

Alvarez, R. M., and Sinclair, B. (2012). "Electoral Institutions and Legislative Behavior: The Effects of Primary Processes." *Political Research Quarterly* 65(3): 544-557.

Barnes, J. A., and Harary, F. (1983). "Graph Theory in Network Analysis." *Social Networks* 5(2): 235-244.

Bartholomew, D. J., Knott, M., and Moustaki, I. (2011). *Latent Variable Models and Factor Analysis: A Unified Approach.* 3d ed. West Sussex, UK: John Wiley & Sons.

Bello, J., and Rolfe, M. (2014). "Is Influence Mightier Than Selection? Forging Agreement in Political Discussion Networks During a Campaign." *Social Networks* 36(2014): 134-146.

Boehmke, F. J. (2009). "Policy Emulation or Policy Convergence? Potential Ambiguities in the Dyadic Event History Approach to State Policy Emulation." *Journal of Politics* 71(3): 1125-1140.

Bond, R. M., Fariss, C. J., Jones, J. J., Kramer, A. D. I., Marlow, C., Settle, J. E., and Fowler, J. H. (2012). "A 61-Million-Person Experiment in Social Influence and Political Mobilization." *Nature* 489(7415): 295-298.

Borgatti, S. P., Everett, M. G., and Johnson, J. C. (2013). *Analyzing Social Networks.* Thousand Oaks, CA: Sage Publications.

Borgatti, S. P., and Molina, J. L. (2005). "Toward Ethical Guidelines for Network Research in Organizations." *Social Networks* 27(2): 107-117.

Bowers, J., Fredrickson, M. M., and Panagopoulos, C. (2013). "Reasoning about Interference Between Units: A General Framework." *Political Analysis* 21(1): 97-124.

Bowler, S., and Hanneman, R. (2006). "Just How Pluralist is Direct Democracy? The Structure of Interest Group Participation in Ballot Proposition Elections." *Political Research Quarterly* 59(4): 557-568.

Box-Steffensmeier, J. M., and Christenson, D. P. (2014). "The Evolution and Formation of Amicus Curiae Networks." *Social Networks* 36: 82-96.

Bratton, K. A., and Rouse, S. M. (2011). "Networks in the Legislative Arena: How Group Dynamics Affect Cosponsorship." *Legislative Studies Quarterly* 36(3): 423-460.

Breunig, C., Cao, X., and Ledtke, A. (2012). "Global Migration and Political Regime Type: A Democratic Disadvantage." *British Journal of Political Science* 42(4): 825-854.

Burt, R. S. (1987). "A Note on Missing Network Data in the General Social Survey." *Social Networks* 9: 63-73.

Butts, C. T. (2008). "A Relational Event Framework for Social Action." *Sociological Methodology* 38(1): 155-200.

Carpenter, D. P., Esterling, K. M., and Lazer, D. M. (2004). "Friends, Brokers, and Transitivity: Who Informs Whom in Washington Politics?" *Journal of Politics* 66(1): 224-246.

Cornwell, B. (2015). *Social Sequence Analysis: Methods and Applications.* New York: Cambridge University Press.

Carpenter, D., and Moore, C. D. (2014). "When Canvassers Became Activists: Antislavery Petitioning and the Political Mobilization of American Women." *American Political Science Review* 108(3): 479-498.

Cranmer, S. J., and Desmarais, B. A. (2011). "Inferential Network Analysis with Exponential Random Graph Models." *Political Analysis* 19(1): 66-86.

Cranmer, S. J., Heinrich, T., and Desmarais, B. A. (2014). "Reciprocity and the Structural Determinants of the International Sanctions Network." *Social Networks* 36: 5-22.

Cranmer, S. J., Menninga, E. J., & Mucha, P. J. (2015). "Kantian Fractionalization Predicts the Conflict Propensity of the International System." *Proceedings of the National Academy of Sciences* 112(38): 11812-11816.

Desmarais, B., Harden, J. J., and Boehmke, F. J. (2015). "Persistent Policy Pathways: Inferring Diffusion Networks in the American States." *American Political Science Review* 109(2): 392-406.

Dorussen, H., and Ward, H. (2008). "Intergovernmental Organizations and the Kantian Peace: A Network Perspective." *Journal of Conflict Resolution* 52(2): 189-212.

Eveland, W. P., and Hively, M. H. (2009). "Political Discussion Frequency, Network Size, and Heterogeneity of Discussion as Predictors of Political Knowledge and Participation." *Journal of Communication* 59: 205-224.

Eveland, W. P., and Kleinman, S. B. (2013). "Comparing General and Political Discussion Networks within Voluntary Organizations Using Social Network Analysis." *Political Behavior* 35(1): 65-87.

Fariss, C. J., and Schnakenberg, K. E. (2014). "Measuring Mutual Dependence between State Repressive Actions." *Journal of Conflict Resolution* 58(6): 1003-1032.

Fowler, J. H. (2006). "Legislative cosponsorship networks in the US House and Senate." *Social Networks* 28: 454-465.

Fowler, J. H., et al. (2011). "Causality in Political Networks." *American Politics Research* 39(2): 437-480.

Garrett, K. N., and Jansa, J. M. (2015). "Interest Group Influence in Policy Diffusion Networks." *State Politics and Policy Quarterly* 15(3): 387-417.

Getoor, L. (2007). *Introduction to Statistical Relational Learning*. Cambridge, MA: MIT Press.

Gross, J. H. and Johnson, K. T. (2016). "Twitter Taunts and Tirades: Negative Campaigning in the Age of Trump." *PS: Political Science & Politics*. Forthcoming.

Grossmann, M., and Dominguez, C. B. K. (2009). "Party Coalitions and Interest Group Networks." *American Politics Research* 37(5): 767-800.

Hadden, J. (2015). *Networks in Contention: The Divisive Politics of Climate Change*. New York: Cambridge University Press.

Hafner-Burton, E. M., and Montgomery, A. H. (2006). "International Organizations, Social Networks, and Conflict." *Journal of Conflict Resolution* 50(1): 3-27.

Handcock, M. S., and Gile, K. J. (2006). "Model-based Assessment of the Impact of Missing Data on Inference for Networks." Working Paper 66. Center for Statistics and the Social Sciences. University of Washington.

Handcock, M. S., and Gile, K. J. (2007). "Modeling Social Networks with Sampled or Missing Data." Working Paper 75, Center for Statistics and the Social Sciences, University of Washington.

Handcock, M. S., and Gile, K. J. (2010). "Modeling Social Networks from Sampled Data." *Annals of Applied Statistics* 4: 5-25.

Hanneman, R., and Riddle, M. (2005). *Introduction to Social Network Methods*. Riverside: University of California, Riverside. http://www.faculty.ucr.edu/~hanneman/nettext/.

Heaney, M. T. (2014). "Multiplex Networks and Interest Group Influence Reputation: An Exponential Random Graph Model." *Social Networks* 36: 66-81.

Heaney, M., and Lorenz, G. (2013). "Coalition Portfolios and Interest Group Influence over the Policy Process." *Interest Groups and Advocacy* 2(3): 251-277.

Heaney, M., Masket, S., Miller, J., and Strolovich, D. (2012). "Polarized Networks: The Organizational Affiliations of National Party Convention Delegates." *American Behavioral Scientist* 56(12): 1654-1676.

Heaney, M. T., and Rojas, F. (2015). *Party in the Street: The Anti-war Movement and the Democratic Party after 9/11*. New York: Cambridge University Press.

Holland, P. W., and Leinhardt, S. (1973). "The Structural Implications of Measurement Error in Sociometry." *Journal of Mathematical Sociology* 3(1): 85-111.

Huang, K., and Provan, K. (2007). "Resource Tangibility and Patterns of Interaction in a Publicly Funded Health and Human Services Network." *Journal of Public Administration Research and Theory* 17(3): 435-454.

Huckfeldt, R., Sprague, J., and Levine, J. (2000). "The Dynamics of Collective Deliberation in the 1996 Election: Campaign Effects on Accessibility, Certainty, and Accuracy." *American Political Science Review* 94: 641-651.

Huisman, M. (2009). "Imputation of Missing Network Data: Some Simple Procedures." *Journal of Social Structure* 10(1): 1-29.

Huisman, M., and Steglich, C. (2008). "Treatment of Non-response in Longitudinal Network Studies." *Social Networks* 30: 297-308.

Jang, S.-J. (2009). "Are Diverse Political Networks Always Bad for Participatory Democracy? Indifference, Alienation, and Political Disagreements." *American Politics Research* 37(5): 879-898.

Karch, A. (2007). *Democratic Laboratories: Policy Diffusion Among the American States.*

Ann Arbor: University of Michigan Press.

Kenny, D. A., Kashy, D. A., and Cook, W. L. (2006). *Dyadic Data Analysis*. New York: Guilford Press.

Kessler, D., and Krehbiel, K. (1996). "Dynamics of Cosponsorship." *American Political Science Review* 90(3): 555-566.

Kirkland, J. H. (2011). "The Relational Determinants of Legislative Outcomes: Strong and Weak Ties between Legislators." *Journal of Politics* 73(3): 887-898.

Kirkland, J. H. (2012). "Multimember Districts' Effect on Collaboration between US State Legislators." *Legislative Studies Quarterly* 37(3): 329-353.

Kirkland, J. H., and Gross, J. H. (2014). "Measurement and Theory in Legislative Networks: The Evolving Topology of Congressional Collaboration." *Social Networks* 36: 97-109.

Kitts, J. A. (2014). "Beyond Networks in Structural Theories of Exchange: Promises from Computational Social Science." *Advances in Group Processes* 31: 263-298.

Klofstad, C. A. (2007). "Talk Leads to Recruitment: How Discussions about Politics and Current Events Increase Civic Participation." *Political Research Quarterly* 60: 180-191.

Klofstad, C. A. (2009). "Civic Talk and Civic Participation: The Moderating Effect of Individual Predispositions." *American Politics Research* 37(5): 856-878.

Koger, G. (2003). "Position Taking and Cosponsorship in the U.S. House." *Legislative Studies Quarterly* 28(2): 225-246.

Koger, G., Masket, S., and Noel, H. (2009). "Partisan Webs: Information Exchange and Party Networks." *British Journal of Political Science* 39(3): 633-653.

Koger, G., Masket, S., and Noel, H. (2010). "Cooperative Party Factions in American Politics." *American Politics Research* 38: 1.

Kolaczyk, E. D. (2009). *Statistical Analysis of Network Data: Methods and Models*. New York: Springer.

Kossinets, G. (2006). "Effects of Missing Data in Social Networks." *Social Networks* 28: 247-268.

Krackhardt, D. (1992). "The Strength of Strong Ties: The Importance of Philos in Organizations." In *Networks and Organizations: Structure, Form, and Action*, edited by N. Nohira and R. Eccles, pp.216-239. Boston: Harvard Business School Press.

Krackhardt, D., and Stern, R. (1988). "Informal Networks and Organizational Crises: An Experimental Simulation." *Social Psychology Quarterly* 51: 123-140.

Krebs, V. E. (2002). "Mapping Networks of Terrorist Cells." *Connections* 24(3): 43-52.

Laumann, E. O., Marsden, P. V., and Prensky, D. (1983). "The Boundary Specification Problem in Network Analysis." In *Applied Network Analysis: A Methodological*

Introduction, edited by R. S. Burt, M. J. Minor, and R. D. Alba, pp.18-34. Beverly Hills, CA: Sage Publications.

Lazer, D., Rubineau, B., Chetkovich, C., Katz, N., and Neblo, M. (2010). "The Coevolution of Networks and Political Attitudes." *Political Communication* 27(3): 248-274.

Leifeld, P., and Schneider, V. (2012). "Information Exchange in Policy Networks." *American Journal of Political Science* 56(3): 731-744.

Little, R. J. A., and Rubin, D. B. (1987). *Statistical Analysis with Missing Data*. 2d ed. Hoboken, NJ: John Wiley & Sons.

Manger, M. S., Pickup, M. A., and Snijders, T. A. B. (2012). "A Hierarchy of Preferences: A Longitudinal Network Analysis Approach to PTA Formation." *Journal of Conflict Resolution* 56(5): 853-878.

Maoz, Z., Kuperman, R. D., Terris, L., and Talmud, I. (2006.) "Structural Equivalence and International Conflict: A Social Networks Analysis." *Journal of Conflict Resolution* 50(5): 664-689.

Maoz, Z., and Somer-Topcu, Z. (2010). "Political Polarization and Cabinet Stability in Multiparty Systems: A Social Networks Analysis of European Parliaments, 1945-98." *British Journal of Political Science* 40(4): 805-833.

McClurg, S. D. (2006). "The Electoral Relevance of Political Talk: Examining Disagreement and Expertise Effects in Social Networks on Political Participation." *American Journal of Political Science* 50(3): 737-754.

McClurg, S. D., and Young, J. K. (2011). "Political Networks: Editors' Introduction; A Relational Political Science. *PS: Political Science & Politics* 44(1): 39-43.

McCubbins, M. D., Paturi, R., and Weller, N. (2009). "Connected Coordination: Network Structure and Group Coordination." *American Politics Research* 37(5): 899-920.

Neville, J., and Jensen, D. (2007). "Relational Dependency Networks." *Journal of Machine Learning Research* 8: 653-692.

Parigi, P., and Sartori, L. (2014). "The Political Party as a Network of Cleavages: Disclosing the Inner Structure of Italian Political Parties in the Seventies." *Social Networks* 36: 54-65.

Pedahzur, A., and Perliger, A. (2006). "The Changing Nature of Suicide Attacks: A Social Network Perspective." *Social Forces* 84(4): 1983-2004.

Prell, C. (2012). *Social Network Analysis: History, Theory and Methodology*. Thousand Oaks, CA: Sage Publications.

Provan, K. G., Huang, K., and Milward, H. B. (2009). "The Evolution of Structural Embeddedness and Organizational Social Outcomes in a Centrally Governed Health and Human Services Network." *Journal of Public Administration Research and Theory* 19: 873-893.

Porter, M. A., Mucha, P. J., Newman, M. E., and Warmbrand, C. M. (2005). "A Network Analysis of Committees in the US House of Representatives." *Proceedings of the National Academy of Sciences of the United States of America* 102(20): 7057-7062.

Rhue, L., and Sundararajan, A. (2014). "Digital Access, Political Networks, and the Diffusion of Democracy." *Social Networks* 36: 40-53.

Ringe, N., and Victor, J. N. (2013). *Bridging the Information Gap: Legislative Member Organizations as Social Networks in the United States and the European Union.* Ann Arbor: University of Michigan Press.

Ringe, N., Victor, J. N., and Gross, J. H. (2013). "Keeping Your Friends Close and Your Enemies Closer? Information Networks in Legislative Politics." *British Journal of Political Science* 43(3): 601-628.

Robins, G., Pattison, P., and Woolcock, J. (2004). "Missing Data in Networks: Exponential Random Graph (p*) Models for Networks with Non-respondents." *Social Networks* 26: 257-283.

Robins, G. (2015). *Doing Social Network Research: Network-based Research Design for Social Scientists.* Thousand Oaks, CA: Sage Publications.

Rosenthal, N., Fingrutd, M., Ethier, M., Karant, R., and McDonald, D. (1985). *American Journal of Sociology* 90(5): 1022-1054.

Sarbaugh-Thompson, M., Thompson, L., Elder, C. D., Comins, M., Elling, R. C., and Strate, J. (2006). "Democracy Among Strangers: Term Limits' Effects on Relationships between State Legislators in Michigan." *State Politics and Policy Quarterly* 6(4): 384-409.

Scholz, J. T., Berardo, R., and Kile, B. (2008). "Do Networks Solve Collective Action Problems? Credibility, Search, and Collaboration." *Journal of Politics* 70(2): 393-406.

Shrestha, M. K., and Feiock, R. C. (2009). "Governing U.S. Metropolitan Areas." *American Politics Research* 37(5): 801-823.

Skinner, R. M., Masket, S. E., and Dulio, D. (2012). "527 Committees and the Political Party Network." *American Politics Research* 40(1): 60-84.

Snijders, T. A. B., Lomi, A., and Torlo, V. J. (2013). "A Model for the Multiplex Dynamics of Two-Mode and One-Mode Networks, with an Application to Employment Preference, Friendship, and Advice." *Social Networks* 35(2): 265-276.

Tam Cho, W. K., and Fowler, J. H. (2010). "Legislative Success in a Small World: Social Network Analysis and the Dynamics of Congressional Legislation." *Journal of Politics* 72: 124-135.

Tarrow, S. G. (1994). *Power in Movement: Social Movements, Collective Action, and*

Politics. Cambridge, UK: Cambridge University Press.

Tilly, C. (1978). *From Mobilization to Revolution.* Reading, MA: Addison-Wesley.

Victor, J. N., and Ringe, N. (2009). "The Social Utility of Informal Institutions: Caucuses as Networks in the 110th U.S. House of Representatives." *American Politics Research* 37(5): 742-766.

Wang, D. J., Shi, X., McFarland, D. A., and Leskovec, J. (2012). "Measurement Error in Network Data: A Re-classification." *Social Networks* 34: 396-409.

Wasserman, S., and Faust, K. (1994). *Social Network Analysis: Methods and Applications.* New York: Cambridge University Press.

제8장

Almquist, Z. W., and Butts, C. T. (2013). "Dynamic Network Logistic Regression: A Logistic Choice Analysis of Inter-and Intra-Group Blog Citation Dynamics in the 2004 US Presidential Election." *Political Analysis* 21: 430-448.

Amati, V., Schönenberger, F., and Snijders, T. (2015). "Estimation of Stochastic Actor-Oriented Models for the Evolution of Networks by Generalized Method of Moments." *Journal de la Société Française de Statistique* 156: 140-165.

Bala, V., and Goyal, S. (2000). "A Noncooperative Model of Network Formation." *Econometrica* 68: 1181-1229.

Barabási, A.-L., and Albert, R. (1999). "Emergence of Scaling in Random Networks." *Science* 286: 509-512.

Baybeck, B., and Huckfeldt, R. (2002). "Spatially Dispersed Ties among Interdependent Citizens: Connecting Individuals and Aggregates." *Political Analysis* 10: 261-275.

Berardo, R. (2009). "Processing Complexity in Networks: A Study of Informal Collaboration and Its Effect on Organizational Success." *Policy Studies Journal* 37: 521-539.

Berardo, R., and Scholz, J. T. (2010). "Self-Organizing Policy Networks: Risk, Partner Selection and Cooperation in Estuaries." *American Journal of Political Science* 54: 632-649.

Berelson, B. R., Lazarsfeld, P. F., and McPhee, W. N. (1954). *Voting: A Study of Opinion Formation in a Presidential Campaign.* Chicago: University of Chicago Press.

Burt, R. S. (1992). *Structural Holes.* Cambridge, MA: Harvard University Press.

Campbell, A., Converse, P. E., Miller, W. E., and Stokes, D. E. (1960). *The American Voter.* Chicago: University of Chicago Press.

Cao, X., and Ward, M. D. (2014). "Do Democracies Attract Portfolio Investment?

Transnational Portfolio Investments Modeled as Dynamic Network." *International Interactions* 40: 216-245.

Coleman, J. S. (1988). "Social Capital in the Creation of Human Capital." *American Journal of Sociology* 94: S95-S120.

de Solla Price, D. J. (1976). "A General Theory of Bibliometric and Other Advantage Processes." *Journal of the American Society for Information Science* 27: 292-306.

Desmarais, B. A., and Cranmer, S. J. (2016). "Statistical Inference in Political Networks Research." In *Oxford Handbook of Political Networks*, edited by J. N. Victor, M. Lubell, and A. H. Montgomery. Oxford: Oxford University Press.

DiPrete, T. A., and Forristal, J. D. (1994). "Multilevel Analysis: Methods and Substance." *Annual Review of Sociology* 20: 331-357.

Dorff, C., and Ward, M. D. (2016). "Latent Networks and Spatial Networks in Politics." In *Oxford Handbook of Political Networks*, edited by J. N. Victor, M. Lubell, and A. H. Montgomery. Oxford: Oxford University Press.

Emirbayer, M., and Goodwin, J. (1994). "Network Analysis, Culture, and the Problem of Agency." *American Journal of Sociology* 99: 1411-1454.

Fischer, M., Ingold, K., Sciarini, P., and Varone, F. (2012). "Impacts of Market Liberalization on Regulatory Network: A Longitudinal Analysis of the Swiss Telecommunications Sector." *Policy Studies Journal* 40: 435-457.

Freeman, L. C. (1979). "Centrality in Networks: I, Conceptual Clarification." *Social Networks* 1: 215-239.

Giuliani, E. (2013). "Network Dynamics in Regional Clusters: Evidence from Chile." *Research Policy* 42: 1406-1419.

Gulati, R., and Gargiulo, M. (1999). "Where Do Interorganizational Networks Come From?" *American Journal of Sociology* 104: 1439-1493.

Hafner-Burton, E. and Montgomery, A. (2006). "Power Positions: International Organizations, Social Networks, and Conflict." *Journal of Conflict Resolution* 50: 3-27.

Handcock, M. S., and Hunter, D. R. (2006). "Inference in Curved Exponential Family Models for Networks." *Journal of Computational and Graphical Statistics* 15: 565-583.

Hanneke, S., Fu, W., and Xing, E. P. (2010). "Discrete Temporal Models for Social Networks." *Electronic Journal of Statistics* 4: 585-605.

Hicklin, A., O'Toole, L., Jr. and Meier, K. (2008). "Serpents in the Sand: Managerial Networking and Nonlinear Influences on Organizational Performance." *Journal of Public Administration Research and Theory* 18: 253-273.

Holland, P. W., and Leinhardt, S. (1976). "Local Structure in Social Networks." *Sociological Methodology* 6: 1-45.

Holland, P. W., and Leinhardt, S. (1977). "A Dynamic Model for Social Networks." *Journal of Mathematical Sociology* 5: 5-20.

Huckfeldt, R. (2001). "The Social Communication of Political Expertise." *American Journal of Political Science* 45: 425-438.

Huckfeldt, R. (2009). "Interdependence, Density Dependence, and Networks in Politics." *American Politics Research* 37: 921-950.

Huisman, M. E., and Snijders, T. A. B. (2003). "Statistical Analysis of Longitudinal Network Data with Changing Composition." *Sociological Methods & Research* 32: 253-287.

Ingold, K., and Fischer, M. (2014). "Drivers of Collaboration to Mitigate Climate Change: An Illustration of Swiss Climate Policy over 15 Years." *Global Environmental Change* 24: 88-98.

Jackson, M. O., and Wolinsky, A. (1996). "A Strategic Model of Social and Economic Networks." *Journal of Economic Theory* 71: 44-74.

Kinne, B. J. (2013). "Network Dynamics and the Evolution of International Cooperation." *American Political Science Review* 107: 766-780.

Klofstad, C. A. (2007). "Participation Talk Leads to Recruitment: How Discussions about Politics and Current Events Increase Civic Participation." *Political Research Quarterly* 60: 180-191.

Koskinen, J. H., and Snijders, T. A. B. (2007). "Bayesian Inference for Dynamic Social Network Data." *Journal of Statistical Planning and Inference* 13: 3930-3938.

Koskinen, J. H., and Snijders, T. A. B. (2013). "Longitudinal Models." In *Exponential Random Graph Models*, edited by D. Lusher, and J. Koskinen and G. Robins, pp.130-140. New York: Cambridge University Press.

Krivitsky, P. N., and Handcock, M. S. (2014). "A Separable Model for Dynamic Networks." *Journal of the Royal Statistical Society, Series B* 76: 29-46.

Lazarsfeld, P. F., Berelson, B., and Gaudet, H. (1948). *The People's Choice.* New York: Columbia University Press.

Liang, H. (2014). "Coevolution of Political Discussion and Common Ground in Web Discussion Forum." *Social Science Computer Review* 32: 155-169.

Maddala, G. (1983). *Limited-dependent and Qualitative Variables in Econometrics.* 3d ed. Cambridge, UK: Cambridge University Press.

Manger, M. S., and Pickup, M. A. (2016). "The Coevolution of Trade Agreement Networks and Democracy." Journal of Conflict Resolution 60: 164-191.

Manger, M. S., Pickup, M., and Snijders, T. A. (2012). "A Hierarchy of Preferences: A Longitudinal Network Analysis Aproach to PTA Formation." Journal of Conflict Resolution 56: 852-877.

Marsden, P. V. (2005). "Recent Developments in Network Measurement." In Models and Methods in Social Network Analysis, edited by P. Carrington, J. Scott, and S. Wasserman, pp.8-30. New York: Cambridge University Press.

McPherson, J. M., Smith-Lovin, L., and Cook, J. M. (2001). "Birds of a Feather: Homophily in Social Networks." Annual Review of Sociology 27: 415-444.

Merton, R. K. (1968). "The Matthew Effect in Science." Science 159(3810): 56-63.

Norris, J. R. (1997). Markov Chains. Cambridge, UK: Cambridge University Press.

R Core Team. (2016). R: A Language and Environment for Statistical Computing. Vienna: R Foundation for Statistical Computing.

Rhue, L., and Sundararajan, A. (2014). "Digital Access, Political Networks and the Diffusion of Democracy." Social Networks 36: 40-53.

Ripley, R. M., Snijders, T. A. B., B'oda, Z., Vörös, A., and Preciado, P. (2016). Manual for Siena Version 4.0: Technical Report. Oxford: University of Oxford, Department of Statistics, Nuffield College.

Robins, G. (2015). Doing Social Network Research: Network-based Research Design for Social Scientists. London: Sage.

Scholz, J. T., Berardo, R., and Kile, B. (2008). "Do Networks Solve Collective Action Problems? Credibility, Search, and Collaboration."Journal of Politics 70: 393-406.

Sewell, D. K., and Chen, Y. (2015). "Latent Space Models for Dynamic Networks." Journal of the American Statistical Association 110: 1646-1657.

Shalizi, C. R., and Thomas, A. C. (2011). "Homophily and Contagion Are Generically Confounded in Observational Social Network Studies." Sociological Methods & Research 40(2): 211-239.

Shore, J. (2015). "Market Formation as Transitive Closure: The Evolving Pattern of Trade in Music." World Development 38: 37-47.

Simmel, G. ([1917] 1950). "Individual and Society." In The Sociology of Georg Simmel, edited by K. Wolff, pp.1-84. New York: The Free Press.

Snijders, T. A. B. (2001). "The Statistical Evaluation of Social Network Dynamics." Sociological Methodology 31: 361-395.

Snijders, T. A. B. (2011). "Statistical Models for Social Networks." Annual Review of Sociology 37: 131-153.

Snijders, T. A. B., Koskinen, J. H., and Schweinberger, M. (2010). "Maximum Likelihood Estimation for Social Network Dynamics." Annals of Applied Statistics 4: 567-588.

Snijders, T. A. B., Lomi, A., and TorlÓ, V. (2013). "A Model for the Multiplex Dynamics of Two-Mode and One-Mode Networks, with an Application to Employment Preference, Friendship, and Advice." Social Networks 35: 265-276.

Snijders, T. A. B., Pattison, P. E., Robins, G. L., and Handcock, M. S. (2006). "New

Specifications for Exponential Random Graph Models." Sociological Methodology 36: 99-153.

Snijders, T. A. B., Steglich, C. E. G., and Schweinberger, M. (2007). "Modeling the Co-evolution of Networks and Behavior." In Longitudinal Models in the Behavioral and Related Sciences, edited by K. van Montfort, H. Oud, and A. Satorra, pp.41-71. Mahwah, NJ: Lawrence Erlbaum.

Snijders, T. A. B., van de Bunt, G. G., and Steglich, C. (2010). "Introduction to Actor-Based Models for Network Dynamics." Social Networks 32: 44-60.

Steglich, C. E. G., Snijders, T. A. B., and Pearson, M. A. (2010). "Dynamic Networks and Behavior: Separating Selection from Influence." Sociological Methodology 40: 329-393.

Udehn, L. (2002). "The Changing Face of Methodological Individualism." Annual Review of Sociology 8: 479-507.

제9장

Adamic, L. A., and Glance, N. (2005). "The Political Blogosphere and the 2004 U.S. Election: Divided They Blog." In Proceedings of the 3rd International Workshop on Link Discovery, pp.36-43. New York: Association for Computing Machinery. doi:10.1145/1134271.1134277.

Andris, C., Lee, D., Hamilton, M. J., Martino, M., Gunning, C. E., and Selden, J. A. (2015). "The Rise of Partisanship and Super-Cooperators in the U.S. House of Representatives." PLOS ONE 10(4): e0123507. doi:10.1371/journal.pone.0123507.

Ausserhofer, J., and Maireder, A. (2013). "National Politics on Twitter: Structures and Topics of a Networked Public Sphere." Information, Communication & Society 16(3): 291-314.

Battista, G. D., Eades, P., Tamassia, R., and Tollis, I. G. (1998). Graph Drawing: Algorithms for the Visualization of Graphs. 1st ed. Upper Saddle River, NJ: Prentice Hall PTR.

Bertin, J. (1983). Semiology of Graphics: Diagrams, Networks, Maps. Madison: University of Wisconsin Press.

Borgatti, S. P., and Everett, M. G. (1997). "Network Analysis of 2-Mode Data." Social Networks 19(3): 243-269.

Box-Steffensmeier, J. M., and Christenson, D. P. (2014). "The Evolution and Formation of Amicus Curiae Networks." In "Political Networks," special issue, Social Networks 36 (January): 82-96. doi:10.1016/j.socnet.2012.07.003.

Brandes, U., Kenis, P., Raab, J., Schneider, V., and Wagner, D. (1999). "Explorations into the Visualization of Policy Networks." *Journal of Theoretical Politics* 11(1): 75-106.

Brandes, U., Kenis, P., and Wagner, D. (2003). "Communicating Centrality in Policy Network Drawings." In *IEEE Transactions on Visualization and Computer Graphics* 9 (2): 241-253.

Brandes, U., and Pich, C. (2007). "Eigensolver Methods for Progressive Multidimensional Scaling of Large Data." In *Proceedings of the 14th International Symposium on Graph Drawing (GD '06)*, pp.42-53. Karlsruhe, Germany.

Brandes, U., and Pich, C. (2009). "An Experimental Study on Distance-Based Graph Drawing." In *Graph Drawing*, edited by I. G. Tollis and M. Patrignani, pp.218-229. Lecture Notes in Computer Science 5417. Berlin, Heidelberg: Springer.

Cherepnalkoski, D., and Mozetic, I. (2015). "A Retweet Network Analysis of the European Parliament." In *Proceedings of the 11th International Conference on Signal-Image Technology & Internet-Based Systems (SITIS)*, pp.350-357 Bangkok.

Chu, K.-H., Wipfli, H., and Valente, T. W. (2011). "Using Visualizations to Explore Network Dynamics." *Journal of Social Structure: JOSS* 14 (4). https://www.cmu.e-du/joss/content/arti\-cles/volume14/ChuWipfliValente.pdf.

Cranmer, S. J., Heinrich, T., and Desmarais, B. A. (2014). "Reciprocity and the Structural Determinants of the International Sanctions Network." In *Political Networks*, special issue, Social Networks 36 (January): 5-22. doi:10.1016/j.socnet.2013.01.001.

Doreian, P., Batagelj, V., and Ferligoj, A. (2005). *Generalized Blockmodeling*. Cambridge, UK: Cambridge University Press.

Eades, P. (1984). "A Heuristic for Graph Drawing." *Congressus Numerantium* 42 (11): 149-160.

Festinger, L., Schachter, S., and Back, K. (1950). "The Spatial Ecology of Group Formation." In *Social Pressure in Informal Groups*, edited by L. Festinger, S. Schachter, and K. Back, ch. 4. Cambridge, MA: MIT Press.

Flandreau, M., and Jobst, C. (2005). "The Ties That Divide: A Network Analysis of the International Monetary System, 1890-1910." *Journal of Economic History* 65(4): 977-1007. doi:10.1017/S0022050705000379.

Fleischer, R., and Hirsch, C. (2001). "Graph Drawing and Its Applications." In *Drawing Graphs*, edited by M. Kaufmann and D. Wagner, pp.1-22. Lecture Notes in Computer Science 2025. Berlin, Heidelberg: Springer. http://link.springer.com/chapter/10.1007/3-540-44969-8_1.

Freeman, L. C. (1977). "A Set of Measures of Centrality Based on Betweenness." *Sociometry* 40: 35-41.

Freeman, L. C. (1979). "Centrality in Social Networks: Conceptual Clarification." *Social Networks* 1(3): 215-239.

Freeman, L. C. (2000). "Visualizing Social Networks." *Journal of Social Structure* 1(1). http://www.cmu.edu/joss/content/articles/volume1/Freeman.html.

Freeman, L. C. (2004). *The Development of Social Network Analysis: A Study in the Sociology of Science.* Vancouver, BC: Empirical Press; North Charleston, SC: BookSurge.

Fruchterman, T. M. J., and Reingold, E. M. (1991). "Graph Drawing by Force-Directed Placement." *Software: Practice and Experience* 21(11): 1129-1164.

Hargittai, E., Gallo, J., and Kane, M. (2007). "Cross-Ideological Discussions among Conservative and Liberal Bloggers." *Public Choice* 134(1-2): 67-86. doi:10.1007/s11127-007-9201-x.

Hennig, M., Brandes, U., Pfeffer, J., and Mergel, I. (2012). *Studying Social Networks: A Guide to Empirical Research.* Frankfurt: Campus Verlag.

Hobson, J. A. (1884). *The Evolution of Modern Capitalism: A Study of Machine Production.* London, New York: Allen & Unwin.

Hollstein, B. (2011). "Qualitative Approaches." In *The SAGE Handbook of Social Network Analysis,* edited by J. Scott, P. J. Carrington, pp.404-417. London: SAGE Publications.

Kahn, R. L., and Antonucci, T. C. (1980). "Convoys over the Life Course: Attachment, Roles, and Social Support." In *Life-Span Development and Behavior,* edited by Paul B. Baltes and Orville G. Brim, pp.254-287. New York: Academic.

Kamada, T., and Kawai, S. (1989). "An Algorithm for Drawing General Undirected Graphs." *Information Processing Letters* 31: 7-15.

Kent, D. (1978). *The Rise of the Medici: Faction in Florence, 1426-1434.* Oxford, New York: Oxford University Press.

Koffka, K. (1935). *Principles of Gestalt Psychology.* New York: Harcourt Brace & World.

Krackhardt, D. (1996). "Social Networks and the Liability of Newness for Managers." In *Trends in Organizational Behavior,* edited by C. L. Cooper and D. M. Rousseau, pp.159-173. Weinheim, Germany: John Wiley & Sons.

Krempel, L. (2005). *Visualisierung komplexer Strukturen: Grundlagen der Darstellung mehrdi\-mensionaler Netzwerke.* Auflage 1. Sonderband Auflage. Frankfurt am Main: Campus Verlag.

Lodge, M. (1981). *Magnitude Scaling, Quantitative Measurement of Opinions.* Beverly Hills, CA: Sage Publications.

Macfarlane, A. (1883). "Analysis of Relationships of Consanguinity and Affinity." *Journal of the Anthropological Institute of Great Britain and Ireland* 12: 46-63. doi:10.2307/2841840.

Mackinlay, J. (1986). "Automating the Design of Graphical Presentations of Relational Information." *ACM Transactions on Graphics* 5(2): 110-141. doi:10.1145/22949.22950.

McGrath, C., and Blythe, J. (2004). "The Effects of Motion and Hierarchical Layout on Viewers' Perceptions of Graph Structure." *Journal of Social Structure* 5(2):. http://www.cmu.edu/joss/content/articles/volume5/McGrathBlythe/.

McGrath, C., Blythe, J., and Krackhardt, D. (1997). "The Effect of Spatial Arrangement on Judgement and Errors in Interpreting Graphs." *Social Networks* 19(3): 223-242.

Moody, J., and Mucha, P. J. (2013). "Portrait of Political Party Polarization." *Network Science* 1(1): 119-121. doi:10.1017/nws.2012.3.

Moreno, J. L. (1934). *Who Shall Survive? A New Approach to the Problem of Human Interrelations.* Washington, DC: Nervous and Mental Disease Publishing Co.

Moreno, J. L. (1953). *Who Shall Survive? Foundations of Sociometry, Group Psychotherapy and Sociodrama.* New York: Beacon House.

Munsell, A. H. (1912). "A Pigment Color System and Notation." *American Journal of Psychology* 23(2): 236-244. doi:10.2307/1412843.

Newman, M. E. J. (2006). "Modularity and Community Structure in Networks." *Proceedings of the National Academy of Sciences of the United States of America* 103(23): 8577-8582. doi:10.1073/pnas.0601602103.

Newman, M. E. J., and Girvan, M. (2004). "Finding and Evaluating Community Structure in Networks." *Physical Review E* 69(2): 026113. doi:10.1103/PhysRevE.69.026113.

Newton, I. (1704). *Opticks: Or, a Treatise of the Reflections, Refractions, Inflections, and Colors of Light.* London: Royal Society.

Northway, M. L. (1940). "A Method for Depicting Social Relationships Obtained by Sociometric Testing." *Sociometry* 3(2): 144-150. doi:10.2307/2785439.

Pfeffer, J. (2013). "Fundamentals of Visualizing Communication Networks." *Communications, China* 10(3): 82-90. doi:10.1109/CC.2013.6488833.

Porter, M. A., Mucha, P. J., Newman, M. E. J., and Friend, A. J. (2006). "Community Structure in the United States House of Representatives." *Chaos: An Interdisciplinary Journal of Nonlinear Science* 16(4): 041106. doi:10.1063/1.2390556.

Roethlisberger, F. J., Dickson, W. J., and Wright, H. A. (1939). *Management and the Worker: An Account of a Research Program Conducted by the Western Electric Company, Hawthorne Works, Chicago.* Cambridge, MA: Harvard University Press.

Sampson, S. F. (1968). "A Novitiate in a Period of Change: An Experimental and Case Study of Social Relationships.", Thesis (Ph.D.), Cornell University.

Stevens, S. S. (1975). *Psychophysics: Introduction to Its Perceptual, Neural, and Social Prospects.* John Wiley & Sons, New York.

Subramanian, A., and Wei, S.-J. (2007). "The WTO Promotes Trade, Strongly but Unevenly." *Journal of International Economics* 72: 151-175.

Torgerson, W. S. (1952). "Multidimensional Scaling." *Theory and Method* 17: 401-419.

Tufte, E. R. (2001). *The Visual Display of Quantitative Informations.* 2d ed. Cheshire, CT: Graphics Press.

Wasserman, S., and Faust, K. (1994). *Social Network Analysis: Methods and Applications.* Cambridge, MA: Cambridge University Press.

Whyte, W. F. (1943). *Street Corner Society: The Social Structure of an Italian Slum.* Chicago: University of Chicago Press.

Wyszecki, G., and Stiles, W. S. (2000). *Color Science: Concepts and Methods, Quantitative Data and Formulae.* 2d ed. New York: Wiley-Interscience.

제10장

Aggarwal, C. C., and Zhai, C. X. (2012). "A Survey of Text Classification Algorithms." In *Mining Text Data*, edited by C. Aggarwal and C. X. Zhai, pp.163-222. Springer. http://link.springer. com/chapter/10.1007/978-1-4614-3223-4_6.

Agneessens, F., and Everett, M. G. (2013). "Introduction to the Special Issue on Advances in Two-Mode Social Networks." *Social Networks* 35(2): 145-147.

Althaus, S. L., et al. (2011). "Assumed Transmission in Political Science: A Call for Bringing Description Back In." *Journal of Politics* 73(4): 1065-1080.

Atteveldt, W. v. (2008). *Semantic Network Analysis: Techniques for Extracting, Representing, and Querying Media Content.* Charleston, SC: BookSurge.

Atteveldt, W. v., Kleinnijenhuis, J., and Ruigrok, N. (2008). "Parsing, Semantic Networks, and Political Authority Using Syntactic Analysis to Extract Semantic Relations from Dutch Newspaper Articles." *Political Analysis* 16(4): 428-446.

Atteveldt, W. v., Kleinnijenhuis, J., Ruigrok, N., and Schlobach, S. (2008). "Good News or Bad News? Conducting Sentiment Analysis on Dutch Text to Distinguish Between Positive and Negative Relations." *Journal of Information Technology & Politics* 5(1): 73-94.

Baden, C. (2010). *Communication, Contextualization, & Cognition: Patterns & Processes of Frames' Influence on People's Interpretations of the EU Constitution.* Delft: Eburon Academic Publishers.

Baek, Y. M. (2011). "The Impact of Deliberation on Social and Semantic Networks: Citizens' Mental Models of Bioethical Issues in Genetics Using Automated Textual Analysis." http://repository.upenn.edu/dissertations/AAI3475893.

Bail, C. A. (2012). "The Fringe Effect Civil Society Organizations and the Evolution of Media Discourse about Islam since the September 11th Attacks." *American Sociological Review* 77(6): 855-879.

Baldassarri, D., and Goldberg, A. (2014). "Neither Ideologues nor Agnostics: Alternative Voters' Belief System in an Age of Partisan Politics." *American Journal of Sociology* 120 (1): 45-95. doi:10.1086/676042.

Barabási, A.-L. (2009). "Scale-Free Networks: A Decade and Beyond." *Science* 325(5939): 412-413.

Baunach, D. M. (2012). "Changing Same-Sex Marriage Attitudes in America from 1988 Through 2010." *Public Opinion Quarterly* 76(2): 364-378.

Benoit, K., et al. (2016). "Crowd-Sourced Text Analysis: Reproducible and Agile Production of Political Data." *American Political Science Review: forthcoming.* http://eprints.lse.ac.uk/62242/

Blei, D. M., Ng, A. Y., and Jordan, M. I. (2003). "Latent Dirichlet Allocation." *Journal of Machine Learning Research* 3: 993-1022.

Blumer, H. (1946). "Elementary Collective Behavior." *New Outline of the Principles of Sociology*, 170-177.

Borgatti, S., Martin, E., and Johnson, J. (2013). *Analyzing Social Networks*. Los Angeles, Thousand Oaks, CA, London: Sage Publications.

Borge-Holthoefer, J., and Arenas, A. (2010). "Semantic Networks: Structure and Dynamics." *Entropy* 12(5): 1264-1302.

Cappella, J. N., Price, V., and Nir, L. (2002). "Argument Repertoire as a Reliable and Valid Measure of Opinion Quality: Electronic Dialogue During Campaign 2000." *Political Communication* 19(1): 73-93.

Carley, K., and Kaufer, D. S. (1993). "Semantic Connectivity: An Approach for Analyzing Symbols in Semantic Networks." *Communication Theory* 3(3): 183-213.

Carley, K., and Palmquist, M. (1992). "Extracting, Representing, and Analyzing Mental Models." *Social Forces* 70(3): 601-636.

Carpini, M. X. D., Cook, F. L., and Jacobs, L. R. (2004). "Public Deliberation, Discursive Participation, and Citizen Engagement: A Review of the Empirical Literature." *Annual Review of Political Science* 7(1): 315-344.

Collins, A. M., and Loftus, E. F. (1975). "A Spreading-Activation Theory of Semantic Processing." Psychological Review 82(6): 407.

Converse, P. E. (1987). "Changing Conceptions of Public Opinion in the Political Process." Public Opinion Quarterly 51: S12-24.

Conway, L. G., Conway, K. R., Gornick, L. J., and Houck, S. C. (2014). "Automated Integrative Complexity: Automated Integrative Complexity." Political Psychology

35(5): 603-624.

Corman, S. R., Kuhn, T., Mcphee, R. D., and Dooley, K. J. (2002). "Studying Complex Discursive Systems." Human Communication Research 28(2): 157-206.

Cranmer, S. J., and Desmarais, B. A. (2011). "Inferential Network Analysis with Exponential Random Graph Models." Political Analysis 19(1): 66-86.

Crespi, I. (1997). The Public Opinion Process: How the People Speak. Mahwah, NJ: Routledge.

Danowski, J. A. (2009). "Inferences from Word Networks in Messages." In The Content Analysis Reader, ed. Krippendorff, K. and Bock, M., 421-429. Thousand Oaks, CA: Sage publications.

Desmarais, B. A., and Cranmer, S. J. (2012). "Statistical Inference for Valued-Edge Networks: The Generalized Exponential Random Graph Model." PLOS ONE 7(1): e30136.

Diesner, J., and Carley, K. M. (2010). "A Methodology for Integrating Network Theory and Topic Modeling and Its Application to Innovation Diffusion." In 2010 IEEE Second International Conference on Social Computing, pp.687-692. http://ieeexplore.ieee.org/lpdocs/epic03/wrapper.htm?arnumber=5591514.

Diesner, J., and Carley, K. M. (2011). "Semantic Networks." In Encyclopedia of Social Networking, ed. Barnett, G., 766-769. Thousand Oaks, CA: Sage publications.

Dijk, T. A. v. (1995). "Discourse Semantics and Ideology." Discourse & Society 6(2): 243-289.

Doerfel, M. L., and Connaughton, S. L. (2009). "Semantic Networks and Competition: Election Year Winners and Losers in U.S. Televised Presidential Debates, 1960-2004." Journal of the American Society for Information Science and Technology 60(1): 201-218.

Dryzek, J. S., and Niemeyer, S. (2008). "Discursive Representation." American Political Science Review 102(4): 481-493.

Dumais, S. T. (2004). "Latent Semantic Analysis." Annual Review of Information Science and Technology 38(1): 188-230.

Fisher, D. R., Leifeld, P., and Iwaki, Y. (2012). "Mapping the Ideological Networks of American Climate Politics." Climatic Change 116(3-4): 523-545.

Fishkin, J. S. (1991). Democracy and Deliberation: New Directions for Democratic Reform. New Haven, CT: Yale University Press.

Fishkin, J. S. (1997). The Voice of the People: Public Opinion and Democracy. New Haven, CT: Yale University Press.

Fortunato, S. (2010). "Community Detection in Graphs." Physics Reports 486(3-5): 75-174.

Girvan, M., and Newman, M. E. J. (2002). "Community Structure in Social and Biological Networks." Proceedings of the National Academy of Sciences 99(12): 7821-7826.

Griffiths, T., and Steyvers, M. (2002). "A Probabilistic Approach to Semantic Representation." In Proceedings of the 24th Annual Conference of the Cognitive Science Society, pp.381-386. Citeseer. http://citeseerx.ist.psu.edu/viewdoc/download?doi=10.1.1.9.5961&rep=rep1&type=pdf.

Grimmer, J., and Stewart, B. M. (2013). "Text as Data: The Promise and Pitfalls of Automatic Content Analysis Methods for Political Texts." Political Analysis 21(3): 1-31. doi:10.1093/pan/mps028.

Guo, L. (2012). "The Application of Social Network Analysis in Agenda Setting Research: A Methodological Exploration." Journal of Broadcasting & Electronic Media 56(4): 616-631.

Gutmann, A., and Thompson, D. (2004). Why Deliberative Democracy? Princeton, NJ: Princeton University Press.

Hoffman, M., Lubell, M., and Hillis, V. (2014). "Linking Knowledge and Action through Mental Models of Sustainable Agriculture." Proceedings of the National Academy of Sciences 111(36): 13016-13021.

Ingold, K., and Leifeld, P. (2014). "Structural and Institutional Determinants of Influence Reputation: A Comparison of Collaborative and Adversarial Policy Networks in Decision Making and Implementation." Journal of Public Administration Research and Theory 26 (1): 1-18. doi:10.1093/jopart/muu043.

Johnson-Laird, P. N. (2010). "Mental Models and Human Reasoning." Proceedings of the National Academy of Sciences 107(43): 18243-18250.

Jurafsky, D., and Martin, J. H. (2008). Speech and Language Processing. 2d ed. Upper Saddle River, NJ: Prentice Hall.

Kenett, Y. N., Anaki, D., and Faust, M. (2014). "Investigating the Structure of Semantic Networks in Low and High Creative Persons." Frontiers in Human Neuroscience 8. http://www.ncbi.nlm.nih.gov/pmc/articles/PMC4051268/.

Kim, D.-H. (2004). "Cognitive Maps of Policy Makers on Financial Crises of South Korea and Malaysia: A Comparative Study." International Review of Public Administration 9(2): 31-38.

Kleinnijenhuis, J., and de Nooy, W. (2013). "Adjustment of Issue Positions Based on Network Strategies in an Election Campaign: A Two-Mode Network Autoregression Model with Cross-Nested Random Effects." Social Networks 35(2): 168-177.

Kolaczyk, E. D., and Csárdi, G. (2014). 65 Statistical Analysis of Network Data with R. New York: Springer New York. http://link.springer.com/10.1007/978-1-4939-0983-4.

Krippendorff, K. H. (2012). Content Analysis: An Introduction to Its Methodology. 3d ed. Los Angeles, London: Sage Publications.

Lau, R. R., Smith, R. A. and Fiske, S. T. (1991). "Political Beliefs, Policy Interpretations, and Political Persuasion." *Journal of Politics* 53(3): 646-675.

Lazarsfeld, P. F. (1957). "Public Opinion and the Classical Tradition." *Public Opinion Quarterly* 21(1): 39-53.

Leifeld, P. (2013). "Reconceptualizing Major Policy Change in the Advocacy Coalition Framework: A Discourse Network Analysis of German Pension Politics." *Policy Studies Journal* 41(1): 169-198.

Leifeld, P., and Haunss, S. (2012). "Political Discourse Networks and the Conflict over Software Patents in Europe." *European Journal of Political Research* 51(3): 382-409.

Lin, Y.-R., Margolin, D., and Lazer, D. (2015). "Uncovering Social Semantics from Textual Traces: A Theory-Driven Approach and Evidence from Public Statements of U.S. Members of Congress." *Journal of the Association for Information Science and Technology* June 2. doi:10.1002/asi.23540.

Liptak, A. (2015). "Supreme Court Ruling Makes Same-Sex Marriage a Right Nationwide." *New York Times*, June 26. http://www.nytimes.com/2015/06/27/us/ supreme-court-same-sex-marriage.html.

Manning, C. D., Raghavan, P., and Schütze, H. (2008). *Introduction to Information Retrieval.* New York: Cambridge University Press.

Marupaka, N., Iyer, L. R., and Minai, A. A. (2012). "Connectivity and Thought: The Influence of Semantic Network Structure in a Neurodynamical Model of Thinking." *Neural Networks* 32: 147-158.

McCombs, M. E., and Shaw, D. L. (1972). "The Agenda-Setting Function of Mass Media." *Public Opinion Quarterly* 36(2): 176-187.

McRae, K., Cree, G. S., Seidenberg, M. S., and Mcnorgan, C. (2005). "Semantic Feature Production Norms for a Large Set of Living and Nonliving Things." *Behavior Research Methods* 37(4): 547-559.

McRae, K., and Jones, M. N. (2013). "Semantic Memory." In *The Oxford Handbook of Cognitive Psychology*, pp.206-219. Oxford University Press.

Mendelberg, T. (2002). "The Deliberative Citizen: Theory and Evidence." *Political Decision Making, Deliberation and Participation* 6(1): 151-193.

Miller, M. M. (1997). "Frame Mapping and Analysis of News Coverage of Contentious Issues." *Social Science Computer Review* 15(4): 367-378.

Minozzi, W., Neblo, M. A., Esterling, K. M., and Lazer, D. M. J. (2015). "Field Experiment Evidence of Substantive, Attributional, and Behavioral Persuasion by Members of Congress in Online Town Halls." *Proceedings of the National Academy of Sciences* 112(13): 3937-3942.

Morgan, M. G., Fischhoff, B., Bostrom, A., and Atman, C. J. (2001). *Risk Communication: A Mental Models Approach.* Cambridge, UK, and New York: Cambridge University Press.

Nelson, D. L., McEvoy, C. L., and Schreiber, T. A. (2004). "The University of South Florida Free Association, Rhyme, and Word Fragment Norms." *Behavior Research Methods, Instruments & Computers* 36(3): 402-407.

Newman, M., Barabási, A.-L., and Watts, D. J. (2006). *The Structure and Dynamics of Networks.* Princeton, NJ: Princeton University Press.

Newman, M. E. J. (2000). "Models of the Small World." *Journal of Statistical Physics* 101(3-4): 819-841.

Pew Research Center. (2015). "*Changing Attitudes on Gay Marriage.*" http://www.pewforum.org/2015/06/08/graphics-slideshow-changing-attitudes-on-gay-marriage/.

Popping, R. (2006). "Text Analysis for Knowledge Graphs." *Quality & Quantity* 41(5): 691-709.

Price, V. (1992). *4 Public Opinion.* Newbury Park, CA: Sage Publications.

Price, V., and Neijens, P. (1997). "Opinion Quality in Public Opinion Research." *International Journal of Public Opinion Research* 9(4): 336-360.

Price, V., Nir, L., and Cappella, J. N. (2006). "Normative and Informational Influences in Online Political Discussions." *Communication Theory* 16(1): 47-74.

Scheufele, D. A., and Tewksbury, D. (2007). "Framing, Agenda Setting, and Priming: The Evolution of Three Media Effects Models." *Journal of Communication* 57(1): 9-20.

Scott, J. (2012). *Social Network Analysis.* 3d ed. Los Angeles: Sage Publications.

Shim, J., Park, C., and Wilding, M. (2015). "Identifying Policy Frames through Semantic Network Analysis: An Examination of Nuclear Energy Policy across Six Countries." *Policy Sciences* 48(1): 51-83.

Smith, R. A., and Parrott, R. L. (2012). "Mental Representations of HPV in Appalachia: Gender, Semantic Network Analysis, and Knowledge Gaps." *Journal of Health Psychology* 17(6): 917-928.

Steyvers, M., and Tenenbaum, J. B. (2005). "The Large-Scale Structure of Semantic Networks: Statistical Analyses and a Model of Semantic Growth." *Cognitive Science* 29(1): 41-78.

Tetlock, P. E., Metz, S. E., Scott, S. E., and Suedfeld, P. (2014). "Integrative Complexity Coding Raises Integratively Complex Issues: Complexities of Integrative Complexity Coding." *Political Psychology* 35(5): 625-634.

Vargo, C. J., Guo, L., McCombs, M., and Shaw, D. L. (2014). "Network Issue Agendas on Twitter During the 2012 U.S. Presidential Election: Network Issue Agendas on Twitter." *Journal of Communication* 64(2): 296-316.

Wasserman, S., and Faust, K. (1994). *Social Network Analysis: Methods and Applications.* Cambridge, UK, and New York: Cambridge University Press.

Watts, D. J., and Strogatz, S. H. (1998). "Collective Dynamics of 'Small-World' Networks." *Nature* 393(6684): 440-442.

Young, M. D. (1996). "Cognitive Mapping Meets Semantic Networks." *Journal of Conflict Resolution* 40(3): 395-414.

Yuan, E. J., Feng, M., and Danowski, J. A. (2013). " 'Privacy' in Semantic Networks on Chinese Social Media: The Case of Sina Weibo: Privacy in Semantic Networks on Sina Weibo." *Journal of Communication* 63(6): 1011-1031.

Zaller, J R. (1992). *The Nature and Origins of Mass Opinion.* Cambridge, UK, and New York: Cambridge University Press.

Jennifer Nicoll Victor

미국 워싱턴 대학에서 정치학 박사 학위를 취득했고, 현재는 조지 메이슨 대학교George Mason University 샤르Schar 정책 및 정부 대학의 부교수이다. 대표적인 저서로는 〈정보격차 해소: 미국과 유럽에서의 소셜 네트워크로서 입법 조직Bridging the Information Gap: Legislative Member Organizations as Social Networks in the United States and the European Union〉(미시간 대학 출판부 2013, 공저)가 있다. 연구분야는 입법 정치, 정당, 조직 이익, 선거 자금 등 관련 주제들이고, 연구 결과를 American Journal of Political Science, American Politics Research, Party Politics, PS: Political Science & Politics, British Journal of Political Science 등을 통해 다수 게재하였다.

Alexander H. Montgomery

미국 스탠퍼드 대학교에서 정치학 박사 학위를 취득했고, 현재는 리드 칼리지의 정치학과 교수로 재직하고 있다. International Organization, International Security, Journal of Conflict Resolution, Intelligence and National Security, Jounral of Peace Research, Perspectives on Politics 등의 저널에 다수의 연구 결과를 발표해 왔다.

Mark Lubell

미국 뉴욕 주립 대학교에서 정치학 박사 학위를 취득했고, 현재는 캘리포니아 주립 대학교 데이비스 캠퍼스UC Davis의 환경과학 및 정책학과 교수로 재직 중이다. 동 대학의 환경정책 및 행동 센터의 소장을 맡고 있기도 하다. 주요 저서로는 〈상류로 거슬러 올라가기: 유역관리를 위한 공동접근법Swiming Upstream: Collaborative Approaches to Watershed Management〉(MIT Press 2005, 공저). 환경 정책, 집단 행동 및 사회 네트워크에 대한 연구을 American Journal of Political Science, Public Administration Review, Ecology and Society, Policy Studies Journal 등에 다수 발표하였다.

서상민

고려대학교 정치외교학과를 졸업하고 고려대학교 대학원에서 중국정치로 석·박사 학위를 취득하였다. 동아시아연구원(EAI) 중국연구센타 부소장을 거쳐 현재 국민대 학교 중국인문사회연구소 HK연구교수로 재직 중이다. 주요 관심 연구영역은 중국정 치과정 중 권력관계, 정치엘리트, 관료제와 관료정치 그리고 외교안보 분야 정책결정 과정 분석 등과 관련된 주제들이며, 최근에는 사회연결망분석(SNA) 방법을 활용한 중국의 정책지식과 정책행위자 네트워크를 분석하고 관련 데이터를 구축하여 중국 의 정치사회 구조와 행위자 간 다양한 다이나믹스를 추적하고 분석하고 있다. 주요 논문으로는 「시진핑집권 초기 중국외교담화 생산메카니즘과 내용분석」(2021), 「시진 핑 시기 이데올로기 강화와 민영기업정책」(2021), 「중국공산당의 위기관리 정치: '코 로나19' 대응의 정치적 논리」(2020), 「시진핑 시기 권위주의적 사회통제」(2019), 「시 진핑 1기 중국인민해방군 상장 네트워크」(2018), 「중국 외교엘리트 네트워크 분석: 후진타오와 시진핑 시기 비교」(2017), 등이 있으며, 저서로는 『시민과 함께하는 중국 인문학』(2021, 공저), 『현대중국정치와 경제계획관료』(2019), 얘들아 이젠 중국이야 (2016, 공저) 등이 있다.

모준영

고려대학교 독어독문학과(정치외교학 부전공)를 졸업하고 고려대학교 대학원에서 국제정치(외교/안보)로 석·박사학위를 취득하였다. 한국지정학연구원(GPIK) 연구위 원을 거쳐 현재 고려대학교 아세아문제연구원 연구위원으로 재직 중이다. 주요 관심 연구영역은 동북아 외교/안보, 지정학, 대전략, 군사전략, 인공지능(AI) 등이다. 최근 에는 인공지능(AI)의 발전이 국가전략 및 군사전략에 미치는 영향을 연구하고 있다. 주요 논문으로는 「중국의 인공지능(AI) 정책과 군사전략 변화」(2021), 「중국의 서구 국제정치이론의 수용과 변용」(2021), 「시진핑 정부와 '디지털 권위주의'」(2021), 「시 진핑 집권 전후 중국 지정학 지식의 생산과 확산」(2020) 등이 있으며, 저서 및 역서 로는 『'시진핑 시대' 중국의 정치체제: '중국식 정치체제모델'의 형성인가?』(2021, 공 저), 『중국 지식지형의 형성과 변용』(2020, 공저), 『평화의 지정학』(2019, 공역) 등이 있다.

유희복

고려대학교 영어영문학과를 졸업하고 고려대학교 국제대학원에서 북미 전공으로 국제지역학 석사, 중국 푸단대학교 국제관계학원에서 국제관계학 박사학위를 취득했다. 강남대학교, 연세대학교 등에서 중국과 국제정치 관련 강의를 거쳐 현재 성신여자대학교 강사로 재직 중이다. 주로 미·중 관계와 국제관계이론에 관심을 갖고 중국의 대외 정책과 글로벌 거버넌스 전략을 연구해 왔으며, 최근에는 미·중 간 세력전이와 글로벌 경제 거버넌스를 둘러싼 전략경쟁에 관한 연구를 진행 중이다. 주요 논문으로는 「아태 재균형과 중미 신형대국관계 구축의 전개 현황 분석」(2016), 「신흥강대국 중국의 국제질서 인식과 실천」(2017), 「국제질서의 다면성과 '자유주의 국제질서'의 미래」(2018), 「중국 경제의 진화: 국가발전에서 글로벌 거버넌스 변화의 도구로」(2019), 「중국공산당 중앙위원회 정치국 집체학습의 대내외적 함의에 관한 연구」(2020) 등이 있으며, 저·역서로는 『중국연구의 동향과 쟁점』(2016, 공저), 『중국의 꿈(中國夢): 중국이 지향하는 강대국의 초상』(2018, 공저), 『설계자 덩샤오핑』(2018, 역서) 등이 있다.

국민대학교 중국인문사회연구소 번역총서·10

옥스퍼드 핸드북
정치네트워크론 I
The Oxford Handbook of **POLITICAL NETWORKS**

초판 인쇄 2022년 5월 15일
초판 발행 2022년 5월 31일

편 저 자ㅣJennifer Nicoll Victor·Alexander H. Montgomery·Mark Lubell
편 역 자ㅣ서상민·모준영·유희복
펴 낸 이ㅣ하운근
펴 낸 곳ㅣ學古房

주   소ㅣ경기도 고양시 덕양구 통일로 140 삼송테크노밸리 A동 B224
전   화ㅣ(02)353-9908 편집부 (02)356-9903
팩   스ㅣ(02)6959-8234
홈페이지ㅣwww.hakgobang.co.kr
전자우편ㅣhakgobang@naver.com, hakgobang@chol.com
등록번호ㅣ제311-1994-000001호

ISBN 979-11-6586-408-8 94340
      978-89-6071-406-9 (세트)

값: 38,000원

■ 파본은 교환해 드립니다.